高职高专

市场营销专业

工学结合

规划教材

广告实务

（第三版）

任淑艳 主 编

张秀芳 副主编

清华大学出版社

北 京

内 容 简 介

本书是"十四五"职业教育国家规划教材。本书依据一线广告职业岗位群对广告知识和技能的需求，将广告知识与广告实务相融合，以培养学生综合素质为目标，以能力为本位，以就业为导向，进行系统化课程设计。全书以"项目导向、任务驱动"模式展开，共分8个项目：认知广告基础工作、广告调研、凝练广告创意、组合广告媒体、撰写广告文案、广告效果测评、规范广告运作与新媒体广告。每个项目根据职业需要筹划相关任务，每个学习任务都以"教学方案设计→成果展示与分析→知识储备→任务演练"的思路组织内容，同时在知识储备中贯穿了较多同步案例分析，以达到"边做边学、先做后学"的效果。在设计任务时，既贯彻先进的高职教育理念，又注重教材的理论性和完整性，以使学生在广告业务方面具备一定的可持续发展的能力，较好地解决和实现了高职教材一直提倡但又难以实现的"理论必需、够用"的问题和要求。

本书不仅可以作为高职高专市场营销、工商管理等专业的专业课教材，也可以作为广告从业者的培训及拓展阅读参考资料。

图书在版编目(CIP)数据

广告实务/任淑艳主编. —3版. —北京：清华大学出版社，2020.7(2025.1重印)
高职高专市场营销专业工学结合规划教材
ISBN 978-7-302-54250-6

Ⅰ. ①广… Ⅱ. ①任… Ⅲ. ①广告学—高等职业教育—教材 Ⅳ. ①F713.80

中国版本图书馆CIP数据核字(2019)第258139号

责任编辑：左卫霞
封面设计：傅瑞学
责任校对：李　梅
责任印制：丛怀宇

出版发行：清华大学出版社
网　　址：https://www.tup.com.cn，https://www.wqxuetang.com
地　　址：北京清华大学学研大厦A座　　**邮　　编**：100084
社 总 机：010-83470000　　**邮　　购**：010-62786544
投稿与读者服务：010-62776969，c-service@tup.tsinghua.edu.cn
质量反馈：010-62772015，zhiliang@tup.tsinghua.edu.cn
课件下载：https://www.tup.com.cn，010-83470410
印 装 者：三河市天利华印刷装订有限公司
经　　销：全国新华书店
开　　本：185mm×260mm　　**印　　张**：20　　**字　　数**：484千字
版　　次：2011年7月第1版　2020年7月第3版　　**印　　次**：2025年1月第12次印刷
定　　价：58.00元

产品编号：083880-01

高职高专市场营销专业工学结合规划教材
编委会名单

丛书序

我们正面临的是一个快速变化的新营销时代，今天的成功经验还没来得及总结，可能已成为明天进步的障碍。“微利时代”给企业营销提出了新的挑战。

几乎所有的营销者都希望能像阿里巴巴一样，站在一个宝藏库的门前，念一句“芝麻开门”，就能不费吹灰之力得到里面的“真金白银”。为此，他们也确实下了不少苦功去寻找和学习这种本领，然而，无论学习的是菲利普·科特勒和阿尔·里斯的“咒语”，还是大卫·艾克的“法术”，最后大多数人都以失望告终。因为无论那些“咒语”和“法术”如何精妙灵验，如果没有与企业自身的营销实践相结合，没有运用科学的营销方法与策略，也都百无一用。

因此，所有的营销者都不应忘记，市场上的宝藏有很多，但是在使用那些灵验的“咒语”之前，先要找到适合自己和企业的营销理论、方法与策略。只有这样，行走在营销大道上的营销者才能穿越重重迷雾与陷阱，最终运用自己学到的“咒语”和“法术”打开成功营销的大门。

随着我国社会经济又好又快地发展，社会对市场营销人才的需求日益扩大，与此同时，企业在市场上的营销竞争也更加激烈。因此，能否培养出不但数量足够，而且素质和技能较高、能够充分适应和满足企业市场营销需要的营销专业人才，已成为当前我国高职高专院校和市场营销业界必须思考与解决的一个既重要又迫切的问题。

要培养出一支高素质、高技能的市场营销人才队伍，关键要编写出一套体系科学、内容新颖、切合实际、操作性极强的市场营销专业教材。正是基于这样的需要，我们在广泛征求全国高职高专院校市场营销专业的教授、专家、学者、学生，以及企业营销业界专业人士对市场营销专业教材建设的意见与建议的基础上，成立了高职高专市场营销专业工学结合规划教材编写委员会，采用课题研究方式，通过走访企业和多次召开教材编写研讨会，对教材的编写原则、体系架构、编写大纲和基本内容进行了充分的探讨与论证，最后确定了一支由直接从事市场营销专业一线教学和科研工作，既具有丰富的市场营销教学科研经验，又拥有丰富的企业营销实践技能的专家、教授、学者和“双师型”教师组成的编写队伍。

高职高专市场营销专业工学结合规划教材的编写原则与特色如下。

1. 与时俱进，工学结合

本系列教材在充分贯彻和落实国务院《国家职业教育改革实施方案》(国发〔2019〕4号，简称职教20条）的基础上，注重市场营销新理论、新方法和新技巧的运用，充分体现了前沿性、新颖性、丰富性等特点。同时又根据高职高专市场营销专业学生毕业后就业岗位群的实际需要来调整和安排教学内容，充分体现了“做中学、学中做”，方便“工学结合”，满足学生毕业与就业的“零过渡”。

2. 注重技能，兼顾考证

本系列教材根据营销职业岗位的知识、能力要求确定教材内容，着重理论的应用，不强调理论的系统性和完整性。既细化关键营销职业能力和课程实训，又兼顾营销职业资格的考证，并通过大量案例体现书本知识与实际业务之间的“零距离”，实现高职高专以培养高技术应用型人才为根本任务和以就业为导向的办学宗旨。

3. 风格清新，形式多样

本系列教材在贯彻知识、能力、技术三位一体教育原则的基础上，力求在编写风格和表达形式方面有所突破，充分体现“项目导向、任务驱动”和“边做边学、先做后学”。在此基础上，运用图表、实例、实训等形式，降低学习难度，增加学习兴趣，强化学生的素质和技能，提高学生的实际操作能力。同时，力求改善教材的视觉效果，用新的体例形式衬托教材的创新，便于师生互动，从而达到优化学习效果的目的。

由于编者的经验有限，高职高专市场营销专业工学结合教材对我们来说还是首次探索，书中难免存在不妥和疏漏之处，敬请营销业界的同行、专家、学者和广大读者批评与指正，以便我们能够紧跟时代步伐，及时修订和出版更新、更优的教材。

高职高专市场营销专业工学结合规划教材
编写委员会

第三版前言

本教材全面贯彻党的二十大精神，落实立德树人根本任务，广泛践行社会主义核心价值观，教材内容充分体现数字经济时代广告调研、广告业务流程、广告创意、新媒体广告、广告传播效果等方面知识；深化爱国主义教育，坚守中华文化立场，校企合作，展现更多增强人民精神力量的高质量广告案例、广告语，着力培养担当民族复兴大任的新时代广告人，增强中华文明传播力、影响力，推动中华文化更好走向世界。

本书作为"十四五"职业教育国家规划教材，在以下方面作了精心调整与修改。

1. 知识内容体系更加完整，工作手册式的结构使学习的目的性更强

本教材采用工作手册式教材模式，每个项目的学习任务设计"教学方案设计"→"成果展示与分析"→"知识储备"→"任务演练"等模块，增强了学习的指导性。

2. 顺应时代发展需要，增加新媒体广告项目

消费者信息获取方式的变化催生了新媒体广告，新媒体的运行与传播，产生新的营销价值和品牌传播效果。

3. 更新广告案例，分析前沿广告动态

当前，电商互联网发达，产品不断迭代更新，每一代产品都需要配合精彩的广告宣传片，全书累计更新60多篇新颖、前沿的实践案例。

4. 用扫二维码的方式收看教师讲解的微课和实用性强的广告视频

针对每个项目重点、难点，推出了扫码收看教师讲解的知识点微课；与时俱进，只要扫一扫二维码即可看到时下比较流行的广告视频资料，便于学习和分析。鉴于篇幅所限，教材中"广告人"栏目以二维码形式呈现。本书配套建有在线开放课程，扫描本页下方二维码即可在线学习该课程。

本教材由曹妃甸职业技术学院钟立群主审，任淑艳担任主编，张秀芳担任副主编。具体编写分工如下：项目1和项目5由唐山职业技术学院任淑艳编写；项目2和项目4由唐山职业技术学院张秀芳编写；项目3由唐山职业技术学院佟伟编写；项目6由唐山职业技术学院李允编写；项目7和项目8由唐山职业技术学院芦勇编写。全书由钟立群、任淑艳总纂定稿。本教材在编写修订过程中得到唐山华君立云科技有限公司领导李海云的大力支持。

由于编者水平有限，书中难免存在不当之处，恳请读者批评指正。

编　者

2022年12月

广告实务在线开放课程

第二版前言

《广告实务》第一版于2011年7月正式面世以来，得到了广大同行及读者的厚爱，重印多次，深感欣慰。教育部职成司《关于推进高等职业教育改革创新引领职业教育科学发展的若干意见》(教职成〔2011〕12号)、《关于"十二五"职业教育教材建设的若干意见》(教职成〔2012〕9号)等文件明确提出，要加快教材内容改革，坚持行业指导、企业参与、校企合作的教材开发机制，推行适应项目学习等不同学习方式的教材，开发能切实反映职业岗位能力标准，对接企业用人需求的专业特色教材。在世界经济不断变化与广告竞争不断升级的时代，广告在社会中扮演着重要的角色，它引导着人们的消费，影响着人们的消费习惯，改变着人们的消费观念。因此，为适应现代社会经济发展的需要，结合高职高专教学实际，在第一版的基础上，对《广告实务》教材进行了修订。

第二版教材，对以下内容作了调整与修改。

(1) 第二版教材在保持第一版教材特色和理论框架的基础上，吸纳广告学领域的新进展，对已有的概念和观点进行更新。

(2) 为突出岗位技能要求，在每一任务开始增加了"教学方案设计"；为检验任务的完成情况，在每一任务末尾增加了"任务演练评价表"。

(3) 广告无处不在，无时不在，广告案例日新月异，全书更换广告案例50多个。

(4) 按照整体设计，分步实施、逐渐完善的建设思路，本教材提供教学建议、电子教案、教学课件、教学进程表、实训考核表、自测练习及答案等配套教学资源，支撑全程教学。丰富而开放的教学资源不但为教师开展教学提供服务支持，而且能够提高学生的学习兴趣，为学生自主学习提供立体化的集成方案。

本书由唐山职业技术学院钟立群、任淑艳担任主编。具体编写分工如下：项目1由唐山职业技术学院钟立群、唐山百货大楼集团公司刘玉红编写；项目2由唐山职业技术学院张秀芳、河北能源职业技术学院徐晶编写；项目3由唐山职业技术学院佟伟编写；项目4由唐山职业技术学院张秀芳、秦皇岛职业技术学院张丽丽编写；项目5由唐山职业技术学院任淑艳编写；项目6由唐山职业技术学院李允编写；项目7由唐山职业技术学院芦勇、秦皇岛职业技术学院张丽丽编写。全书由钟立群、任淑艳总纂定稿。

由于编者水平有限，书中难免存在错误和不当之处，恳求读者批评指正。

编　者

2014年1月

第一版前言

在世界经济不断变化与广告竞争不断升级的时代，广告在社会中扮演着重要的角色，它引导着人们的消费，影响着人们的消费习惯，改变着人们的消费观念。一则优秀的广告可以造就一个品牌的诞生，也可以使企业健康发展，使其永远根植于消费者的心中；反之，一则令消费者不认可的广告，可以使一个产品销声匿迹，使企业走向困境。为适应现代社会经济发展的需要，按照教育部有关高职高专课程改革和建设的基本要求，结合高职高专教学实际，我们组织了部分长期从事广告原理与实务教学的教师编写了这本《广告实务》教材。

《广告实务》是依据一线广告职业岗位群对广告知识和技能的需求，从学生知识和技能培养的需要出发，依照广告运作流程，以必要的相关理论知识为铺垫，突出实训教学和实践演练环节，注重技能培养，将广告原理基础知识与广告实务技能相融合，以培养学生综合素质为目标，以能力为本位，以就业为导向，进行系统化课程设计。全书以"项目导向、任务驱动"模式展开，共分7个项目：认知广告基础工作、广告调研、凝练广告创意、组合广告媒体、撰写广告文案、测评广告效果与规范广告运作。在知识储备上，重点学习认知广告内容、广告策略的目标和选择、广告预算的编制方法、广告媒体组合策略、广告文案的撰写、广告创意与广告效果测评等有关内容。任务演练部分旨在指导学生通过广告调研，开展广告创意和创作，根据企业的广告策略和目标确定广告目标，合理运用媒体组合策略，撰写广告文案。

本教材适应高职高专教学改革的方向，符合职业岗位需求的目标要求，突出特点表现在以下几个方面。

第一，学习项目导向，目标明确。每个项目正文前提出学习的知识目标、技能目标、训练路径和教学建议，改变了以往传统教材理论式灌输，使学生在学习前首先明确了目标，为结合实际工作展开有针对性的学习起到了靶子作用。

第二，学习任务驱动，体系严密。7个广告项目分别分成若干个任务驱动，以便更好地掌握广告的运作流程，以保障广告工作的顺利开展。

第三，成果展示引导，资源丰富。在编写过程中，以任务为导向驱动，配以教学成果展示分析，引导出相关任务内容，利于学生顺利进入具体广告任务的学习。

第四，同步实务分析，激发学生兴趣。在技能知识的环节，辅以穿插同步案例分析、广告语展示、同步示范等资料，便于学生学习和理解，开阔视野，加深对问题的进一步认识和理解。

第五，任务演练操作，强化技能。每一个大项目下设的每一个任务均设计了与实际广告工作相结合的任务演练，以便提高学生的实践操作能力水平。

第六,实训考核量化,设计独特。摆脱传统的考核模式,结合高职高专职业技能素质考核体系标准,设计职业核心能力、职业道德素质和教师评语三方面,使考核更加系统,具有较强的指导性、实用性与可操作性。

本书由唐山职业技术学院钟立群、任淑艳等编著。项目一由钟立群、唐山百货大楼集团公司卢志海编写;项目二由唐山职业技术学院张秀芳、河北能源职业技术学院徐晶编写;项目三由唐山职业技术学院佟伟编写;项目四和项目七由秦皇岛职业技术学院张丽丽编写;项目五由唐山职业技术学院任淑艳编写;项目六由唐山职业技术学院李允编写。全书由钟立群、任淑艳总纂定稿,由胡德华教授审稿。本书在编写过程中,借鉴了大量文献资料,特别是唐山百货大楼集团公司副总裁卢志海对本书给予了建设性的意见和指导,同时得到了兄弟院校张智清、于翠华、阮红伟等老师的关心和支持,在此一并予以致谢。也请各位同仁、专家和读者对本书的不当之处予以指正。

钟立群

2011 年 5 月

目录 Contents

项目5 撰写广告文案

项目 1
Xiangmu yi
认知广告基础工作

知识目标

1. 熟悉广告的含义、分类、要素。
2. 了解广告在营销中的地位。
3. 掌握广告业务的基本流程。

技能目标

1. 能从不同的角度对广告进行分析。
2. 能根据广告业务流程从事广告业务工作。

思政目标

1. 培养家国情怀、文化自信、职业操守和创新思维。
2. 培养具备广告从业者的职业责任感和职业道德。

广告道德规范素养

学习任务 1.1 广告基本内涵

教学方案设计

教学方法：演示、任务驱动　　　　　　　　　　　　　　　　　　建议课时：2

学习目标	技能目标	1. 能从不同的角度对广告的含义进行分析 2. 能具体阐述广告的特征 3. 能按照不同的标准对实际广告进行分类 4. 能运用广告的基本要素分析运用广告
	知识目标	1. 了解广告的含义 2. 掌握广告的特征 3. 熟悉广告的分类 4. 掌握广告的要素
学习任务准备	教师	1. 课件及任务评分考核表 2. 准备授课广告视频资料
	学生	1. 随机分组，8～10 人为一组，组内自选组长 2. 各个小组探讨广告实例并选出代表发言 3. 制作资料卡

	教学环节	教师活动	学生活动	课时
教学流程	一、成果展示与分析	1. 引入案例，提出问题 2. 用视频播放 3 段不同媒体的广告	1. 做好问题分析笔记 2. 找 3 位同学讲述对广告的体验	1
	二、知识储备	1. 讲授广告基本内涵理论知识 2. 解答知识疑问 3. 针对本学习任务中的同步案例和“广告人”“广告语”进行学习指导	1. 认真听取广告基本内涵理论知识 2. 提出疑问 3. 针对本学习任务中的同步案例和“广告人”“广告语”进行学习分析	
	三、任务演练	1. 介绍本学习任务的演练背景和要求 2. 指导“如何实现广告引导消费的功能”的演练实施过程 3. 评价演练效果和结论	1. 分组自主演练任务：“如何实现广告引导消费的功能” 2. 通过小组之间互相传播广告信息，获得广告引导消费行为的过程和结果 3. 以卡片的形式记录汇总结果 4. 组长陈述结论	1
	四、学习任务知识小结	1. 系统地对本学习任务知识进行总结 2. 针对重要知识点进行课后作业布置	1. 认真听取知识总结 2. 以小组为单位收集 3 种媒体广告，进行评述介绍	

○成果展示与分析

郎牌特曲广告策划

四川郎酒集团有限责任公司，是一个以生产销售中国名酒——郎酒为主业的大型现代企业集团，厂区地处四川古蔺县二郎镇。郎酒生产始于1903年，产自川黔交界有"中国美酒河"之称的赤水河畔。从"絮志酒厂""惠川糟房"到"集义糟房"的"回沙郎酒"开始，已有100余年的悠久历史。

1. 产品定位分析

特曲已经成为消费市场上一个相对成熟的消费品类。在浓香型白酒阵营中，特曲代表着最好的酒品；而在传统的白酒领域，大曲较为普遍，特曲则相对少些，现行市场上表现不错的有泸州老窖特曲、丰谷特曲等。作为浓香型品质白酒的综合代表，作为老名酒的郎酒应该担负起恢复、提升特曲的品类价值与市场占有率的重任，只有特曲的地位不断提升，才能真正说明白酒行业的地位在质变。郎酒推出郎牌特曲，不是与其他特曲分食，而是共同做大特曲市场，同时，在商务用酒市场上，选择了最大规模的、有消费能力的中年轻型消费群体。

(1) 酒质：郎牌特曲绵软舒适得益于郎酒公司方圆100多千米无污染的环境；得益于酿酒坚持用的深山泉水；得益于郎酒恪守古训，传承千年的酿酒工艺。

(2) 口感：以五粮香型酒体为主体，加入陈年单粮型酒体和酱香型酒体，正是这种区别于川酒浓烈口感的创新，打开了白酒时尚化的新格局。郎牌特曲是由中国酿酒大师、国家白酒评委、享受国务院特殊津贴的蒋英丽、沈毅等组成的技术攻坚团队，以泸州浓香基地酿造的浓香白酒为基酒，采用郎酒独有的"盘勾勾调"工艺及上千次的实验，通过眼观、鼻闻、舌尝、手捻等只可意会，不可言传的技法，反复淬炼，最终形成浓香酒体绵柔、净爽、丰满、众味协调的风格。

(3) 包装：T9紫檀黑、T6宝石蓝、T3鸽血红，三款产品给人的第一印象就是"炫"。以经典的"格子风格"作为主打基调，吸引消费者的同时，更抓住了年轻消费群体。特别是T9的盒子特别有手感。目前正在大力推进郎牌特曲的形象店建设工作，以T6宝石蓝为主色调，并配上经久不衰的"格子风格"，并且三款产品的包装均有更时尚的变化。

2. 广告目标

以郎酒这个母品牌为依托，通过广告进一步提高"郎酒特曲"这个子品牌的知名度与美誉度，从而提高"郎酒特曲"的销量，尽快占领市场。通过广告及其他的营销手段，强化郎牌特曲就是浓香型白酒的代表，就是成功的代名词。

3. 广告定位

以"郎酒特曲"的历史感为突破口，着力突出产品独特的酿造工艺与口感，以求可以在消费者心中形成文化深远，口感独特，安全的良好形象。

郎牌特曲，来自四川，浓香正宗。小酌怡情，回味绵长，开怀畅饮，温润雅致，尊贵礼遇，卓越非凡。当你品味郎牌特曲时，宛若正在欣赏国家级酿酒大师的杰作，浓香醇纯，妙不可言，尽在杯酒之中。

4. 广告诉求策略分析

针对中高端消费群体集中广告宣传。在2017年郎牌特曲核心经销商会议上，郎酒集团董事长汪俊林曾表示，郎酒对郎牌特曲的产品结构和价格体系已调整到位，全新的郎牌特曲事业部重点扶持培育郎牌特曲T8、T9、郎牌特曲鉴赏级12、18系列产品,公司也将通过品牌聚焦,聚合营销资源,下决心将郎牌特曲打造成全国性白酒品牌。

郎牌特曲事业部相关负责人曾承诺,郎牌特曲将用专人团队、专业的服务,推广品牌活动及挖掘目标消费者;对市场进行严格管控,确保市场良性发展,不压货经营;郎牌特曲将继续以鉴赏级12为核心推广产品,以团购开发为抓手,培养消费群体;聚焦战术动作,将品牌推广与产品销售融为一体,对目标消费者集中进行品牌宣导,围绕商家与渠道背后团购客户实现销售。

5. 广告策略

2017年9月28日,郎牌特曲在南京发布了全新的战略定位——来自四川,浓香正宗。其完整品牌故事为:浓香型白酒的知名品牌,很多都来自四川。因为四川的水、气候和窖泥适合酿好酒。

郎牌特曲新战略已全面呈现,郎牌特曲的品牌架构、品牌定位已调整到位。新形势下,郎牌特曲最新战略定位"来自四川,浓香正宗",借助郎酒迅速构建的"五位一体"整合传播渠道,郎牌特曲的品牌定位在全国实现了快速、强势、全面的覆盖,品牌故事深入人心。同时郎牌特曲在江苏、河南、山东等省份持续加大战略性投入。仅江苏卫视,郎酒准备3年豪掷15亿元为郎牌特曲造势,同时借助郎酒集团的全国性整合传播渠道,在江苏、河南、山东等省份重点战略性投入,实现快速、全面的强势覆盖。

资料来源:http://www.9998.tv

知识储备

1.1.1 广告

广告,顾名思义,就是广而告之。

我国1980年出版的《辞海》对广告的定义是:"向公众介绍商品,报道服务内容和文艺节目等的一种宣传方式,一般通过报刊、电台、电视台、招贴、电影、幻灯片、橱窗布置、商品陈列的形式来进行。"

美国广告主协会对广告的定义是:"广告是付费的大众传播,其最终目的为传递情报,改变人们对广告商品之态度,诱发其行动而使广告主得到利益。"而按照美国市场营销协会定义委员会的定义,广告是"由明确的发起者以公开支付费用的做法,以非人员的任何形式,对产品、劳务或某项行动的意见和想法等的介绍及推广。"

可见广告是广告主为了达到一定的目的,通过付出费用,在规定的时间内,按照规定的要求,由指定的相关媒体,将广告主的真实信息传播给广告受众的一种社会交流活动。

具体可以从以下几个方面理解。

(1) 广告是一种有计划、有目的的活动。

(2) 广告活动的主体是广告主,而广告活动的对象是广大消费者。

(3) 广告活动是通过大众传播媒介来进行的,而不是面对面的传播,如推销员的推销。

(4) 广告活动的内容是经过有计划地选择商品或劳务信息。

(5) 广告活动的目的是促进商品或劳务的销售,并使广告主从中获取利益。

1.1.2 广告的特征

一则完整的广告应具备以下4个特征。

1. 有明确的广告主

广告主是指为推销商品或者提供服务，自行或者委托他人设计、制作、发布广告的法人、其他经济组织或者个人。明确广告主，一方面可以使广告信息接收者认知、熟悉、牢记广告主的组织形象，使广告信息带上较多的附加价值；另一方面可以通过告知广告信息接收者谁是广告主，使广告主自我约束、自我提高，从而公开正视广告主自身的责任和义务，从法律上保证信息接收者的合法权益。

2. 承担一定的广告费用

广告作为经济活动，具有一切经济活动所具有的投入产出特点，即广告主和广告经营者都需要盈利才能维持组织生存与保证组织发展。广告作为信息传播活动，广告信息必然是经过提炼加工而来，具有艺术形式；但广告不等同于纯艺术，它是与产业化、社会化紧密结合的艺术，其研究和制作是以一定的费用支付来保证的。

3. 通过大众传播媒介进行传播

广告必须是借助于某种大众传播工具向非特定的大众广泛传达信息的活动形式。传播的信息包括对产品、劳务或某项行动的意见和想法，即实在的物质产品和非实在的思想观念与倾向。

4. 广告具有目的性

广告主以自己所拥有的经营管理目标而构成自己的信息系统，主要以特定目标市场为标准，围绕目标市场进行信息定位传播，说服社会公众接受自己的建议和观点，突出自己的鲜明特征与独特优点，显示自己与众不同的功效，其目的就是影响信息受众。

企业在发展的不同时期所进行的广告定位、创意、传媒选择及策略运用，都是为了形成独具特色的说服力和影响力，达到其广告宣传的预期目的。

同步案例 1-1

百事可乐：2018把乐带回家《霹雳爸妈》

继2016年的《猴王世家》，2017年的《家有儿女》后，百事可乐近日又推出了一部"把乐带回家"系列影片《霹雳爸妈》。据了解，百事"把乐带回家"系列影片已经走过了7个年头，此次百事另辟蹊径，通过音乐作为两代人化解代沟的符号贯穿全片，一经推出就引起强烈反响。百事可乐这次春节视频邀请了一众明星，邓超、张一山、吴莫愁、周冬雨、王嘉尔、林更新，演绎了两代人的青春与梦想。男主因为父亲不理解自己的梦想而对家人产生了不少误解，在百事精灵的帮助下借助一次穿越，男主发现自己的父亲在年轻时也曾怀着一颗跳舞梦想的心，可是因为家人而被迫放弃。剧终男主回到现实，给父亲送上了一双梦想的手套并跟家人团聚。

在轻松欢快的合唱中，视频传递了父母与子女间两代人的相处之道，展现了百事可乐把"欢乐"送到每家每户，快乐地分享亲情、爱情等。

资料来源：http://www.lbzuo.com/

案例分析：广告内容体现了追求音乐梦想的阿生因为想法不被顽固的父亲所理解，与父亲发生争执后穿越到霹雳舞盛行的年代，他以旁观者的身份见证了父母年轻时技惊四座的美好芳华。故事最终，两代人在欢快的音乐舞蹈中达成和解。首先，这个视频将一个广告片拍成了一个“温暖＋喜庆”的微电影，在不影响受众观剧体验的前提下，营造了浓厚的新年团聚氛围，让人感受到过节的仪式感；其次，融入了穿越、嘻哈、舞蹈等元素，丰富了视频故事的表达方式。男主爸爸过去的梦想和现实中男主梦想情节形成了反差萌，一双写有“坚持梦想”手套的穿越及跳舞PK等，这些桥段在无形中都给剧情增加了不少笑料，让观众在欢快的氛围中增加了对百事可乐的情感认同。

世界广告大师：李奥·贝纳

1.1.3 广告的类型

广告类型

由于分类的标准不同，看待问题的角度各异，导致广告的种类很多。

1. 以传播媒体为标准分类

可以将广告分为报纸广告、杂志广告、电视广告、电影广告、幻灯片广告、包装广告、广播广告、海报广告、招贴广告、POP广告、交通广告、直邮广告等。随着新媒体的不断增加，以媒体划分的广告种类也会越来越多。

2. 以广告传播范围为标准分类

可以将广告分为国际性广告、全国性广告、地方性广告和区域性广告。

(1) 自1996年上半年以来，广告走向国际化的情形已常见于世界各大都市的报纸与杂志所刊登的若干国际性商品的广告中。

(2) 全国性广告是指在全国性广告媒体上进行刊播的广告，其目的是引起全国范围的消费者的普遍关注，产生对其产品的认知与认购。选择全国性广告媒体，面对国内消费者发布的广告。全国性广告所宣传的产品多是通用性强、销售量大、地区选择性小的商品，或者是专业性强、使用区域分散的商品。一些大型企业的产品销售及服务遍及全国，常选择全国性广告媒体，如《人民日报》、中央人民广播电台、中央电视台来发布广告。全国性广告的刊播主要是为了引起国内消费者的广泛关注，占领国内市场，塑造行销全国的名牌产品。同国际性广告一样，这类广告宣传的产品也多是通用性强、销售量大、地区选择性小的商品，或者是专业性强、使用区域分散的商品。

(3) 地方性广告是指只在某一地区传播的广告。地方性广告的传播范围更窄，市场范围变小，消费群体目标相对明确集中，广告主大多是商业零售企业和地方工业企业。与全国性广告和国际性广告相比，其特点表现在以下两个方面：一方面，这类广告的传播范围更窄，市场范围更小，多选用地方性传播媒介，如地方报纸、电台、电视台、路牌、霓虹灯等；另一方面，这类广告多为配合密集型市场营销策略的实施，广告宣传的重点是促进人们使用地方性产品。

（4）区域性广告选择区域性的广告媒体，如省报、省电台、省电视台等，其传播面在一定的区域范围内。这类广告多是为配合差异性市场营销策略而进行的，广告的产品多数是一些地方性产品，销售量有限，选择性较强，为中小型工商企业所乐用。

3. 以广告传播对象为标准分类

可以将广告分为消费者广告和企业广告。消费者广告是通过传播信息，为消费者提供个人消费指导，如工作用品的选用、生活用品的采购以及其他衣、食、住、行等方面。企业广告是指以广告主（企业）的名义，并由其支付一定费用，通过大众传播媒体向公众传递商品、（劳务）和对购买者有益的信息，以期达到促进企业商品（劳务）销售目的的信息传播活动，可简称为“广告即有偿的、有目的的信息传播活动”。

4. 以广告传播商业性质为标准分类

一般可以分为商业广告和非商业广告。在中国，商业广告还没有到达巅峰，存在极大的泡沫成分和非理性行为；随着消费者的成熟、行业的规范，企业也会走向理性，自然会回落，起用普通模特将成为主流；同时，广告将异军突起并逐渐走向成熟，避免不了挑战。

5. 以广告主为标准分类

基本上可以将广告分为一般广告和零售广告。一般广告试图劝说消费者无论身在何处，都要购买他们公司的商品。而零售广告则劝服消费者在本地购买。一般广告强调产品或企业，零售广告则突出店铺价格、售后服务等。

1.1.4 广告要素

商业营利性广告的定义，是从广告的动态过程来说明广告是一种促销商品的传播手段的。对于具体的某一则广告而言，它仅是广告活动的结果或表现。对于一则具体的广告，它有这样一些基本要素：广告主、广告信息、广告媒体、广告费用和广告受众。

1. 广告主

广告主是指为推销商品或者提供服务，自行或者委托他人设计、制作、发布广告的法人、其他经济组织或者个人。它是市场经济及广告活动的重要参与者，它的主体资格与自身组织形态有密切关联。它可以是法人，也可以是自然人。

《广告法》规定，本法所称广告主，是指为推销商品或者提供服务，自行或者委托他人设计、制作、发布广告的自然人、法人或者其他组织。《广告管理条例》中称广告主为广告客户。《广告法》所称的广告经营者，是指接受委托提供广告设计、制作、代理服务的自然人、法人或者其他组织。《广告法》所称的广告发布者，是指为广告主或者广告主委托的广告经营者发布广告的自然人、法人或者其他组织。

具体地说，一般广告主就是发布广告信息者，如可口可乐的广告里，可口可乐公司就是广告主；而那则广告的设计制作公司，就是广告经营者；而广告发布者一般是指媒体，如电视台、杂志社、报社等。

2. 广告信息

广告信息一般有直接信息和间接信息两部分。直接信息是指(显性信息)由通用符号传达的广告信息文字、语言、企业与商品名称、包装及外观识别广告等构成并传播的信息(广告信息);间接信息是指广告作品具体的表现形式所带来的感觉上的信息。

信息是指广告的主要内容,具体包括商品信息、劳务信息、观念信息等。

商品信息包括产品的性能、质量、产地、用途、购买时间、地点和价格等。

劳务信息包括招工信息、劳务输出信息、招聘会信息等。劳务是以活劳动形式为他人提供某种特殊使用价值的劳动。这种劳动不是以实物形式,而是以活劳动形式提供某种服务。这种服务可以是满足人们精神上的需要,也可以是满足人们物质生产的需要。劳务有狭义劳务和广义劳务之分。狭义劳务不留下任何可以捉摸的、同提供这些服务的人分开存在的结果,如教师、律师、医生、理发师等人员提供的服务。广义劳务除了包括狭义劳务之外,还包括这样一类劳务,即它所提供的使用价值附着于物质产品中,体现为商品,如厨师、修理师、裁缝等人员提供的服务。

嗓子不舒服,就用金嗓子喉片,广西金嗓子集团。

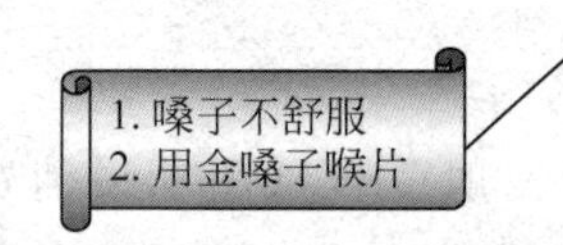

金嗓子的这则广告语简单直接,标明产品功效,向消费者发出购买邀请,有助于帮助消费者减少思考和决策成本,从而促进销售。

观念信息是指通过广告活动倡导某种意识,使消费者树立一种有利于广告者推销其商品或劳务的消费观念。诸如旅游公司印发的宣传小册子,不是着重谈其经营项目,而是重点介绍世界各地的大好河山、名胜古迹和异国风情,使读者产生对自然风光和异域风情的审美情趣,从而激发他们参加旅游的欲望。广告的观念信息的实质也是为了推销劳务或商品,只是采取了不同的表现手法。

3. 广告媒体

媒体是人用来传递与获取信息的工具、渠道、载体、中介或技术手段。传播离不开媒体(media),广告之所以能“广而告之”,达到一定的效果,就是通过某种中介物质传送信息而实现的。所谓广告媒体,是指传播广告信息的物质,凡能在广告主与广告对象之间起媒介和载体作用的物质都可以称为广告媒体。它的基本功能是传递信息,促成企业或个人实现其推销、宣传等目的。

广告活动是一种有计划的大众传播活动,其信息要运用一定的物质技术手段,才能得以广泛传播。这种向消费者传达广告主的有关经营(包括产品、劳务、观念等)信息的中介物质,即为广告媒体。广告媒体能够适时、准确地把广告主的商品、劳务和观念等方面的信息传送给目标消费者,刺激需求,指导消费;能够吸引受众阅读并收看(听)有关的信息,能够唤起受众接触媒体的兴趣,使消费者有可能接收到相关的广告信息,能够适应广告主的选择应用,满足对信息传播的各种需求。

广告媒体的范围及种类是随着人类社会的发展及社会科学的进步而不断变化发展的。传统的广告媒体的具体形式有报纸、杂志、广播、电视等。新兴的广告媒体有手机媒体、

IPTV、数字电视、移动电视、博客、播客和新型户外媒体等。国外把广告业称为传播产业,因为广告离开媒体传播信息,交流就停止了,可见广告媒体的重要性。

4. 广告费用

所谓广告费用,是指从事广告活动所需付出的费用。一般情况下,广告费用由两部分组成:一部分是直接广告费用;另一部分是间接广告费用。直接广告费用包括广告调查费用、广告设计制作费用、广告媒体发布费用、广告活动的机动费用;间接广告费用包括广告人员工资、办公费、管理费、代理费等。

开展广告活动需要经费,利用媒体要支付各种费用,如购买报纸、杂志版面需要支付相应的费用;购买电台、电视台的时间也需要支付费用;即使自己制作广告,如布置橱窗、印刷招贴和传单等,也需要一定的制作成本。

广告主进行广告投资,支付广告费用,其目的是扩大商品销售,获得更多利润。为了降低成本,取得最大的经济效益,在进行广告活动时,要编制广告预算,有计划地进行广告活动,以节约广告费用开支,获取最佳的广告经济效益。广告是通过一定媒体向用户推销产品或招徕、承揽服务以达到增加了解和信任以至扩大销售目的的一种促销形式。

当今世界,商业广告已十分发达,很多企业、公司、商业部门都乐于使用大量资金做广告。欧美与日本的广告费用支出已占国民生产总值的 2%~2.5%,有的大型企业的广告费用已达销售额的 5%~10%,如日本广告费用最多的 7 家公司,广告费用支出占该公司销售总额的 9.1%~29.4%。中国的广告费用支出比例低得多,如 1992 年广告总额为 50 亿元,只占国民生产总值的 0.13%,人均 4 元多。

5. 广告受众

广告受众既指广告信息的接收对象,也指广告信息传播的目标受众。

广告主花费时间、精力与经济等成本进行的广告信息传播,主要根据广告受众的特点与需求而制定,否则会使广告达不到广告主所期望的广告效果。

广告语

飞鹤奶粉,55 年专为中国人研制,更适合中国宝宝体质。

飞鹤奶粉这则广告语向消费者体现了品牌的特性,想到中国一句古话,一方水土养一方人。很容易会让消费者联想到,中国宝宝与外国宝宝的体质不一样,他们的成长也需要不同的营养配方。

1.1.5 广告多样化功能

当前要加速商品的社会化大生产的全过程,就必须充分地利用有效的广告宣传,迅速准确地把商品信息及时传播到广大消费者中,使大量的产品能够快捷地从生产流通流域送入消费领域。实践证明,广告在社会经济生活中所发挥的作用是不可替代的。

广告的功能是指广告的基本效能,也就是指广告以其所传播的内容对所传播的对象和社会环境所产生的作用与影响。研究广告的功能实际上就是研究广告能产生什么作用。

现代广告的功能是多元化的,主要的功能有信息功能、经济功能、社会功能、美学功能、心理功能、引导消费功能等。

1. 广告的信息功能

一方面,广告传递的主要是商品信息,是沟通企业、经营者和消费者三者之间的桥梁。商业广告是服务于商品流通的,为产品进入消费提供服务,商业广告把有关生产方面的信息传递给消费者,向消费者提供商品或劳务信息,这就是广告的信息功能。广告对于生产者来说,是了解市场信息的渠道;而对于消费者来说,则是商品信息的来源。

另一方面,从信息流的角度来考察,广告为物流、商流服务,同时,也对物流和商流起到一定的指导作用。商品从生产流通领域到达消费领域的顺利流通是有条件的,即必须在数量上、质量上和时间、地点以及具体的消费对象(消费单位和消费者)等诸方面均顺利接洽,密切衔接;而商品的供需又通过价格竞争即价格规律对商品生产自发地起着调节作用。广告活动所提供的信息流,可以通过正确的市场调查和科学的预测提供依据,减少商品生产的盲目性。同时,广告宣传还可以疏通物流和商流渠道,缩短流通时间,刺激消费需求,提高商流的时间效益,在一定程度上促使商品经济繁荣。

随着计算机技术、通信技术的进一步普及和发展,广告的信息传递功能将进一步发展和强化,发挥更高的效能。例如,由于电视频道的数量增加,不同频道可将节目的重点集中于特定的对象。可以预料,在不久的将来,广告业的信息功能还将不断地得到强化,广告机构将与商情调研机构和市场预测机构融为一体,为社会商业经济生活提供更完美的服务。

2. 广告的经济功能

在现代社会中,广告事业的发展水平也是衡量一个国家或地区经济发展水平的重要标志之一。在我国,目前国民收入和社会零售额以每年15%左右速度上升的同时,广告营业额则以30%左右的速度增长,这不仅说明了我国市场经济正迅猛发展,同时也表明广告业在我国经济发展中所起的作用越来越重要。

广告得以产生并发展的直接功能,是其给经济和商业或者说市场带来的效应。人们承认并肯定广告也多半因其所具有的经济功能。

广告的信息流通时刻与经济活动联系在一起,促进产品销售和经济发展,有助于社会生产与商品流通的良性循环,加速商品流通和资金周转,提高社会生产活动的效率,为社会创造更多的财富。广告能有效地促进产品销售,指导消费,同时又能指导生产,对企业发展有不可估量的作用。

3. 广告的社会功能

广告传播作为一种大众传播形式,是传播事业发展的催化剂,是整个传播活动中一个重要的组成部分,它同样在人的社会化过程中起着重要作用,具有社会功能。它作为一种文化现象,不仅具有超自然性、超个体性、媒介性和系统性等特点,更以其大众性、社会性、多样性、公开性等表征与社会历史发生交互作用,从而对人类社会及其文化系统带来一定的冲击和影响。

广告传播在传递商业信息的同时,实际上也在不自觉地创造着或传播着某种文化观念,总与某种生活观念相联系。在广告传播中蕴含着传播价值观念、生活理念等文化内涵——

促使人社会化的内容。这些价值观念、生活理念对受众的社会心理有着强有力的影响。人们在接受广告的同时，也接受了广告所传达和提倡的观念与理念，这其中必然包含了许多为社会所承认的社会准则和行为规范，对受众的社会行为(包括消费行为和非消费行为)同样具有强有力的影响，受众在接受广告的同时，也被社会化。

广告具有传播新知识与新技术的实惠教育功能，向社会大众传播科技领域的新知识、新发明和新创造，有利于开拓社会大众的视野，活跃人们的思想，丰富物质生活和文化生活。

4. 广告的美学功能

广告也是一种艺术，好的广告能给人以美的享受，能美化市容，美化环境。同时，广告内容设计得当，有利于树立消费者的道德观、人生观及优良的社会风尚。

广告美学是指研究广告艺术表现的美学规律和广告审美心理特征的应用美学学科。真实性是广告美的生命基石，是根本性规律；科学性是广告美的坚实保证，广告审美因素是构成广告艺术形象美学价值的要素。广告是美的创造性的反映形态，作为审美对象，它一方面反映或渗透着一定时代的审美观念、审美趣味、审美理想，同时也凝聚着广告人构思的心血和独创性的精神劳动。从某种意义上说，它是广告人审美心理结构的物质化表现。另一方面，广告又是具有一定审美能力、审美意识的人的欣赏对象，是物质美、精神美的能动反映，是一种社会意识形态。它通过大众对广告的认知、感受和理解的过程，向社会传播某种美学观念：道德观、价值观、幸福观、消费观等，从而潜移默化地影响人们的价值观念和生活方式。

同步案例 1-2

巧克力让跳舞更丝滑哦

德芙是目前中国巧克力第一品牌。德芙的丝滑香浓，不仅代表着巧克力的“黄金标准”，也成为新时代女性的情感代言出口。纵情的德芙时刻，丝滑的真我享受。德芙因爱而生，Dove是Do you love me的缩写。在德芙巧克力广告中，由李易峰、Angelababy合作代言，两人的德芙大片也被称为般配的德芙情侣。

画面场景开始是Angelababy在餐厅里端着德芙，吃了一口，整个人都开心了起来，摇来摇去，美美地吃着德芙，Angelababy一回头看到了李易峰，然后李易峰目光深情地一个滑步走向Angelababy，李易峰过来后，Angelababy说出了广告语：“巧克力让跳舞更丝滑哦。”两人手牵手在大厅里跳起了舞，最后优美结尾：“德芙纵享丝滑。”

资料来源：http://www.sohu.com/

案例分析： 德芙每年推出一个新主题，每次都有新女神代言，一句“纵享丝滑”，便再也忘不了德芙，也认定了吃巧克力就选德芙，德芙代言人的女神之路，也是越来越远，从未停止。一起回顾那些年德芙钟爱过的女神，2013年气质女神汤唯说：“你有一种特别的吸引力”，德芙被贴上了“性感”的标签，口号成了“都怪它太丝滑”。2015年，邓紫棋和金秀贤合作：“听说，下雨天巧克力和音乐更配哟。”2016年，Angelababy和李易峰一句“真的有这么丝滑吗?”成为大家作梗的广告语，德芙的口号变成了“纵享新丝滑”。2017年，赵丽颖化身月亮女神，将吃德芙巧克力的极致享受演绎得惟妙惟肖,以“当德芙,动你心”作为新口号。2018 年,德芙选出 3 位当红新人作代言,广告风格也和以往大相径庭,开启走心的系列,德芙的新口号:“德芙,因愉悦而不凡。”2019 年,以“丝滑”系列广告闻名的德芙巧克力以李易峰、Angelababy 为广告影片主角,充分体现了德芙巧克力的品质。

广告作为一种特殊的精神产品,要使消费大众接受,必须具有一定的审美价值,在一定程度上满足消费者的审美需要。

广告审美形象具有 3 种特征。一是功利目的。广告大师威廉·伯恩巴克说:“广告界中任何人如果说他的目的不是销售广告中的商品,他就是一个骗子。”二是贴近生活真实。广告审美形象更乐于用贴近生活真实的方式来展示,更好地达到促销的目的。比如,“孔府家酒,叫人想家”。三是合于审美规律。在满足功利要求的前提下,必须创造出既有外在形象美又有内在气质美的广告审美形象。

浓郁美味,顺滑口感,安慕希,浓郁畅饮,活力上市,超好喝。

安慕希这则广告语向消费者展现了安慕希酸奶的浓郁美味,顺滑口感的特性,同时也体现AMBROSIAL(安慕希)一词源于希腊,常被用来形容特别的美味。伊利安慕希引入希腊酸奶,旨在为人们带来更多营养与浓醇享受。

总之,广告是一种美的创造,是一种物质与精神相结合的活动,功利性是它的第一性,销售是它的首要目的;审美价值是它的第二性,从属于功利性。如果只有纯功利的追逐,那么,直接叫卖式的广告只能让受众产生反感和厌烦。

5. 广告的心理功能

人们的心理泛指人们的思想、感情的内在活动,包括感觉、知觉、思维、情绪等。在人类的生产、生活中,由于人们的社会地位、信仰、习俗、职业、性别、年龄,以及个性、气质、能力、爱好等的不同,必然表现出不同的消费需求心理。

现代广告的主要心理功能即广告通过掌握消费者心理活动来激发人们的感情,使之对广告所宣传的产品、劳务付诸购买行动的功能。

由于人们在心理需求上有好奇心、爱美心、上进心、求知心、自尊心、荣誉感、自豪感等特点;在消费需求上可分别表现为政治需求、经济需求、知识需求、文化娱乐需求、健康需求、环境影响需求等;在购买需求上可区分为质量需求、数量需求、型号花色需求、价格选择、包装选择、季节需求、个人发展需求等。因此,广告在向市场诉求认知时,需掌握一定时期目标市场主要购买对象的需求特点,通过广告的语言、文字、画面产生视觉导向,引起消费者的心理共鸣,引起消费者注意,诱发消费者的兴趣与欲望,促进消费行为。

6. 广告的引导消费功能

广告的引导消费功能为人们提供了丰富的商品信息,介绍了各类商品的质量特点,提供了劳务服务,从而使人们及时地购买到自己所需要的商品或劳务,丰富人们的物质文化生活,节约购买时间,使人们有更多的时间从事工作、学习和娱乐,为广大消费者的生活提供了方便。

广告对消费者购买行为的影响不仅起到一般的让消费者认识商品的作用,更重要的是广告在指导消费的同时,还有刺激消费需求的作用。广告的连续出现,就是对消费者的消费兴趣与欲求不断刺激的过程。

广告刺激需求包括两方面的内容:初级需求和选择性需求(消费)。初级需求是指对某类商品的需求。选择性需求(消费)是指对特定商品牌子的需求,这是在初级需求形成后的进一步发展。

广告在引导消费、刺激需求方面,还起着创造流行时尚的作用。许多流行性商品的出现,是与广告的大肆渲染分不开的;消费者的消费习惯,也会受到广告的影响而改变,接受新的消费观念。

○任务演练

如何实现广告引导消费的功能

演练背景

在现实的购买活动中,大多数购买者事先不一定有明确的购买意图和目标,但每次逛街都能够产生购买行为。其实,多数人事先只有朦胧的欲望,更多地表现为潜在需求;只有少部分买主,在明确的购买计划前提下实施购买行为。由此可见,有如此众多的、具有潜在需求的消费者在等待着购买愿望被诱发。而广告正是诱发消费者潜在需求的一种重要手段。广告对消费行为有着引导和促进作用,并通过这些作用,极大地促进生产的增长和消费水平的提高。

演练要求

(1) 选择一则具有代表性的广告。

(2) 通过广告信息的传播,观察接收信息者的参与方式、认知反应、信念和态度的转变、行为模式的改变等,获得广告引导消费行为的过程和结果。

演练条件和过程

(1) 学生分6组,自选组长。

(2) 每组均选择一则广告,媒体不限。

(3) 两组之间互为传播者和广告信息获得者。

(4) 以卡片的形式记录观察结果,组长汇总。

(5) 由组长代表本组在班上公开结论,教师点评。

任务演练评价

任务演练评价表

任务演练评价指标	评价标准	分值	得分
1. 广告选择的代表性	(1) 是否具有代表性	20	
	(2) 是否具有可行性	10	

续表

任务演练评价指标	评价标准	分值	得分
2. 演练过程	(1) 演练系统性	20	
	(2) 操作符合要求	20	
	(3) 卡片记录信息详略得当	10	
3. 成果展示	PPT设计精美,解说语言表达流畅到位	20	
	总　成　绩	100	
学生意见			
教师评语			

学习任务1.2　广告业务流程

教学方案设计

教学方法:案例展示　　　　建议课时:4

<table>
<tr><td rowspan="2">学习目标</td><td>技能目标</td><td colspan="3">1. 能按照广告业务的流程安排企业的广告业务工作流程,并开展工作
2. 能根据公司的业务状况确定广告的目标、对象、主题
3. 能根据企业的广告业务流程合理地分析其利弊
4. 能比较熟练地编撰广告业务流程报告</td></tr>
<tr><td>知识目标</td><td colspan="3">1. 了解广告业务流程的基本过程
2. 掌握市场分析的营销环境
3. 熟悉广告的策略
4. 掌握广告计划与效果监测的内容</td></tr>
<tr><td rowspan="2">学习任务准备</td><td>教师</td><td colspan="3">1. 课件及任务评分考核表
2. 准备授课广告实例资料
3. 帮助学生确定一份典型的广告策划案</td></tr>
<tr><td>学生</td><td colspan="3">1. 以个体为单位,熟读各种资料
2. 准备好广告实例并发言</td></tr>
<tr><td rowspan="3">教学流程</td><td>教学环节</td><td>教师活动</td><td>学生活动</td><td>课时</td></tr>
<tr><td>一、成果展示与分析</td><td>1. 引入案例,提出问题
2. 展示并分析某一企业广告业务流程</td><td>做好问题分析笔记</td><td>1</td></tr>
<tr><td>二、知识储备</td><td>1. 讲授广告业务流程理论知识
2. 解答知识疑问
3. 针对本学习任务中的同步案例和"广告语"进行学习指导</td><td>1. 认真听取广告业务流程理论知识
2. 提出疑问
3. 针对本学习任务中的同步案例和"广告语"进行学习分析</td><td>1</td></tr>
</table>

续表

	教学环节	教师活动	学生活动	课时
教学流程	三、任务演练	1. 介绍本学习任务的演练背景和要求 2. 指导"撰写企业广告业务流程的分析报告"的演练实施过程 3. 评价演练效果和结论	1. 个人自主演练任务："撰写企业广告业务流程的分析报告" 2. 通过个人演练对报告中企业的市场环境、广告策略、广告计划等进行分析	1
	四、学习任务知识小结	1. 系统地对本学习任务知识进行总结 2. 针对重要知识点进行课后作业布置	1. 认真听取知识总结 2. 以个人为单位收集一个企业的广告业务流程，进行评述介绍	1

○成果展示与分析

港荣蒸蛋糕，好吃不上火

一、港荣食品发展历程

港荣食品创建于1993年10月，公司总部坐落于中国玉器之乡——广东省揭阳市。多年来，公司一直致力于产品研发和技术创新，始终以"诚信、健康、创新、时尚"为经营理念，在激烈的市场竞争中不断追求卓越。

1993年12月　兄弟齐心，共创港荣
2000年　通过HACCP食品安全管理体系认证
2004年　被农行揭东支行授予"AAA级信用企业"
2007年　荣获2007年度"广东省诚信示范企业"
2008年　荣获2008年度"广东省诚信示范企业"
2008年5月　众志成城，克服万难，港荣向汶川地震捐赠500万元
2008年5月　港荣瑞士卷(原味、香橙味、草莓味)同步上市
2008年5月　港荣食品在山东省日照市的生产基地正式建成投产
2010年　被广东省食品安全宣传组织委员会授予"广东省食品安全放心承诺企业"
2010年　被揭阳市人民政府授予"守合同重信用企业"
2012年3月　港荣食品在成都市崇州市设立生产基地
2013年12月　被揭阳市人民政府授予"农业龙头企业"荣誉称号
2014年2月　经过2年自主研发的新产品"港荣蒸蛋糕"正式推向市场，松软的小小蒸蛋糕受到消费者的热爱和追捧
2014年3月　"港荣蒸蛋糕"在第90届成都糖酒会上成为糖烟酒周刊食品版向广大经销商推荐的特色产品，其"蒸"工艺颠覆了传统的烘焙技术，给消费者带来了全新的糕点体验
2014年5月　港荣食品在湖北省武汉市设立生产基地
2014年6月　港荣天猫旗舰店正式上线
2014年6月　港荣食品研发的"港荣蒸蛋糕"凭借其创新的"蒸"概念荣幸地入围第八届中国食品产业成长之星候选名单

2014年7月　港荣食品与浙江卫视《中国好声音》栏目签约,从7月开始高频率播放"港荣蒸蛋糕"宣传广告,为港荣食品呐喊助威

2015年7月　港荣食品与浙江卫视《中国好声音》栏目签约,成为第四届中国好声音唯一指定蛋糕提供商

二、产品分析

代工,让"蒸"的美味扩散得更远

10年前,那两条由港荣掌门人林壮荣亲自带队敲敲打打研发出来的蒸蛋糕生产线,早已不是原来的模样。那些敲敲打打的痕迹,一批又一批的美味蒸蛋糕早已对它们做了抛光和美化,"蒸"的工艺,日臻成熟和完善,蛋糕口味愈加多样、稳定。

于是,掌门人林壮荣有一个愿望:让"蒸"的美味扩散得更远。显然,依托港荣完善的设备、工艺和团队,代工是达成愿望的捷径。在工业烘焙方向,港荣不吝输出产品和技术,贴上安全保障的品牌,使蒸蛋糕的美味扩散速度更快、范围更广。在学校、便利店、火车、飞机、高速路服务区,都能吃到蒸蛋糕。因为蒸蛋糕的工业烘焙属性,使它能够长期保持味道鲜美。在连锁烘焙店方向,与中国大地上遍地开花的面包店合作,无疑与前者殊途同归——同样让更多人享受到蒸蛋糕的美味。面包店,通常拥有较高的、相对固定的消费群体,现烤产品泛滥,蒸蛋糕必然能在渴望新味的"吃货"堆里获得垂青。为了蒸蛋糕这一产品,烘焙店购买昂贵的蒸蛋糕设备,显然只会让重资产把自己压得喘不过气。港荣为它们提供代工服务,是扩散美味蒸蛋糕和实现资源共享的绝佳方式。

从无到有　自己搞研发

10年前,揭阳市港荣食品总经理林壮荣和朋友一道去日本参观学习旅游,无意中在日本某食品作坊第一次见到了蒸蛋糕,马上抓起来尝了一口,绵软爽口的味道让他震惊,顿时便觉得不可思议。

回国后,林壮荣心里还是对无意"邂逅"的蒸蛋糕念念不忘。心里想着,我干工业烘焙食品生产这么多年了,从未见过蛋糕还可以用蒸的,并且味道还那么好!我若是将这口令人震惊的蒸蛋糕在中国市场上开发出来,美味岂不是可以共享国人了。林壮荣是那种心生了念头就会去实干的企业家。林总娓娓道来:"要将蒸蛋糕做出来,首先要有一条能生产蒸蛋糕的生产线。我本身就对机械特别感兴趣,平时自己也琢磨琢磨,加上几个技艺好的师傅,我们经过一番敲敲打打和反复试验,竟然成了。"就这样,"made in China"蛋糕生产线就诞生了。

"弃置"背后的商业逻辑

有了生产线,为让蒸蛋糕在中国市场早日上市,接下来似乎应该紧锣密鼓开始生产了。但实干的林壮荣还有深沉冷静的一面。"国内市场,蛋黄派、瑞士卷一类的工业烘焙食品正是卖的火热的时候,再加上国内烘焙行业行情一路看涨,开店数量多,国人普遍接受的是这类烘焙食品,商超内卖的火爆的也是蛋黄派。若是立马推出蒸蛋糕,恐怕蒸蛋糕要被埋没在蛋黄派的辉煌之中。"无论从商业营销的目的,还是从国人对烘焙食品的接受程度,那个时间推出蒸蛋糕确实还不是时候,林壮荣便把这条蒸蛋糕的生产线"弃置"在厂房里。

直到10年后的一天,身边很多朋友跟他提到被"弃置"在厂房里静静躺着的两条蒸蛋糕生产线。在朋友的多次鼓动下,林壮荣静心思考,如今国内市场工业烘焙食品推陈出新的太

少，蛋黄派、瑞士卷、奶香小面包等又卖了太多年，国人的味蕾估计都疲惫了，是时候推出蒸蛋糕惊一惊国人的味蕾，是时候冲击工业烘焙市场的“红海”了。

攻克技术难题，推出港荣蒸蛋糕

传统烘焙食品是蛋糕店里的主要产品，包括蛋糕、面包等，通常保质期是1～3天，最长一般不超过1周。经过工业化生产和改良后，传统的烘焙食品保质期延长至6个月甚至1年。蒸蛋糕生产线之所以在厂房内静静放了快10年，原因之一还在于蒸蛋糕的保质期这一技术难题。

港荣食品自成立以来就是从事工业烘焙食品的生产和制作，在做的也一直都是长保产品，水分含量较低。而蒸蛋糕的水分是一般长保产品的十几倍。按照行业内的话说“多一点水，就多很多麻烦”，蒸蛋糕保质期的技术难题攻克是需要解决的最基本问题。10年前无法解决，10年后技艺成熟的港荣食品便有实力去尝试，结果在林壮荣的意料之中，2013年港荣食品研发出了保质期35天的“蒸蛋糕”烘焙小点心。

2013年下半年在成都举行的糖酒会上，揭阳市港荣食品团队带着“蒸蛋糕”首次在国内亮相，惊艳了观展人的视线。2014年开始，“蒸蛋糕”便陆续被推向市场，走进少数“吃货党”的视线。

目前，港荣食品在广东揭阳、四川成都、山东日照、湖北武汉等地设立了生产基地，主营产品包括蒸蛋糕、蒸蛋挞、蒸三明治蛋糕、瑞士卷、脆皮蛋糕、蛋黄派等休闲食品。至今已发展成为一家集研发、生产、销售与服务于一体的专业化大型食品企业。公司主打“港荣蒸蛋糕”“港荣蒸蛋挞”“港荣脆皮蛋糕”“港荣瑞士卷”等多个核心系列产品。

三、消费者分析

港荣食品之所以受到消费者的青睐与其精准的市场定位有很大关系，港荣食品看准了“蒸”工艺产品的巨大潜力，抓住这一特性准确定位，采用精准的娱乐营销方式，以一句“港荣蒸蛋糕，好吃不上火”实在标语，令港荣蒸蛋糕如同《中国好声音》一样迅速响遍大江南北，青春活力的产品调性显露无疑。而“蒸”的产品卖点代表优先的品质口感，全面优化组合，正符合现代年轻人怡悦、健康、方便的消费时尚，形成了蛋糕品类消费中的亮点，深受广大消费者的喜爱。

四、竞争分析

港荣食品的成功来源于以下3个核心竞争力。

追求卓越的生产理念

港荣食品拥有多条自主研发、独家定制的自动化生产线，先进的硬件是港荣食品制造优质产品的基础。同时，港荣食品对产品原料精益求精，所用原料都经过严格筛选，配置国内先进的食品检测中心，缜密监控每一道工序，对每批产品从原料至出厂进行全面检测，执行高标准的质量管理体系。

精准的产品定位

凭借精准的品牌定位、优秀的营销队伍及庞大的销售代理渠道，公司主打的“港荣蒸奶香蛋糕”系列产品迎合“健康、新鲜、短保”的饮食理念，主打“不上火”，赢得了消费者的青睐。“港荣蒸蛋糕”销路遍及全国，“港荣蒸蛋糕，好吃不上火”的产品标语已深入人心。

优秀的产品研发能力

公司坚持不断地创新与改良产品，构建先进技术研发平台，提高创新与服务能力，对核心技术拥有自主知识产权并运作成技术产业化。公司先后自主研发出了“蒸蛋糕”“蒸蛋挞”“港荣脆皮蛋糕”“蒸三文治蛋糕”等多系列产品，多样化的特色产品保持了港荣食品鲜活的生命力。

而面对后来者、模仿者、竞争者，港荣食品总经理林壮荣表示，港荣将会始终以“诚信、健康、创新、时尚”为生产管理目标，不断导入先进管理模式，确保产品质量持续稳定提高，以便更好地参与市场竞争。就是这样，港荣食品凭借其优秀的质量、品质获得了消费者良好的口碑，使其在行业中始终保持领先地位。“港荣蒸蛋糕”在第90届成都糖酒会上成为糖烟酒周刊食品版向广大经销商推荐的特色产品，其“蒸”工艺颠覆了传统的烘焙技术，给消费者带来了全新的糕点体验。2014年开始，“港荣蒸蛋糕”红红火火推向市场，走进“吃货党”的视线。“港荣蒸蛋糕”在短短的一年中取得全国首创、全国销量领先、网络销量领先、行业品牌领先的优异成绩，被誉为食品行业的爆品，在同品类产品中市场份额占有率高达65%以上，同时带动了整个蒸蛋糕产业链的运转。

未来，港荣食品更是以致力于打造“世界一流的蒸蛋糕品牌”为愿景，不断进取，以全球化视野开拓国际市场，满足不同消费者多元化的健康营养需求。

五、广告策略

广告目标

扩大“港荣食品”品牌的知名度与美誉度，奠定“港荣食品”在蒸蛋糕品类乃至整个食品行业的地位。

广告语

嗨 你别上火

港荣蒸蛋糕，好吃不上火

蒸的不上火

港荣蒸蛋糕，全蛋奶，蒸的好吃不上火

我对你是蒸的，爱我不上火

港荣蒸蛋糕，好吃不上火

广告投放策略

港荣食品在全国多家电视、央视、卫视、网络、平面主流媒体上多维度大量宣传推广。先后与浙江卫视《中国好声音》、湖南卫视《我是歌手》、天津卫视《非你莫属》、江西卫视《家庭幽默录像》、四川卫视《万万没想到》、北京卫视《跨界歌王》、东南卫视港荣蒸蛋糕《鲁豫有约一日行》、江苏卫视、安徽卫视、山东卫视、东方卫视、央视教育频道等各大主流媒体卫视合作签约。

港荣食品与音乐节目《中国好声音》战略合作，并在官方微信上结合《中国好声音》节目导师形象制定了《蛋仔快跑》H5游戏，让消费者玩起来，同时还设计了“全民齐欢唱”活动，让消费者参与活动的同时，可以赢取《中国好声音》节目现场录制门票。港荣食品除开设了多个互动活动外，还将节目热点与品牌结合，发布各类新闻稿，让消费者在了解节目热点的同时也记住“港荣”这一品牌。

资料来源：http://www.cnfoodsafety.com

知识储备

广告从其筹备到真正落实是一个非常复杂的过程，只有切实掌握好其中每一步的关键，系统地做好整体流程分析，才能最终得到理想的结果。其流程通常分为4个阶段：市场分析阶段、广告策略阶段、广告计划阶段和广告活动的效果预测及监控阶段。

1.2.1 市场分析阶段

市场分析主要包括营销环境分析、消费者分析、产品分析、企业与竞争对手的竞争状况分析和企业与竞争对手的广告分析，为后续的广告策略部分提供有说服力的依据。

1. 营销环境分析

(1) 分析企业市场营销环境中宏观的制约因素。其主要包括企业目标市场所处区域的宏观经济形势；市场的政治、法律背景；市场的文化背景：企业的产品与目标市场的文化背景有无冲突之处；这一市场的消费者是否会因为产品不符合其文化而拒绝产品。

(2) 分析市场营销环境中的微观制约因素。市场营销环境中的微观制约因素主要包括企业的供应商与企业的关系以及产品的营销中间商与企业的关系。

(3) 分析市场概况。市场概况主要包括市场的规模与市场的构成。市场的规模分析体现在整个市场的销售额、消费者总量、消费者总的购买量等要素在过去一个时期中的变化情况，以及未来市场规模的变化趋势等因素。

市场的构成分析包括这一市场的主要产品的市场份额、主要地位与构成竞争的产品分析等，以及未来市场构成的变化趋势。

市场的构成分析也表现在对市场的季节性分析、暂时性分析和其他突出的特点分析。

(4) 营销环境分析总结。营销环境分析总结主要是机会与威胁分析、优势与劣势分析以及重点问题分析。

2. 消费者分析

消费者分析主要体现在对消费者的总体消费态势分析、现有消费者分析、潜在消费者分析和消费者分析总结4个方面。

(1) 消费者的总体消费态势分析即分析现有的消费时尚和各种消费者消费本类产品的特性。

(2) 现有消费者分析主要分析以下几个方面。

① 消费群体的构成。现有消费者的总量；现有消费者的年龄；现有消费者的职业；现有消费者的收入；现有消费者的受教育程度；现有消费者的分布。

② 消费者的消费行为。购买的动机；购买的时间；购买的频率；购买的数量；购买的地点等。

③ 消费者的态度。对产品的喜爱程度；对本品牌的偏好程度；对本品牌的认知程度；对本品牌的指名购买程度；使用后的满足程度；未满足的需求等。

(3) 潜在消费者分析主要包括潜在消费者的特性、潜在消费者现在购买行为和潜在消费者被本品牌吸引的可能性等因素。

(4) 消费者分析总结。一方面分析总结当前所面对消费者和潜在消费者的机会与威胁；优势与劣势和主要问题所在；另一方面分析总结目标消费者的消费特性、共同需求及如何满足他们的需求。

同步案例 1-3

红星二锅头：敬，不甘平凡的我们！每个人心中都有一颗红星

红星二锅头号称是“八百年的传承，二锅头的宗师”，请影视演员张涵予以人物独白的形式呈现了张涵予的奋斗历程，坚毅的形象广告：“7 年配角，25 年配音。没有奖杯，也无人喝彩。如果说，命运是一场持久战。那我就用信念来证明。时代的豪言壮语并非只为英雄谱写。坚守一颗执着的心，梦想，终会吹响人生的集结号。红星二锅头：敬，不甘平凡的我们！每个人心中都有一颗红星！”

资料来源：http://www.9998.tv

案例分析： 体现了红星二锅头注重消费者的态度，市场主要定位为中年人，而演员张涵予的形象广告恰恰展现张涵予从一个无名的配音演员、配角，心怀梦想、默默坚持付出，最终成为知名演员的奋斗追梦史，与红星二锅头的产品特性不谋而合。把“红星二锅头”作为一种精神力量的象征，陪伴男主角在追梦的道路上勇敢前行，热血，正能量，励志，富有人文情怀。目标消费群体主要为坚守心中的梦想的青年和中年男性群体，即使面对挫折也在追梦的道路上勇敢前行。主题是向“心怀梦想、勇敢前行”的践行者致敬，向新时代每个不甘平凡的奋斗人士致敬，传达红星品牌的正能量，引导消费者从精神层面认同红星二锅头品牌的老字号价值。

3. 产品分析

出于消费者的角度，由于对自我利益的关心使人们不厌其烦地每天通过广告做出大量的消费判断，因而产品分析成为广告业务流程中必不可少的一个环节。

(1) 产品特征分析。产品特征分析主要包括产品的性能、产品的质量、产品的价格、产品的材质、产品的外观与包装以及同类产品的比较等方面的具体分析。

(2) 产品生命周期分析。产品生命周期的主要标志、产品处于什么样的生命周期阶段和企业对产品生命周期的认知情况分析。

(3) 产品品牌形象分析。企业赋予产品形象包括企业对产品形象有何考虑；企业为产品设计的形象有无不合理之处；企业是否将产品形象向消费者有效传达了。

消费者对产品形象的认知：消费者认为产品形象如何；消费者认知的形象与企业设定的形象是否符合；消费者对产品形象的预期；产品形象在消费者认知方面有无问题。

(4) 产品定位分析。产品的预期定位：企业对产品定位有无设想；定位的设想如何；企业对产品定位有无不合理之处；企业是否将产品定位向消费者传达。

消费者对产品定位的认知：消费者认为的产品定位如何；消费者认知的定位与企业设定的定位是否符合；消费者对产品定位的预期如何；产品定位在消费者认知方面有无问题。

产品定位的效果：产品定位是否达到了预期的效果；产品定位在营销中是否有困难。

(5) 产品分析总结。产品分析总结特性与产品的生命周期所面临的机会与威胁、优势与劣势以及存在的主要问题；产品分析总结的形象与产品定位的主要问题点。

4. 企业与竞争对手的竞争状况分析

其主要从 3 个方面进行竞争状况分析。

(1) 企业在竞争中的地位分析，比如，企业的市场占有率、消费者认知与企业自身的资源和目标等。

(2) 企业的竞争对手分析，确定主要的竞争对手、竞争对手的基本情况、竞争对手的优势和劣势以及竞争对手的策略分析。

(3) 企业与竞争对手的比较分析，主要比较分析机会与威胁、优势与劣势以及主要问题点等。

5. 企业与竞争对手的广告分析

企业开展广告业务应考虑竞争对手的相关广告情况，比如，竞争对手以往的广告活动概况、广告目标市场策略、广告定位与诉求等分析内容。

企业与竞争对手的广告分析如表1-1所示。

表1-1 企业与竞争对手的广告分析

分析项目	具体竞争分析内容
以往广告活动的概况	广告活动开展的时间、目的、地点、投入的费用以及主要内容
以往广告目标市场策略	广告活动针对什么样的目标市场进行；目标市场的特性如何，有何合理之处
产品定位策略	分析其独到的产品定位策略，并发现问题以便对广告宣传提供决策依据
以往广告诉求策略	以往广告诉求策略中诉求对象是谁；诉求重点如何；诉求方法如何
以往广告表现策略	广告主题如何，有何合理与不合理之处；广告创意如何，有何优势与不足
以往广告媒介策略	媒介组合如何，有何合理与不合理之处；广告发布的频率如何，有何优势与不足
广告效果	广告在消费者认知方面有何效果；在改变消费者态度方面有何效果；在消费者行为方面有何效果；在直接促销方面有何效果；在其他方面有何效果；广告投入的效益如何
总结	总结竞争对手在广告方面的优势；企业自身在广告方面的优势；企业以往广告中应该继续保持的内容；企业以往广告突出的劣势

1.2.2 广告策略阶段

广告策略阶段

1. 广告目标

广告目标是指在一个特定时期内，对于某个特定的目标受众所要完成的特定的传播任务和所要达到的沟通程度。广告目标规定着广告活动的总任务，决定着广告活动的行动和发展方向。企业通过广告目标对广告活动提出具体要求，实现其营销目标。有了明确的广告目标，就可以根据目标制定企业在各不同阶段的广告策略，从而发起相应的广告运动。

广告语

拼多多，拼多多，拼的多，省的多，拼多多拼多多，天天随时随地拼多多。

"拼多多"成立于2015年9月，它靠着用户发动自己的亲朋好友一起拼团，只要组团成功就超低价包邮，成立两年多就名声大噪。这则广告语简单直接，向消费者表明只要拼着买就会便宜省钱。

广告目标主要包括企业提出的目标、根据市场情况可以达到的目标和对广告目标的表述3个方面。广告目标按目标的不同层次可分为总体目标和分目标；按目标涉及的内容可分为外部目标和内部目标；按目标的重要程度可分为主要目标和次要目标。无论何种目标，一经确立，必须制定出实现目标的指标，计量标准和实施方法，使广告目标量化。

1）广告目标的作用

(1) 协调宗旨的作用。广告目标的确立为广告活动中的协调工作提供宗旨。在广告主企业内部，广告部门是最主要的广告工作机构，广告部门必须在企业计划部门、财务部门、销售部门、公共关系部门等的协助下，才能够开展广告工作。同时，广告主企业还必须同社会上各类广告促进机构，如广告公司、广告媒介单位、广告研究机构、政府有关部门、竞争对手企业、公众利益组织等相互配合以保证广告活动的顺利进行。所以，在广告活动的整个运作过程中，自始至终都需要做协调工作，而协调工作则需围绕广告目标进行。

在各项协调工作中，凡是有助于广告目标实现的计划、行动，就应该坚决执行；凡是同广告目标要求有偏差的，就应该进行适当的调整。

(2) 决策准则的作用。广告目标的确立为广告决策提供了决策准则。广告目标是整个广告活动中的核心目标，整个广告的策划工作，将以广告目标为中心制定出一套目标体系来，比如确定文本创作的目标、媒介选择的目标、媒介组合的目标、广告效果评价的目标、广告的经济效益目标、广告的社会效益目标等。每确定一个具体的目标，就是对一项具体的工作步骤进行一次决策，而每一项决策又都以总体的广告目标为准则，由此确保整个广告活动的顺利进行，最终实现广告目标的要求。

(3) 评价依据的作用。对广告活动的效果进行评价是一项十分重要的工作，对广告活动效果的判断，必须以其是否完成了广告目标的要求为依据。如果没有一个明确的广告目标，广告工作可以热热闹闹地大干一场，但无法评价其达到了什么效果。因此，广告目标不但要明确、可以测量，而且还要能够化成一系列的具体目标，以指导每一个具体的广告工作步骤。只有这样，在广告活动结束后，才能够将广告活动的结果同广告目标相比较，对广告活动的效果做出一个准确的评价。

世界广告大师：鲁比堪

2）广告目标应符合以下具体要求

(1) 符合企业整体营销的要求。广告活动只是整体营销中的一个组成部分，为了配合整体的营销活动，广告目标就一定要让其他营销部门能够接受，这样才可以让广告运动同其他营销活动相互协调起来。

广告不是一项独立的活动，而是企业整体营销活动中的一项具体工作。所以，广告目标必须在企业的整体营销计划指导下做出。广告目标特别要反映出整体营销计划中的考虑重点，如广告发挥影响的范围、时限、程度等，以便使广告运动配合整体营销活动。

(2) 清楚明确、可以测量。因为广告目标将会成为广告主同广告公司之间相互协调的宗旨、一系列广告决策的准则以及最后对广告效果进行测定的依据，所以广告目标不能够含含糊糊、模棱两可，使得人们可以对其肆意加以解释。

要求对广告目标清楚明确，可能还比较容易实现；但要求广告目标可以被测量，就有一定的困难了。广告目标无法被测量，最大的缺点就是无法准确地评价广告的效果。因此，广告主应尽可能在广告运动规划之前，将广告运动的目标具体化，使人们可以以一套公认的标准对其进行测量。当然可测量不一定是严格地要求广告目标定量化，可测量是要求广告目标具有可以明确进行比较的性质。

（3）切实可行、符合实际。广告目标必须切实可行、符合实际。也只有切实可行、符合实际的广告目标，才能保证广告运动的顺利进行。

（4）具有一定的弹性。因为广告目标要指导整个广告活动，所以必须考虑企业内部环境与外部环境的种种变化对广告活动的影响，为了更好地配合整体工作的进行，可能会做出适当的调整，而这样的调整，又应该是广告目标所能够允许的。

（5）可以分解为一系列的具体目标。广告目标若要发挥其指导整个广告活动的作用，就要能够分解成为一系列广告活动的具体目标。因为只有这些具体的广告目标一一实现，才能够逐步使得总的广告目标达到。

3）广告内容目标与广告效果目标

广告内容目标就是广告所传播的信息内容要达到的目标。从广告内容这一角度，企业的广告目标可分为以下几种。

（1）创牌目标。这类广告一般是新产品的广告，广告的目标为提高消费者对新产品的知名度、理解度和对品牌商标的记忆度。广告内容以宣传和突出产品的性能、特点、用途、商标等为重点，目的是让消费者认知新产品、了解新产品、建立对新产品品牌的记忆和良好印象、从心里接受新产品、产生尝试新产品的欲望，并不特别看中广告的促销成果。

（2）保牌目标。广告大师威廉·伯恩巴克认为，每种成熟产品都产生了一种与人们的心理有着微妙联系的东西，即“发现与生俱来的戏剧性”。广告的目标在于加深消费者对产品的好感和信心，增加消费者对广告产品的消费习惯，培养顾客的忠诚度，让消费者产生重复购买行为，从而确保已有的产品市场，并尽可能地提高市场占有率。

（3）竞争目标。广告的直接目的就是提高广告产品的市场竞争能力。这类广告的特点是，诉求重点在于宣传本企业产品与竞争对手产品的差异，强调本产品的优异之处，争取消费者认购本企业的产品。

（4）形象目标。这类广告的目的在于引导消费者正确全面地认识和了解企业与产品，形成对企业和产品的好感，从而提高企业的美誉度，树立良好的企业形象。

广告效果目标是指广告活动所要达到的效果指标，可分为广告销售效果目标和广告宣传效果目标。

广告销售效果目标是指广告活动所要达到的促销指标，主要包括利润增长率、销售增长率、市场占有率等内容，对这类目标的确定要有弹性。

广告宣传效果目标是指广告通过宣传是否达到了一定的心理指标，主要包括广告受众对广告信息的接收率、阅读率及注意、理解、记忆、反应等内容。

2. 目标市场策略

（1）企业原来市场观点的分析与评价。企业原来所面对的市场：市场的特性与市场的规模。企业原有市场观点的评价：机会与威胁；优势与劣势；主要问题点；重新进行目标市场策略决策的必要性。

（2）市场细分。市场细分主要分析：市场细分的标准；各个细分市场的特性；各个细分市场的评估；对企业最有价值的细分市场。

（3）企业的目标市场策略。企业的目标市场策略主要是目标市场选择的依据与目标市场选择策略。

3. 产品定位策略

（1）对企业以往的定位策略的分析与评价。主要分析评价企业以往的产品定位；定位的效果；对以往定位的评价。

（2）产品定位策略。包括进行新的产品定位的必要性；从消费者需求的角度考虑；从产品竞争的角度考虑；从营销效果的角度考虑；对产品定位的表述；新的定位的依据与优势。

4. 广告诉求策略

广告诉求策略包括广告的诉求对象、广告的诉求重点和诉求方法策略。

广告的诉求对象是指对诉求对象的表述与诉求对象的特性和需求。广告的诉求重点包括对诉求对象需求的分析、广告诉求重点的表述和对所有广告信息的分析。诉求方法策略是指对诉求方法的表述和诉求方法的依据。

同步案例 1-4

轰炸式广告营销　足力健老人鞋能“走”多远

资料显示，足力健老人鞋由北京孝夕阳推出。北京孝夕阳成立于 2015 年 4 月，法定代表人为高鹏，公司经营范围包括技术开发，销售日用杂货、服装鞋帽、电子产品等。2016 年 11 月，足力健签约张凯丽为品牌代言人。

“赶紧换一双足力健老人鞋吧”“瞧这鞋底的大花纹”等广告词在央视多个频道高频播出，让足力健老人鞋迅速走红。其中，轰炸式广告营销在足力健老人鞋走红中有着不可磨灭的功劳。足力健老人鞋广告在 CCTV-11、CCTV-12、CCTV-15 等多个频道高频次播出，广告中宣传产品的主要功能为防滑、缓震、宽松不挤脚等解决老年人穿鞋中的问题。

资料来源：http://www.sohu.com

案例分析： 相较于年轻人来说，老年人有更多的时间看电视，央视各频道是多数老年人信赖并喜欢观看的频道，利用央视频道高频次播出广告让足力健老人鞋能够迅速在老年群体中打响知名度。该产品代言人张凯丽因电视剧《渴望》被中老年人熟知，她的代言对足力健老人鞋推广也有一定的作用。

“单一产品＋明星代言＋央视广告”是企业瞄准中老年市场热衷的销售套路，不管是之前的老年保健品，还是现在的足力健老人鞋，分析认为，这种营销模式能够让产品短时间内快速被消费者熟知并获取一定的销售额，但如果出现广告停播或者有所减少，将直接影响产品销量。在国内老年消费市场不断扩大，老人鞋品牌逐渐增加的当下，如何增加产品差异化功能、实现品牌持久力、增加市场竞争力是足力健老人鞋需要考虑的问题。

5. 广告表现策略

广告表现策略主要为广告主题策略，即对广告主题的表述与对广告主题的依据。广告创意策略即广告创意的核心内容与广告创意的说明。广告表现的其他内容包括广告表现的风格、各种媒介的广告表现、广告表现的材质。

广告表现策略中广告主题必须仅仅抓住构成广告主题的三要素。

广告主题=广告目标+信息个性+消费心理

广告目标是广告主题的出发点，也是广告主题发挥作用的努力方向，广告主题的确定必须围绕广告目标的实现来进行，否则就会失去方向。

信息个性是指广告所包含的信息是独特的，是与其他企业的广告信息有明显的区别的，具体鲜明的个性。信息个性也可称销售重点（卖点），没有个性的信息是缺乏促销力的，因此，信息个性是广告主题的基础和依据。

广告信息不但要讲求个性，而且要符合消费者心理，能够引起消费者共鸣，否则就会失去效用，广告也就没有生命力。

6. 广告媒介策略

根据目标市场策略的要求，进行广告媒介策略的决策，广告媒介策略主要包括对媒介策略的总体表述；媒介的地域；媒介的类型；媒介的选择；媒介组合策略；广告发布时机策略；按照覆盖面、受众群体成本对广告媒介进行评估；确定广告发布的时机、时序、时点策略；广告发布频率策略。

1.2.3 广告计划阶段

企业的广告计划是企业对于即将进行的广告活动的规划，它是从企业的营销计划中分离出来，并根据企业组织的生产与经营目标、营销策略和促销手段而制定的广告目标体系。

广告计划主要包括以下 10 个方面的内容。

(1) 广告目标：根据前面的分析结果，确定广告活动的具体目标。

(2) 广告时间：在各目标市场的开始时间、广告活动的结束时间、广告活动的持续时间。

(3) 广告的目标市场：确定企业营销和广告的目标市场。

(4) 广告的诉求对象：广告的接受者是谁。

(5) 广告的诉求重点：广告的诉求重点体现。

(6) 广告表现：广告的主题、创意、各媒介的广告表现与各媒介广告的制作要求等。

(7) 广告发布计划：广告发布的媒介、各媒介的广告规格、广告媒介发布排期表。

(8) 其他活动计划：促销活动计划、公共关系活动计划、其他活动计划。

(9) 广告费用预算：广告的策划创意费用、广告设计制作与媒介费用等。

(10) 广告效果评估：预期要达到的效果。

同步案例 1-5

海澜之家，男人的衣柜

“海澜之家，男人的衣柜”这句广告语家喻户晓，2018 年春天林更新代言的海澜之家的海报广告刷屏了。海报风格清新亮眼、干净纯粹。将生活和工作的界限打破，衣服设计风格更加偏向休闲和时尚。这是我们认识的海澜之家吗?可以看出来,最近海澜之家在进行品牌升级,不仅找来当红小生林更新成为品牌代言人,更是邀请广告文案女王许舜英来操刀广告视频。先后推出夏季棉麻系列广告"邻家阳光大男孩"和秋冬季"数字篇"广告,这两则广告都是由"华文广告界最具话题性的创意人"广告女王许舜英亲自操刀。许舜英的广告常常带有强烈的先锋性和实验性,将时尚与广告相互交融,而且带有一些不连续性、非确定性、内在性。

资料来源:http://creative.adquan.com

案例分析: 但是现实生活中,有多少男生的衣柜里会出现海澜之家的服装呢?一切还不是因为我们对于该品牌的认知还停留在刻板印象里。比如,印小天和杜淳代言海澜之家时期的广告,回看应该有一些感受。这次广告依然延续了"海澜之家,男人的衣柜"这句经典广告语,这也是海澜之家给自己的一个定位,同时,广告中也凸显出产品的质感,这一点在很大程度上提升了品牌形象。

1.2.4 广告活动的效果预测及监控阶段

所谓广告活动的效果预测及监控,是指企业在通过广告市场调查获得一定资料的基础上,针对企业的实际广告需要以及相关的现实广告环境因素,运用已有的知识、经验和科学方法,对企业和市场未来广告发展变化的趋势做出适当评价行为的分析与判断,为企业广告活动等提供可靠依据的一种活动。广告活动的效果预测及监控主要包括以下几个方面的工作,见表1-2。

表1-2 广告活动的效果预测及监控

效果预测及监控项目	具体内容
广告效果的预测	广告主题测试、广告创意测试、广告文案测试、广告作品测试
广告效果的监控	广告媒介发布的监控与广告效果的测定
选择策略	针对广告效果的预测与监控进行广告策略的选择
确定目标	广告策略必须有目标的指引才能执行,因此要确定好策略的目标
制订计划	广告策略与目标确定好后,要有针对性地制订合理的广告计划
实施计划	广告计划制订后,将进行有效的实施。将广告计划交付实施,包括组织广告作品的设计、制作和发布,并且对广告运行的效果进行必要的预测和监控
效果测评	在广告计划实施过程中与实施后,均应进行广告的效果测定
总结	总结报告:根据广告效果的预测与实施效果的测评,总结经验与不足,撰写广告总结报告,为下一阶段的广告活动的运作提供有价值的信息

任务演练

撰写企业广告业务流程的分析报告

演练背景

广告活动的成功与否在很大程度上取决于前期的策划工作是否周密准确,因此,广告策划是整个广告运作的核心和灵魂，在整个广告活动中处于指导地位，贯穿于广告业务流程的始终。

近年来，我国的经济发展迅速，市场竞争日趋激烈，消费者对商品需求提出了越来越高的要求，人们对企业以及产品也有了更加理性的认识。很多企业把对市场潜能的开发、对企业文化的塑造，交给了企业的策划部门，以广告的形式向公众展现出去，以达到稳步发展的长远目标。这不仅加速了广告业的蓬勃发展，也促进了广告人知识的进步、技术的提高。

首先，广告为企业产品的快速销售提供了思路，挖掘了潜在的购买力；其次，广告策划的创意内容和中心理念能够预测市场的经营方向，规范企业的运营过程；最后，持续不断的、理性的、时尚的广告，通过各种媒介的传播，把企业在受众心中的形象具体化，提高企业知名度、美誉度。

演练要求

(1) 以本地区某企业为例，对其广告的业务流程进行分析。

(2) 撰写分析报告。要求300～500字，内容简洁、要点突出。

(3) 报告中对企业的市场环境、广告策略、广告计划、广告活动的效果预测及监控等环节进行分析，注意针对性。

(4) 教师点评，记录成绩。

演练条件和过程

(1) 教师帮助学生确定一份典型的广告策划案，以任务单的形式发给每一位学生。

(2) 学生以个体为单位，熟读各种资料。

(3) 教师适时对任务演练过程进行指导，讲解完成任务演练的要点。

(4) 一间网络实训室。

任务演练评价

任务演练评价表

任务演练评价指标	评价标准	分值	得分
1. 广告业务流程	(1) 是否具有代表性	20	
	(2) 是否具有可行性	10	
2. 演练过程	(1) 分析企业的广告业务流程	20	
	(2) 分析报告内容简洁、重点突出	20	
	(3) 撰写的分析报告详略得当	10	
3. 成果展示	PPT设计精美，解说语言表达流畅到位	20	
	总　成　绩	100	
学生意见			
教师评语			

学习任务 1.3 广告与营销

教学方案设计

教学方法:案例展示　　　　建议课时:2

<table>
<tr><td rowspan="2">学习目标</td><td>技能目标</td><td colspan="3">1. 能具体阐述广告和营销的关系
2. 能认知广告营销区别于社会营销</td></tr>
<tr><td>知识目标</td><td colspan="3">1. 了解广告是营销的组成部分
2. 掌握广告营销的发展趋势</td></tr>
<tr><td rowspan="2">学习任务准备</td><td>教师</td><td colspan="3">1. 课件及任务评分考核表
2. 准备授课广告实例资料</td></tr>
<tr><td>学生</td><td colspan="3">1. 个体以本地区某企业广告活动为例,准备 PPT 展示资料
2. 以个体为单位,针对具体事例,阐述企业广告与营销的关系</td></tr>
<tr><td rowspan="5">教学流程</td><td>教学环节</td><td>教师活动</td><td>学生活动</td><td>课时</td></tr>
<tr><td>一、成果展示与分析</td><td>1. 引入案例,提出问题
2. 用视频播放两段能较为明显地体现广告与营销关系的广告</td><td>1. 做好问题分析笔记
2. 3 位同学讲述对广告与营销的体验</td><td rowspan="2">1</td></tr>
<tr><td>二、知识储备</td><td>1. 讲授广告与营销的关系理论知识
2. 解答知识疑问
3. 针对本学习任务中的同步案例和“广告语”进行学习指导</td><td>1. 认真听取广告与营销的关系理论知识
2. 提出疑问
3. 针对本学习任务中的同步案例和“广告语”进行学习分析</td></tr>
<tr><td>三、任务演练</td><td>1. 介绍本学习任务的演练背景和要求
2. 指导“针对事例阐述企业广告与营销的关系”的演练实施过程
3. 评价演练效果和结论</td><td>1. 个体自主演练任务:“针对事例阐述企业广告与营销的关系”
2. 通过 PPT 展示分析广告与市场、价格、产品、渠道等策略的关系结果</td><td rowspan="2">1</td></tr>
<tr><td>四、学习任务知识小结</td><td>1. 系统地对本学习任务知识进行总结
2. 针对重要知识点进行课后作业布置</td><td>1. 认真听取知识总结
2. 以个人为单位收集一则广告事例,评述介绍广告与营销的关系</td></tr>
</table>

成果展示与分析

碧桂园:开启央视公益广告社会合作

前言

碧桂园集团 1992 年成立于广东顺德,2007 年在香港联交所主板上市,是一家以房地产为主营业务,涵盖建筑、装修、物业管理、酒店开发及管理、教育等行业的国内著名综合性企业集团。2013—2015年，连续3年销售过千亿元，位列全国房地产前10强。截至当前，碧桂园集团在国内及马来西亚、澳大利亚等海外市场，拥有地产项目超300个，服务逾300万个业主。

1. 广告定位分析

2016年是碧桂园与央视合作的元年，在坚守央视招标段黄金广告资源的同时，碧桂园深挖大型晚会的价值，投放了央视元旦跨年晚会冠名、九月晚会冠名等项目。

同时，因“希望社会因我们的存在而变得更加美好”的企业精神与央视五一劳动节主题公益广告理念相契合，企业迅速决策，央视高效执行，“劳动创造美好生活”公益广告从创意制作到投放只用了不到一周时间。碧桂园集团董事局主席杨国强对央视平台的价值高度认可，他表示，未来希望与央视进行更多、更深入、更加多样化的合作。

2. 广告目标

温情走心，展示房产世家碧桂园以人为本的品牌形象。与央视合作公益广告有助于彰显企业的社会责任和担当，让消费者在接受公益理念的同时潜移默化地加强对企业的了解，在无形中影响消费者品牌选择的倾向性，对于品牌建设具有极大助力。

3. 产品诉求策略分析

碧桂园集团董事局主席杨国强先生的梦想：15年前，看到城市中心的房子越来越贵，我就有一个梦想，希望找到这样一个地方，有快速路与城市连接，20多分钟就可以到达市中心，风景优美，空气又好，建造一个配套齐全、自成体系的大社区，房价远低于市中心，让每个人都能在这里享受幸福的生活。

(1) 合理利用荒地。碧桂园模式不断深化清晰，首创“荒地造城”，合理利用荒地探索城镇化建设；打破房地产一线城市高烧困局，率先开创二、三、四线城市商业蓝海，拉动当地经济，改善区域品质，推动当地城镇化建设；对一线城市而言，提供了高品质的卫星城镇，拉低房价和居民生活成本，提升幸福感。

(2) 城市级配套。碧桂园一直用超前规划的理念建设和运作地产项目，大部分新项目都建造五星级标准酒店、大型商业中心、学校等综合社区配套，旨在最短时间内给业主提供完整的居住生活解决方案。

(3) 建老百姓买得起的好房子。“我们的责任就是希望在中国城市化的前提下，提供更多物美价廉的房子给老百姓”，杨国强这句简单的话，将碧桂园在企业社会责任的内涵显露无遗，也使碧桂园的开发模式与国家的楼市调控政策更趋一致。

(4) 各社区丰富多彩的活动。碧桂园合理定价的价格策略不是简单的减法，一方面通过不断丰富附加值来提升产品的居住价值；另一方面通过规模化、系统化、标准化的探索与实践，最大限度地让利于消费者，回报于社会，让更多人实现五星级的居住梦想。

(5) 幸福社区文化的倡导者。碧桂园一直为业主及外界所津津乐道。物业管理公司注重指引、帮助业主社团的组建，促使其百花齐放，成为碧桂园社区一道道亮丽的风景线。此外，碧桂园各社区业主用自己的方式践行公益慈善理念，为慈善事业添砖加瓦，让碧桂园大家庭有了更深层次的文化内涵。

4. 广告策略

从2015年年底首次牵手央视起，在不算长的时间里，碧桂园利用央视在全国巨大的社会影响力，不断创新，为企业赢得了巨大的价值。

入选“国家品牌计划”,占据媒体平台制高点

从企业诞生以来,碧桂园就一直致力于推动中国新型城镇化和现代化,进驻中国超过400个城镇,开发了超过700个高品质项目,让空间更怡然,提升了人民的生活品质。同时,碧桂园积极响应国家“一带一路”倡议,“走出去”建造绿色生态智慧城市和优质商住项目,为全人类打造了一份温暖而充满希望的生活,以中国智慧促进了人类城市文明发展,广受国际社会好评。碧桂园还带动中国企业抱团出海,进一步提升了中国在全球贸易体系中的话语权。

2016年11月8日,碧桂园以精工品质、贴心服务、工匠精神、勇于创新、责任担当等企业公民特质,成为唯一入选央视“国家品牌计划”的房地产企业,一同入选的还有华为、阿里巴巴、京东等23家知名企业。入选国家品牌计划,意味着碧桂园将成为央视这一国家平台上重点培育的、在未来30年里代表中国参加全球商业竞争和文化交流的国家级品牌,助推“中国造”的伟大复兴。

随着2017年“国家品牌计划”的正式启动,碧桂园形象片高密度、高频次在CCTV-1、CCTV-2、CCTV-3、CCTV-4、CCTV-8、CCTV-9、新闻等频道播出,包括《新闻联播》《焦点访谈》黄金段位、“黄金档剧场”等收视焦点,囊括央视多频道顶级资源,全面铺开的品牌宣传给碧桂园带来了巨大的宣传力度和广泛的品牌效应。

连续冠名元宵晚会,借高光点事件打响“森林城市”品牌

位于马来西亚的新项目“碧桂园森林城市”是碧桂园集团最高海外战略之作,面向全球销售。不同于其他具有明显区域性的项目,碧桂园森林城市在中国区面对的是整个中国市场,而央视的平台则恰恰符合整个传播需求。

2015年12月31日,碧桂园森林城市独家冠名“起航2016”元旦跨年晚会。这是碧桂园与央视的首次合作,直播的4小时中,穿插的硬广视频、物料植入、主持人口播和线下抢红包互动等环节,都很好地植入了碧桂园森林城市的品牌形象。据CSM全国网收视数据统计,此次央视跨年直播综合频道、综艺频道并机直播的总收视率为2.55%。

2016年2月22日,碧桂园森林城市独家冠名中央电视台元宵晚会。这是央视元宵晚会冠名权益的首次出售,超高的收视率和话题性给碧桂园带来的惊喜是超乎寻常的:23日通过碧桂园森林城市冠名元宵晚会来咨询碧桂园森林城市的来电量就有明显增长,而且从碧桂园森林城市所有渠道的来电分析来看,央视的效果是最佳的,占所有客户来电的四成。2017年,碧桂园森林城市再次独家冠名2017年央视元宵晚会,与全球华人共庆元宵佳节。2月11日,CCTV-1和CCTV-3并机直播“2017中央电视台元宵晚会”,35个中心城市收视率高达8.76%,收视份额达24.17%,当日共计2.7亿观众通过电视收看了节目。碧桂园集团董事局主席杨国强致电碧桂园集团副总裁程光煜,对本次独家冠名合作的广告效果非常满意,希望持续投放元宵晚会,并表示要以此为案例加强进一步合作。

与央视开展公益广告合作,彰显企业社会责任

碧桂园与央视的合作还延伸到了公益领域。碧桂园集团董事局主席杨国强曾说过:“领导这家民营企业从无到有、从小到大、从大到强,支撑我发展企业的原动力就是帮助社会上更多有需要的人。”从企业创立起,碧桂园便致力于教育扶贫、产业扶贫、救灾赈灾等公益事业。

2016年,央视联合碧桂园特别策划制作“我劳动,我快乐”主题公益广告“劳动创造美好生活”,聚焦各行各业劳动者积极工作的精彩群像,倡导劳动快乐、创造美好生活的主旨精神,弘扬爱岗敬业的传统美德,于五一劳动节期间在央视黄金时段集中播出,引起各界积极关注,彰显了企业的社会责任,提升了企业的品牌形象。

2016年,碧桂园全年实现销售金额3088.4亿元,销售面积3747万平方米,分别同比增长了120%和74%,近3年的复合增长率也达到了42.8%。这样的增长速度,在前3强房企之中毫无疑问是最快的。英国独立品牌评估与咨询公司Brand Finance发布的“2017年全球最具价值品牌500强排行榜”中,碧桂园也进入榜单前列,排名第183位。

资料来源:http://www.cctvzshl.com

知识储备

1.3.1 广告是营销的组成部分

营销就是个人或集体通过创造提供出售并同别人交换产品和价值,以获得所需所欲之物的机会和管理过程。广告由广告主付出某种代价的信息,经过艺术加工,通过不同媒体向大众传播,达到改变或强化人们观念和行为的目的。二者的区别很多,除去概念的不同外,最重要的区别即二者范围大小不同。营销是一个整体系统,主要包括市场调研、市场细分、选择目标群体、实施营销策略、达到营销目的等,而广告仅是其中一个部分而已。

美国著名营销学家科特勒认为,营销战略就是企业或其他业务单位意欲在目标市场上用于达成它的各种营销目标的广泛的原则。

营销战略的内容主要由3部分构成,即目标市场战略、营销组合战略,以及营销费用预算,具体包括10Ps,即市场调研(probing)、市场细分(partitioning)、目标市场选择(prioritizing)、市场定位(positioning)、产品(product)、产品定价(price)、销售渠道(place)、促销(promotion)、政治权力(political)、公共关系(public relations)。其中促销又包含广告、营业推广(销售促进)、人员推销等战术手段,因此广告策略是营销战略的一个重要组成部分。

明确广告是企业营销的一个组成部分,广告要和其他促销手段配合一起实现企业的营销目标。广告的目的就是促销,因而广告的策略要和整个营销目标相结合,围绕营销目标,配合其他营销手段,以达到更好的效果。脱离企业的营销目标去运作广告,肯定会遭到失败,只有在营销的视角下认识广告,才能做到有的放矢。

广告作为营销战略的一种战术手段,必须能够在理念、行为、视觉、个性及持续性等具体层面上体现出营销战略。

1. 广告理念要围绕营销理念

企业的营销战略不能与企业的经营理念相违背,同样,广告作为营销战略核心理念的一种外在沟通方式,其主题、创意、表现都必须围绕着这个核心理念。

同步案例 1-6

高档装修,不用大理石,就用简一

2015年、2016年连续两年瓷砖行业呈现颓势,产量、销量出现双降局面。面对行业巨头的低价围剿,君智咨询协助简一突围。

借力打力，简一大理石瓷砖强力品牌建设之战。简一要做大，就要做大品类，转化顾客，因此，就有了那句耳熟能详的广告语“高档装修，不用大理石，就用简一”。定位准了，广告语也有了，传播必须加码，李志林“李疯子”的称号算是又一次做实了，豪掷2.99亿元拿下央视黄金时段广告资源。除此之外，为锁定主流高端人群，简一在分众传媒上投放电梯广告，似乎一夜之间，那句“高档装修，不用大理石，就用简一”便成为人人都记得的广告语。简一品牌知名度大大提升，消费者对品牌提及率高达75%。

资料来源：http://www.sohu.com

案例分析： 央视既是国内电视媒体中覆盖面最广的广告媒体，又是国民集体潜意识中品牌传播的制高点。其公信力、影响力及传播力在所有媒体形式中占据无法替代的地位。简一大理石瓷砖已连续6年选择与中国最权威的电视台，中央电视台进行合作。

2017年，简一将通过央视王牌栏目《东方时空》《财经周刊》，与所有的中国老百姓发生最直接的关联。让更多的人认识到大理石瓷砖品类价值；让所有的高档装修客户需求得到更好的满足，高档装修，不用大理石，就用简一大理石瓷砖。简一开创大理石瓷砖品类，并自此专注于品类研发与发展，坚持运用最新科技还原天然石材的自然美感，让自然之美进入更多的家庭。简一大理石瓷砖的出现，让人们在装修时，除了大理石外，又多了一个好的选择，成功打破了高端装修市场的选材格局。

2. 广告行为传递企业营销行为

正如一个人的言行体现着其素养一样，企业在研发、生产、品控、服务等各个环节的一举一动都反映着企业的内在精神。因此在企业的营销战略中，应把这些行为生动有力、有章有序地展示在消费者眼前，使消费者对企业和产品产生信赖感，而广告则是这些行为的重要告知途径。

3. 广告的持续性体现营销战略的持续性

从营销管理过程的角度来说，营销战略管理可以分为3个阶段：营销战略计划、营销战略执行和营销战略控制。广告的持续性是营销战略计划、营销战略执行和营销战略控制是否成功的重要标志。

同步案例 1-7

小罐茶，大师作，引关注

2017年，一则小罐茶的广告大片霸占了央视的屏幕，向来只分种类的茶行业从未如此用力打造一个品牌。伴随小罐茶互联网营销一同而来的是懂茶人的质疑。

小罐茶声称特别邀请到了中国八大名茶中最具代表性的8位泰斗级制茶大师，包括西湖龙井制茶大师戚国伟、黄山毛峰传统制作技艺第49代传承人谢四十、中国普洱茶终身成就大师邹炳良等。

2019年1月，小罐茶广告引发争议。有网友算了笔账，如果按销售额破20亿元来算，小罐茶8位大师平均一年需要炒出8万斤茶叶。小罐茶广告中制茶大师邹炳良之女回应称，小罐茶是他们的合作项目，大师“作”，不是大师亲自“做”。

资料来源：https://baike.so.com

案例分析：“小罐茶，大师作”这句广告语，让小罐茶站在了舆论的风口浪尖上。尽管小罐茶通过官方微博称：“大师作”是指代表大师技艺的作品，并非大师手工炒茶。但消费者对此并不买账，认为小罐茶公司“大师作”的宣传涉嫌虚假宣传。根据《消费者权益保护法》第二十条的规定，经营者向消费者提供有关商品或者服务的质量、性能、用途、有效期限等信息，应当真实、全面，不得作虚假或者引人误解的宣传。小罐茶的宣传语中“小罐茶，大师作”有明显的误导嫌疑，显然也违反了这一规定。

1.3.2 广告营销趋于社会营销

广告营销趋于社会营销

广告营销是配合企业整体营销战略，发挥广告媒体的互动性、及时性等特征优势，策划吸引客户参与的广告形式。

社会营销是一种运用商业营销手段达到社会公益目的，或者运用社会公益价值推广商业服务的解决方案。社会事件或公益主题一向是最吸引媒体和民众关注的目标，同时由于它具有广泛的社会性，很多企业把商业运营模式放到公共领域，以此来开展营销活动，从而获得良好的效果，这种营销活动称为社会营销。

1. 社会营销观念形成

社会市场营销观念是对市场营销观念的修改和补充，它产生于20世纪70年代西方资本主义能源短缺、通货膨胀、失业增加、环境污染严重、消费者保护运动盛行的新形势之下。

市场营销学界提出了一系列的新观念，如人类观念、理智消费观念、生态准则观念。其共同点认为企业生产经营不但要考虑消费者需要，而且要考虑消费者和整个社会的长远利益——社会营销观念。社会市场营销观念回避了消费者需要、消费者利益和长期社会福利之间隐含着冲突的现实。而社会市场营销观念认为，企业的任务是确定各个目标市场的需要、欲望和利益，并以保护或提高消费者和社会福利的方式，比竞争者更有效、更有利地向目标市场提供能够满足其需要、欲望和利益的物品或服务。

企业营销的内容主要有两个：企业整体形象和企业生产的产品或服务。树立企业整体形象的目的是提高企业的社会地位、提升企业的社会价值、扩大企业在市场上的影响力。树立企业整体形象的最终目的也是更好、更长远地营销企业生产的产品或服务。比如，公益广告就是以为公众谋利益和提高福利待遇为目的而设计的广告；是企业或社会团体向消费者阐明它对社会的功能和责任，表明自己追求的不仅仅是从经营中获利，还包括过问和参与如何解决社会问题与环境问题这一意图的广告；是指不以营利为目的而为社会公众切身利益和社会风尚服务的广告。它具有社会的效益性、主题的现实性和表现的号召性三大特点。

广告语

熟水，凉白开，真解渴；喝熟水，真解渴；今麦郎，凉白开。

1. 熟水解渴
2. 今麦郎，凉白开

参考我国2016年最新版《中国居民膳食指南》指引，喝水提倡饮用熟水凉白开，当水温降到25℃常温状态时，水分子与人体细胞亲和性最佳，身体吸收快，所以，烧开晾凉的凉白开是最好的选择。今麦郎，凉白开的这则广告语提示现在瓶装水也出现熟水了，市场上有一款今麦郎，凉白开瓶装熟水，同时告诉消费者喝熟水更解渴，突出了广告主题。

因此,广告营销的发展也趋于社会营销观念。社会市场营销观念要求市场营销者在制定市场营销广告策略时,要统筹兼顾3方面的利益,即企业利润、消费者需要的满足和社会利益。

2. 社会化媒体营销

社会化媒体营销就是利用社会化网络、在线社区、博客、百科或者其他互联网协作平台媒体来进行营销、销售、公共关系和客户服务维护开拓的一种方式。一般社会化媒体营销工具包括以下方面。

(1) 博客。可能是社会化媒体最广为人知的一种形式,博客是在线的刊物,最近发布的将显示在最前面。

(2) 微博客。以Twitter为首的微博客以其即时、互动的特性迅速崛起,成为最重要的社会化媒体之一。

(3) 维基。维基站点就像一个公共数据库,人们可以在上面添加内容,或对现有的内容进行修订和增补。最著名的维基站点是维基百科,一本在线的百科全书,仅英文资料就超过150万篇。

(4) 播客。是可以通过Apple iTunes等软件来订阅的视频和音频内容。

(5) 论坛。是用于进行在线讨论的平台,通常围绕着特定的话题。论坛是最早出现的社会化媒体,同时也是最强大、最流行的在线社区平台。

(6) 社交网络。人们可以在这类站点上建立个人主页,在朋友之间分享内容并进行交流。最著名的社交网络是MySpace,它拥有1.07亿用户。

(7) 内容社区。用于组织和共享某个特定主题内容的社区。社会化媒体目前还在变化更新中,更多的业态有待进一步更新。

社会化媒体是一种给予用户极大参与空间的新型在线媒体,它具有以下特征。

(1) 参与性。社会化媒体可以激发感兴趣的人主动地贡献和反馈,它模糊了媒体和受众之间的界限。

(2) 公开性。大部分的社会化媒体都可以免费参与其中,它们鼓励人们评论、反馈和分享信息。参与和利用社会化媒体中的内容几乎没有任何的障碍。

(3) 交流性。传统媒体采取的是“播出”的形式,内容由媒体向用户传播,单向流动。而社会化媒体的优势在于内容在媒体和用户之间双向传播,这就形成了一种交流。

(4) 对话性。传统媒体以“播出”的形式,将内容单向传递给受众。而社会化媒体则多被认为具有双向对话的特质。

(5) 社区化。在社会化媒体中,人们可以很快地形成一个社区,并以摄影、政治话题或者电视剧等共同感兴趣的内容为话题,进行充分的交流。

(6) 连通性。大部分的社会化媒体都具有强大的连通性,通过链接,将多种媒体融合在一起。

社会化媒体自身的特性决定了其营销效果是温和的、持续的。社会化媒体营销活动做得到位,可以和现有的用户与潜在的客户建立一种良好的关系。

3. 社会化广告

社会化广告即通过公众用户参与,在公众用户许可的状态下将参与互动的信息展示到广告内容中并分享给其他公众的一种在线互动的广告形式。

社会化广告的前提是在用户的许可下利用其个人的信息和社交关系，这涉及用户隐私问题。国外的社会化广告都有一个自愿选择和退出参加的机制，来保证社会化广告最低限度地侵犯到用户的隐私。

传统媒体广告（如电视广告）——不管电视前有人没人、是不是目标群体，它都照播不误，目标性差；社会化广告（social ad）——找到目标群体，且广告内容非常具有个性，和一般的互动形式的广告区别在于：用户会主动来传播并与其好友公众分享这个广告的信息。在广告和促销形式多样而且纷繁复杂的今天，要想在轰轰烈烈的广告大战中脱颖而出，广告载体和活动形式的创新是重要而且有效的手段。由于社会营销所借助的事件或主题具有一定的特殊性，因此可以根据它们的特点进行相关创新，这样不仅可以节约费用，也可以取得更好的社会效应。

4. 广告趋于社会化

广告通过对商品和服务的宣传，把有关信息传递给目标市场的消费者，以引起消费者的注意并产生购买动机。广告是否有效率取决于消费者对广告的态度。这种态度与参照群体、社会阶层、文化和亚文化等社会因素密切相关。据此，市场营销学主张，广告策略的制定要充分考虑参照群体和文化等因素，社会学的有关理论应指导广告实践。如请目标消费者的参照群体做广告就是利用了社会学中有关参照群体的研究结论。

社会营销从目标受众的角度来看，主要是针对包括目标消费群在内的社会公众，因此其主要目的还在于推崇企业文化中关注社会价值方面，通过营销让公众了解企业，认可企业，从而树立企业的社会形象。因此从广告的角度来看，主要还是应该针对企业或品牌形象做形象广告，以借助强势媒体的力量展示企业的实力。

1.3.3 广告学与市场营销学

1. 广告学与市场营销学的关系

研究广告学，离不开对市场营销理论的应用。市场营销学是在19世纪末、20世纪初资本主义经济迅速发展时期创建的，广告学也在这一时期兴起。从一开始，这两门学科就紧密地结合在一起，相互影响，密不可分。广告活动和市场营销都是商品经济发展到一定阶段的产物。作为一门学科，广告学的建立也是市场经济孕育的结果。

广告是一种信息传播活动，但它的起点和落点都是在经济领域。传递什么样的信息内容及如何进行传播，需要研究市场，了解营销环境；需要研究消费者，从满足消费者的需要和欲望出发也需要研究产品，以适应不同的市场环境，制定相应的广告策略，争取较好的传播效果。

广告和市场营销是企业经营管理的重要组成部分。广告是为了实现市场营销目标而开展的活动，通过信息传播，在目标市场内建立企业与消费者之间的联系，改善企业形象，促进产品销售。广告策略要服从于市场营销策略作为营销活动的先导，在市场营销的总体目标下发挥作用，实际上二者之间体现了一种局部与整体的关系。

从广告活动和市场营销活动的最终目的来看，二者也是一致的。市场营销即以满足人类的各种需要、欲望和需求为目的，通过市场把潜在交换变为现实交换的活动。广告是针对消费者的需要和欲望,刺激消费热情,调动潜在消费意识,最终促成购买行动的传播活动。

2. 市场营销学理论在广告中的运用

1）市场细分与广告定位

市场细分是广告定位的基础,没有市场细分就不可能有广告定位。所谓市场细分,就是调查、分析不同消费者在需求、资源、地理位置、购买习惯等方面的差别,然后把基本特征相同的消费者归入一类,使整体市场变成若干“细分市场”。最早的细分市场是根据性别、年龄、职业、收入等人口统计学的分类指标进行的。而随着市场情况日益复杂,又加上了心理特征、生活态度和生活方式等高级别分类指标。广告定位也就是通过广告的沟通,使企业、产品、品牌在消费者心目中确定位置的一种方法。

2）产品生命周期与广告策略

产品生命周期是指产品进入市场,经历发展、衰退直至被市场淘汰的全部持续时间。而广告策略的制定与产品的生命周期息息相关。

比如,广告主可以根据产品生命周期的不同阶段,调整、控制广告费的投入。一般来说,在导入期,广告的作用是告知产品功能,打开知名度,所以广告费的投入最大；进入成长期,广告主要为“差别化战略”和产品的“多样化战略”服务,广告投入稍稍减少；进入成熟期后,广告投入再度增加；直到衰退期,广告的作用主要是减少损失,确保品牌形象,为新产品的上市打下基础,广告投入逐步减少。

3）整合营销传播与广告传播

整合营销传播理论是20世纪90年代初首先在美国提出的,90年代中期开始陆续引进到我国。菲利普·科特勒曾说：在营销学的发展史中,每10年就产生一些新概念。而毫无疑问每一次营销理念的更新都会推动广告理论的前进。从4Ps到4Cs,广告理念经历了从以产品为中心到以消费者为中心的变化。

整合营销传播以消费者为中心,重在与传播对象的沟通。整合营销传播的目的就是影响特定受众的行为,建立起品牌与消费者之间稳固、双向的联系。它强调各种传播手段和方法的一体化运用,广告、公关、促销、包装、新媒体等,都是传播信息的工具。但要注意进行最佳组合,发挥整体效应,使消费者在不同场合、以不同方式,接触到同一主题的内容和信息。整合营销传播的理念强化了广告是营销的一部分的观念,并且广告传播作为营销传播的一部分,不仅其自身要始终坚持以一个声音说话,更要与整体的营销理念保持一致。

盼盼到家,安居乐业,盼盼安全门。

这则央视广告，一句“盼盼到家，安居乐业”叫响大江南北，深入亿万人心。安居乐业是每个人的期盼，盼盼安全门作为最受欢迎的门业品牌之一，登陆国家权威央视平台，让盼盼安全门的消费者更放心。

任务演练

针对事例阐述企业广告与营销的关系

演练背景

对企业来说,进行广告行为的目的是提高广告宣传效果,使企业以最低的广告开支达到最好的营销目标。

首先,广告行为必须服务于企业营销活动,主要体现在广告要生动、形象、适时地体现企业营销的总体构思、战略意图和具体要求。

其次,广告作为市场营销组合的一项策略措施,必须服从其整体性、协调性、多变性的要求,既要服从市场营销总体要求,又要处理好与市场、价格、产品、渠道等各项策略的关系。

演练要求

(1) 以本地区某企业为例,对其广告活动进行分析。

(2) 撰写该企业广告开展与营销关系的分析报告。要求在300～500字,内容简洁、要点突出并以PPT形式进行展示。

(3) 报告中对企业的广告与市场、价格、产品、渠道等各项策略的关系等环节进行分析,注意逻辑性。

(4) 教师点评,记录成绩。

演练条件和过程

(1) 教师帮助学生确定一份典型的广告事例,以任务单的形式发给每一位学生。

(2) 学生以个体为单位,熟读相关资料。

(3) 教师适时对任务演练过程进行指导,讲解完成任务演练的要点。

(4) 一间网络实训室。

任务演练评价

任务演练评价表

任务演练评价指标	评价标准	分值	得分
1. 广告活动的代表性	(1) 是否具有代表性	20	
	(2) 是否具有可行性	10	
2. 演练过程	(1) 演练系统性	20	
	(2) 操作符合要求	20	
	(3) 分析报告信息详略得当	10	
3. 成果展示	PPT设计精美,解说语言表达流畅到位	20	
总成绩		100	
学生意见			
教师评语			

重点概括

(1) 广告即是广告主为了达到一定的目的,依靠付出费用,在规定的时间内,按照规定的要求,由指定的相关媒体,将广告主的真实信息传播给广告受众的一种社会交流活动。

(2) 一则完整的广告应具备以下4个特征：有明确的广告主；承担一定的广告费用；通过大众传播媒介进行传播；广告具有目的性。

(3) 由于分类的标准不同，导致广告的种类很多。可以传播媒介为标准对广告进行分类；以广告传播范围为标准分类；以广告传播对象为标准分类；以广告传播商业性质为标准分类；以广告主为标准分类。

(4) 对于一则具体的广告，它有这样一些基本要素：广告主、广告信息、广告媒体、广告费用和广告受众。

(5) 广告的功能是指广告的基本效能，也就是指广告以其所传播的内容对所传播的对象和社会环境所产生的作用与影响。研究广告的功能实际上就是研究广告能达到什么目的。

现代广告的功能是多元化的，主要的功能有信息功能、经济功能、社会功能、美学功能、心理功能、引导消费功能等。

(6) 广告从其筹备到真正落实是一个非常复杂的过程，只有切实掌握好其中每一步的关键，系统地做好整体流程分析，才能最终得到理想的结果。其流程通常分为4个阶段：市场分析阶段、广告策略阶段、广告计划阶段和广告活动的效果预测及监控阶段。

(7) 广告作为营销战略的一种战术手段，必须能够在理念、行为、视觉、个性及持续性等具体层面上体现出营销战略。

案例分析　味千拉面，幸福的味道

假如你是一位饭店老板，为了增加影响力，可能首先想到的是每日站在门口发送传单，据统计，一个经验丰富的发单员4个小时可以发出近800份宣传资料，这包括转手就扔到垃圾箱里面的。即使宣传资料设计得再精美，活动再诱人，随着人们对于纸片阅读兴趣的下降，这种靠人海战广撒网的营销方式也会如夕阳西下，转化率相当低。口碑营销固然重要，但也许是换种方式的时代了。

煎饼摊皇太吉的成功可以说是开创了餐饮口碑营销先河，10多平方米煎饼店，13个座位，煎饼果子从早卖到晚，一年能实现500万元流水，靠的就是微博上5万多名忠实粉丝，社会化媒体影响力可见一斑。“虽然新的传播介质如微信、微博等在传播过程中起了重要作用，但最重要的是让你的粉丝在整个营销活动中有存在感和参与感。”传漾科技策划团队负责人表示，策划一个好的话题可借势聚气，快速引导潜在消费群体关注，并刺激实际消费。2013年6月间，传漾也为味千拉面策划了一场以父亲节为话题的互联社会化媒体加互联网的市场营销。

微电影预热

主打亲情牌的微电影于父亲节前一周上线推广，以幸福的味道作为本次活动的切入点，拉开整个推广期序幕，微电影故事鲜活又自然地跃上银幕，置身于其中仿佛能感受到幸福的味道和对亲情的思念。为期一个月的互联网整合营销全案主打的是父亲节，亲情是主线，带你的父亲去享受一碗精心制作的拉面，是一种呼吁，同时也体现了味千是一种家的味道，第一炮打得非常成功。网友纷纷表示幸福的味道其实就是家里的味道，而最幸福的事情就是能与家人一起分享这份温暖。

“由于父亲节与母亲节时间比较接近，商家往往会把宣传重点放在母亲节上，因而父亲节的火爆程度自然被打了折扣，作为这次整个的营销策划者，传漾首先想到父爱的表达方式是将内在不善于言表的那部分说出来。"策划团队负责人表示，这样的设计初衷是让一些平时不善于或者没有机会向长辈表达心意的年轻人参与到活动中，让这个节日营销变得温情与快乐。社会化媒体的优势有一点就是游戏化，通过味千的呼吁，大家一起参与，粉丝之间相互影响，相互感染，在这样轻松的氛围下，大部分人都愿意去展示自己感性的一面。

活动主题

这次活动的话题是"我有一个好爸爸""囧爸大联盟""老爸你最帅"，3个话题为父亲节活动寻找契机，从3个不同角度诠释心目中的父亲，均收到不错的反馈，再通过与名人互动转发，焦点图等形式展开讨论，并迅速引起网友关注，仅新浪微博就吸引1000多位网友参与，而这些信息会反馈到传漾为本次活动制作的MINISITE页面，并记录为后期定向广告投放的依据。

微信推进

微信作为商业化O2O的主要通道，项目期间不仅承担线上线下链接的重要通道，对于活动宣传告知，以及线下积分宣传都起到了积极的推进作用。优惠券、优惠信息等都是通过微信来发布，既减少了纸质传单带来的环境污染，也为信息发布做了一遍受众筛查，因为微信需要一个添加验证过程，只有真正关注味千品牌的受众才会成为粉丝。在味千6月整个推广期内，日均新增加粉丝量达500人次，通过分析，63.4%粉丝都来自北上广，25.7%为二线城市，为味千聚集了大量真实可靠的潜在受众，使用优惠券到店消费率相当高。

投放技术

在投放技术上，传漾通过网民智能搜索引擎SameData，对社会化媒体活动中参与或关注品牌的人群长期跟踪，并对其网络浏览轨迹进行分析，运用人口统计学的定向技术，从传漾科技的数据库中抓取目标人群，分析寻找网民行为的共同点，将行为相似却未被抓取的人群纳入本次传播，并扩散抓取潜在消费者，最终锁定目标受众后，运用频次定向技术，对单个受众有效曝光。在目标受众方面，对于味千消费群体中的北上广白领以及商务人士，传漾为其选择了专属的媒体组合。

媒体投放时间

在媒体投放时间上，也做了精准划分。按不同媒体受众的活跃时间，对投放媒体进行细分，上班时间重点投放门户、新闻、女性类的媒体，此次投放的媒体有新浪、凤凰、MSN中国、东方网、瑞丽女性网、YOKA女性网等；在地域定向方面，将北京、上海、广州设定为味千目标受众的集中区域，进行精准高效覆盖，有效地节约了广告投放费用。整体曝光及点击数据完成度均在120%，其中新浪的点击和曝光均超180%。

资料来源：http://tech.hexun.com

（1）你认为味千的广告要素体现在哪些方面？

（2）味千广告的成功原因是什么？

（1）学生根据案例提出的问题，拟出案例分析提纲。

(2) 小组讨论,形成小组案例分析报告。

(3) 班级交流,教师对各小组案例分析报告进行点评。

(4) 在班级展出附有“教师点评”的各小组案例分析报告,供学生比较研究。

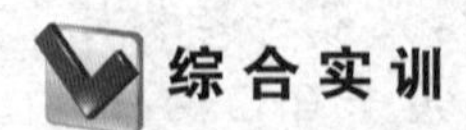

综合实训

广告业务流程综合实训

【实训目标】

能对广告业务流程进行认知并进行实际跟踪探索,以加深对广告业务流程运作的理解;检验学生的领悟能力和综合运用知识及广告业务操作技能,包括广告要素的认知、广告业务流程分析与运用、广告与企业营销活动的关系。

【实训内容】

以各广告小组为单位,寻找一个真实企业广告业务流程课题,与之进行流程运作对比综合训练。

【操作步骤】

(1) 将班级每5～6位同学分成一组,每组确定1人负责,在小组内进行任务分配。

(2) 寻找课题、调查研究。学生按组展开调查,并将调查情况详细记录。

(3) 分组开展企业广告业务流程草案。草案初审,由指导教师评析。

(4) 确定方案,提交广告业务流程设计正稿。

(5) 各组在班级进行交流、讨论。

(6) 方案跟踪,即与真实企业的某一阶段广告开展进行对比分析。

(7) 方案评审、考核、认定成绩。

【实训向导】

(1) 小组成员要扬长避短、各尽所能,充分发挥广告小组团队精神。

(2) 实训结束后,举办一个课题单元展,以PPT演示并回答问题,使每个小组、每个同学能全面地发现优点、认识不足。

【成果形式】

实训课业:每小组提交一套广告业务流程方案和作品,小组成绩与每个同学的表现综合考评即为同学个人成绩。

【实训考核】

根据实训题所要求的学生“实训课业”完成情况,就下表中各项“课业评估指标”与“课业评估标准”,评出个人和小组的“分项成绩”与“合计”,并填写“教师评语”与“学生意见”。

实训课业成绩考核表

课业评估指标	课业评估标准	分值	得分
1. 课题的选择	(1) 是否具有代表性	10	
	(2) 是否具有可行性	10	
2. 调查方法	(1) 科学可行	10	
	(2) 难易适中	10	

续表

课业评估指标	课业评估标准	分值	得分
3. 广告业务流程	(1) 系统性	10	
	(2) 操作性	10	
	(3) 合理性	10	
4. 成果展示	PPT设计精美,解说语言表达流畅	10	
5. 广告业务流程方案	(1) 格式的规范性	5	
	(2) 内容的完整性、科学性	5	
	(3) 结构的合理性	5	
	(4) 文理的通顺性	5	
合　计		100	
教师评语	签名： 年　月　日		
学生意见	签名： 年　月　日		

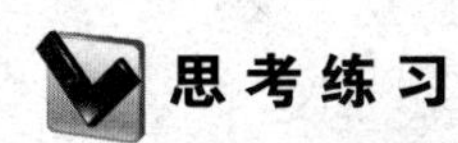

思考练习

名词解释

广告　广告主　广告计划　广告营销

选择题

单项选择题

1. 广告的本质有两个：一个是广告的(　　)方面；另一个是广告本身的作用是商品的利销。
   A. 传播学　B. 公共关系学　C. 市场营销学　D. 消费心理学
2. 以广告传播对象为标准分类,可以将广告分为消费者广告和(　　)广告。
   A. 商业企业　B. 工业企业　C. 经销商　D. 企业
3. 信息是指广告的主要内容,具体包括商品信息、劳务信息和(　　)信息等。
   A. 价格　B. 人才　C. 观念　D. 商品质量
4. 广告刺激需求包括两方面的内容：初级需求和(　　)。
   A. 高级需求　B. 选择性需求(消费)　C. 消费需求　D. 刺激需求
5. (　　)是指为推销商品或者提供服务,自行或者委托他人设计、制作、发布广告的法人、其他经济组织或者个人。
   A. 广告目标　B. 广告人　C. 广告策划者　D. 广告主
6. 广告诉求策略包括诉求对象、广告的诉求重点和(　　)策略。
   A. 诉求方法　B. 表现
   C. 媒介　D. 定位
7. 广告主题＝广告目标＋信息个性＋(　　)。
   A. 媒体　B. 消费信息　C. 消费心理　D. 费用

8. 广告的诉求对象是指(　　)。

A. 广告的接受者是谁　　B. 广告的赞助商
C. 广告媒体　　D. 广告目标

9. 广告理念要围绕(　　)理念。

A. 消费　B. 费用　C. 媒介　D. 营销

10. 企业在制定广告策略时应兼顾企业利润、消费者需要的满足和(　　)3 方面的利益。

A. 媒体　B. 社会利益　C. 赞助商　D. 广告营销活动

多项选择题

1. 广告基本要素有(　　)。

A. 广告主　　B. 广告信息
C. 广告媒体　　D. 广告费用与广告受众

2. 现代广告的功能是多元化的,主要的功能有信息功能、经济功能、社会功能、宣传功能和(　　)等。

A. 经济效益功能　　B. 商品信息功能
C. 心理功能　　D. 美学功能

3. 广告审美形象具有(　　)3 种特征。

A. 功利目的　　B. 贴近生活真实
C. 合于审美规律　　D. 打破审美规律

4. 广告业务流程通常分为(　　)4 个阶段。

A. 市场分析阶段　　B. 广告策略阶段
C. 广告计划阶段　　D. 广告活动的效果预测及监控阶段

5. 以广告传播范围为标准分类,可以将广告分为(　　)。

A. 国际性广告　　B. 全国性广告
C. 地方性广告　　D. 区域性广告

判断题

1. 狭义广告泛指非经济广告。(　　)

2. 所谓广告预算费,就是从事广告活动所需付出的费用。(　　)

3. 广告媒体是指传播广告信息的物质,凡能在广告主与广告对象之间起媒介和载体作用的物质都可以称为广告媒体。(　　)

4. 有了明确的广告目标,不用制定广告策略就可以发起相应的广告运动。(　　)

5. 广告营销是配合企业整体营销战略,发挥广告媒体的互动性、及时性等特征优势,策划吸引客户参与的广告形式。(　　)

简答题

1. 简述广告的含义与特征。
2. 简述广告的要素。
3. 简述广告的业务流程。
4. 简述广告与营销的关系。

项目 2

Xiangmu er

广告调研

知识目标

1. 了解广告调研的基本概念和特点。
2. 熟悉广告调研的目的、要求。
3. 熟悉广告调研的内容。
4. 掌握广告调研的方法。
5. 掌握广告调研报告的撰写原则和技巧。

技能目标

1. 能设计各种广告调研的问卷。
2. 能运用各种方法，进行广告调研。
3. 能撰写广告调研分析报告。

思政目标

1. 培养具备广告从业者的职业调研素养。
2. 面对广告调研工作时，具备认真负责的工作态度和工作作风。

民族精神在广告调研中的融入

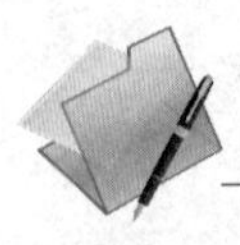

学习任务2.1 广告调研的目的和内容

教学方案设计

教学方法：讨论法　　　　　　　　　　　　　　　　　　　　建议课时：2

学习目标	技能目标	能根据广告要求,确定产品调查的项目		
	知识目标	1. 了解广告调研的目的 2. 掌握广告的内容 3. 熟悉广告调研的要求 4. 掌握广告的要素		
学习任务准备	教师	1. 课件及任务评分考核表 2. 准备综合实例,分析讲解经营情况、产品、市场、消费者等调查内容		
	学生	1. 抽签随机分组,8～10人为一组,组内自选组长 2. 各个小组探讨广告调研的内容		
教学流程	教学环节	教师活动	学生活动	课时
	一、成果展示与分析	1. 引入案例,提出问题 2. 布置任务,提出要求	做好问题分析笔记	0.5
	二、知识储备	1. 讲授任务相关的理论知识 2. 解答知识疑问 3. 针对本学习任务中的同步案例和“广告人”“广告语”进行学习指导	1. 认真听取本学习任务所需的理论知识 2. 提出疑问 3. 针对本学习任务中的同步案例和“广告人”“广告语”进行学习分析	
	三、任务演练	1. 介绍本学习任务的演练背景和要求 2. 指导“设计产品调查的调查项目”的演练实施过程 3. 评价演练效果和结论	1. 小组自主演练任务:“设计产品调查的调查项目” 2. 以卡片的形式记录汇总结果 3. 组长陈述结论	1
	四、学习任务知识小结	1. 系统地对本学习任务知识进行总结 2. 针对重要知识点进行课后作业布置	1. 认真听取知识总结 2. 以小组为单位从网上收集知名企业所做的产品调查项目,进行评述介绍	0.5

成果展示与分析

尼尔森最新报告：驱动消费者追求便捷性的六大因素

尼尔森推出《便捷至上,未来可期》消费者研究报告,研究全球消费趋势变化,聚焦中国及全球其他市场消费者对产品便捷性的追求。在全球范围内,27%的消费者倾向选择能为生活带来便利的产品,26%会看重产品本身是否容易使用。在中国,分别有26%与24%的消费者也表达了类似的偏好。在全球范围内,约20%的消费者正在寻求适合小户型家庭的产品,中国的比例为19%。而23%的中国消费者表示更青睐为他们量身定制的产品,该比例高于全球平均水平4个百分点(19%)。

尽管各地区消费者对产品便捷性的重视程度不一,尼尔森研究总结了全球范围内驱动消费者关注产品便捷性的六大关键因素:①城市化进程持续加速;②住房面积逐渐缩小;③城市交通日益拥堵;④性别角色不断演变;⑤代际需求渐趋多样;⑥技术依赖逐步攀升。

这些驱动便捷的因素对众多行业影响深远,尤其是高度依赖消费者的快消品产业。尼尔森研究显示,消费者在购买果蔬杂货及快消品时的决策往往会受到过去消费习惯,产品使用情况及品牌效应的影响。

消费者对便捷性不断增长的需求也为速食半成品、外带及外卖服务带来了巨大的市场红利。在全球范围内,中国市场表现惹眼,消费者十分追捧便捷的就餐方式。近1/3(33%)的全球消费者有外出就餐或是点外卖的习惯(11%消费者每周至少一次),而在中国这一数字飙升至53%。路餐、快餐与街边小摊同样受到消费者青睐,57%的全球消费者与65%的中国消费者表示在过去6个月里曾经在快餐店消费。一日三餐中,消费者更倾向于在午餐与晚餐时外出用餐。全球范围内,有39%的消费者会选择每周至少一次外出就餐,亚太与北美地区则分别为48%与47%,中国市场则高达57%。

全球范围内,不断升级的零售业态,电子商务发展与全渠道零售趋势推动着消费体验持续优化。尼尔森一项覆盖30个市场的电商研究显示,快消品行业的线上销售额增速约是线下的5倍。预计到2020年,全球快消品的线上渠道销售额将会达到4000亿美元,约占快消品市场总体市场份额的10%~12%。

移动端设备与电子平台正在重塑消费者购物体验,转变品牌与消费者之间的联结方式。75%的全球消费者表示他们享受随时随地都被触达的感觉。在中国,85%的消费者对此表示赞同。这种全方位的参与感为快消品产业多方位触达消费者提供了巨大机遇。通过部署本土化战略,企业可以加强与消费者之间的联系,打造品牌口碑。

尼尔森中国区总裁赵新宇表示:“中国消费者正身处前所未有的消费环境,生活节奏不断加速,人群联系日益紧密。全球市场也同样如此,引领品牌重视发展产品的便捷性,而中国在多个关键领域中处于领先地位。”

赵新宇总结:“我们正见证中国在电子商务及移动支付领域不断崛起,这为消费者节省了时间成本,也使消费变得更为便利。快消品产业的发展也极大限度得益于创新产品的研发。中国消费者正引领消费升级的潮流,高质量的新奇产品被中国消费者所推崇。外卖服务也在中国市场风靡。而这些只是主要的消费趋势变化,我们期望见证便捷性在未来有广阔的市场前景。”

资料来源:http://www.ad-cn.net/read/9157.html

○ 知识储备

广告活动是在市场的各种条件制约下进行的,广告能不能做,如何做,做后会有多大的效果,都需要通过广告调研来进行分析。因此,为了取得好的广告效果,必须对影响广告活动的企业经营环境、产品、消费者等要素进行调研,以便切实把握广告主所面临的市场营销机会和广告机会,提出相应的广告策略,抓住各种可能出现的广告机会。

2.1.1 广告调研的含义

广告调研是围绕广告活动而进行的一切调查研究活动,它是整个广告活动的开端和基础,是广泛收集相关信息的行为。具体而言,广告调研是指和广告有关的部门或单位,采用科学的方法,按照一定的程序和步骤,有目的、有计划、系统性地收集、分析与广告活动有关的消费者信息、媒介信息、产品和企业信息,以及广告效果信息等的调研活动。

广告调研属于市场调研的一部分,但是广告调研和市场调研既有联系,又有区别。

市场调研是企业制定经营策略,为进行市场预测和经营决策而开展的调研活动,包括市场随机产品调研、销售调研、消费者调研等诸多方面。广告调研是其中的一部分内容。适用于市场调研的一切调研方法基本都适用于广告调研,广告调研是对市场调研的深入。

广告调研是对广告活动的有关要素的调研。它具有市场调研的一般特点,同样要求调研的主体明确、方法科学、过程连续、内容系统、结果反馈等,因而涵盖了市场调研中的相当一部分内容。但广告调研也有其自身的特殊性,如资料来源特殊、有专门的技术与方法、覆盖面广、效益直接等。所以,广告调研是市场调研的典型化和纵深化。企业在实际操作时,既要充分利用市场调研已经获取的资料信息,也要为特定的广告目标而深入开展相应的广告调研。

2.1.2 广告调研的目的

广告调研的作用

作为广告运作的基础,广告调研有着明确的目的性。一个成功的广告运作,必须建立在科学的调查研究基础上,以获取广告运作所必需的准确信息,并对这些信息做出科学的分析与预测,从而制定出科学合理的广告策划。因而,广告调研是广告策划与创意的依据,是广告运作成功的枢纽。

1. 通过广告调研为广告决策提供充分有力的信息

通过广告调研收集大量的广告活动的相关信息,使广告策划人员占有大量翔实的资料,对广告活动所处的市场环境有全面而又深入的了解,做到知己知彼。通过广告调研,能明确广告目标、制定广告策略、进行广告正确定位,明确广告传播对象、突出广告的诉求重点等广告行为都有确实的把握。

2. 通过广告调研为广告的创作设计、选择广告媒介提供重要依据

有人说,"好的产品不做广告,犹如在黑夜向情人暗送秋波,但是,如果做广告而不做调研也如同盲人骑瞎马"。好的广告,既要艺术地表现广告内容,又不能脱离广告目标的要求,更不能游离于产品和消费者之外,只有在对产品、消费者和市场状况充分了解的基础上构思、设计广告作品,才可能有新颖独特的创意,才能与目标消费进行有效的沟通,增强广告的说服力。而这些信息资料不能凭空想象,只能通过广告调研来获取。

中国广告界"策划三雄":叶茂中

3. 通过广告调研为编制广告预算提供依据，避免广告费用的浪费

在企业界有一句话影响深远，这名言就是"我知道我的广告费有一半是浪费的，但我不知道是哪一半在浪费"。从这句话可以看出广告的投入产出比对于一个企业的无奈。为了减少广告费用的浪费，必须进行详细的广告调研，制定合理的广告预算，并且通过详细的广告调研分析造成广告费用浪费的原因，这样才能创造更多的经济效益。

4. 通过广告调研准确测定广告效果，评估广告活动

随着市场经济的发展，广告作为一种信息传播与促销的有效手段，越来越为企业所重视。但广告效果究竟如何，需要进行广告效果测评。而广告调研是广告效果测评的前提，通过定性和定量的调查，可以为广告效果测评提供大量的资料。此外，对广告效果测评，也是保证广告活动能够更好地达到预期目标的重要措施。

5. 通过广告调研为企业经营决策发挥参谋作用

在市场经济条件下，广告是企业经营活动的有机组成部分。进行广告调研，实际上也是为企业生产决策和经营决策提供信息。例如，进行消费者调研和产品调研，就有助于企业捕捉到消费者的消费观念和消费行为的变化，了解到新产品开发和竞争的有关信息。这样，使企业掌握市场动态，并根据市场变化及时调整或转换产品的品种、产量，从而改进经营管理，增强经济效益。

同步案例 2-1

鬼塚虎：向心出发，由然而生

"追溯真我，创造新我"是李宇春一贯的坚持，也是她多年不变的真性情。此次，李宇春代言鬼塚虎，正恰如其分地诠释了鬼塚虎"溯·造新生"的主题。

跨界营销、情怀营销、病毒营销……互联网时代营销玩法多样，但营销的关键永远只有一个——人，也就是用户。口号与噱头只能吸引一时的流量，只有用心做营销才能留住用户。这是品牌营销的温度，也是品牌营销的格局。

鬼塚虎这次的"情怀营销"，不仅能让新生代消费者感受到品牌的"走心"，又能让粉丝感受到品牌的情怀与温度。用"向心出发"作为与用户沟通的着力点，与用户产生情感共鸣，凭借年轻群体互动自发产生的 UGC 影响更多群体去思考、去参与，从而将这一次营销变成口碑爆棚的品牌传播。

资料来源：http://www.admaimai.com/news/detail/14/137769.htm

案例分析： 鬼塚虎这则广告让用户将自己 DIY 的内容通过互联网平台进行展示或提供给其他用户，借此提升用户的参与感和认同感，让整体创意也显得更加立体和可信。而纪录短片中包含的感情，以及与城市中每一个人向往平静的生活相关联，让这部纪录短片避免成为"品宣"的硬广告。

2.1.3 广告调研的要求

消费者调研

要想取得好的广告调研效果，在调研中还应做到以下要求。

1. 广告调研要有明确的目标

任何一个广告活动，都是针对特定的企业和产品，因此，开展每一项广告调研,都有一定的目的,是为实现一定的目标服务的。根据广告活动的要求,决定需要调研掌握什么样的信息资料,也就明确提出了广告调研的目的。明确所需资料究竟是什么,是执行调研计划的第一步,也是调查研究成功的关键。

2. 广告调研要注意客观公正

在广告调研活动中,为了避免由于主观推测带来的偏差,广告调研必须做到客观公正。这就要求调研者必须具有专业水准,能准确把握调研目标、调研方法、调研内容,同时对广告调研的程序也要力求规范。只有做到客观公正,才能掌握真实的信息,为广告创意奠定基础,进而产生积极的广告效果。

3. 广告调研资料要注意保密

通过调研得到的资料,只能为特定的对象服务,不能随意泄露。这既涉及市场竞争的机密问题,也是行业自律问题,同时还是每个调研人员必须遵守的一项职业道德。

4. 广告调研信息要注意积累

广告调研结果,一方面是为特定的目的服务;另一方面也是为将来的调研活动积累资料。这样既能节约开支,又能充分利用信息,同时也是加强科学管理的需要。企业可以通过建立资料档案或者资料库进行广告调研资料的积累和建设。

5. 广告调研要注意经济性

广告调研同企业其他的经济活动一样,要考虑到经济效益,要尽可能用最少的经费来完成预期的广告调研任务。因此,在广告调研活动中,要制订合理的调研计划,采取合理的调研形式,减少不必要的开支,做到节约资金。

美味持久,久到离谱。

炫迈口香糖的广告语,抓住了产品美味持久的特点,简单直接,朗朗上口,让人便于记忆,极富创新。

2.1.4 广告调研的内容

广告调研的内容可谓包罗万象,与广告活动有关的许多方面都包括在内,几乎涉及从生产者到消费者的商品与服务的整个过程,所有与广告活动相关的市场因素,诸如市场环境、市场需求、竞争对手、市场营销、消费者与产品,都是广告市场调研的范围。其中,企业经营情况调查、产品调查、市场调查、消费者调查是其主要内容。

1. 企业经营情况调查

此项调查的目的是通过对广告主的历史与现状、规模与特点的了解,有的放矢地实施广告策略,以及进行准确定位,突出企业优势有着重要的意义。企业经营状况调查,主要包括以下内容。

企业历史——它是老企业还是刚刚成立的新企业;企业的经营性质;企业的发展成果;在社会上声誉如何等。

企业设施——企业的生产设施、营业设施是否先进,加工生产技术有何特点,与同类企业相比有何优势等。

企业人员——人员的规模与构成,科研成果与业务水平有何特点。

经营状况——企业的经营业绩、市场分布与占有、流通渠道、公共关系等。

经营措施——企业的生产目标、营销目标、广告目标,组织机构与各项规章制度是否健全,有什么新颖的经营方式与措施等。

2. 产品调查

为了使广告具有说服力,确定产品的诉求点,突出表现产品形象,在进行广告制作宣传活动之前,必须了解产品,深入研究产品的属性,主要内容包括以下方面。

产品生产——包括产品的生产历史、生产过程、生产设备、生产加工技术、工艺和原料的使用。目的在于掌握广告产品的工艺过程与质量情况有何特色。

产品外观——包括产品的外形、规格、花色、款式、质感,包装装潢是否美观大方,是否有优质证明,与同类产品比较有何优点。

产品体系——这是指广告产品在相关产品中所处的地位。此种关系主要有主次关系,如生产与经营的主次关系;配合关系,即两种商品互相配合使用的关系,如VCD机与唱片机;替代关系,即两种效能一致的商品,某种商品销售增加,会迫使另一种商品销售下降,如香皂与洗手液。

产品类别——产品的最基本分类包括生产资料和生活资料。生产资料又分为原料、辅助材料、设备、工具、燃料、动力。生活资料按照需求对象分为4类,即便利品、选购品、特殊品及非寻觅品。其中,便利品是指消费者经常购买,而且不愿意花时间比较的商品和服务;选购品是指消费者在购买过程中,对商品进行比较以后才会购买的商品;特殊品是指具有特殊效益及(或)特定的品牌,消费者愿意特别花费精力认定其效用、品牌而购买的商品;非寻觅品是指消费者目前尚不知道,或者虽知道但尚没有兴趣购买的商品。因而认清产品类别,消费者的特点,对广告设计制作、广告决策以及媒介选择都有重要作用。

产品效用——产品效用是产品的突出功能,是给购买者带来的利益,是吸引消费者购买的"卖点",也是确定广告宣传重点的依据。产品效用类型如从广告的角度来划分,可分为经济型产品以能满足消费者生理性需求和经济利益为主;便利型产品以能满足消费者方便使用为主;情感型产品以能满足消费者心理、情感需求为主。广告诉求不但要突出产品不同的效用,而且要依据不同类型效用的产品采用不同的定位策略。

产品生命周期——广告产品在市场都会处于不同的生命周期阶段,其工艺成熟程度也不同,消费需求特点不同,市场竞争情况、营销策略也有所不同,进而广告目标、诉求点、目标受众、媒介策略也是不同的。

同步案例 2-2

冰雪有你更精彩

该公益广告以"冰雪共精彩,一起向未来"为宣传口号,京剧武生徐徐唱出"千里冰封、万里雪飘",拉开冬奥广告的序幕。以壮丽山河下的雪中盛景为运动背景,呈现出各种冰雪运动,既有大众的冰雪拔河,又有专业的冰球、滑冰、滑雪等运动,还穿插普通人在冰雪中的喜与乐,整个广告画面极具震撼力。

通过不同的广告场景的切换,传统与现代的对比,向全世界成功地展示了中国人民坚忍不拔的民族精神,对冰雪运动充满激情与热爱,充分表达出中华民族的文化自信。

案例分析: 该广告不仅向世界展示中国,展示中国人民奥林匹克的激情与梦想;同时也向中国人民展示了冰雪运动的魅力,传播冰雪运动带来的积极健康的生活方式。"带动三亿人参与冰雪运动",让"愿景"成为"现实"。

3. 市场调查

市场调查是以企业的目标市场为对象,有针对性地收集该地区的人口、社会风尚、政治经济等基本资料。一般来说,广告专业公司或广告媒体部门应以日常广告所涉及的区域为调查对象,定期收集与更新资料,为广告主制定广告策划时提供基础资料;企业的广告业务部门,应以其产品的销售地区作为调查对象,为企业制定广告策划或为委托广告的代理部门提供基础资料。市场调查主要内容如下。

(1) 人口。包括目标市场的人口总数、性别构成、年龄阶段、文化水平、职业分布、收入水平情况,以及家庭人口、户数和婚姻状况等。

(2) 社会风尚。包括目标市场的民族构成、民风、民俗、禁忌、生活方式、嗜好、传统习俗、流行风尚、节日和宗教信仰等内容。

同步案例 2-3

麦芒 4 的广告打动人心

华为麦芒 4 广告刷爆朋友圈,收到广告的大多数是奋斗青年。广告配合简单文案和广告视频深深打动每一位年轻消费者的内心,麦芒成为年轻人的人生导师。

麦芒广告中所阐述"青春,从来就不是一场说走就走的游戏,每个人来到这个世界,都有你所属的职责,过往的一次次磨砺,都会变成实现梦想的动力,走过的路像一面镜子,让我们看见真实的自己,磨砺见真我,华为麦芒 4"。由此可见,一则人生哲学式视频广告,道出了人生价值真谛,深深引发无数年轻人思考和共鸣。

资料来源:http://www.cctime.com/html/2015-9-28/2015928143166238.htm

案例分析: 麦芒 4 这次广告投放定位精准,麦芒系列手机自发布之日起便主打年轻人市场,每一代麦芒手机宣言都很符合年轻人的内心。麦芒 4 的"磨砺见真我",与工作几年的年轻人的内心相契合,这与年轻一代热爱创新的精神十分吻合,引发众多年轻消费者共鸣,从而达到良好的传播效果。

(3) 政治经济。包括对有关目标市场所在国的国家政策、地方性政策法规、政府机构情况、社会经济发展水平、工农业发展现状、商业布局等资料的收集。

4. 消费者调查

广告传播的主要目的就是有效地与消费者进行沟通,引起消费者的注意,激发消费者的购买欲望,引导消费者采取购买行动。企业怎样做广告才能引起目标消费者购买欲望?

企业必须对消费者购买商品的活动和与这种活动有关的决策过程即消费者的消费行为和心理进行分析。消费者调查主要研究消费需要、购买方式和购买决策 3 个方面。

1）消费需要

针对消费者生活消费需要的调查，主要是以一个地区或一个阶层的群众或集团为对象，研究影响他们消费需要的各种因素，主要包括经济因素、社会因素和心理因素。

（1）经济因素——包括家庭收入、可支配收入、支出模式、商品价格、商品使用价值等。

（2）社会因素——包括文化、社会地位、阶层和社会关系等因素对需求的影响。具有不同文化知识的人，其审美观和对商品的需求往往是不同的。比如，有些人十分珍爱手工艺品，而一些人则视其为平常产品，没什么用。社会地位不同的人，其生活方式、消费特点和价值观念有很大差别。

（3）心理因素——心理因素多种多样，它对消费需要影响至深。广告调研的目的在于确定消费者的心理，知道对何感兴趣。调查可以通过走访消费者，采用口头询问或罗列产品特点，请消费者圈定最为重要的特点，来确定消费者的关心热点。如消费者的求实心理、求新心理、求美心理、求名心理、从众心理、求便心理等。能否准确地把握消费者的心理需求点，往往成为整个广告运动成败的关键。

以美国速溶咖啡的销售为例。20 世纪 40 年代，当速溶咖啡这个新产品刚刚投放市场时，厂家自信它会很快取代传统的自制咖啡而获得成功。因为它的味道和营养成分与自制咖啡相同而饮用方便，不必再花很长时间去煮，也不用再为刷洗煮咖啡的器具而费很大的力气。厂家为了推销速溶咖啡，就在广告上着力宣传它的这些优点。出乎意料的是，购买者寥寥无几。心理学家对消费者进行了问卷调查，请被试者回答不喜欢速溶咖啡的原因和理由。

很多人一致回答是不喜欢它的味道，这显然不是真正的原因。为了深入了解消费者拒绝使用速溶咖啡的潜在动机，心理学家改用间接的方法对消费者真实的动机进行调查和研究。

他们编制了两种购物单（见表 2-1），这两种购物单上的项目，除一张上写了速溶咖啡，另一张上写了新鲜咖啡这一项不同之外，其他各项均相同。把两种购物单分别发给两组女性，请她们描述按购物单买东西的家庭主妇是什么样的女性。

表 2-1　购物单

购物单 1	购物单 2
1 袋发酵粉	2 块面包
1 磅胡萝卜	1 磅新鲜咖啡
5 磅碎牛肉	2 磅桃子
5 磅土豆	1 袋发酵粉
2 块面包	1 磅胡萝卜
1 磅速溶咖啡	5 磅碎牛肉
2 磅桃子	5 磅土豆

结果表明，看到有速溶咖啡的购物单 1 的女性中，几乎有一半人说，按这张购物单购物的家庭主妇是一个懒惰的、邋遢的、生活没有计划的女性；有 12% 的人把她说成是一个挥霍浪费的女性；还有 10% 的人说她不是一位好妻子。另一组女性则把按新鲜咖啡购物的女性，描写成勤俭的、讲究生活的、有经验的和喜欢烹调的主妇。这说明，当时的美国女性有一种带有偏见的自我意识：作为家庭主妇，担负繁重的家务劳动乃是一种天职，而逃避这种劳动则是偷懒的、值得谴责的行为。速溶咖

啡的广告强调的正是速溶咖啡省时、省力的特点，因而并没有给人以好的印象，反而被理解为它帮助了懒人。由此可见，速溶咖啡开始时被人们拒绝，并不是由于它的本身，而是由于人们的动机，即都希望做一位勤劳的、称职的家庭主妇，而不愿做被他人和自己所遣责为懒惰、失职的家庭主妇。这就是当时人们的一种潜在的购买动机，这也正是速溶咖啡被拒绝的真正原因。谜底揭开之后，广告不再宣传又快又方便的特点，而是宣传它具有新鲜咖啡所具有的美味、芳香和质地醇厚等特点；在包装上，使产品密封十分牢固，开启时十分费力，这就在一定程度上打消了顾客因用新产品省力而造成的心理压力。结果，速溶咖啡的销路大增，很快成了西方世界最受欢迎的咖啡。

2）购买方式

购买方式是指消费行为中购买商品的特点与表现。消费者的购买方式，对广告的发布时机、发布频率、主题与创意，都有着重要的影响。

（1）复杂性购买。复杂性购买是指不是经常购买的物品，消费者参与程度较高，各个品牌间差别大。这主要针对一些经久耐用、价格昂贵的物品，如电视、空调高档服装等。消费者要对商品进行慎重的调查研究，需要学习认识，特别是初次购买，更具复杂性。广告则需要针对购买的决定者实施相应策略，使目标消费者获得更多的学习机会，以能详细了解商品的特点、性能、优缺点等信息，影响其对品牌的最终选择。

（2）协调性购买。这种购买方式一般发生在消费者购买品牌差别不大的商品时。消费者主要关心价格是否优惠，购买时间与地点是否便利，但在购买的同时也会出现心理矛盾的情况，如购买某一种商品时，也注意同类商品其他品牌的优点和特点，于是便试图获取更多的有关信息，以证明自己购买决策的正确性，减少购买行为的不协调性。广告则需要帮助消费者消除对所选品牌的矛盾心理，进入和谐状态，建立购买信心，如"只买对的，不买贵的"。

（3）多变性购买。消费者在求新、求异心理驱动下，为追求新奇、时髦、风度等而采取的一种购买方式。这些商品价格不是很贵，也需经常购买，消费者购买时参与程度低，但经常变换品牌的选择，品牌间没有明显的优劣之分，但在款式、包装、口味等方面存在差别。消费者一般不是主动地寻求商品信息，也不对品牌进行认真评价，仅是出于某种个人目的而寻求变化。针对这种购买方式，则需要正确的促销策略和广告策略来吸引重复购买。

（4）习惯性购买。消费者的参与程度低，品牌之间的差别小。这主要是一些价格低廉，需要多次重复购买的商品，比如食盐、肥皂、牙膏等。消费者在购买时一般不做思考，经常表现出随意性。购买某种品牌，也多是根据经验或习惯，而不是忠诚于品牌。但逐渐会趋于一定的确定性，如牙膏用中华、洗衣服用雕牌洗衣粉。广告则要帮助消费者实现指名购买，如选用信息易于接收的媒体，广告诉求内容简明扼要、多次重复等。还应增大产品的相关价值，提高消费者的参与程度。

3）购买决策

了解商品由谁决定购买，何时决定购买，在何处购买，这对确立广告对象、构思广告表现有着密切关系，并对选择合适的媒体、何时发布广告提供重要的参考。

（1）谁决定购买——生活消费品购买，有的是丈夫支配型，如购买人身保险、汽车、电视机；有的是妻子支配型，如购买洗衣机、地毯、厨房用品；有的是共同支配型，如度假、住宅、户外娱乐；有的是父母做主型，如婴幼儿食品、玩具；还有的是子女支配型或是协商型。广告调研要掌握对商品购买有决定性影响的人，作为广告的主要对象。

(2) 何时决定购买——广告掌握购买者何时决定购买，这对确定广告发布时机有重大影响。如每年的重要假期，春节是家电、礼品购买的高峰期。

(3) 何处购买——这分为购买者在何处实现购买。有的购买是在家里决定，有的是在商店现场决定。广告调研购买者多数在什么场合决定购买，为选择广告媒体提供依据。近年来，店堂的POP广告，在现场刺激购买者做出购买决定的作用越来越明显。

○ 任务演练

设计产品的调查项目

演练背景

只有充分了解产品才能更好地宣传产品，挖掘出鲜明的产品卖点。而不同大类的产品，消费者关心的产品特性也将有所不同，在本次的任务演练中，每个小组选择不同的产品类别，根据产品特性，设计产品调查的具体内容。

演练要求

(1) 每小组选择一个产品大类。

(2) 依据产品的特点设计合理的产品调查项目。

演练条件和过程

(1) 学生分6组，自选组长。

(2) 每组均选择一类产品。可供选择的产品大类由教师确定，产品类别的设计要考虑的产品的差异性。

(3) 各小组内部讨论调查项目，由专人做记录，组长负责协调。

(4) 以卡片的形式记录调查项目。

(5) 由组长代表本组在班上公开结论，教师点评。

任务演练评价

任务演练评价表

任务演练评价指标	评价标准	分值	得分
1. 产品调查项目设计	(1) 产品选择具有代表性	20	
	(2) 调查项目能反映产品特点	30	
2. 演练过程	(1) 小组展开积极有效讨论	20	
	(2) 小组每个人都要参与任务	10	
3. 成果展示	PPT设计精美，解说语言表达流畅到位	20	
总成绩		100	
学生意见			
教师评语			

学习任务 2.2 主要调研方法

教学方案设计

教学方法：任务驱动、实地调查　　　　建议课时：6

学习目标	技能目标	能设计各种广告调查问卷
	知识目标	1. 准确掌握各种调查方法：观察法、抽样调查法、访谈法、问卷调查法 2. 准确掌握问卷设计的基本技术手段 3. 清楚问卷设计的注意事项
学习任务准备	教师	课件及任务评分考核表
	学生	1. 抽签随机分组，8～10 人为一组，组内自选组长 2. 各个小组探讨问卷设计的内容 3. 实地调查，发放并回收有效问卷

	教学环节	教师活动	学生活动	课时
教学流程	一、成果展示与分析	1. 引入案例，提出问题 2. 布置任务，提出要求	做好问题分析笔记	1
	二、知识储备	1. 讲授任务相关的理论知识 2. 解答知识疑问 3. 针对本学习任务中的同步案例和“广告语”进行学习指导	1. 认真听取本学习任务所需的理论知识 2. 提出疑问 3. 针对本学习任务中的同步案例和“广告语”进行学习分析	
	三、任务演练	1. 介绍本学习任务的演练背景和要求 2. 指导问卷设计的演练实施过程 3. 评价演练效果和结论	1. 设计问卷、发放问卷和统计问卷 2. 以卡片的形式记录汇总结果 3. 组长陈述结论	4
	四、学习任务知识小结	1. 系统地对本学习任务知识进行总结 2. 针对重要知识点进行课后作业布置	1. 认真听取知识总结 2. 以小组为单位从网上收集知名广告公司所做的调研问卷	1

成果展示与分析

碧欧泉：释放数据的力量

如何从众多男士护肤品牌中突出重围，吸引更多男性成为碧欧泉的用户，同时有效增加男士护肤品的销量，成为碧欧泉亟待解决的难题。

京纬数据通过将不同来源的数据在京纬数据 DMP 内建立连接，实现对碧欧泉目标受众的精准刻画和建模后，将营销的主要阵地选在了机场。碧欧泉邀请贝克汉姆作为代言人，开展一系列代言推广活动，针对潜在客户的个性化标签动态展示不同创意素材，刺激消费欲望，提升转化率。具体执行环节，大数据的应用更是重中之重。

1. 收集人群标签

首先，在测试投放之前，京纬数据通过独家的Q+SaaS平台，这个平台对接腾讯广点通、百度BES、阿里巴巴TANX及谷歌，可以监测过去两个月中曾出现在目标机场附近3千米以内的移动设备号，团队将这些设备号贴上标签，定义这些人群为潜在的差旅客户，同时开启独家QBE自动优化引擎，详细分析这些人群的基础数据。QBE采用机器学习算法，能自动找出已转化用户的共同特征，建立用户模型，得到目标用户群的精准画像。

2. 测试投放

基于这些人群标签，综合京纬数据定制的私有DMP平台上积累的海量历史投放数据，外加从第三方数据提供商对接的人群数据，根据实际需求，过滤可能居住在附近的住户及一次性旅游人群，挑选出一批经常旅行和出差的男士，进行了为期一周的测试投放。

3. 正式投放

在正式投放过程中，利用LBS技术对这3个目标机场3千米以内的范围进行精准定向投放，并选择新闻类、社区类、阅读类APP为主要投放渠道。同时在投放中不断优化，QBE引擎能根据之前为品牌建立的模型，精确判断每次展示请求是否为广告主期望接触的目标人群，并自动决定每次竞价的策略及价格，进而达成转化率的大幅优化。

4. 重定向及优化

在正式投放过程中，京纬数据同时也在DMP平台上根据实时投放反馈数据，按照广告停留时长、广告跳转率等情况，对曾经表达过意向的用户进行全网重定向投放(不限定区域)，从而有效地控制整体预算分配及播出节奏。在投放中控制曝光频次，避免对同一受众过度的冲击造成品牌反感。同时，借助LBS获取用户实时的行为轨迹，当用户访问广告主项目的竞品项目时，对用户进行基于场景的定向投放，抢夺优质客户。

这次营销战役，不仅大幅提升了碧欧泉男士产品的知名度，同时也在推广过程中有效实现了消费转化。在正式投放中，不仅点击率高达4.76%，同时，有大量消费者通过媒体渠道参加活动进行线上购买，网上免税店碧欧泉男士产品日均销量相比活动前增长了42%，远远超出了客户预期。另外，还有许多目标用户被引导至线下免税店，极大地刺激了产品关注度和销量，使品牌传播和销售达到完美整合。

资料来源：https://www.sohu.com/a/191822051_648778

○ 知识储备

广告调研方法是指广告人员围绕广告活动，为收集各种相关信息资料而采用的具体方法。包括观察法、抽样调查法、典型调查法、访谈法、问卷调查法等。

2.2.1 观察法

观察法是指调查人员对被调查者的行为与特点进行现场的描述，注意调查现场情形的一种调查方法。

具体观察方式如下。

1. 直接观察法

调查人员直接到现场查看收集有关广告资料。如市场调查人员到购物中心观察某类产品的销售情况、广告宣传方式、推销方式、消费者的现场反应等，企业可以根据这些资料，决定广告如何宣传才能更好地促进销售。

2. 行为记录法

通过录音机、录像机、照相机等一些监听、监视设备，记录下被调查者的活动或行为。如电视台在一些典型视听者家中安置电视节目测试仪，把他们家里收看电视的时间长短、节目等情况记录下来，以便研究分析电视广告的播放时间、内容与方法等。再如，调查者站立在广告牌附近，用录像机记录来往行人观看此广告的比例、注意程度及反应，这样可以了解广告的吸引力和效果。

3. 痕迹观察法

不直接观察被调查者的行为，而是观察被调查者所留下的痕迹。如该产品的报纸广告上附有回执条，消费者凭回执条可以购买优惠价商品。企业根据回执条情况就可以知道这则广告的注意率和信任度了。

观察法的优点是非常明显的。由于是在消费者不知情的情况下进行观察，消费者没有心理负担，他们的心理表现也比较自然，因而通过观察所获得的资料也比较客观、真实。特别在研究对象不配合的情况下，更显示出观察法的价值。同时这种方法也比较简便易行，花费也比较低廉。

观察法的缺点也很明显。首先，在进行观察时，观察者只能被动地等待所要观察的事件出现。在事件出现时，所能观察到的是消费者如何从事活动，并不能得知消费者为什么这样活动以及当时其内心是怎样想的。其次，观察资料的质量在很大程度上也受到观察者本人的能力水平、心理因素的影响。最后，为了使观察得来的资料全面、真实、可靠，被观察的人和事数量要多、面要广，而且为了取得大量的资料，所需的人力和时间自然要多。因此，观察法有它的局限性。有鉴于此，只有当研究的问题能够从消费者外部行动得到说明时，才适宜于应用观察法。

2.2.2 抽样调查法

抽样调查法是根据概率统计的随机原则，从被调查的总体中抽出一部分个体作为样本进行分析、概括，以此推断整体特征的一种非全局性的调查方法。抽样调查法根据广告调研目标、样本代表性、抽样成本和时间等因素有随机抽样调查和非随机抽样调查两种常用的方式。

1. 随机抽样调查

随机抽样调查是在总体中随机任意抽取个体作为样本进行调查，根据样本推断出一定概率下总体的情况。随机抽样在市场调查中占有重要地位，在实际工作中应用很广泛。随机抽样的最主要特征是从总体中任意抽取样本，每一个样本有相等的机会，即事件发生的概率是相等的，这样可以根据调查的样本空间的结果来推断母体的情况。

2. 非随机抽样调查

抽样时不遵循随机原则，而是按照调查人员的主观经验或其他条件来抽取样本的一种抽样方法。因而代表性依赖于调研者的经验，具有主观性，所以调研结果误差较大。但当调查对象不确定或根本无法确定，总体各单位间离散程度不大，且调查人员有丰富的调查经验时，常应用此方法。

(1) 任意抽样。即市场调查人员根据最方便的时间、地点任意选择样本，如在街头广告牌前任意找一些行人询问其对某广告的看法和印象。这种方法通常用于试调查，正式调查中很少使用。

(2) 判断抽样。即市场调查人员根据自己的以往经验来判断哪些个体可以作为样本的一种方法。当样本数目不多，样本间的差异又较为明显时，采用此方法能起到一定效果。

(3) 配额抽样。即市场调查人员通过一些控制特征，将总体进行分类，然后由调查人员从各组中任意抽取一定数量的样本。例如，某家电生产公司需要调查消费者购买家电的潜力，特别要了解中低收入的消费者的欲望，以便使企业把握机遇，做好投资的准备。现根据收入与年龄将消费者进行划分，按收入分为高档、中档、低档，年龄根据我国实际划定为27岁以下和28～35岁、36～55岁、56岁以上4组，调查人数为500人，在对每个标准分配不同比例后，得出每个类别的样本数。

抽样调查是广告调研中的一种最基本的方式，当样本选取合适的时候，便可得到类似普查方式所获得的较精确的结果。因此，为获得代表性高的样本，就应该采取抽样调查法，因为它可以计算抽样误差的置信区间。但在广告调研中，由于调查组织者不知道产品和竞争产品的确定母体、产品使用者又极为分散，同时广告主愿意损失部分可信度换取抽样调查所需的大量费用，非抽样调查法就应用得很广泛。

2.2.3 典型调查法

典型调查法是对调查中的典型对象进行深入调查的一种方法。这种方法主要是通过典型的特殊定位来了解一般。如从女性化妆品的购买状况这个典型来调查预测化妆品市场的发展趋势，就是这种方法的具体运用。典型调查对象集中、范围小、费时少、费用低。但选择的对象要确实符合调查目的与要求，且具有普遍意义和代表性，调查才可收到事半功倍的效果。运用典型调查法，要求调查人员必须对被调查团体非常了解，以避免选择非典型事例作为调查对象，而得出错误的结论。

2.2.4 访谈法

访谈就是研究性的交谈，根据被询问者的答复，收集客观的、不带偏见的事实材料，以准确地说明样本所代表的总体特点的一种方式。尤其是在研究比较复杂的问题时，需要向不同类型的人了解不同类型的材料。访谈法按接触方式的不同，又分为面谈调查、邮寄调查、电话调查和留置调查。

1. 面谈调查

面谈调查是通过调研人员和受访者面对面地交谈，来了解调查对象对企业的广告有何看法，以及对企业做广告有何建议的一种方法。一般是预先确定样本家庭或个人，广告调研员携带广告样本或录音带、录像带，按照预先设计的调查文稿提出问题，详细记录谈话内容，同时仔细观察访问对象的心理活动。访问中要善于创造一种轻松愉快的气氛，设法使调查对象讲真话，然后把各种看法分类整理出来，以改进今后的广告工作。访问之后要向调查对象赠送纪念品或支付一定的报酬。

具体又包括入户访问和街头访问两种。

(1) 入户访问。根据合理科学的抽样，由调研人员直接到受访者家中，与之进行面对面的访问。这种方式灵活方便,易于沟通,调研人员可以鼓励受访者说出真实的想法;还能控制问题的次序,谈话集中,有针对性,易获得较丰富的资料;但入户访问费用较高,受环境影响较大,有时难以控制局面,特别是当选定的调查样本较多时,分别进行入户调查时间较长,不太适用。

(2) 街头访问。街头访问是根据调查目的和对象的特殊性,在受访人群较为集中的公共场所(如商场等)直接拦截受访人群进行访问。这种方法操作简便,费用较低,适用于一些问卷内容较少,目标人群不易控制的调查项目。其缺点是由于没有严格的抽样控制且目标人群的流动性较大,所以容易出现样本的雷同,对于一些漏问或者轻微型错误无法再次确认。另外,这种方法的问卷复核的难度也较大,进行实地复核根本上是不可行的。

根据被访问者的人数,面谈调查又可以分为个别访谈法和集体访谈法。

(1) 个别访谈法。对广告活动的相关者及一些重要信息提供者的个别访谈。个别访谈法通常分为3种类型:非正式的会话式访谈(又称非结构化访谈)、重点问题访谈和标准化访谈(又称结构化访谈)。非正式的会话式访谈往往不局限于事先预定的问题和问题的先后排列顺序,可以涉及较宽的领域,有利于充分发挥访问者和被访问者的主动性与创造性,因而能调查到原调查方案中未预料到的信息;重点问题访谈通常是把将要访谈的重点内容用表格或清单列出;标准化访谈就是按照格式、内容相同的问卷所进行的访谈。在实际调查工作中,这3种访谈类型常常可以相互配合使用。一般是首先进行非正式的会话式访谈,其次辅以重点问题访谈或标准化访谈。

(2) 集体访谈法。集体访谈法就是召集被调查者开会讨论和交流,以收集信息。这是一种更省时、更高效的访谈法。它不仅能实现调查者和被调查者之间的交流,也能实现被调查者之间的交流。但一些涉及保密性、隐私性问题不宜在集体访谈中调查。

面谈调查具有直接性和灵活性的特点,能够直接接触被调查者,收集到第一手资料,根据被调查者的具体情况进行深入的询问,从而取得良好的调查结果;同时,面谈调查还可以使调查人员具体观察被调查者,便于判断被调查者回答问题时是否实事求是,以及答案的正确程度。另外,面谈调查了解的问卷回收率较高,样本代表性强,有助于提高调查结果的可信程度。

面谈调研的不足之处是调查费用高,调查时间长,如果调查样本多,需分别面谈,花费很多时间,尤其是面谈需要调查人员有熟练的谈话技巧,善于启发引导谈话对象,善于归纳记录谈话内容,如果不具备这些条件,面谈调查效果会受到一定影响。因此,面谈调查在实践中是有条件的。所以访谈法一般在调查对象较少的情况下采用,且经常与问卷法、测验等结合使用。

2. 邮寄调查

邮寄调查是指将事先设计好的调查问卷,邮寄给被调查者,由被调查者根据要求填写后再寄回,是市场调查中一种比较特殊的调查方法。它的优点明显,空间范围大。在一个地区可以邮寄到许多地方甚至是全国、国际市场进行调查。不受调查所在地区的限制,只要是通邮的地方,都可选为调查样本;样本数目可以很多,而费用开支少。按随机原则选定的调查样本,可以达到一定数量,同时发放和回收问卷,而且调查时间短;被调查者有较充裕的时间来考虑回答问卷,并可避免在面谈中受调查者的影响,从而得到较为真实、可靠的情况。

邮寄调查的不足之处是问卷回收率低,因而有可能影响样本的代表性,由于不直接接触被调查者,不能反馈回答问卷者的态度,也不能了解到问卷中未涉及的问题而遗漏重要的市场信息。

3. 电话调查

电话调查是通过电话询问的形式调查样本对企业广告及如何做广告的意见。电话调查可以以电话簿为基础,进行随机抽样。但是,这样做存在着母体不完整的缺陷,因为调查结果不能代表没有电话的消费者的意见。同时,电话调查不容易取得受访者的合作。但是,尽管有这些限制,调查某些具体内容,如高收入者的商品消费结构、商品偏好以及潜在购买量等,仍是较为现实的方法。它有利于节省时间和调查费用,取得结果也快。采用电话调查,通话时间不宜过长,因此多采取两种选择法向通话调查者询问。两项选择法,即要求从两项要求中选择其一,回答只有是和否两种可能。

4. 留置调查

留置调查是将调查问卷当面交给受访者,说明填写要求,并留下问卷,让受访者自行填写,由调查人员按时收回的一种市场调查方法。

留置调查的优点是调查问卷回收率高,受访者可以当面了解填写问卷的要求,澄清疑问,避免由于误解提问内容而产生误差,并且填写问卷时间充裕,便于思考回忆,受访者意见不受调查人员的影响。其主要缺点是调查地域范围有限,调查费用较高,也不利于对调查人员进行管理监督。

2.2.5 问卷调查法

问卷调查法

问卷调查法是通过问卷进行调查的方法。设计市场问卷是一项技术性很强的工作,设计问卷要注意概念的确定性,尽量避免一般性问题或与调查内容无关的枝节事项,避免对被调查者进行引导、误导。

1. 问卷设计的基本技术手段

(1) 二选一法。二选一法又称是否法或真伪法。即问题分为两种情况,被调查者只能选择其一。优点:求得判断明确,结论属于解说。缺点:不能表现有意见程度的差别。例如:

您是否喜欢喝可口可乐?

A. 喜欢(　　)　B. 不喜欢(　　)

(2) 多项选择法。多项选择法即问卷设计给出两个以上答案,被调查者可在所给答案中选择一项或多项。例如:

在购买电冰箱时,您认为电冰箱哪种指标最重要?

A. 内部容积大(　　)　B. 制冷迅速(　　)　C. 耗电量小(　　)　D. 噪声小(　　)

E. 外形美观(　　)　F. 结构合理(　　)　G. 其他(　　)

(3) 排序法。排序法即给出若干答案,让被调查者进行选择,并按重要程度排出先后顺序的方法。例如:

促使您买海尔冰柜的主要原因是什么?(选 3 项并按重要程度排序)

A. 名牌　B. 价格　C. 广告　D. 颜色

E. 性能　F. 他人推荐　G. 售后服务

第一位________　第二位________　第三位________

(4) 开放回答法。开放回答法即问卷的问题不拟定答案，被调查者可以不受答案限制，而自由发表意见。这种方法可缩短问答者间的距离，但却难以形成一般性结论。例如：

您喜欢哪种款式的裙装？

您喜欢哪个品牌的化妆品？

(5) 漏斗法。漏斗法又称过滤法，是指最初提出的问题范围广泛，应答者自由回答，然后逐步缩小范围，到最后所问的则是特殊的专门性问题。这种方法的特点是调查内容逐步概括，并归属调查主次，省略枝节性表面属性的问题，操作简便自然，有利于对调查问题的全面了解。

(6) 倾向比较法。倾向比较法即让被调查者对几种产品的品牌、商标、广告等，按照喜欢程度进行比较选择。这种方法不仅可以判断出所比较项目的顺序，也可以测定出所比较对象间的评价距离。例如：

喜欢　　较喜欢　　一般　　较不喜欢　　不喜欢

(7) 表格检测法。表格检测法即让被调查者在一张印有产品相关特性的表格上注明自己的看法。例如：

请在下表中指出哪种酒更符合以下特点。

不同酒的特点

名称 特点	茅台	洋河	泸州老窖	古井贡	二锅头
浓香					
清香					
酱香					
烈性					
清淡					

(8) 文字联想法。文字联想法即先列出一些词汇，让被调查者写出他脑海中涌现出的几个字或几句话，主要用于产品、企业等知名度调查。例如：

下列有几个名词，逐一去看，看后分别写出您想出的字、词或句。

A. 长虹　　B. 格兰仕　　C. 海尔

2. 广告调研的问卷设计应注意事项

(1) 问卷问题必须简明扼要并有较多的信息量。文字要准确，不应使填表人或使用者有模糊认识。例如，调查商品消费情况，使用“您通常选购什么样的鞋”就属于用词不准的现象，因为“通常”“什么样”的含义，不同的人有不同的理解，是指什么季节，什么时候，什么场合，什么价格……理解不同，回答各异，不能取得准确可信的调查结果，不如改为更具体的问题，如“您在外出旅游时，选购什么品牌的旅游鞋”，这样用词准确，而且不会产生多义性理解。

(2) 问卷问题要符合人们通常的逻辑思维进程，保证能获得对方答复。要注意问题的排列顺序。一般是简单的、容易的问题放在前面，逐渐移向难度较大的。同类或相关的问题要放在一起，便于受访者合作。

同时，问句要有艺术性，避免引起受访者的反感而不予合作，如下面两例问句。

您不收看有线电视节目的原因是什么？请按下列提示选择。(　　)

A. 费用太高　　B. 没有用　　C. 广告太多　　D. 节目时间不好

您不收看有线电视节目的主要原因是什么？请按提示在后面的括号内打"√"(可不止一项)。

A. 费用不满意(　　)　B. 插播广告太多(　　)　C. 节目时间安排不合理(　　)

D. 可看的节目太少(　　)　E. 其他(　　)

显然，第二种提问的语气更有艺术性，能够使被调查者愉快地合作；而第一种则易引起反感，致使被调查者不能合作或调查结果不准确。此外，防止使用引导性的语句。例如，"××牌空调器，噪声小、省电、制冷效果好、价格合理，您是否准备购买""××牌旅游鞋质优价廉，您是否准备选购"。这样的问句将使一些受访者由引导得出肯定的结论，不能反映消费者对商品的真实了解和真正的购买意愿，所以产生的结论也缺乏客观性，调查结果的可信度差。

(3) 问卷问题需具有典型意义，能够代表一定阶段内事物发展的基本趋向。

(4) 问卷问题应便于评议、分析和综合说明。不提不易回答的问题，一种是涉及填表人的心理、习惯和个人生活隐私的问题而不愿回答，列入了问卷也不能得到真实结果；另一种是由于时间久，回忆不起来或回忆不准确。

同步案例 2-4

养生堂维生素E市场调查问卷

编号：　　访问地点：　　时间：　　性别：

您好！我是市场营销专业的学生，这次调查的主要目的是结合企业的实际工作进行实习。请您帮忙填一份调查问卷。谢谢您的合作！

1. 您对皮肤现状的满意程度如何？________

A. 很好　　B. 好　　C. 一般　　D. 差

2. 对于保护皮肤，您一般采用什么方式？________

A. 保健食品　　B. 化妆品　　C. 饮食　　D. 其他

3. 在保护皮肤的保健食品中，您比较喜欢哪一种品牌？________

A. 养生堂　　B. 安利　　C. 果维康　　D. 倍健

4. 在您熟悉的保健品中，您最关注下列哪些因素？(可多选)________

A. 价格合理　　B. 品牌效应　　C. 服务周到　　D. 效果好

5. 您知道养生堂吗？________

A. 知道　　B. 不知道

6. 您听说过下列养生堂产品中的哪些种类？(可多选)________

A. 维生素C　　B. 维生素E　　C. 成长快乐　　D. 农夫山泉

7. 您比较关注养生堂天然维生素E的哪些功效？(可多选)________

A. 美容养颜　　B. 祛斑　　C. 补水

D. 抗老化　　E. 软化心脑血管

8. 您喜欢什么样的促销方式？________

A. 买赠　B. 打折　C. 有奖销售　D. 其他

9. 如果您需要保健品,会在哪里购买？________

A. 超市　B. 商场　C. 药店　D. 其他

10. 您的月收入是________。

A. 1000元以下　B. 1000～2000元

C. 2000～3000元　D. 3000元以上

11. 您的年龄是________。

A. 16～20岁　B. 20～25岁　C. 25～30岁

D. 30～35岁　E. 35岁以上

12. 您对保健品有什么特殊的要求？

资料来源：唐山职业技术学院2008级医药营销专业学生

案例分析： 调研问卷的设计要遵循一定的原则,才能达到调研目的。问卷的设计应该遵循以下原则：①紧扣目标。设计问卷时必须紧扣调查目标来设置问题,必须选择能引导受访者围绕调查目标客观准确地提供答案的问句,不可单纯追求形式的差异或新奇。②易于接受。设计问卷的问题时,要使受访者便于理解和接受,且易于回答,乐于合作。问题的难度要适应受访者的理解能力、接受水平和心理特征。不要设置那些他们不愿意回答或不愿意真实回答的问题；更不要设置那些可能令受访者难堪或引起反感的问题。③便于统计。设计问卷时,还要考虑应该便于调查单位对资料进行量化统计和分析。例如,一个问句只问一个问题,对能够量化的问题,尽可能采用分类分级的方法列出数量界限,便于统计和进行数据处理。④篇幅适当。在一般情况下,入户访问的问卷可适当长些,问答的时间可以在30分钟左右；街头拦截访问的问卷则要短些,问答的时间控制在15分钟左右；而邮寄调查和留置调查的问卷要更短些,问卷时间控制在5分钟左右。问卷设计好之后,可以通过试调查进行适当的调整。

任务演练

设计××产品的消费者需求调查问卷

演练背景

只有充分了解消费者的需求偏好和购买动机才能更好地挖掘出独特的产品卖点。而不同大类的产品,消费者关心的需求侧重点也将有所不同,在本次的任务演练中,每个小组选择不同的产品类别,结合产品特性与目标消费者的特点,设计消费者需求调查问卷。

演练要求

(1) 每个小组选择一个产品大类。

(2) 结合产品的特点,设计需求调查问卷,从调查问卷中能够得出消费者的购买动机。

演练条件和过程

(1) 学生分6组,自选组长。

(2) 每组均选择一类产品。可供选择的产品大类由教师确定,要围绕消费者购买动机设计问卷。

(3) 小组内部讨论问卷的设计,由专人做记录,组长负责协调,形成初步问卷。

(4) 小组内论证问卷的可行性。

(5) 由组长代表本组在班上公开结论,教师点评。

任务演练评价

任务演练评价表

任务演练评价指标	评价标准	分值	得分
1. 问卷质量	(1) 问题设计具有针对性	10	
	(2) 问卷设计具有简明性	10	
	(3) 问卷设计具有顺序性	10	
	(4) 问卷设计具有可接受性	5	
2. 小组合作情况	(1) 小组展开积极有效讨论	10	
	(2) 小组每个人都要参与任务	5	
3. 实地调查	能有序、按时完成任务	10	
	回收有效问卷100份	20	
	统计结果分析到位,有一定的借鉴意义	20	
	总 成 绩	100	
学生意见			
教师评语			

学习任务2.3 撰写广告调研报告

教学方案设计

教学方法:讨论法、演示法　　　　建议课时:2

学习目标	技能目标	撰写调研报告
	知识目标	1. 了解广告调研的程序 2. 准确掌握广告调研报告的格式 3. 清楚调研报告撰写的注意事项
学习任务准备	教师	课件及任务评分考核表
	学生	1. 抽签随机分组,8～10人为一组,组内自选组长 2. 各个小组探讨并撰写调研报告

续表

	教学环节	教师活动	学生活动	课时
教学流程	一、成果展示与分析	1. 引入案例,提出问题 2. 布置任务,提出要求	做好问题分析笔记	0.5
	二、知识储备	1. 讲授任务相关理论知识 2. 解答知识疑问 3. 针对本学习任务中的同步案例和"广告语"进行学习指导	1. 认真听取本学习任务所需的理论知识 2. 提出疑问 3. 针对本学习任务中的同步案例和"广告语"进行学习分析	
	三、任务演练	1. 介绍本学习任务的演练背景和要求 2. 指导小组撰写实训报告 3. 评价演练效果和结论	1. 撰写调研报告 2. 组长陈述结论	1
	四、学习任务知识小结	1. 系统地对学习任务知识进行总结 2. 针对重要知识点进行课后作业布置	1. 认真听取知识总结 2. 以小组为单位从网上收集知名广告公司所做的调研报告,下次课前进行评述介绍	0.5

○成果展示与分析

微信朋友圈广告调研报告

调研时间:2016 年 12 月 3 日到 5 日。

调研目的:了解大众对微信朋友圈广告的态度及可信度,从而加深对微信营销的了解,以便对微信营销内容及方式作进一步改进和完善。

调研内容:微信朋友圈广告的发布频率、广告的产品种类,微信用户对朋友圈广告的接受度、信任度、购物体验满意度,以及广告对人际关系的影响等。

调研对象:大学生、上班族、自由职业者等。

调研方法:采用网络电子问卷形式进行调查。

正文如下。

一、问卷题目设计思路

设计性别、职业、使用微信原因、微信使用频率题目,以此研究职业、性别、微信使用频率等因素对朋友圈广告的接受度、信任度的影响;设计广告数量、广告产品种类、购物体验满意度题目,以此研究对购买率的影响;设计对朋友圈广告的接受度、可信度及广告对人际关系的影响题目,为微信营销改进与完善提供依据。

问卷发放与回收情况:问卷通过微博、微信、QQ 等社交平台进行发布及扩散,访问量 188,实际回收量 130 份,其中 110 份来自河南省,其余来自其他省。

二、调查结果统计分析

1. 性别:男 41.5%,女 58.5%;职业:大学生 62.3%,上班族 18.5%,自由职业者 9.2%,其他 10.0%。

2. 朋友圈的使用情况如下。

(1) 朋友圈的使用原因:社交需要 59.2%,工作需求 11.5%,商业用途 4.6%,其他 24.7%。从此数据可以看出大部分人使用微信主要用于社交,只有少部分人是工作需要和商业用途。所以朋友圈的广告数量过多势必会影响微信用户的正常社交,引起反感甚至屏蔽也是意料之中。

（2）朋友圈的使用频率：每天53.1%，偶尔36.1%，几乎不7.7%，没有3.1%。从此数据可以看出大部分人都会使用微信朋友圈，甚至一半以上的调研对象每天都使用。所以微信营销可能会成为网络营销的重要组成部分。

（3）朋友圈广告发布情况：很多，每天都有40.0%，较多29.2%，偶尔有24.6%，没有6.2%。从此数据中可以看出只有6.2%的调研对象朋友圈不存在广告，说明不论广告多少，大部分人微信朋友圈都存在广告。所以微信营销已成为大众所熟知的营销方式。

3. 朋友圈广告态度的调研结果如下。

（1）朋友圈广告的接受度：欣然接受10.0%，勉强接受22.3%，置之不理40.0%，抵触屏蔽27.7%。从这一项调研报告可以看出对广告置之不理和抵触屏蔽的占67.7%，说明大多数人对广告持反感态度，这会影响微信营销的效果。所以朋友圈广告的发布形式与内容需进一步改进与完善，要从如何吸引用户方面努力。

（2）朋友圈营销产品的购买意愿：会26.9%，不会73.1%。一半以上的人表示没有购买意愿，说明微信营销并不十分成功。

（3）朋友圈广告对人际关系的影响：会58.5%，不会41.5%。对人际关系影响的调研数据基本呈平均状态，所以微信营销需考虑用户这方面的感情，创造出让人喜欢的广告模式。

（4）朋友圈广告产品可信度调研：可信3.1%，部分可信74.6%，不可信22.3%。完全觉得不可信的占22.3%，说明用户对微信营销产品报以一定的信任度，在这一方面，应继续努力，加大用户的信任度。

4. 朋友圈购买体验满意度调研：没有购买经历56.9%，很满意5.4%，一般29.2%，不满意8.5%。从此数据可以看出不到一半的人存在购买经历，且只有5.4%的人表示满意。说明微信营销的产品质量有待提高，且应建设微信产品相应的监管体系。

5. 朋友圈的产品广告种类：护肤彩妆类76.9%，养生保健品40.8%，洗护用品45.4%，服装鞋包类57.7%，奢侈品25.4%，零食类30.8%，其他31.5%。护肤类占绝大部分，这可能也是女性购买率较高的原因。

三、问题及解决方案

通过调研结果可以看出大部分用户对微信营销广告无感，甚至厌恶屏蔽，这是因为现今的朋友圈广告基本都是纯粹的广告硬文，对用户毫无吸引力，且内容也毫无意义，难免引起反感。

因此需要对微信营销广告内容做出改进，文笔良好的广告软文也许是个不错的选择，选择发布对用户有吸引力且有一定阅读意义的文章才是正确的发展方向。微信广告的发布量应适当控制，找到用户接受的时间点有针对性地发布，而不应盲目刷屏。

四、总结与展望

在网络营销迅猛发展的时代，在移动网端普及日常化的今天，网络营销已经成为势不可挡的营销模式，其中微信营销必将持续发展，但是营销方式的革新与改变也是一项非常重要且需要不断探索的难题。

资料来源：http://wj.qq.com/s/941934/ad5b

知识储备

2.3.1 广告调研的程序

广告调研大致经过下面几个步骤。

1. 确定调研目标

实施广告调研,首先就要提出调研的目的和目标。这需要进行认真的分析研究,界定清楚需要调研和解决的问题,明确需要收集的资料,尽量把调研的范围缩小,选出企业最需要掌握或者解决的问题。确定调研目标,是一个由抽象到具体、由一般到特殊的过程。可在现有的与调研问题有关的资料或试调研的基础上,明确广告调研需要收集的资料。现有资料可以利用的,尽量采纳;其次确定需要调研获取的资料内容,如市场规模、消费者需求状况、目标市场特点等。

2. 制订调研方案

确定调研目标后,就要拟订具体的调研实施计划,包括调研的目的和要求、调研的项目内容、调研所要采取的方法、调研进度的安排、调研人员分工、调研费用的预算和调研注意事项等方面。这是具体而又复杂的过程,调研方案要翔实、可操作。

3. 展开实地调研

按照调研方案的要求,实施调研活动。

4. 整理分析资料

调研活动结束后,要对收集获取的有关资料进行整理分析。整理的工作主要有编校,对收集来的资料加以校核,消除不准确、不符合实际情况的成分;分类,把经过核实的资料进行归类,并制成各种统计图表。

分析的工作主要有数据处理,计算出各类资料数据的平均数、标准差和百分率;制作图表,反映各类资料之间的相互关系;运用统计技术。整理分析资料的过程,也是对资料进行研究的过程。而定量分析和定性分析,是调研中通常所使用的两种基本分析方法。定量分析,是以数学和统计的方法为主,通过大量抽样,对抽样结果进行精确的数理统计,以统计数据为依据对问题做出客观的判断,所以这种方法又被称为数理统计法或客观判断法。定性分析,则是以经验分析为主,用较少的抽样,结合分析者的实际经验和知识,对所调研的问题做出带有一定主观成分的判断。这两种分析方法,各有优长,也各有缺陷。

5. 编写调研报告

广告调研报告的格式一般由标题、目录、概述、正文、结论与建议、附件等几部分组成。

6. 总结调研工作

为了在今后不断改进和提高调研工作,在完成调研工作后,还需要认真回顾和检查调研工作各个阶段的工作,总结经验和教训。

2.3.2 广告调研报告的格式

广告调研报告的格式

广告调研报告是广告调研活动的成果体现,也是分析企业广告机会、进行广告决策的依据,应准确、系统、科学,针对性强。

1. 标题

标题和报告日期、委托方、调研方,一般应打印在扉页上。

一般要在与标题同一页,把被调研单位、调研内容明确而具体地表示出来,如《关于唐山市家电市场广告投入调研报告》。有的调研报告还采用正副标题形式,一般正标题表达调研的主题,副标题则具体表明调研的单位和问题。如《消费者眼中的〈河北广播电视报〉——〈河北广播电视报〉读者群调研报告》。

2. 目录

如果调研报告的内容、页数较多,为了方便读者阅读,应当使用目录或索引形式列出报告所分的主要章节和附录，并注明标题、有关章节号码及页码。一般来说，目录的篇幅不宜超过一页。例如：

目　录

1. 调查设计与组织实施
2. 调查对象构成情况简介
3. 调查的主要统计结果简介
4. 综合分析
5. 数据资料汇总表
6. 结论与建议
7. 附录

3. 概述

概述主要阐述调查的基本情况，它是按照广告调研的顺序将问题展开，并说明对调查的原始资料如何进行选择、评价、做出结论、提出建议的原则等。主要包括以下 3 方面内容。

(1) 简要说明调查目的。即简要地说明广告调研的由来和委托调查的原因。

(2) 简要介绍调查对象和调查内容，包括调查时间、地点、对象、范围、调查要点及所要解答的问题。

(3) 简要介绍调查的方法。介绍调查的方法，有助于使人确信调查结果的可靠性，因此对所用方法要进行简短叙述，并说明选用方法的原因。例如，是用抽样调查法还是用典型调查法，是用询问调查法还是问卷调查法，这些一般是在调查过程中使用的方法。另外，在分析中使用的方法，如时间序列法分析、回归分析等方法都应作简要说明。如果这部分内容很多，应有详细的工作技术报告加以说明补充，附在调研报告的最后部分的附件中。

4. 正文

正文是广告调研报告的主体部分。这部分必须准确阐明全部有关论据，包括从问题的提出到分析得出结论的全部论证过程，分析研究问题的方法，还应当有可供广告活动的决策者进行独立思考的全部调查结果和必要的信息，以及对这些情况和内容的分析评论。

5. 结论与建议

结论与建议是撰写综合性广告调研报告的主要目的。这部分包括对引言和正文部分所提出的主要内容的总结，提出如何利用已证明为有效的措施和解决某一具体问题与可供选择的方案及建议。结论与建议和正文部分的论述要紧密对应，不能提出无证据的结论，也不能没有结论性意见的论证。

6. 附件

附件是指广告调研报告正文包含不了或没有提及，但与正文有关必须附加说明的部分。它是对正文报告的补充或更详尽说明。包括数据汇总表及原始资料背景材料和必要的工作技术报告，例如，为调查选定样本的有关细节资料及调查期间所使用的问卷等。

2.3.3 撰写广告调研报告的注意事项

写好一份广告调研报告必须注意以下内容。

(1) 广告调研报告必须有针对性。撰写广告调研报告必须说明调查的目的，并根据阅读对象的不同，选择不同的侧重点。如果广告调研报告是给广告业务最高主管人的汇报，则内容应尽可能简明扼要，突出重点，明确结论。如果广告调研报告是给广告设计制作部门的技术资料报告,则资料要尽可能详细完整,而且要客观全面。

(2) 广告调研报告必须有客观性。撰写广告调研报告必须注意用事实说话。用事实说话,但并非把事例堆积得越多越好,而是要对调查的材料进行深刻的分析,选用能反映调查对象本质和规律的材料。谁分析得透彻,对规律把握得准,谁写出的报告质量就高。

(3) 广告调研报告必须有科学性。撰写广告调研报告要在调查资料的基础上,运用定性分析和定量分析,对资料进行分析汇总。好的调研报告,必须有观点有数据,图文并茂的,符合经济规律和有关政策的规定。

(4) 广告调研报告既要有翔实性,又必须注意简明扼要。写广告调研报告不是越长越好,越全越好。应该从实际出发,当长则长,能短则短。无论写情况复杂的报告,还是写情况简单的报告,都不能片面追求大而全,长而多。就是写那些情况复杂、牵扯面广的调查报告,也要力求短,防止洋洋万言,离题万里。

任务演练

撰写××产品的消费者需求的调研报告

演练背景

各小组在设计消费者调研问卷之后,分别进行问卷的调研。调研问卷收集完毕后,在问卷数据统计的基础上,每个小组写一份调研报告。

演练要求

(1) 顺利完成调研工作,每组调研的样本数量不能低于 30 个。

(2) 调研报告按照要求书写。

演练条件和过程

(1) 学生分 6 组,自选组长。

(2) 每个小组在得出问卷调研结果的基础上,讨论调研报告的内容结构。

(3) 在小组内讨论的框架下,撰写调研报告。

(4) 各小组上交调研报告。

(5) 教师批改完毕后,进行点评。

任务演练评价

任务演练评价表

任务演练评价指标	评价标准	分值	得分
1. 调研报告	(1) 报告结构符合要求	10	
	(2) 观点鲜明没有抄袭嫌疑	10	
	(3) 语言表达简洁、清楚	10	
	(4) 结论具有一定的参考价值	15	
2. 小组合作情况	(1) 小组展开积极有效讨论	10	
	(2) 小组每个人都要参与任务演练	5	
3. 组长代表陈述结论	(1) 陈述表达流畅、观点鲜明	15	
	(2) 结论符号调查情况,分析到位	25	
总成绩		100	
学生意见			
教师评语			

重点概括

(1) 本项目主要学习整个广告活动的基础——广告调研，该项目重点介绍了广告调研的目的、要求、内容、方法及如何形成广告调研报告。

(2) 广告调研是指和广告有关的部门或单位，采用科学的方法，按照一定的程序和步骤，有目的、有计划、系统性地收集、分析与广告活动有关的消费者信息、媒介信息、产品和企业信息，以及广告效果信息等的调查活动。广告调研属于市场调研的一部分，但是广告调研和市场调研既有联系，又有区别。

(3) 作为广告运作的基础，广告调研有着明确的目的性。通过广告调研为广告决策提供充分有力的信息；通过广告调研为广告的创作设计、选择广告媒介提供重要依据；通过广告调研为编制广告预算提供依据，避免广告费用的浪费；通过广告调研准确测定广告效果，评估广告活动；通过广告调研为企业经营管理发挥参谋作用。

(4) 要达到广告调研的目的必须做到：广告调研要有明确的目标、广告调研要注意客观公正、广告调研资料要注意保密、广告调研信息要注意积累、广告调研要注意经济性。

(5) 广告调研包括企业经营情况、产品、市场、消费者 4 个方面。

(6) 广告调研的方法主要有观察法、抽样调查法、典型调查法、访谈法、问卷调研法等，可以根据实际需要选择其中一种或多种方法配合使用。

(7) 作为体现广告调研结果的广告调研报告一般由标题、目录、概述、正文、结论与建议、附件等几部分组成。

案例分析　成功的市场调研

美国阿姆和汉默公司生产的小苏打牙膏占据了美国洁齿市场五大前列品牌之一。在牙膏大战的硝烟中，阿姆和汉默公司花了许多时间教育消费者，其宣传词是“您在刷牙时能获得一种更彻底、更清洁的感受”“使您的牙齿像刚刚被牙医专家清洗过一样”，激发消费者对这种牙膏的需求欲望。一段时间后，消费者的欲望被带动了起来，阿姆和汉默公司理所当然地成为这个新的分割市场的领导者，并且现在正有大批的追随者蜂拥而至欲分杯羹。

强生公司的婴儿用爽身香皂原本是专为婴儿提供的一种清洁保健皮肤的产品，但是在市场策略对顾客需求影响的研究中，强生公司发现成年人对保护皮肤越来越重视。于是强生公司决定对这种爽身香皂进行一次大胆的细分市场，广告诉求为“成人使用效果也非常好，它将像呵护婴儿的皮肤一样使您的皮肤获得细致深层的护理”。此举居然大受成年消费者的追捧，强生爽身香皂成为护肤的新宠。强生公司成功地为产品找到了新的卖点，赚取了新的分割市场的利润。

众所周知，拜耳阿司匹林一度是止痛剂品牌的领先者，但是随着泰诺、阿迪威尔等品牌的出现，拜耳品牌的地位受到了极大的威胁。拜耳公司一方面在这块市场上与这些入侵者争夺市场份额；另一方面却在积极地寻找可以实现差异化的产品需求，以建立新的市场分割。经过不懈的努力，20 世纪 90 年代中期，拜耳公司发现拜耳止痛剂加上合理的饮食和锻炼能够使第二次心脏病发作的概率下降 50%以上，这是一个重大的发现，于是拜耳公司紧急组织医学专家进行反复试验获取数据,取得证实后,拜耳公司毫不客气地把从未患过心脏病的消费者全部囊括其中,拜耳阿司匹林新片剂广告宣传“不但依然具有止痛功效,而且对于防范心脏病的发作具有明显的效果”。结果拜耳阿司匹林的销量一再飙升,并在市场上赢得了“永久品牌”的称号。

资料来源:http://www.jznu.edu.cn

(1) 拜耳公司采取什么方法使拜耳阿司匹林的销量再度上升?

(2) 阿姆和汉默公司、强生公司和拜耳公司的案例对于企业广告调研的实施有什么借鉴意义?

分析要求

(1) 学生分析案例提出的问题,拟出案例分析提纲。

(2) 小组讨论,形成小组案例分析报告。

(3) 将案例分析报告制成PPT,选派一名同学进行讲解。

(4) 各小组进行交流,提出修改意见。

(5) 教师对各小组案例分析报告进行点评。

综合实训

广告调研综合训练

【实训目标】

掌握广告调研的方法与步骤,能准确分析调研结果。

【实训内容】

设计问卷;实施调研,每组印发100~110份问卷,组长负责组织实地调研,有效问卷最少100份;撰写调研报告,要求字数在1500字以上。

【操作步骤】

(1) 每小组选定广告调研对象,各小组选定调研内容。

(2) 逐一检查学生设计的问卷,最后要求每组形成一份最佳问卷,印制下发。

(3) 学生实地调研前,检查各组调研安排,进行安全教育;学生调研过程中,指导教师现场指导。

(4) 各小组进行问卷统计,分析调研问卷。

(5) 各小组撰写调研报告。

(6) 各小组展示调研报告,并进行点评。

【成果形式】

实训课业:问卷设计及撰写××广告调研报告。

【实训考核】

根据实训题所要求的学生“实训课业”完成情况,就下表中各项“课业评估指标”与“课业评估标准”,评出个人和小组的“分项成绩”与“合计”,并填写“教师评语”与“学生意见”。

实训课业成绩考核表

课业评估指标	课业评估标准	分值	得分
1. 问卷设计	(1) 调研目的明确	10	
	(2) 问题设计紧扣主题	15	
	(3) 题量题型合理	10	
2. 实地调研	(1) 能按时有序完成调研活动	10	
	(2) 回收问卷的质量高	15	
	(3) 问卷的统计分析准确	10	
3. 调研报告	(1) 报告结构符合要求	5	
	(2) 观点鲜明,无抄袭痕迹	5	
	(3) 语言表达简洁、清楚	5	
	(4) 结论具有一定的参考价值	15	
合　计		100	
教师评语	签名: 年　月　日		
学生意见	签名: 年　月　日		

思考练习

名词解释

广告调研　观察法　抽样调查法　访谈法　问卷调查法

选择题

单项选择题

1. 调查方法的选择是在(　　)阶段。

A. 准备　　B. 实施　　C. 分析　　D. 制订方案

2. 调查人员找到被调研者,说明调查的目的和填写要求后,将问卷置于被访者处,约定1～2天后再登门取回填好的问卷,或等到被调研者填写完毕后将问卷当场收回。这种调查方法属于(　　)。

A. 入户访问　　B. 留置访问调查

C. 固定样本邮寄调查　　D. 集体访谈调查

3. (　　)广告是指调查报告正文包含不了或没有提及,但与正文有关必须附加说明的部分。

A. 标题　　B. 目录　　C. 概述　　D. 附件

4. (　　)即让被调查者对几种产品的品牌、商标、广告等,按照喜欢程度进行比较选择。

A. 倾向比较法　　B. 漏斗法　　C. 开放回答法　　D. 排序法

5. (　　)是围绕广告活动而进行的一切调查研究活动,它是整个广告活动的开端和基础,是广泛收集相关信息的行为。

A. 广告媒体　　B. 广告信息　　C. 广告文案　　D. 广告调研

6.(　　)是指调查人员对被调查者的行为与特点进行现场描述,调查现场情形的一种调查方法。

A. 观察法　B. 抽样调查法　C. 典型调查法　D. 访谈法

7. 广告调研的程序中,第一步要做的是(　　)。

A. 确定调研目标　B. 制订调研方案　C. 实施实地调研　D. 整理分析资料

多项选择题

1. 抽样调查的主要优势表现在(　　)。

A. 准确性高　B. 工作量小　C. 调查费用低　D. 调查时间短

2. 广告市场调查分析的内容包括(　　)。

A. 人口统计　B. 政治情况　C. 经济情况　D. 社会文化

3. 消费者调查研究,主要研究(　　)。

A. 消费需要　B. 购买方式　C. 购买决策　D. 消费者年龄

4. 在以下几种情形中,属于人员观察现象的有(　　)。

A. 观察员置身于超市,观察主妇购物的路线、时间和商品比较的情形

B. 观察员置身于大型户外广告牌旁,观察过路人对广告的注目情形

C. 利用机器来记录人们的行为过程

D. 用交通计数器来观察主要路段的交通流量

5. 在以下几种情形中,属于机器观察现象的有(　　)。

A. 观察员置身于超市,观察主妇购物的路线、时间和商品比较的情形

B. 观察员置身于大型户外广告牌旁,观察过路人对广告的注目情形

C. 利用机器来记录人们的行为过程

D. 用交通计数器来观察主要路段的交通流量

6. 为了取得良好的广告调研效果,在调研中要做到(　　)。

A. 调研要有明确的目标　B. 摒弃主管推测,调研要做到客观公正

C. 广告调研的信息要注意保密　D. 广告调研中提出的问题越多越好

7. 广告调研要调查的范畴有(　　)。

A. 企业经营情况　B. 产品调查　C. 消费者调查　D. 市场调查

判断题

1. 要想获得准确的、客观的调查资料,只能用机器、仪器观察记录方法。(　　)

2. 全面调查是最全面的调查方法。(　　)

3. 广告调查的方法可以根据实际需要选择其中一种或多种方法配合使用。(　　)

简答题

1. 简述广告调研的目的与内容。

2. 简述广告调研的主要方法。

3. 简述广告调研报告的格式。

4. 简述撰写广告调研报告的注意事项。

项目 3

Xiangmu san

凝练广告创意

知识目标

1. 熟悉广告创意的含义、特征、原则、分类。
2. 了解广告创意的过程。
3. 掌握广告创意的原理、方法和策略、广告创意的评价标准。

技能目标

1. 能根据广告创意的过程从事广告创意工作。
2. 能制定灵活的广告策略。

思政目标

1. 培养具备广告从业者的职业创新意识。
2. 面对广告创意工作时，具备科学性的创新思维工作作风。

广告传播社会责任感

学习任务3.1 广告创意

教学方案设计

教学方法:演示、任务驱动　　　　建议课时:2

学习目标	技能目标	1. 能从不同的角度对广告创意的含义进行分析 2. 能具体阐述广告创意的特征 3. 能运用广告创意的原则分析广告 4. 能按照不同的标准对广告创意进行分类 5. 形成发散性思维能力		
	知识目标	1. 了解广告创意的含义 2. 掌握广告的特征 3. 熟悉广告创意的分类 4. 掌握广告创意的原则		
学习任务准备	教师	1. 授课课件及任务评分考核表 2. 准备授课广告视频资料		
	学生	1. 抽签随机分组,8~10人为一组,组内自选组长 2. 各个小组探讨广告实例并选出代表发言		
教学流程	教学环节	教师活动	学生活动	课时
	一、成果展示与分析	1. 引入案例,提出问题 2. 用视频播放3段不同媒体的广告	1. 做好问题分析笔记 2. 3位同学讲述对广告的体验	1
	二、知识储备	1. 讲授广告创意基本内涵理论知识 2. 解答知识疑问 3. 针对本学习任务中的同步案例和“广告语”进行学习指导	1. 认真听取广告创意基本内涵理论知识 2. 提出疑问 3. 针对本学习任务中的同步案例和“广告语”进行学习分析	
	三、任务演练	1. 介绍本学习任务的演练背景和要求 2. 指导“感受广告创意”的演练实施过程 3. 评价演练效果和结论	1. 小组自主演练任务:“感受广告创意” 2. 结合实际举例写出几条不同类型的创意广告 3. 分析同类商品广告创意,完成同类商品广告创意调查分析报告	1
	四、学习任务知识小结	1. 系统地对本学习任务知识进行总结 2. 针对重要知识点进行课后作业布置	1. 认真听取知识总结 2. 课下多观看不同类型的电视广告,分析广告创意	

成果展示与分析

环保公益图片广告《妈妈,我长牙了》

这是一则公益广告,目的是呼吁人们保护大象。广告是在象牙贸易肆虐,大象种群生存受到严重威胁的情况下产生的。图片中,母象和小象结伴而行,在草原中背对着观众向着太阳落下的地方缓缓走去。值得注意的是,以群居为主要生活方式的大象图中却仅仅出现了两头。

广告所配的描述性文字如下。

小象:"妈妈,我长牙了!"

母象:"……"

小象:"妈妈,我长牙了耶!"

母象:"……"

小象:"妈妈,我长牙了!"

母象:"……"

小象:"妈妈……? 妈妈,你不为我高兴吗?"

广告解读:这则广告十分经典,一经推出就因为其优秀的内容及深刻的寓意广为传播,甚至还成为不少学生的看图作文。图中每个元素都深刻反映出广告的主题,即对象群疯狂捕杀下象群的艰难生存现状。

广告的优秀之处有以下几点。

(1) 两头孤独的象:大象是比较喜欢群居的动物,因此一般经常以象群为单位出没。但是该广告中的象却只有两头。此外,它们是背对观众,面向逐渐落下的夕阳。这样的两头象给人一种凄凉的感觉,如果注意观察,就会发现这则广告的构图和很多丧尸片的海报相似,给人一种这个世界上已经没有其他同类的感觉,渲染力极强。

(2) 寂寞的草原与夕阳西下:除了主角之外,整个广告的背景也是十分凄凉,一片空白的草原及落下的夕阳,都给人一种毫无希望的感觉,就好像一个王朝的终末,一切都即将结束,象征着大象种群的灭亡在即。

(3) 大象背对着观众向前走去:这点是整个广告文案的神来之笔,观众看不到象群的正面,也就不知道它们的状况。而它们向前方走去,其实也是在问观众,大象种群的未来将走向哪里。

(4) 点睛之笔的文案:长牙为广告唯一的文案。小孩子长大了都会开心地告诉家人自己又长牙了,这是生活中很温馨的细节。但是放在这个广告文案中却给人强烈的反差感,小象长牙了,为什么象妈妈却沉默了? 很容易将人的思绪引导到象牙上,继而恍然大悟,加深印象。

(5) 广告气氛的渲染:整整一幅画面都透露着凄凉、萧瑟的感觉,和象群遭到肆意捕杀的艰难处境十分契合。

(6) 文案将思考留给观众:该广告的独特点之一就是没有直接说"保护大象,人人有责"的口号,而是用大象母子的对话让观众自己思考。而文案又是小孩子成长中温馨的长牙画面,和大象的艰难处境形成了强烈的反差,这种强烈的反差带给人很大的冲击力,并让人印象深刻。

资料来源:https://www.sohu.com/a/228987919_114819

知识储备

在我们生活的这个商业社会中,广告充斥着每个角落。这些广告有的平庸无奇,有的却表现独特、新意怡人,从而给人们留下了深刻印象。而产生如此差别的原因,除了设计、制作方面的因素外,广告创意水平的高低也是一个极其重要的因素。

调查广告对象之后,广告活动就进入了实质性的创意阶段。此时,广告创作者要考虑的是如何充分、艺术性地阐释广告主题。成功的广告战略首先来自不同凡响的卓越创意。创意是引起消费者注意,激发消费者购买欲望的驱动力。

3.1.1 广告创意概述

广告创意理论——共鸣论

广告定位是广告创意的前提。广告定位先于广告创意,广告创意是广告定位的表现。广告定位所要解决的是"做什么",广告创意所要解决的是"怎么做",只有明确做什么,才可能确定怎么做。一旦广告定位被确定下来,怎样表现广告内容和广告风格才能够随后确定。由此可见,广告定位是广告创意的开始,是广告创意活动的前提。

所谓广告创意,就是广告人对广告创作对象所进行的创造性的思维活动,是通过想象、组合和创造,对广告主题、内容和表现形式所进行的观念性的新颖性文化构思,创造新的意念或系统,使广告对象的潜在现实属性升华为社会公众所能感受到的具象。

广告创意通过独特的技术手法或巧妙的广告创作脚本,更突出体现产品特性和品牌内涵,并以此促进产品销售。广告创意由两大部分组成,一部分是广告诉求;另一部分是广告表现。

对广告创意含义的理解如下。

(1) 创意是广告策略的表达,其目的是创作出有效的广告,促成购买。

(2) 广告创意是创造性的思维活动,这是创意的本质特征。

(3) 创意必须以消费者心理为基础。

3.1.2 广告创意的特征

广告创意必须具备以下几个特征。

1. 鲜明主题

广告主题是广告定位的重要构成部分,即"广告什么"。广告主题是广告策划活动的中心,每一阶段的广告工作都紧密围绕广告主题而展开,不能随意偏离或转移广告主题。

2. 目标明确

广告目标对象是指广告诉求对象,是广告活动所有的目标公众,这是广告定位中"向谁广告"的问题。广告创意除了以广告主题为核心之外,还必须以广告对象为基准。"射箭瞄靶子""弹琴看听众",广告创意要针对广告对象,要根据广告对象的喜好进行广告主题表现和策略准备,否则就难以收到良好的广告效果。

3. 新颖独特

广告创意的新颖独特是指广告创意不要模仿其他广告创意,人云亦云、步人后尘,给人雷同与平庸之感。唯有在创意上新颖独特才会在众多的广告创意中一枝独秀、鹤立鸡群,从而产生感召力和影响力。

同步案例 3-1

异军突起江小白

江小白产品平面图片广告背景为虚化处理的绿色植物，绿色背景上加入文字：

“愿十年后，

我还给你倒酒，

愿十年后，

我们还是老友。”

图片左下角还有两行小字：

“我是江小白，

生活很简单。”

这则平面广告本身或许没有什么，但如果知道它的广告产品为白酒，就会给人一种新颖独特的感觉。因为在一般人心中，酒这种高端产品其广告应该是：你能听到的历史136年，你能看到的历史174年，你能品味的历史440年，国窖1573……这样的广告语才是我们习以为常的酒产品的广告语，但是江小白的平面广告反常规，标新立异，非常优秀。

资料来源：https://www.sohu.com/a/228987919_114819

案例分析： 江小白把白酒这种厚重感强烈的产品和青年人的潮流感结合起来，效果出乎意料得好。该广告的优秀之处有以下几点。

(1) 新颖的广告模式。打破了传统白酒广告以厚重的历史、高大的格调为主的广告文案，让人眼前一亮。好奇心是一个重要的用户来源，只要让用户感到有意思了，感到好奇了，那就有机会让用户愿意进行购买。

(2) 文案直击用户内心。“愿十年后，我还给你倒酒，愿十年后，我们还是老友”，江小白的文案是对用户充分了解后的产物。一个优秀的广告应该懂得用户的使用场景，所配的文案应该和用户使用时的心境切合。比如，江小白的用户使用场景应该为老朋友见面或者在一起很久的人即将分别之际，中国人一向不善于直接表达情感，而江小白便替用户将内心的话说了出来，这样自然能够深得人心。

该广告的可取之处如下。

(1) 新颖的模式引发兴趣。人们对于一些新颖的东西总会感到好奇，而好奇能够刺激消费。在现在信息大爆炸的环境下要成功抓住用户的眼球越来越难，因此偶尔进行突破，做出一些新奇的东西很有可能抓住用户的眼球。

(2) 合适的场合说合适的话。江小白将一段话语印在自己的产品上，使用产品的人可以读到这段话。中国人向来比较内敛，一切尽在酒中，甚至有时候可以让瓶子上的话语来说出内心的话。

4. 形象生动

广告创意要基于事实，集中凝练出主题思想与广告语，并且从表象、意念和联想中获取创造的素材，形象化的妙语、诗歌、音乐和富有感染力的图画、摄影、融会贯通，构成一幅完善的广告作品。

广告创意也要以情趣生动为手段。广告创意要想将消费者带入一个印象深刻、浮想联翩、妙趣横生、难以忘怀的境界中,就要采用情趣生动等表现手段,立足现实、体现现实,以引发消费者共鸣,但是广告创意的艺术处理必须严格限制在不损害真实的范围之内。

如中国台湾某一个鲜奶的品牌,借用了大地原野、洁净空气、山泉活水,把品牌给粉饰起来,大自然的力量在人们的心中永远是巨大的,让消费者觉得鲜奶的品质中,收纳了天地精华,产生了极好的效果。在日本也有威士忌酒品牌,以大自然的麦浪、水、火等,将大自然与生命、友谊结合在一起,让平凡的商品生命在任何人的眼中都变得伟大。英国航空公司的广告,在世界各地的原野、沙漠上,不同种族的人群拼成的眼睛、嘴巴、耳朵、鼻子,最后组合构成了微笑的面孔,象征着世界的融合,几乎所有的画面都是空中摄影,都把大自然和人结合在一起了。

5. 原创性、相关性和震撼性

所谓原创性,是指创意的不可替代性,它是旧有元素的新组合。相关性是指广告产品与广告创意的内在联系,是既在意料之外,又在情理之中的会意。如1996年6月戛纳国际广告节上获得广告大奖的由日本电·扬(DentsuYoug & Rubicam)创作的"VOLVO安全别针",令每一个人过目不忘。正如美国评委Gary Goldsmith所言:"它是一幅仅有一句文案(一辆你可以信赖的车)的广告——纯粹的视觉化创意。我认为我们所看到的一些最好的东西,都是传递信息很快,并且很到位,它无须费神去思考或阅读。"因此,广告创意必须巧妙地把原创性、相关性和震撼性融为一体,才能成为具有深刻感染力的广告作品。

3.1.3 广告创意的原则

广告创意的原则

创新思维或称创造性思维是指人们在思维过程中能够不断提出新问题和想出解决问题方式的独特思维。可以说,凡是能想出新点子、创造出新事物、发现新路子的思维都属于创新思维。在广告创意过程中必须运用创新思维。为此,应把握以下原则。

1. 独创性原则

所谓独创性原则,是指广告创意中不能因循守旧、墨守成规,而要勇于且善于标新立异、独辟蹊径。独创性的广告创意具有最大强度的心理突破效果。与众不同的新奇感能够引人注目,其鲜明的魅力会触发人们强烈的兴趣,能够在受众脑海中留下深刻的印象,长久地被记忆,这一系列心理过程符合广告传达的心理阶梯的目标。

劲酒

劲酒广告老幼皆知。劲酒名字起得好,一个"劲"字,远比"虎骨酒"等来得委婉简洁得多。劲酒虽好,也请慢慢酌,慎重酌。

古井贡酒

强调了团队的力量,响应了国家和谐社会的理念,有很强的情感诉求。

洋河蓝色经典

"世界上最宽广的是海，比海更高远的是天空，比天空更博大的是男人的情怀。"

这则广告阐述了男人的情怀宽广、包容万物，超越时空、雄霸天下。因此可以说，男人的情怀就是洋河蓝色文化的精妙诉求。

2. 实效性原则

独创性是广告创意的首要原则，但独创性不是目的。广告创意能否达到促销的目的，基本上取决于广告信息的传达效率，这就是广告创意的实效性原则，其包括理解性和相关性。理解性即易为广大受众所接受。在进行广告创意时，就要善于将各种信息符号元素进行最佳组合，使其具有适度的新颖性和独创性，其关键是在"新颖性"与"可理解性"之间寻找到最佳结合点。而相关性是指广告创意中的意象组合和广告主题内容的内存相关联系。

3. 冲击性原则

在令人眼花缭乱的报纸广告中，要想迅速吸引人们的视线，在广告创意时就必须把提升视觉张力放在首位。

照片是广告中常用的视觉内容。据统计，在美国、欧洲、日本等经济发达国家，平面视觉广告中95%是采用摄影手段。2006年11月，在昆明举行的第13届中国广告节，获得平面类(企业形象项)金、银、铜奖的16个广告作品中，有14个作品运用了摄影手段。尤其是获得金奖的4个作品，将摄影艺术与计算机后期制作充分结合，拓展了广告创意的视野与表现手法，产生了强烈的视觉冲击力，给观众留下了深刻的印象。

同步案例 3-2

麦当劳平面广告

麦当劳平面广告1：画面中可以看到一个女人背对着的头，还有头两边冒出来的女人正用双手捧着吃的汉堡。广告的意思很明显，即麦当劳的汉堡非常大，分量足，连一个成年人的头都遮不住它，整则广告通过适当的夸张手法传达了广告诉求点。

麦当劳平面广告2：画面中是一个看上去和月亮很像的汉堡，汉堡的左边是被照亮的，右面则是黑色的，另外还配有一句话：24小时营业。广告巧妙地运用了借物象征的方法，通过模仿月亮的圆缺传达了麦当劳24小时全天营业的经营方式，既巧妙又贴切。

麦当劳平面广告3：这则麦当劳的广告画面看上去有点奇怪，一只巨大的黑猩猩砸破店面玻璃，用手接着麦当劳店员给它的食物。这则广告想传达的意思是麦当劳顾客至上的服务理念，画面中的顾客以黑猩猩的形象出现，是因为黑猩猩的形象一般难以让人接受，即便你是黑猩猩这样的顾客，麦当劳还是会对你微笑服务。

资料来源：https://wenku.baidu.com/view/9ac16ebf2f60ddccdb38a029.html

案例分析： 在令人眼花缭乱的平面广告中，要想迅速吸引人们的眼球，广告创意时就必须把提升视觉张力放在首位。麦当劳的这3则平面广告都具有冲击性，能第一眼吸引顾客眼球，给顾客留下深刻印象。

4. 新奇性原则

新奇是广告作品引人注目的奥秘所在,也是一条不可忽视的广告创意规律。有了新奇,才能使广告作品波澜起伏,奇峰突起,引人入胜;有了新奇,才能使广告主题得到深化、升华;有了新奇,才能使广告创意远离自然主义向更高的境界飞翔。

在广告创作中,由于思维惯性和惰性形成的思维定式,使不少创作者在复杂的思维领域里爬着一条滑梯,看似"轻车熟路",却只能推动思维的轮子做惯性运动,"穿新鞋走老路"。这样的广告作品往往会造成读者视觉上的麻木,弱化了广告的传播效果。

同步案例 3-3

兰蔻睫毛膏

兰蔻睫毛膏的一个平面广告利用条形码的条纹,使其像睫毛前端卷起的样子,以此来推广兰蔻睫毛膏。这种构思新颖巧妙,以条形码作为主要形象意指此商品有信誉保证。此广告形象地展现出产品的功能和使用后的效果。

资料来源:http://www.oritive.com/adscreative/1130

案例分析: 兰蔻睫毛膏条形码的独特创意平面广告,不同于化妆品广告中"美女宣传"的传统方式,将产品特点与条形码完美结合,开拓了睫毛膏商品的独特宣传卖点。

5. 包蕴性原则

吸引人们眼球的是形式,打动人心的是内容。独特醒目的形式必须蕴含耐人寻味的深邃内容,才能拥有吸引人一看再看的魅力。这就要求广告创意不能停留在表层,而要使"本质"通过"表象"显现出来,这样才能有效地挖掘读者内心深处的渴望。

好的广告创意是将熟悉的事物进行巧妙组合而达到新奇的传播效果。广告创意的确立,围绕创意的选材,材料的加工,计算机的后期制作,都伴随着形象思维的推敲过程。推敲的目的是使广告作品精确、聚焦、闪光。

6. 渗透性原则

人最美好的感觉就是感动。感人心者,莫过于情。读者情感的变化必定会引起态度的变化,就好比方向盘一拐,汽车就得跟着拐。

出色的广告创意往往把"以情动人"作为追求的目标。如一个半版公益广告"你是否考虑过他们?"画面以两个农村孩子渴望读书的眼神和教室一角破烂不堪的课桌椅为背景,已审核报销的上万元招待费发票紧压其上,引发读者强烈的心理共鸣。农民挣一分钱是那么不容易,而有的人用公款招待却大手大脚。如果我们每人省下一元钱,就可以让更多的贫困孩子实现读书梦想。由于这个公益广告情感表达落点准确,诉求恰当,因而获得了某省新闻奖一等奖。

同步案例 3-4

iPhone X:三分钟

你的春节假期有几天?对于大多数人来说,春节是一年到头为数不多和家人团聚的日子,也是很多人一年的盼头。然而,有些人的春节却只有三分钟。

这是陈可辛导演用 iPhone X 为苹果拍的春节广告，记录了一个春节期间母子团聚三分钟的故事。视频中的妈妈是一名列车乘务员，刚好赶上春节值班，没法和儿子团聚，而这样的情况已经不止一次。正是这样，帮忙照顾外甥的妹妹今年突发奇想，趁列车停靠家乡站时，带着孩子跟他妈妈见一面。

可短短三分钟的停车时间，再除去妈妈给乘客检票的时间，已经所剩无几，又能做些什么？按理说，母子相见，双方应该都会很激动。但为何儿子一见着母亲，就开始背九九乘法表。原来，妈妈之前曾吓唬他说："再背不过乘法表，上不了镇里的小学就更见不到妈妈了。"

广告采用了倒计时的表现形式，列车停稳的那一刻三分钟倒计时开始，随着时间的逼近，妈妈不得不上车，可儿子的乘法口诀还没背完。为了让车上的妈妈听到，儿子提高了声音，终于在列车发动前的一刹那，儿子背完了，妈妈欣慰地笑了，但观众却看哭了。

资料来源：http://dy.163.com/v2/article/detail/DAC64KGU0517L1O2.html

案例分析： 整则广告除了注明用 iPhone X 拍摄以外，并没有产品及相关信息出现，但却靠着倒计时的创意和诸如儿子提高音量等这样的细节，把观众带入了揪心的故事中，瞬间戳到了观众的泪点。

7. 简单性原则

牛顿说："自然界喜欢简单。"一些揭示自然界普遍规律的表达方式都是异乎寻常的简单。近年来国际上流行的创意风格越来越简单、明快。

一个好的广告创意表现方法包括 3 个方面：清晰、简练和结构得当。简单的本质是精练化。广告创意的简单，除了从思想上提炼外，还可以从形式上提纯。简单明了绝不等于无须构思的粗制滥造，构思精巧也绝不意味着高深莫测。平中见奇，意料之外，情理之中往往是传媒广告人在创意时渴求的目标。

大多数电视广告都有声音或字幕表现的广告语，这是要让观众记忆深刻的，也就是广告创意的核心。一条优秀的广告语不仅浓缩了产品的形象，也是企业文化的体现。广告语要贴切、醒目、简练、上口。就像"人头马一开，好事自然来"（人头马酒）、"多一些润滑，少一些摩擦"（统一润滑油）、"我的地盘听我的"（中国移动通信动感地带）、"我就喜欢"（麦当劳）、"只要你想"（联想）等。可以语义单纯，也可以一语双关；可以直截了当，更可以意味深长。至于风格的优雅、灵动、霸气、直爽、诚恳，策划者可以根据产品形象和企业精神灵活设计。

总之，一个带有冲击性、包蕴深邃内容、能够感动人心、新奇而又简单的广告创意，首先需要想象和思考。只有运用创新思维方式，获得超常的创意来打破读者视觉上的"恒常性"，寓情于景，情景交融，才能唤起广告作品的诗意，取得超乎寻常的传播效果。

3.1.4 广告创意的分类

1. 商品情报型

商品情报型是最常用的广告创意类型。它以展示广告商品的客观情况为核心，表现商品的现实性和真实性本质，以达到突出商品优势的目的。

2. 比较型

比较型广告创意是以直接的方式,将自己品牌的产品与同类产品进行优劣的比较,从而引起消费者注意和认牌选购。在进行比较时,所比较的内容最好是消费者所关心的,而且要在相同的基础或条件下进行比较。这样才能更容易地激起他的注意和认同。

比较型广告创意的具体应用就是比较广告。在进行比较型广告创意时,可以针对某一品牌进行比较,也可以对普遍存在的各种同类产品进行比较。广告创意要遵从有关法律、法规以及行业规章,要有一定的社会责任感和社会道德意识,避免给人以不正当竞争之嫌。在中国,对于比较广告有严格的要求,所以在进行比较型广告创意时一定要慎之又慎,不要招惹不必要的麻烦或纠纷。

3. 戏剧型

戏剧型广告创意类型既可以是通过戏剧表演形式来推出广告品牌产品,也可以在广告表现上戏剧化和情节化。在采用戏剧型广告创意时,一定要注意把握戏剧化程度,否则容易使人记住广告创意中的戏剧情节而忽略广告主题。

4. 故事型

故事型广告创意是借助生活、传说、神话等故事内容的展开,在其中贯穿有关品牌产品的特征或信息,借以加深受众的印象。由于故事本身就具有自我说明的特性,易于让受众了解,使受众与广告内容发生连带关系。在采用这种类型的广告创意时,对于人物择定、事件起始、情节跌宕都要做全面的统筹,以便在短暂的时间里和特定的故事中,宣传出有效的广告主题。在中国国内这几年的电视广告中,不少是故事型广告创意,如南方黑芝麻糊的广告、孔府家酒的广告、沱牌酒的广告等。

5. 证言型

证言型广告创意是援引有关专家、学者或名人、权威人士的证言来证明广告商品的特点、功能,或者列举其他事实来产生权威效应。苏联心理学家肖·阿·纳奇拉什维里在其《宣传心理学》中说过:"人们一般信以为真地、毫无批判地接收来自权威的信息。"这揭示了这样一个事实:在其他条件相同的状况下,权威效应更具影响力,往往能够发挥最大的作用。

在许多国家对于证言型广告都有严格限制,以防止虚假证言对消费者的误导。其一,权威人的证言必须真实,必须建立在严格的科学研究基础之上;其二,社会大众的证言,必须基于自己的客观实践和经验,不能想当然和妄加评价。

6. 拟人型

拟人型广告创意以一种形象表现广告商品,使其带有某些人格化特征,即以人物的某些特征来形象地说明商品。这种类型的广告创意,可以使商品生动、具体,给受众以鲜明的、深刻的印象,同时可以用浅显常见的事物对深奥的道理加以说明,帮助受众深入理解。

7. 类推型

类推型广告创意是以一种事物来类推另一种事物,以显示出广告产品的特点。采用这种创意,必须使所诉求的信息具有相应的类推性。如一则汽车辅助产品的广告,用类推的方法宣传为:"正如维生素营养你的身体,我们的产品可营养你的汽车引擎。"

8. 比喻型

比喻型广告创意是指采用比喻的手法,对广告产品或劳务的特征进行描绘或渲染,或用浅显常见的道理对深奥的事理加以说明，以帮助受众深入理解，使事物生动具体、给人以鲜明深刻的印象。比喻型广告创意又分为明喻、暗喻、借喻 3 种形式。

例如，皇家牌威士忌广告采用明喻，在广告中宣传："纯净、柔顺，好似天鹅绒一般。"塞尼伯里特化妆公司粉饼广告采用暗喻，宣传自己的粉饼为："轻轻打开盒盖，里面飞出的是美貌。"国外某家电公司采用借喻，宣传自己微波炉的简易操作性，其广告语为："我家的猫用××微波炉烤了条鱼吃。"

9. 夸张型

夸张是为了表达上的需要，故意言过其实，对客观的人、事物尽力作扩大或缩小的描述。夸张型广告创意是基于客观真实，对商品或劳务的特征加以合情合理的渲染，以达到突出商品或劳务本质与特征的目的。采用夸张型的手法，不仅可以吸引受众的注意，还可以取得较好的艺术效果。

10. 幽默型

幽默是借助多种修辞手法，运用机智、风趣、精练的语言所进行的一种艺术表达。采用幽默型广告创意，要注意：语言应该是健康的、愉悦的、机智的和含蓄的，切忌使用粗俗的、令人生厌的、油滑的和尖酸的语言。要以高雅风趣表现广告主题，而不是一般的俏皮话和耍贫嘴。

11. 悬念型

悬念型广告是以悬疑的手法或猜谜的方式调动和刺激受众的心理，使其产生疑惑、紧张、渴望、揣测、担忧、期待、欢乐等一系列心理状态，并持续和延伸，以达到解释疑团而寻根究底的效果。

12. 意象型

意象即意中之象，它是一些主观的、理智的、带有一定意向的精神状态的凝结物和客观的、真实的、可见的、可感知的感性征象的融合，它是一种渗透了主观情绪、意向和心意的感性形象，意象型广告创意是把人的心境与客观事物有机融合的产物。

在采用意象型广告创意时，有时花很多的笔墨去反映精神，即"象"，而在最后主题的申明上都仿佛弱化，其实对受众来说，自己可以理解其内涵，即"意"。意与象具有内在的逻辑关系，但是在广告中并不详叙，让受众自己去品味"象"而明晓内在的"意"。可见，意象型实际采用的是超现实的手法去表现主题。

13. 联想型

联想是指客观事物的不同联系反映在人的大脑里而形成了心理现象的联系，它是由一事物的经验引起回忆另一看似不相关联的事物的经验的过程。联想出现的途径多种多样，可以在时间或空间上接近的事物之间产生联想；在性质上或特点上相反的事物之间产生联想；在形状上或内容上相似的事物之间产生联想；在逻辑上有某种因果关系的事物之间产生联想。例如，中国台湾地区爱达广告公司为 Adidas 球鞋进行的广告创意。

广告标题："捉老鼠与投篮——两色底皮面超级篮球鞋"。

广告图画：一只球鞋，一只小猫。

广告正文：猫在捉老鼠的时候，奔跑、急行、回转、跃扑，直到捉到老鼠的整个过程，竟是如此灵活敏捷，这与它的肉垫脚掌有密切的关系。

同样地，一位杰出的篮球运动员，能够美妙地演出冲刺、切入、急停、转身、跳投，直到进球的连续动作,这除了个人的体力和训练外,一双理想的篮球鞋是功不可没的。

在上述广告创意中,"捉老鼠与投篮"的标题和"一只球鞋,一只小猫"的图看似都是"风马牛不相及"的,但是,广告主创人员巧妙地利用联想把它们联系起来,给人以新颖、奇妙之感。反过来分析,如果去掉"猫捉老鼠"的内容,在整个广告创意中只剩下打篮球得有一双好的篮球鞋,这鞋子怎么怎么好,广告效果将大打折扣。

14. 抽象型

抽象是与具象相对应的范畴。它是隐含于具体形象内部的质的规定性。在广告创意中采用抽象型的表现方法,是现代广告创意活动中的主要倾向之一。也就是说,在现代广告主题的创意表现上,越来越多的广告主和广告公司并不以表现广告的具体形象为主调。而在某些时候更多地采用抽象式的内涵来表现。这种创意一旦展示在社会公众面前,从直观上难以使人理解,但一旦加以思维整合之后,就会发现,广告创意的确不凡。

广告创意并不局限于以上所列示的类型。还有解说型、宣言型、警示型、质问型、断定型、情感型、理智型、新闻型、写实型等,在进行广告创意活动中,均可加以采用。

○ 任务演练

感受广告创意

演练背景

通过对市场上同类商品广告创意的调查分析,使同学们初步直观感受广告创意的内在魅力。了解广告创意在促进商品销售、树立品牌形象、细分市场等方面的作用。

演练要求

(1) 按食品、饮料、电器、电子、化妆品等大类分组,可以考虑将兴趣一致的同学分在一个组,每小组选定一类商品,到商场、专卖店等处收集产品样本、招贴、POP广告、报纸或杂志广告。

(2) 讨论分析时将侧重点放在广告的创意上,不要脱离主题。

(3) 因为本次演练主要是感受广告创意,因此不必过于追求理论性、完整性和深刻性。

演练条件和过程

任务由团队合作完成。

(1) 分组调查并收集同类商品广告。

(2) 分析同类商品广告创意,并用书面文字形式进行归纳。

(3) 按每小组4～5人分组进行实训,每小组收集不少于10种处于竞争的同类商品广告,小组集体分析研究结束后,上交1份关于同类商品广告创意的调查分析报告。

(4) 由组长代表本组在班上发表汇总结论,教师点评。

任务演练评价

任务演练评价表

任务演练评价指标	评 价 标 准	分值	得分
1. 收集广告	(1) 广告创意主题鲜明	10	
	(2) 广告创意目标明确	10	
	(3) 广告创意新颖独特	10	
	(4) 广告创意生动形象	10	

续表

任务演练评价指标	评 价 标 准	分值	得分
2. 小组合作情况	(1) 小组展开积极有效讨论	10	
	(2) 小组每个人都要参与任务演练	10	
3. 调查报告	对广告作品进行分析,评价同类商品广告创意的优缺点	40	
	总 成 绩	100	
学生意见			
教师评语			

学习任务3.2 广告创意过程

教学方案设计

教学方法:演示、任务驱动　　　　建议课时:4

学习目标	技能目标	1. 能具体阐述广告创意的过程 2. 能运用广告创意的方法进行广告创意 3. 能按照不同的广告创意原理对广告进行分析	
学习目标	知识目标	1. 掌握广告创意的过程 2. 熟悉广告创意的方法 3. 掌握广告创意的原理	
学习任务准备	教师	1. 课件及任务评分考核表 2. 准备授课广告视频资料	
	学生	1. 抽签随机分组,8～10人为一组,组内自选组长 2. 各个小组探讨广告创意原理并选出代表发言	

教学流程	教学环节	教师活动	学生活动	课时
	一、成果展示与分析	1. 引入案例,提出问题 2. 播放"娃哈哈格瓦斯"视频广告 3. 展示"耐克广告——胖男孩,把你的勇气拿回来"的平面广告	1. 做好问题分析笔记 2. 3位同学讲述对广告的体验	1
	二、知识储备	1. 讲授广告创意过程、广告创意原理和方法理论知识 2. 解答知识疑问 3. 针对本学习任务中的同步案例进行学习指导	1. 认真听取广告创意过程、广告创意原理和方法理论知识 2. 提出疑问 3. 针对本学习任务中的同步案例进行学习分析	1

续表

	教学环节	教师活动	学生活动	课时
教学流程	三、任务演练	1. 介绍本学习任务的演练背景和要求 2. 指导"感受广告创意原理"的演练实施过程 3. 评价演练效果和结论	1. 小组自主演练任务"感受广告创意原理" 2. 将收集来的作品进行分析后归类 3. 将广告作品粘贴于黑板上,标明所对应的创意原理 4. 组长陈述结论	2
	四、学习任务知识小结	1. 系统地对本学习任务知识进行总结 2. 针对重要知识点进行课后作业布置	1. 认真听取知识总结 2. 以小组为单位收集3种创意广告,进行评述介绍	

成果展示与分析

耐克广告——胖男孩,把你的勇气拿回来

耐克这则广告,没有耀眼的体育明星,没有运动健将,而是生动有趣地讲述了一个关于勇气的故事。Get your balls back! 拿回你的球,拿回你的勇气。

耐克的广告片一直以进取、叛逆、反传统的风格为电视广告中独树一帜的作品,而这则广告的创意更是剑走偏锋,没有耀眼的体育明星,没有激烈果敢的技术动作、坚毅的表情、冷峻的眼神之类,而是生动有趣地讲述了一个不擅长运动的小胖子遭遇欺负后如何逆袭的故事。

故事的主人公叫Eddy,一个有些腼腆的小胖子,他一身运动行头拿着写着自己名字的篮球来到球场,然而却连一个基本的投篮动作都不会,甚至他投出去的篮球连篮筐都够不着。

这时几个大孩子来到篮球场抢走了他的篮球,肆意开心地玩耍。Eddy只能坐在一边看着自己的篮球成为别人手中的玩物,自己的篮球还被坐在他们的屁股下。

Eddy沮丧至极,他没有选择离开或者是抢走更小的孩子手中的篮球,而是向那几个大孩子发起挑战,他突然站到椅子上向他们呼喊要回自己的球,大孩子给出的条件是除非你把球投进篮筐。

对Eddy来说这几乎是不可能做到的,导演在这里用了一个非常巧妙的悬念手法,当Eddy将球抛向篮筐时所有人都会想篮球到底会不会进筐,也许奇迹会发生,但篮球高高地越过篮筐飞过球场围栏,正当大孩子们开始嘲笑时,让所有人意想不到的一幕发生了,这其实是Eddy的一个小阴谋,他此时以百米的速度奔出球场,这是他在影片里唯一展现运动风采的一刻,并将球场的门锁上。

被困在球场里的大孩子们愤怒抓狂,Eddy捡起地上的篮球露出满意自信的笑容。

最后出现广告语:Get your balls back!

耐克公司随着产品多样化发展,其产品不仅满足专业运动领域需求,目前更多的是面向不同类型的大众人群,我们每一个人并不都是运动健将或者体育达人,但我们需要这种拼搏、进取、实现自我的体育精神。

就像广告中的小胖子，虽然不会打篮球但却不断地尝试着将球投向篮筐，尽管面对比自己强大很多的对手也经历了挫败与失落，却仍然重新打起精神用他的智慧与勇气夺回属于自己的尊严。写着名字的篮球是一种象征，它是一种自我意志的代表，是Eddy的精神图腾，它不能被任何人夺走甚至践踏。

耐克公司很注重具有沟通效果的广告，因其消费人群主要是年轻人，耐克正是针对着这一人群的特点和生活状态来制定营销策略并进行广告策划。

现代社会，年轻人大都肩负着一定的压力，在残酷的社会中奋斗搏杀，为实现自我价值、为争取自己的一席之地要去面对各种挑战、各种竞争。在人生的竞技中无论成败如何，勇于挑战、积极进取的精神正是支持我们走下去的强大动力，也是年轻人生命力量与个性的体现，耐克正是将其与企业的品牌理念完美结合，使品牌形象在潜移默化中深植在客户心里，同时根据时代和消费群体的变化在不断发展，真正做到了其品牌形象的广泛传播。

资料来源：http://www.admaimai.com/news/ad201708302-ad135414.html

知识储备

广告创意的过程是运用创造性思维进行构想的过程。首先必须明确广告的目的。我们都知道，广告(非公益类)的最终目的是增进销量、带来利润。就单个的广告来说，其任务可能是树立形象、改变认知、突出卖点、强调品质、凸显附加值、打击竞争对手等。所以，我们在进行广告创意前和创造过程中，都必须明确地知道本次广告的目的。

3.2.1 广告创意的过程

广告创意的过程

1. 收集资料

资料是创意的基础。广告创意建立在广泛收集资料，充分把握资料相关信息的基础上，收集资料是为广告创意建立所需的信息情报，创意收集的资料有两大类。

(1) 特定资料是指那些与产品或企业有关的资料。广告人依据广告主的委托，对产品或企业进行调查，收集和了解有关广告客户综合资料及其产品或企业的具体情况，如产品的质量、产品的流程、生产的特点、产品的市场行情、竞争对手状况、消费者情况、消费者对产品的态度、目标消费者的基本情况、市场需求及其价格情况、企业内外环境、当地的政策法规和民众的风俗习惯等(见表3-1)。

表3-1 对产品进行收集的特定资料

1. 商品本身	它是如何制造而成的 经过多少道质量管理程序 它已经生产了多久 它有哪些成分 分销渠道 哪里可以买得到 它是不是唯一的 谁设计的，如何包装的

续表

2. 商品使用情况	有些商品(如服饰、珠宝、香水或者汽车等)可以帮助定义一个人的生活形态和品位;但有许多商品则不行,如洗衣粉,没有人用它来形容一个人的生活形态,这就需要用一些方法来了解商品和消费者的关系 让消费者在你面前使用它,并告诉你他们的想法 让消费者对不同品牌进行试验比较 和目标对象一起上街购物,了解他们决定购买的因素
3. 使用者情况	谁会买这种产品 他们住在哪里 他们是哪一种人 知名人士使用这种产品吗 购买者是为自己买,还是当作礼品 是任何人都买得起,还是一部分人买得起
4. 其他情况	和专家、记者讨论 如果这个产品不存在会发生什么事 消费者对广告的评论如何 在别的国家和地区,这则广告怎么做 它是否有新闻价值或成为话题

(2) 一般资料是指宏观经济、目标市场及社会环境的一切要素。包括宏观经济的走势、购买能力的增减、目标市场的分割状况,即将进入或准备扩大的市场位置在哪里,容量有多大,市场潜力有多大,本产品可以占据其中多少份额。此外,还包括相关的自然环境、国际环境、企业环境、广告环境及其政治环境等各种资料。

为了获得真实的资料,要采取适合的方法,可以采用实地采访、问卷调查、开会讨论、亲自试验等方法;也可以走访企业,对产品或服务本身进行透彻研究,了解研发人员的研发思路,名称的由来,研发的过程,技术特征,为什么要研发这个性能等。各类资料要尽量详尽,通过全方位了解、调查,为最佳创意的提出做准备。还要对收集到的资料进行分类整理,收集资料的目的是进行信息开发,丰富广告创意的来源,而对资料进行整理是为了更好地厘清创意思路,便于寻找新的创意切入点。

同步案例 3-5

天猫广告年货节篇:最好的安排

"回谁家过年"这个问题的杀伤力,对很多人来说丝毫不亚于"我和你妈同时掉进水里你先救谁"。我们来看看天猫广告,回家过年篇:最好的安排。

开场:

场景 1:夫妻争吵

"那这个年谁家都别回了,"

"不过了!"

"不过就不过!"

画外音:过年回家,是爱还是负担……

丈夫在上班时收到老妈的一条微信：

妈妈："今年过年你们就别回来了，路途太远，孩子的东西又那么多，大人孩子都吃不消。"

儿子："让您一个人在家过年算怎么回事啊，这事儿您还是别操心了。"

场景2：丈夫回家

丈夫："我回来了。"

听见妻子正在打电话："妈，那就先这样吧，咱们过年见。"丈夫以为妻子给岳母打电话，两个人又吵起来了。

妻子："我每天一个人照顾这个家，你天天在医院照顾别人家的孩子，自家孩子的尿布你换过几次？你倒还闹起情绪来了？"

丈夫："今年过年我们必须带着儿子去我妈那儿，老太太一个人，这事儿没商量！"

妻子："你妈妈家那么远，你有没有想过怎么回这件事！"

丈夫："我觉得干脆这个春节啊，咱们大家都别过了！"

妻子："不过就不过！"

妻子生气离开，丈夫收拾碗筷，看见冰箱上贴着的一张张照片……丈夫平日里为别人家的孩子操碎了心，却没时间给自己的宝宝换个尿布，深知对妻子的亏欠却说不出口，一年到头更没怎么好好陪过爸妈。他心疼独自在老家的妈妈，但妻子的父母又何尝不想妻子呢？"私心"让场面变得难堪，丈夫想起妻子为这个家付出的点点滴滴，柔弱的肩膀，却有撑起这个家的力量，生活磨去了你的光彩，你却用双手托起爱和希望。

多了一个家明明是好事，却开始为先回哪个家而争吵不停。丈夫一边抱怨妻子蛮不讲理，一边想起她为这个家付出了那么多，这一次，也该为她想想了。

场景3：原来这样

丈夫拿起手机给自己的妈妈发了条微信："妈，我跟小熙商量还是不回家过年了，等明年宝宝大一点再回来看您。"

妈妈："你少蒙我了，小熙把孩子过年用的、吃的，还有给我的澳洲保健品都买好寄回来了，她说这样你们回来的路上就轻松多了。小熙是个好儿媳妇，你好好对人家。"

原来丈夫进家听见的是妻子给婆婆打电话，说要回的是自己的家，看的是自己的妈妈。

场景4：为爱让步

妻子早已为爱做出让步，偷偷打点好一切。手心手背都是肉，婆家娘家都是家。每逢过年，许多夫妻都会面临回谁家过年这个难题。其实，回家过年是件大事，也是件琐碎的小事。我们都是凡人，生活里自然需要面对诸如此类的琐碎矛盾，一味地争吵和一意孤行只会换来一次次的失望，让情感渐行渐远。彼此的体贴和让步，才是家最好的黏合剂。

最后画外音加字幕：生活琐碎，也许打败甜言蜜语，却敌不过体贴如你。

结尾处天猫广告语“让心意先到家!”出现。

礼未到,爱先行,天猫广告为爱献礼,让新年心意先到家。

资料来源:https://www.digitaling.com/projects/25586.html

案例分析: 广告创作人员要想有好的广告创意就要“走出去”,结合生活实例,贴近生活,来源于生活。此案例就以老百姓“过年回谁家”的敏感话题为题材,将天猫广告融入亲情与爱,完美达到了广告促进销售的目的。

2. 分析酝酿

分析酝酿是为创意的提出做好心理准备的阶段,广告人要大胆思考,充分运用其所有的创造力、感知力、观察力和良好技巧,从平凡的生活细节中,发掘出激动人心的意蕴来,从而使创意产生深刻的认知价值和生活哲理,引人深思,触及人们的内心世界,给人留下深刻印象。

对收集到的资料进行整理和分析研究,这是进一步进行创造性思维活动的基础,对资料的分析研究的状况直接关系到以后创意的结果和品质。通过对各种资料加以分析整理,找出最能吸引消费者的地方,以确定广告的主要诉求点。诉求点即广告主对消费者所作的一系列承诺。承诺的确定取决于产品本身的特点、目标消费者的状况、目标市场的环境等,其中产品本身的特点具有核心地位,如同奥格威所说:“真正决定消费者购买或不购买的是你的广告内容,而不是它的形式。”你的主要工作是决定你怎样来说明产品,你承诺些什么好处。

通过对消费者、产品、竞争品牌和竞争广告等进行研究,通过探索发现问题,寻找创意切入点。并依据广告目标,列出广告宣传品牌与竞争者品牌的共性、优势或局限,通过比较分析,找出产品的竞争对象及其给消费者带来的利益点,以寻求广告创意的突破口。

选择定位点。定位点是诉求点选择的结果,主要诉求点选择的过程就是定位点的确立过程,由于现实业务中的广告诉求点可能很多,任何一则广告不必要也不可能包括所有诉求点,而必须突出重点,这就是必须选择定位点。

在分析酝酿阶段,应形成一个创意大纲,创意大纲可以帮助创意人找到创意的方向,大纲一般包括以下几个方面的内容。

(1) 创意目标,准确描述广告要达到的目的,体现产品的独特优势,满足目标受众的心理需求要点,进行广告的诉求定位。

(2) 支持性依据,对产品优势和广告定位的依据进行说明与论证。

(3) 确定广告表现方式的方向,包括广告基调、背景概述等。

此阶段确定了广告创意的方向,是成功广告创意的关键。

3. 形成创意

通过对头脑中那些零碎的、不完善的、一闪而过的想法做出进一步酝酿和推敲,发挥创造力,通过对资料的分析、综合、整理和理解,努力形成一个有效的销售信息,最后产生相对完整的创意。即把所产生的创意予以检讨修正,使其日臻完善,以文字或图形将创意具体化。这是创意过程中最艰苦的阶段。

这是广告创造者经过深思熟虑之后,博采众长的总结,产生妙语和意境的阶段。构思已成型,应进一步完善、深化、提炼。在这个阶段,广告创意人要善于把广告作品和宣传活动视为文学作品、影视作品等艺术创作活动，这样才能提高主题构思的水平，使广告宣传作品既有明确单一的主题思想，又有内涵丰富、吸引力强、感化性明显的美好梦想，从而赢得公众的注意，有效地影响公众的消费心理。如阿迪达斯运动鞋的广告经过反复研究，最后形成与人生路联系起来的创意，广告主标题"走过一段人生路，还是阿迪达斯"；副标题"走过一半人生路，还是阿迪达斯"。具体表现为一个老人一直穿阿迪达斯运动鞋，以此证明阿迪达斯是值得长期信赖的产品，其信任度可以和患难与共的结发之妻相比，这个比喻不但充满了人生哲理的意味，而且还间接而深刻地表达了阿迪达斯运动鞋是经过长时间考验的优质产品，实现了企业开拓中老年消费市场的目的。

所以一个完整的广告创意程序是研究产品→研究目标市场→研究竞争对手→确定广告主题→产生广告主题→产生广告创意→选择恰当的表现形式。

3.2.2 广告创意的方法

广告创意不仅需要创意人员具有较强的创造性思维能力，还需要把握创意的思考方法。广告创意思考方法包括以下5种。

1. 垂直思考法

垂直思考法即按照一定的思路进行的向上或向下的垂直式思考，是头脑的自我扩大方法。主要依据过去的经验、理论、模式来产生创意。其"垂直"的含义在于"心智定型化""类推"，即"彻底想通"，是一种比较成熟、比较有把握的产生创意的思考方法，被评价为最理想的思考法。优点是比较稳妥，有一个较为明确的思考方向。其缺陷是偏重于以往的经验、模式，只是对旧意识进行重版或改良。

2. 水平思考法

水平思考法又称横向思考法，是英国心理学家爱德华·戴勃诺博士提出的，本意是"管理上的水平思考法"，是一种主张从多方位、多角度观察和解决问题的思考方法。"水平"的含义在于"不联系思考""多方位思考"，即不必"彻底想通"。此方法能够摆脱旧知识和旧经验的束缚，突破以往的范围和视角，只求想出之前并没有考虑到可能解决问题的新方法与新途径，因而可以弥补垂直思考的不足，有益于产生新的创意。但水平思考法却无法取代垂直思考法，只能弥补后者的不足。任何构想的思考仍旧选用垂直思考法，同时水平思考法又可提醒创意者在思考时不故步自封，两种方法相互配合，加以灵活运用，可收到事半功倍的效果。

运用水平思考法时应注意以下几点。

(1) 摆脱旧知识与旧经验，破除思维定式，更好地体会发散思维的特点。

(2) 找出占主导地位的关键点。

(3) 全方位思考，大胆革新，找出对问题的新见解。

(4) 抓住头脑中的"一闪念"，把握新观点。

可见，水平思考法主张围绕特定的主题，离开固定的方向，突破原有的框架，朝着若干方向努力，是一种发散型思维方法。垂直思考法是指传统逻辑上的思考，其特征是思考的连续性和方向性(见表3-2)。思考的连续性是思考从某一种状态开始，直接进入相关的下一种状态，如此循序渐进，直到解决问题，中间不允许中断。思考的方向性是思考问题的思路或预先确定的框架不得随意改变。

表 3-2 垂直思考法与水平思考法的对比

垂直思考法	水平思考法
在假定有一个方向时思考才会移动	在没有任何方向时思考移动,以求产生某个方向
选择性的	生生不息的
按部就班的	可以跳来跳去的
分析性的	激发性的
每一步必须正确	不必考虑这一问题
无限的过程	必然性的过程
类别、分类法和名称都是固定的	不固定
遵守最可能的途径	探索最不可能的途径
要集中排除不相关者	欢迎不相关者闯入
为了需要封闭某些途径时要使用否定	没有否定

3. 头脑风暴法

头脑风暴法又称智力激励法,是由美国的奥本斯(20 世纪 40 年代)首创,当时叫动脑会议,是一种通过会议的形式,让所有与会者在自由愉快、畅所欲言的气氛中,自由交换想法或点子,并以此激发与会者创意及灵感,以产生更多创意的方法。广泛用于创造性思维活动中,其目的是诱发一些新奇问题中许多可能的思想或解决问题的方法。

头脑风暴法的原则:自由畅想、禁止批评、结合改善、以质生量。

头脑风暴法的步骤如下。

(1) 确定议题。在会议前有一个明确的议题,使与会者明白通过这次会议要解决什么问题。

(2) 会前准备。收集一些相关资料给大家参考,便于与会者了解与议题有关的背景材料和当前的现状。会场座位排成圆环形的环境比教室式的环境更有利。在会议前可以出一些创造力测验题供大家参考,以便活跃气氛,促进思维。

(3) 确定人选。一般以 8~12 人为宜,人太少不利于交流信息,激发思维;太多则不容易掌握,并且每个人发言机会减少,也会影响会场气氛。

(4) 明确分工。要有一个主持人,1~2 名记录员。主持人要做讨论前,应重申讨论的议题和纪律,在会议进程中启发引导,掌握进程。记录员要将与会者的所有想法简要记录、编号,写在黑板醒目处,让与会者能够看清楚。

(5) 规定纪律。如积极投入,不旁观;不私下议论;不影响他人思考;发言要针对问题;与会者之间互相尊重等。

(6) 掌握时间。一般以几十分钟为宜,时间太短与会者难以畅所欲言,时间太长又容易产生疲劳,影响会议效果。

4. 联想式创意法

联想是由一种事物引发另一种事物的回忆过程。

(1) 接近联想。由时间或空间上接近的事物引发的联想。

标题:鲜蛋。

招贴画:稻草窝中有一个大鸡蛋,窝边有一个碎裂的小鸡蛋,蛋清、蛋黄液流在地上,破碎的蛋壳边有一对清晰的鸡爪印。

评价结论：鸡爪印让人想到一只刚产蛋的无经验的母鸡，生完蛋便蹒跚而去，临走时笨手笨脚地碰破一个——“鸡爪印”突破时空界限，扩大了画面艺术形象的内容范围，引发联想，将蕴藏的“鲜”意(主题)表达得无以复加，产生了强烈的美感共鸣。

(2) 相似联想。由形状、形态、性质、内容或其他方面相似的事物引发的联想。

① 标题：地毯无洞，肺叶无洞——请勿吸烟！

评价结论：以“洞”为纽带，联结地毯洞和肺洞两个无关联的形象，用可见的地毯洞衬托看不见的肺洞，凸显肺洞形象。

② 标题：防潮饼干。

招贴画：一个穿雨衣、戴雨帽、手捧防潮饼干盒的稚气可掬的小女孩。

评价结论：以“小女孩”衬托“饼干”，“穿雨衣、戴雨帽”让人联想到饼干的“防潮”包装物。

③ 标题：大树的确好乘凉。

招贴画：一棵浓荫蔽日的大树，一群白鸽在树下嬉戏；一台××空调，一只小宠物狗在空调旁睡觉。

评价结论：以“凉”为纽带，联结大树和空调两个无关联的形象，大树的“凉”让人联想到空调的“凉”。

(3) 因果联想。由存在因果关系的事物引发的联想。

①总统用××钢笔；②Y香皂，国际影星的护肤秘密；③太简单了，孩子都会驾驭ZZ摩托车。

(4) 对比联想。由性质或特点相反的事物引发的联想。

正文：妈妈：“这衣服多脏啊！”小女儿：“用×××一洗就净！”

评价结论：以“脏”和“净”对比，表明×××的质量可靠。

5. 想象式创意法

想象是由记忆表象加工、改造成一个没有直接感知过的、新鲜的事物形象。

(1) 再现想象。对现实生活中已经存在的事物，进行翻拍重录、合成而创造新形象的过程。

标题：主人的声音。

招贴画：一只小宠物猫面对××音箱坐着，屏息凝神地听着音箱里发出的声音。

评价结论：用现实生活中已经存在的物，创造出尚不存在的事，充分表达了主题：“多么清晰的声音！”

(2) 再造想象。对现实生活中尚不存在的事物，进行剪辑、合成而创造新形象的过程。

标题：YY牙膏。

招贴画：一头有雪白长牙的大象，乘坐YY牙膏式的汽艇在蔚蓝的大海上嬉戏。

评价结论：用现实生活中尚不存在的事，充分表达了主题：“多么洁齿的牙膏！”

(3) 创造想象。在情感推动下，对相关表象进行分解、生发、加工、改造、合成、重建而创造新形象的过程。

标题：ZZ球鞋。

招贴画：一只老猫追不到一只穿着ZZ球鞋的小鼠。

评价结论：充分表达了主题：“多好的弹力球鞋！”

3.2.3 广告创意的原理

1. USP 理论

USP(unique selling proposition)是独特的销售主张的意思,是 R. 雷斯(Rosser Reeves)在 20 世纪 50 年代提出的一种有广泛影响的广告理论。

USP 理论的基本要点如下。

(1) 每一则广告必须向消费者"说一个主张(proposition)",必须让消费者明白,购买广告中的产品可以获得什么具体的利益。

(2) 广告所强调的主张必须在品牌和诉求方面是独一无二的,是竞争对手做不到或无法提供的。

(3) 广告所强调的主张必须聚集在一个点上,集中打动、感动和引导消费者来购买相应的产品。

同步案例 3-6

vivo:最美的风景

很多人都喜欢说"世界那么大,我想去看看",但对于有些人来说,"世界那么大,他们只想看看你"。

这是 vivo 最新推出的 2018 新春微电影,讲述的是一个游子的故事。独自在国外工作的女儿,常常一个人搬家、一个人吃饭、一个人坐公交……

虽然女儿是一个人在外,但视频画面呈现出来的感觉却是,父母总是如影随形地跟在她身边,简单的灰色沙发就是父母出场时的标配,就连女儿跟男朋友一块儿滑雪时,他们都要跟着。

而后画风一转,家里的灰色沙发上,一家三口正坐在一起欣赏着女儿的照片。在视频的前半部分,父母总是坐着沙发出境,看似与周围的环境格格不入,其实是广告故意为之,想要借此来说明父母对子女的思念无时无刻、无处不在。

"多发些照片来,你爸爸爱看""是妈妈爱看",父母的相互推脱之中,隐藏的是对女儿最深的关爱。对于父母来说,子女不在身边,照片便是他们最大的慰藉,在父母眼里,孩子就是最美的风景。通过照片引出手机,这个记录照片的工具,vivo 为自己找了一个不错的出口。

资料来源:http://dy.163.com/v2/article/detail/DAC64KGU0517L1O2.html

案例分析: 此广告用温馨的画面表达了 vivo 手机的最大优点,即高清拍照,凸显了产品特色,用亲情为依托销售 vivo 手机,明确告知消费者购买 vivo 手机的好处,表达明确。

2. 品牌形象论

20 世纪 60 年代由大卫·奥格威提出的品牌形象论是广告创意理论中的一个重要流派。在此影响下出现了大量优秀的、成功的广告。

品牌形象论的基本要点如下。

(1) 为塑造品牌服务是广告最主要的目标。广告就是力图使品牌具有并长期维持一个高知名度的品牌形象。

(2) 任何一个广告都是对品牌的长期投资。从长远的观点来看,广告必须尽量去维护一个好的品牌形象,对于品牌形象的长期投资,可以使形象不断地成长丰满,这样反映出品牌资产积累的思想。

(3) 品牌形象比产品功能更重要。随着同类产品的差异性减小,品牌之间的同质性增大,消费者选择品牌时所运用的理性就减少,所以描绘品牌的形象要比强调产品的具体功能特征重要得多。比如,各种品牌的衣服、化妆品、香烟等产品都没有什么特别大的差别,但消费者愿意购买品牌形象好的产品。所以说为品牌树立一种突出的形象就可以使企业在市场上获得较大市场份额。

(4) 广告更重要的是满足消费者的心理需求。消费者购买时所追求的是“实质利益+心理利益”,对某些消费者来说甚至是心理利益占主导。所以广告更应注意用产品品牌形象来满足消费者的需求。广告的作用就是赋予品牌不同的联想、不同的意义、不同的身份、不同的生活方式,这些要符合目标市场的需求。万宝路代表的是西部那种自由、独立、自然的牛仔生活;金利来是成功商务男士的体现。

(5) 品牌广告的表现方法。奥格威提出了幽默、生活片段、证言、示范、疑难解答、独白、有个性的角色或人物、提出理由、新闻手法、情感诉求十大表现手法。

3. RIO 理论

ROI 是 DDB 广告大师威廉·伯恩巴克提出的一套独特概念主张。

ROI 理论的基本要点如下。

(1) 好的广告应具备 3 个特质:关联性(relevance)、原创性(originality)、震撼性(impact),即 ROI。广告与产品没有关联性就失去了广告的意义;广告本身没有原创性就没有了生命力;广告没有震撼性就不会给消费者留下深刻的印象。

(2) 达到 ROI 理论必须明确地解决以下 5 个问题。

① 广告的目的是什么?

② 广告做给谁看?

③ 有什么竞争利益点可以做广告承诺?有什么支持点?

④ 品牌有什么独特的个性?

⑤ 选择什么媒体是合适的?受众的突破口或切入口在哪里?

由此可见,一则成功的广告,首先是产品与广告要有关联性。有些广告,消费者看后觉得非常有创意但就是不知道宣传的是什么,还有些明星一人代言好几个产品,让消费者看了只知道谁出镜率多,可是分不清明星到底代言了什么产品,或者弄混了。其次是广告一定要有原创性。原创的有个性广告才能让消费者在众多的广告中留下深刻的印象,人云亦云的广告只能在广告中被淹没。如过年时众多的产品广告都选择喜庆、大红、团圆、过年的场景,虽符合时间段却没有了广告的个性,不能达到广告的目的。最后是一则好的广告还要能震撼消费者,引起消费者的兴趣,使之产生共鸣,使其对宣传的产品产生好感,产生购买欲望,引发购买行为。

同步案例 3-7

心相印茶语心情广告

广告以张悬创作的《茶语心情》作为背景音乐,画面以女主人公弹吉他开始,被绿茶纸巾所吸引的蝴蝶带着女主人公来到茶山,这时男主人公将带有绿茶清香的纸巾递给她,勾起美好回忆,并希望所有美好时刻都停留在这淡淡的茶香,最后旋转木马出现,女主人公说出广告语:淡淡的茶语心情,心相印茶语系列。

资料来源:https://wenku.baidu.com/view/19334f59804d2b160b4ec027.html? sxts=1552208166651

案例分析: 心相印广告"心相印"取自成语"心心相印",意指感情笃深,忠贞不二,"心相印"手帕纸折叠造型也暗含该意。此广告是它的绿茶系列,广告主题是凸显纸巾清新、干净和舒适。广告中将大片的茶山与纸巾相结合,这表达了关联性,整个广告的背景音乐及简短故事加深了这种品牌印象,这是广告的原创之处。广告通过淡雅的画面,清新的笑容,给人一种心灵上的感触与震撼。"心相印"用爱进行情感诉求,在某种程度上找到了广泛的群众基础,把"纸巾"与"爱情"两个概念有机地结合在一起,爱情—纸巾—思念—心有灵犀,创意诠释既与广告对象吻合,又符合中国大众的文化心理,给人们留下深刻的品牌形象。

4. 共鸣论

共鸣论主张通过广告与生活经历中的珍贵、难忘的生活经历、人生体验和感受,引起人们内心深处的共鸣而产生效果和震撼。

共鸣论最适合大众化的产品或服务,在拟定广告内容前,必须深入理解和掌握目标消费者,通常选择在目标对象中盛行的生活方式加以模仿。运用共鸣论取得成功的关键是要构造一种能与目标对象所深刻铭记的经历相匹配的氛围或环境,使之能与目标对象真实的或想象的经历联系起来。

共鸣论侧重的主题内容是爱情、童年回忆、亲情。建立在共鸣论上的优秀广告有很多,如 2001 年在全国各大电视媒体热播的雕牌系列广告,运用下岗女工找工作,懂事的女儿理解妈妈,帮妈妈干活的动人场景,配以"妈妈,我能帮您干活了"极富煽情的话语,引起了广大消费者的共鸣。

5. 定位论

定位论(positioning)是 20 世纪 70 年代由艾·里斯和杰克·劳特劳提出的。

定位论的基本要点如下。

(1) 广告的目标是使某一品牌、公司或产品在消费者心目中占有一席之地。

(2) 广告应将火力集中在一个狭窄的目标上,在消费者的心志上下工夫。

(3) 应该运用广告创造出独有的位置,特别是"第一说法、第一事件、第一位置"。

(4) 广告表现出的差异性,是要显示出品牌之间类的区别。

(5) 定位一旦建立,只要消费者产生相关的需求,就会首先想到广告产品,达到"先入为主"的效果。

如七喜汽水面世之初,面临百事可乐、可口可乐两个超级大品牌,夹缝里如何求生存?七喜为自己的汽水精心设计了简短的广告词:"七喜——非可乐",一下子把饮料市场一分为二,一边是百事可乐、可口可乐等市场所有的可乐型饮料;另一边是刚刚面世的、非可乐的七喜,在众多的可乐饮料市场上为自己"创造"出了一个新的市场。这场非可乐广告宣传的结果是七喜汽水在第一年的销售量提高了10%,而且以后每年都有所增加。

6. 品牌个性论

对品牌内涵进一步挖掘,美国格雷(Grey)广告公司提出了"品牌性格哲学论",该策略理论在回答广告"说什么"的问题时,认为广告不只是"说利益""说形象",而更要"说个性"。

品牌性格=产品+定位+个性

品牌个性论的基本要点如下。

(1) 品牌个性为特定品牌使用者个性的类化。

产品除了价格、质量外,也与包装、企业形象、品牌等有密切联系,如一提到"海尔"就会想到活泼可爱的海尔兄弟,想到"海尔真诚到永远"。

(2) 品牌个性关系到消费者心中的情感附加值,购买或消费某些品牌的产品也可以带给消费者与其产品相关联的感受和情感。如Debeers钻石"钻石恒久远,一颗永流传"所代表的忠贞爱情。

(3) 品牌个性是特定的生活价值观的体现。

7. CI论

CI由理念识别、行为识别和视觉识别3部分组成。

CI论的基本要点如下。

(1) 强调广告的内容应保持统一性。

(2) 广告应注重塑造公司的品牌形象。

8. 情感销售主张

情感销售主张(emotional selling proposition,ESP),通过赋予产品价值和情感,倾向于表达购买产品带来的独特的情感体验,从情感层面发掘商品与消费者的连接点,而不是通过产品的品质或功能来实现产品的差异化。

○ 任务演练

感受广告创意原理

演练背景

收集各类广告并对广告作品的创意原理进行解读,以书面语言表述,加深对广告创意各原理的理解。

演练要求

自选5个不同类别的广告创意原理,并收集与之相对应的广告作品4～6幅,实施对其相应的原理应用剖析,并写出解读阐释。

演练条件和过程

(1) 广告作品的收集方式可采取市场搜索、拍摄、图书阅览、网上下载等手段。

(2) 将收集来的作品进行分析后的归类,使其各自包容1个以上且互不相同的创意原理应用类别(因考虑到广告作品中创意原理应用的复合性)。

(3) 将广告作品(色彩或黑白效果均可)粘贴于作业版面上,标明所对应的创意原理,以文字阐释该应用法则对广告诉求主题的揭示作用。

(4) 由组长代表本组在班上发表汇总结论,教师进行点评。

任务演练评价

任务演练评价表

任务演练评价指标	评 价 标 准	分值	得分
1. 收集商品广告创意	(1) 选择5个不同类别的广告创意原理	20	
	(2) 收集和广告原理相对应的广告作品	20	
2. 小组合作情况	(1) 小组展开积极有效讨论	10	
	(2) 小组每个人都要参与任务演练	10	
3. 成果展示	将广告作品结合创意原理进行分析,解说语言表达流畅、到位	40	
	总 成 绩	100	
学生意见			
教师评语			

学习任务3.3 广告创意的评价标准与策略

教学方案设计

教学方法:演示、任务驱动 建议课时:2

学习目标	技能目标	1. 能阐述广告创意的标准 2. 能具体阐述广告创意评价活动的意义 3. 能运用广告创意的策略进行广告分析 4. 能制定灵活的广告策略
	知识目标	1. 了解广告创意的标准 2. 了解广告创意评价的意义 3. 掌握广告创意的策略
学习任务准备	教师	1. 课件及任务评分考核表 2. 准备授课广告视频资料
	学生	1. 抽签随机分组,8~10人为一组,组内自选组长 2. 各个小组探讨“索尼创意广告策略分析”,并选出代表发言

续表

	教学环节	教师活动	学生活动	课时
教学流程	一、成果展示与分析	1. 引入案例,提出问题 2. 用视频播放"2018 生活没那么可怕"的广告	1. 做好问题分析笔记 2. 两位同学讲述对广告的体验	1
	二、知识储备	1. 讲授广告创意的标准与策略理论知识 2. 解答知识疑问 3. 针对本学习任务中的同步案例进行学习指导	1. 认真听取广告创意的标准与策略理论知识 2. 提出疑问 3. 针对本学习任务中的同步案例进行学习分析	
	三、任务演练	1. 介绍本学习任务的演练背景和要求 2. 指导"索尼创意广告策略分析"的演练实施过程 3. 评价演练效果和结论	1. 小组自主演练任务:"索尼创意广告策略分析" 2. 将收集来的作品和背景资料中的索尼广告进行分析后归类,写明所应用的广告策略和传播效果 3. 组长陈述结论	1
	四、学习任务知识小结	1. 系统地对本学习任务知识进行总结 2. 针对重要知识点进行课后作业布置	1. 认真听取知识总结 2. 完成课后案例分析和广告创意综合实训	

成果展示与分析

2018 生活没那么可怕

"刀已经磨好了,人在车上呢",女孩深夜打车,突然听到司机同电话那头这样的对话,加上又在车上看到了刀和被绑在副驾驶上的女人,吓得魂飞魄散,仓皇逃下了车。

女孩本以为是遇上了什么可怕的事情,却没想到自己就这样在深夜亲眼见证了一个感人至深的爱情故事。

上面的场景其实是"2018 生活没那么可怕"微电影中出现的一幕,它是京东手机最新推出的广告片。故事一开场,悬疑的气息就扑面而来,出租车里的一切都显得十分诡异。当所有人都以为司机大叔可能是个杀人犯之际,剧情却发生了反转。

司机大叔一边出车,一边要照顾患有阿兹海默症的妻子,尽管对方什么都不记得,但司机大叔还是竭尽所能地去呵护她,把她绑在车上实属无奈之举。

在前半部分,广告刻意营造了一种恐怖的氛围,当把人们的紧张情绪都调动起来时,再揭开谜底——惊悚外衣包裹的爱情故事,这样的转折既在意料之外,又在情理之中。通过一个真实的故事,广告让人们真切感受到了生活没那么可怕。

广告中,京东手机的植入也很巧妙,它总是出现在自己该出现的地方,比如,女孩害怕时,用手机拍下司机的信息发给男朋友,再比如,女孩了解到事情的真相后,不经意间看到了车窗外京东手机的广告牌,上面写着:时间让你忘记的——帮你记得。

资料来源:http://dy.163.com/v2/article/detail/DAC64KGU0517L1O2.html

○知识储备

怎样的广告作品才叫有创意,尚无明确而统一的界定。创意标准的提出有助于广告主评审广告公司创意工作以及广告公司自身的创意管理。

美国著名广告专家罗伊·格雷斯认为“好创意与糟糕创意”的区别表现如下。

(1) 与产品是否相关。

(2) 在该类别的产品中是否属于首创。

(3) 是否具有延展性,可延伸为系列广告,或可以使用多年。

(4) 是否不落俗套,但有娱乐性。

(5) 广告的信息是否动人、有冲击力、有激发性。

(6) 是否引人思考、具有劝服力。

(7) 人是否喜欢它。

(8) 第一眼看到它时,是否感到兴奋或紧张。

我国广告专家陈梁提出了评价广告作品的“五看”标准如下。

(1) 看广告是否对准目标消费者,是否符合营销策略与广告策略。

(2) 看广告引起注意的能力。

(3) 看广告的说服力。

(4) 看广告在同类产品中的竞争力。

(5) 看广告的完美表现力和对媒体特征的把握。

3.3.1 广告创意的评价标准

1. 目的效果

目标明确,即创意活动并不是漫无目的、无拘无束的,而是有着直接的目标指向,创意的主题要符合总体营销战略和广告战略。经过广告宣传之后,是否让消费者认识了产品或广告;是否加深了消费者对产品的印象,引起了兴趣,导致了购买行为;是否树立了良好的企业形象;产品是否达到了预期的销量,也就是说是否达到了广告的目的。

2. 受众承受

广告是否能取悦受众,是否能让受众感受到一些轻松、愉快的东西,在广告所传播的信息中附上一滴眼泪、一个微笑、一份惊喜、一丝感动……都能刺激受众的情感,情感刺激是一种特殊的东西,它使受众容易接受这样的广告,从而留下深刻的印象。

3. 产品定位

该广告是否对产品做了简单、清晰无误的定位。对于所广告的产品/服务,受众必须能够在瞬间看到和感知到它是做什么的、为谁做的以及他们为何应该对之感兴趣。创造出一个产品/服务是如何适合受众生活的图景是广告运动的首要任务。没有一个简单、清晰、集中的定位,任何创意工作都无从展开。

4. 个性表现

伟大的品牌总有些共性——比其他品牌多了品牌个性。它超出了仅仅辨明该品牌为消费者做什么。所有的品牌都要做点什么,而伟大的品牌同时还要做点别的什么。一个品牌可以是设计者所设想的任何东西,并且它的确从某一天起就可成为那种东西。

冲击力强，即广告作品必须具有一种震撼人心的力量，使受众不得不予以注意。

创意新颖，即广告的构思必须与众不同，立意要新颖。

趣味性强，即广告作品必须能够愉悦人，叫人喜欢。

信息鲜明，即广告作品所传达的信息必须准确、突出。

感染力强，即广告作品应令人鼓舞，具有一种劝服的力量，广告只有渗透到受众的内心世界，对其产生震撼作用，才能够发挥无穷的威力，激起受众强烈的消费欲望，变潜在消费者为现实消费者。

5. 引发联想

好的广告创意是通过广告让消费者产生相关的联想，通过广告的“表象”传达“本质”，这样才能有效地挖掘读者内心深处的渴望，达到新奇的传播效果。广告创意的确立，围绕创意的选材，材料的加工，计算机的后期制作，都伴随着形象思维的推敲过程。推敲的目的是使广告作品精确、聚焦、闪光。

6. 艺术规格

该广告是否夺人眼球。你能记住并在大脑中重演的伟大广告第一眼看上去就不同凡响——它强迫受众目不转睛，使其大饱眼福。如果你致力于创作扣人心弦的作品，创作目的莫过于韦伯斯特所言：“抓住注意、思想或感情。吸引他、冲击他、让他感兴趣。”

该广告是否展示了技艺功底？文案写作、画面设计、音乐作曲、灯光、造型、服装、方位——广告艺术的各要素与作为广告科学的系统环节同样重要。任何一个细节失误都会毁灭一个伟大的创意。在存在“伟大”时，为何要勉强接受“好”？应该在概念、设计和实施上追求最佳。这就是广告创意人的技艺——闪光的作品。

7. 承诺范围

该广告中宣传的产品有无虚假的内容。广告中所承诺的产品信息、功能、产品效果是否属实，不能出现虚假的信息和误导消费者的信息。

8. 预算限制

该广告是否出乎预料。广告客户为什么会花钱制作与同类产品雷同的广告？不会的。广告必须敢于不同，相同就是自杀。广告唯有率先突破常规才能卓然出众，关键在于不要试图在竞争中赶超对手，而是要消灭它，独辟蹊径，自然无敌。

3.3.2 广告创意评价活动的意义

创意评价是对整个创意活动的评价，而创意活动是一个过程，因此评价的意义也可以按照创意过程中、创意执行前、创意执行中、创意执行后4个阶段阐述。

(1) 着手创意前的评价性思考。这是一种前瞻性的评价，主要关注创意的切入点、创意的主题、创意的表现等问题。这种评价性思考起着明确、纠正创意方向，协调创意元素，发展和完善创意等作用。

(2) 创意执行前的评价。这是创意评价的关键环节，它一方面对完成的广告创意作品进行评价，决定其是否可以执行；另一方面还担负着从多个创意方案中选出最佳创意方案的职责，以保证最新颖、最有创造性、最能吸引受众并直接到达目标消费者的创意作品得以通过，从而顺利付诸实施。

(3) 广告执行中的创意评价。这是一种动态的评价，它可以在实践中进一步检验创意的可行性、有效性，验证创意作品是否发挥了其应有的效果，从而使这一环节成为衡量创意作品的“试金石”。对于不满意的创意作品也可以在播出中途停下来，对创意进行修改或废止，而重新创意。

(4) 广告活动后的创意评价。这时的创意评价更多的是一种总结性的评价。它是创意执行后，或广告作品面世后，创意人员、广告学研究者、广告人员和消费者从各自的角度或目的出发进行的创意评价。这时候创意评价的意义不仅在于对一个创意作最后的审验，还在于对一切广告创意的导向可能发生累积性影响。

综合起来看，创意评价的意义是多方面的，其中主要体现为两点：其一是保证创意能够使广告传播收到预期的效果，或者说使广告传播的效果最大化地实现；其二是为以后的其他创意活动积累经验和教训，提供参考和借鉴，以便更好地提高广告创意的水平和有效性。

3.3.3 广告创意的策略

广告创意的策略

创意策略(creative strategy)就是对产品或服务所能提供的利益或解决目标消费者问题的办法进行整理和分析，从而确定广告所要传达的主张的过程。

广告创意是使广告达到广告目的的创造性的想法意念，在商业广告中能使广告达到促销目的的独特主意。它是决定广告设计水准高低的关键环节。

广告策划中的“创意”要根据市场营销组合策略、产品情况、目标消费者、市场情况来确立。针对市场难题、竞争对手，根据整体广告策略，找寻一个“说服”目标消费者的“理由”，并把这个“理由”用视觉化的语言，通过视、听表现来影响消费者的情感与行为，达到信息传播的目的，消费者从广告中认知产品给他们带来的利益，从而促成购买行为。这个“理由”即为广告创意，它是以企业市场营销策略、广告策略、市场竞争、产品定位、目标消费者的利益为依据，不是艺术家凭空臆造的表现形式所能达到的“创意”。

广告创意贵在创新，只有新的创意、新的格调、新的表现手法才能吸引公众的注意，才能有不同凡响的心理说服力，加深广告影响的深度和力度，给企业带来无限的经济价值。

设计师要有正确的广告创意观念。从研究产品入手，研究目标市场、目标消费者、竞争对手、市场难题，确定广告诉求主题，确定广告创意、表现形式，创意要始终围绕着产品、市场、目标消费者，有的放矢地进行有效诉求，这样才能成为促销的广告创意。设计师在思维上要突破习惯印象和恒常心理定式，从点的思维转向发散性思维、多渐性思维。善于由表及里，由此及彼地展开思维，学会用水平思维、垂直思维、正向思维与逆向思维，以使思路更开阔、更敏捷，在发散思维的同时把握住形象思维与逻辑思维的辩证规律，充分发挥设计师的想象力，使广告更加富有个性和独创性。

广告创意策略有以下5个元素。

(1) 目标。有待解决的问题，你要消费者如何想或如何做？

(2) 目标对象。谁是你最重要的潜在消费对象？对这群人，你该了解他们的是什么？

(3) 主要消费者利益点。为何消费者应该购买你的产品，或接受你的想法？

(4) 支持点。消费者为何要相信？与竞争者相比，你有什么不同的支持理由？

(5) 声调与态势。产品个性的投射描述。

广告创意策略如下。

(1) 目标策略。一个广告只有针对一个品牌，一定范围内的消费者群，才能做到目标明确，针对性强。目标过多的广告往往会失败。

(2) 传达策略。广告的文字、图形避免含糊、过分抽象，否则不利于信息的传达。要讲究广告创意的有效传达。

(3) 诉求策略。在有限的版面空间、时间中传播无限多的信息是不可能的，广告创意要诉求的是该商品的主要特征，把主要特征通过简洁、明确、感人的视觉形象表现出来，使其强化，以达到有效传达的目的。

(4) 个性策略。赋予企业品牌个性。使品牌与众不同，以求在消费者的头脑中留下深刻的印象。

同步案例 3-8

M&M's 2019 超级碗广告：M 豆化身后座"熊孩子"

M&M's 2019 年的超级碗广告出自 BBDO 纽约之手，由美国著名演员 Christina Applegate 主演。

广告一开始，女主开车行驶在从超市回家的路上，后座的"熊孩子们"似乎很不安分，一直传来打得不可开交的声音。女主试图劝说它们分开坐，但无果，后来终于忍耐到了极限，一个急刹车回头吼道："再吵就把你们通通吃掉！"

镜头切换到后座，原来并没有什么"熊孩子"，而是我们非常熟悉的 M 豆们，它们都被镶嵌在一整块的巧克力里。

而这也正是 M&M's 这次宣传推广的重点产品——于 2018 年上市的首款巧克力棒新品，将以往粒粒分明的颗状巧克力糖豆融入牛奶巧克力块，给消费者带去不一样的口感和健康体验。

此前推出两版预热视频为正片开了个头：正从超市出来的 Christina Applegate 发现自己被反锁在车门外，而车内的"熊孩子们"却一直在反反复复开闭车锁不肯开门，让她崩溃。

资料来源：https://www.digitaling.com/projects/58008.html

案例分析： 此广告极具创意，赋予 M 豆活力。M 豆本来就是孩子们喜欢的食品，把 M 豆和"熊孩子"关联起来十分完美，充满新奇。

(5) 品牌策略。把商品品牌的认知摆在重要的位置，并强化商品的名称、牌号，对于瞬间即失的视听媒体广告，通过多样的方式强化，适时出现、适当重复，以强化公众对其品牌的深刻印象。

任务演练

索尼创意广告策略分析

演练背景

索尼在中国的报纸广告

大标题：SONY 这是第一次见到的名字吗？广告下面用 1/2 篇幅印上巨大的黑体字 SONY，而且在正文中又一再出现 SONY 字样，整个广告，大大小小的 SONY 一共出现了 32 次。

索尼在中国的杂志广告

大标题：世界性商标 SONY。

副标题：一个你我都能拥有的“世界第一”。

广告文：也许你一生中有许多个第一志愿，有的得到，有的得不到。有一种第一却是你我都拥有的，那就是 SONY！从世界各地到中国台湾地区，索尼彩电以各种世界专利的得奖专技，受最多的行家的乐用与推荐，更在中国台湾地区创下每 4 台彩电就有 1 台索尼的卫冕纪录。好的色彩不怕没人欣赏，“第一”的索尼彩电，更是人人都要看的。享受世界家庭的最高荣誉，讲究的你，买彩电，当然选 SONY！

在国际电视广告大赛中夺魁的索尼广告

画面：长沙发上一男青年在看电视。(电视在画外，人物为正面表情，下同。)男青年旁多了一个女青年。

中间又出现一个活泼可爱的男孩。

这对男女垂垂老矣，沙发上又多了他们的儿媳和两个孙子。

广告词：这是索尼。

索尼电视是驰名世界的精品，它的广告也可圈可点，堪称世界广告领域的杰作。以上分别是出现在报纸、杂志、电视 3 种媒体上的索尼广告，它们都以鲜明的个性和新颖的创意而令人瞩目。

资料来源：http://218.22.18.137/wyfile/display/wyread.php? FileID=4041

演练要求

根据背景资料并收集与之相对应的广告作品，应用广告创意的策略来分析索尼广告，解读并阐释你对索尼广告作品的理解。

演练条件和过程

(1) 相应的广告作品的收集方式可采取市场搜索、拍摄、图书阅览、网上下载等手段。

(2) 将收集到的作品和背景资料中的索尼广告进行分析后的归类，写明所应用的广告策略和传播效果。

(3) 由组长代表本组在班上发表汇总结论，教师点评。

任务演练评价

任务演练评价表

任务演练评价指标	评价标准	分值	得分
1. 广告创意策略分析	(1) 问题设计具有针对性	10	
	(2) 问卷设计具有简明性	10	
	(3) 问卷设计具有顺序性	10	
	(4) 问卷设计具有可接受性	10	
2. 小组合作情况	(1) 小组展开积极有效讨论	10	
	(2) 小组每个人都要参与任务演练	10	
3. 成果展示	(1) 能有序、按时完成任务	20	
	(2) 能结合广告理解广告策略和传播效果	20	
总成绩		100	
学生意见			
教师评语			

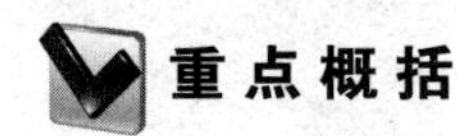

重点概括

(1) 广告创意就是广告人对广告创作对象所进行的创造性思维活动，是通过想象、组合和创造，对广告主题、内容和表现形式所进行的观念性、新颖性文化构思，创造新的意念或系统，使广告对象的潜在现实属性升华为社会公众所能感受到的具象。

(2) 广告创意必须具备以下几个特征：主题鲜明、目标明确、创意独特、形象生动，有原创性、相关性和震撼性。

(3) 创新思维或称创造性思维，是指人们在思维过程中能够不断提出新问题和想出解决问题方式的独特思维。应把握以下原则：独创性原则、实效性原则、冲击性原则、新奇性原则、包蕴性原则、渗透性原则、简单性原则。

(4) 广告创意的过程是运用创造性思维进行构想的过程。第一阶段是收集资料。包括特定资料和一般资料。第二阶段是分析酝酿。分析酝酿是为创意的提出做好心理准备的阶段。第三阶段是形成创意。即把所产生的创意予以检讨修正，使其日臻完善，以文字或图形将创意具体化。

(5) 广告创意的方法。广告创意不仅需要创意人员具有较强的创造性思维能力，还需要把握广告创意的思考方法。广告创意思考方法包括以下5种：垂直思考法、水平思考法、头脑风暴法、联想式创意法、想象式创意法。

(6) 广告创意的原理：USP理论、品牌形象论、RIO理论、共鸣论、定位论、品牌个性论、CI论、情感销售主张(ESP)。

案例分析　红牛广告创意

1995年，风靡全球的红牛饮料来到中国，在中央电视台春节联欢晚会上首次亮相，一句"红牛来到中国"广告语，自此中国饮料市场上多了一个叫作"能量饮料"的产品，金色红牛迅速在中国刮起畅销旋风。

红牛功能性饮料源于泰国，至今已有40余年的行销历史，产品销往全球140多个国家和地区，凭借强劲的实力和信誉，"红牛"创造了奇迹。作为一个风靡全球的品牌，红牛在广告宣传上的推广也极具特色。

1. 独特性

红牛是一种维生素功能性饮料，主要成分为牛磺酸、赖氨酸、B族维生素和咖啡因(含量相当于一杯袋泡茶)。红牛功能性饮料科学地把上述各种功效成分融入产品中，与以往普通碳酸饮料不同，从推广之初，就将产品定位在需要补充能量的人群上。

"汽车要加油，我要喝红牛"，产品在广告宣传中就将功能性饮料的特性：促进人体新陈代谢、吸收与分解糖分，迅速补充大量的能量物质等优势以醒目、直接的方式传达给消费者。让大家通过耳熟能详、朗朗上口的广告语，接受"红牛"作为功能性饮料能够提神醒脑、补充体力、抗疲劳的卓越功效。

2. 广泛性

"红牛"的消费群体适合于需要增强活力及提升表现力的人士饮用。特别适合长时间忙于工作的商务人士、咨询服务业人士、需要长时间驾驶的专业司机、通宵达旦参加派对的休闲人士、正在进行运动或剧烈运动前的运动爱好者和需要保持学习状态的大中学生。目标对象较为广泛，可供不同职业、不同年龄段的人饮用。

3. 树立品牌形象，注重本土化

红牛初来中国时，面临的是一个完全空白的市场。引用营销大师的观点而言，那是一个彻底的“蓝海”。因为当时的中国市场，饮料品牌并不多，知名的外来饮料有可口可乐和百事可乐，运动类型饮料有健力宝，几大饮料公司广告宣传力度都非常大，各自占据大范围的市场。红牛饮料要想从这些品牌的包围中迅速崛起，不是一件易事。

红牛饮料“中国红”的风格非常明显，以本土化的策略扎根中国市场。品牌宣传上，尽力与中国文化相结合，在各种宣传文字中，在色彩表现上以“中国红”为主，与品牌中红牛的“红”字相呼应，从而成为品牌文化的底色。中国人万事都图个喜庆、吉利，红红火火，越喝越牛，这正体现了红牛饮料树立品牌形象的意图，了解中国市场消费者的购买心理，将红牛自身特点与中国本土文化结合完美体现。

4. 多媒体、大冲击、深记忆

红牛在1995年春节联欢晚会之后的广告上首次出现，以一句“红牛来到中国”告知所有中国消费者，随后红牛便持续占据中央电视台的广告位置，从“汽车要加油，我要喝红牛”到“渴了喝红牛，累了困了更要喝红牛”“有能量无限量”，2013年起用的是“你的能量，超乎你想象！”大量黄金时间广告的宣传轰炸，并配以平面广告的宣传，红牛在短短的一两年里，让汽车司机、经常熬夜的工作人员、青少年运动爱好者，都成为红牛的忠实消费群体。红牛一举成名，给中国消费者留下很深的记忆。

5. 一句广告词，响彻十余年

红牛以功能性饮料的身份挟着在当时看来颇为壮观的广告声势向人们迎面扑来。“困了累了喝红牛”这句带有明确诉求的广告语一直吸引着人们的注意。

电视广告中，一个又累又困的人喝下一罐红牛后，顿时精神百倍，活力倍增。同时，红牛不断地在向消费者强调红牛世界第一功能性饮料品牌的身份。“功能性饮料”“世界第一品牌”“来自泰国”，这些惹眼的字样，加上夸张的电视广告，一时间人们对红牛不仅“肃然起敬”，又感到十分神秘。

在红牛的广告创意中，宣传策略主要集中在引导消费者选择的层面上，注重产品功能属性的介绍。由于当时市场上的功能性饮料只有红牛这一个品牌，所以红牛在宣传品牌的同时要用最简单的广告语来告知消费者功能性饮料的特点——在困了累了的时候，提神醒脑，补充体力。

就这样一句简单、明确的广告语让消费者清晰地记住了红牛的功能，也认可了红牛这个品牌。

资料来源：https://wenku.baidu.com/view/3c9d796ea45177232f60a2b8.html?sxts=1552208239366

（1）红牛的广告有什么特点？

（2）红牛销售成功的秘诀是什么？

（3）你喜欢红牛的广告吗？为什么？

分析要求

（1）分析案例中提出的问题，拟出案例分析提纲。

（2）小组讨论，形成小组案例分析报告。

（3）班级交流，教师对各小组的案例分析报告进行点评。

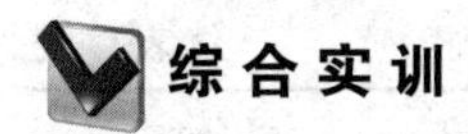

综合实训

广告创意综合实训

【实训目标】

能对广告作品的创意原理进行解读并进行书面语言表述，以加深对广告创意各原理的理解；检验学生领悟能力和综合运用知识及技能，包括语言文字、图形创意、综合协调等，对本课程所讲的基本知识进行综合训练。

【实训内容】

以各广告小组为单位，寻找1个真实课题进行综合训练。

【操作步骤】

(1) 将班级每5～6位同学分成一组，每组确定1人负责，在小组内进行任务分配。

(2) 寻找课题、调查研究。学生按组展开调查，并将调查情况详细记录。

(3) 分组开展讨论并拿出创意草案。草案初审由指导教师负责。

(4) 确定方案，提交创意设计正稿。

(5) 各组在班级进行交流、讨论。

(6) 方案评审、考核、认定成绩。

注：广告设计创意过程中，每一步进展情况最好以草图、图表或工作现场照片等形式记录下来。

【实训向导】

(1) 小组成员要扬长避短、各尽所能，充分发挥创意设计的团队合作精神。

(2) 课程结束后，建议举办一个课题单元展，以PPT演示并回答问题，使每个小组、每个同学能充分地发现优点、认识不足。

【成果形式】

实训课业：每小组提交1套广告创意方案和作品，小组成绩即为同学个人成绩。

【实训考核】

根据实训题所要求的学生“实训课业”完成情况，就下表中各项“课业评估指标”与“课业评估标准”，评出个人和小组的“分项成绩”与“合计”，并填写“教师评语”与“学生意见”。

实训课业成绩考核表

课业评估指标	课业评估标准	分值	得分
1. 课题的选择	(1) 是否具有代表性	10	
	(2) 是否具有可行性	10	
2. 调查方法	(1) 科学可行	10	
	(2) 难易适中	10	
3. 广告创意	(1) 创新性	10	
	(2) 操作性	10	
	(3) 合理性	10	
4. 成果展示	PPT设计精美	10	

续表

课业评估指标	课业评估标准	分值	得分
5. 广告创意方案	(1) 格式的规范性	5	
	(2) 内容的完整性、科学性	5	
	(3) 结构的合理性	5	
	(4) 文理的通顺性	5	
合　计		100	
教师评语	签名: 年　月　日		
学生意见	签名: 年　月　日		

思考练习

名词解释

广告创意　垂直思考法　水平思考法　头脑风暴法　创意策略

选择题

单项选择题

1. USP 理论是(　　)在 20 世纪 50 年代提出的一种有广泛影响的广告理论。

A. R. 雷斯　　B. 大卫·奥格威

C. 威廉·伯恩巴克　　D. 罗伊·格雷斯

2. 一种通过会议的形式,让所有与会者在自由愉快、畅所欲言的气氛中,自由交换想法或点子,并以此激发与会者创意及灵感,以产生更多创意的方法,这种方法是(　　)。

A. 水平思考法　　B. 垂直思考法　　C. 联想式创意法　　D. 头脑风暴法

3.(　　)是广告创意的前提。

A. 广告目标　　B. 广告对象　　C. 广告定位　　D. 广告策略

4. 广告创意过程的第一步要进行(　　)。

A. 分析酝酿　　B. 形成创意　　C. 收集资料　　D. 整理数据

5. 水平思考法又称横向思考法,是英国心理学家爱德华·黛勃诺博士提出的,本意是(　　),是一种主张从多方位、多角度观测和解决问题的思考方法。

A. 管理上的水平思考法　　B. 管理上的垂直思考法

C. 逆向思考法　　D. 反向思考法

6. 品牌形象论是 20 世纪 60 年代由(　　)提出的,是广告创意理论中的一个重要流派。

A. 罗伊·格雷斯　　B. 威廉· 伯恩巴克

C. R·雷斯　　D. 大卫·奥格威

多项选择题

1. RIO理论认为好的广告应具备的3个特质是（　　）。

A. 关联性　　B. 原创性　　C. 震撼性　　D. 相关性

2. 广告创意的原则有（　　）。

A. 独创性原则　　B. 实效性原则　　C. 冲击性原则　　D. 新奇性原则

3. 品牌个性论是对品牌内涵进一步挖掘，美国格雷广告公司提出了“品牌性格哲学论”，该策略理论在回答广告“说什么”的问题时，认为广告不只是“说利益”“说形象”，而更要“说个性”。品牌性格等于（　　）。

A. 产品　　B. 定位　　C. 个性　　D. 形象

4. 广告创意的特征有（　　）。

A. 鲜明主题　　B. 目标明确　　C. 新颖独特　　D. 形象生动

5. 广告创意评价活动的意义有（　　）。

A. 着手创意前的评价性思考　　B. 创意执行前的评价

C. 广告执行中的创意评价　　D. 广告活动后的创意评价

判断题

1. 广告创意要基于事实，集中凝练出主题思想与广告语，并且从表象、意念和联想中获取创造的素材，形象化的妙语、诗歌、音乐和富有感染力的图画、摄影融会贯通，构成一幅完善的广告作品。（　　）

2. 独创性是广告创意的首要原则，只要广告创意是独有的，不管有没有实效都是好广告。（　　）

3. 收集资料阶段确定了广告创意的方向，是成功广告创意的关键。（　　）

简答题

1. 简述头脑风暴法的原则和步骤。
2. 简述USP理论的基本要点。
3. 品牌形象论的基本要点是什么？
4. 简述广告创意评价活动的意义。

项目 4

Xiangmu si

组合广告媒体

知识目标

1. 了解各种广告媒体的概念和特征。
2. 掌握广告媒体的类型。
3. 把握广告媒体组合的原则。
4. 掌握广告媒体组合的一般方法。
5. 熟悉广告媒体组合的策略、方式。

技能目标

1. 能够分析不同广告媒体的特征及适用范围。
2. 能根据广告内容选择适当的广告媒体。
3. 熟悉每一种广告媒体,能够根据预算进行科学的组合。
4. 能制订媒体组合方案。

思政目标

1. 能设身处地的为客户考虑,合理选择媒体组合。
2. 热爱本职工作,融入社会主义核心价值观,树立良好的服务心态和进取意识。

将社会主义核心价值观融入媒体广告

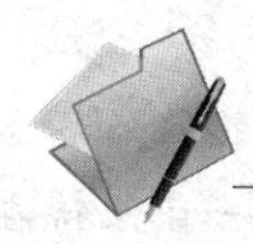

学习任务4.1 广告媒体的现状及发展趋势

教学方案设计

教学方法：案例法　　　　　　　　　　　　　　建议课时：2

<table>
<tr><td rowspan="2">学习目标</td><td>技能目标</td><td colspan="3">能够分析不同广告媒体的特征及适用范围</td></tr>
<tr><td>知识目标</td><td colspan="3">1. 了解广告媒体的作用
2. 掌握广告媒体的发展现状
3. 掌握广告媒体的发展趋势</td></tr>
<tr><td rowspan="2">学习任务准备</td><td>教师</td><td colspan="3">课件及任务评分考核表</td></tr>
<tr><td>学生</td><td colspan="3">1. 抽签随机分组，8～10人为一组，组内自选组长
2. 各个小组明确要分析的产品品牌</td></tr>
<tr><td rowspan="5">教学流程</td><td>教学环节</td><td>教师活动</td><td>学生活动</td><td>课时</td></tr>
<tr><td>一、成果展示与分析</td><td>1. 引入案例，提出问题
2. 布置任务，提出要求</td><td>做好问题分析笔记</td><td rowspan="2">0.5</td></tr>
<tr><td>二、知识储备</td><td>1. 讲授任务相关的理论知识
2. 解答知识疑问
3. 针对本学习任务中的同步案例进行学习指导</td><td>1. 认真听取本学习任务所需的理论知识
2. 提出疑问
3. 针对本学习任务中的同步案例进行学习分析</td></tr>
<tr><td>三、任务演练</td><td>1. 介绍本学习任务的演练背景和要求
2. 指导各小组任务演练的实施过程
3. 评价演练效果和结论</td><td>1. 小组自主演练任务，分析媒体与竞争的关系
2. 以卡片的形式记录汇总结果
3. 组长陈述结论</td><td>1</td></tr>
<tr><td>四、学习任务知识小结</td><td>1. 系统地对本学习任务知识进行总结
2. 针对重要知识点进行课后作业布置</td><td>1. 认真听取知识总结
2. 以小组为单位从网上收集知名企业近几年所做的广告</td><td>0.5</td></tr>
</table>

成果展示与分析

户外媒体正在领跑传统媒体

MAGNA和RAPPORT联合发布最新全球户外媒体研究报告，介绍了户外媒体在70个国家的现状和趋势。

1. 报告十大看点

(1) 户外媒体是实现持续广告收入增长的唯一传统媒体。全球户外媒体广告收入在过去9年(2010—2018年)的每一年都有增长，平均每年增长4.1%，2018年达到310亿美元。

与此同时,传统非数字媒体(电视、平面、电台、户外媒体)总体广告收入停滞不前(同期增长0.4%,过去4年下滑1.5%)。

(2) 由此一来,在传统媒体销售总额中,户外媒体的占比从2010年的7%增长到了2018年的10%。在全部媒体广告销售额(传统和数字)中,户外媒体的占比一直保持在6%,而电视媒体的占比则从41%下滑到了33%,平面媒体的占比则从28%下滑到了10%。

(3) 户外媒体的表现之所以能够领跑其他传统媒体类别,主要有以下几个原因:①受众支持。消费者的移动性日益增加,户外媒体并没有受到编辑媒体的到达率下降和受众流失以及影响数字媒体的品牌安全问题的困扰。②技术助力。数字创新以多种方式推动了户外媒体的绩效表现和吸引力:从不断涌现的数字广告牌占据优势位置和新的城市小众群体,到提升受众评测,再到使用数据实时优化跨媒体营销活动。

(4) 这些原因使MAGNA认为户外媒体广告收入将在未来5年(2019—2023年)再次领跑,全球每年增长2.8%,而传统媒体总体广告收入则将下滑1.7%。

(5) 零售领域是大多数市场户外媒体广告收入的最大贡献者。其他表现突出的大型客户垂直领域包括娱乐(付费电视、电影上映)、快捷餐厅、旅游和饮料。过去两年,互联网和科技巨头显著增加了在传统品牌建设媒体方面的广告预算,推动一些全球品牌(谷歌、亚马逊、Facebook、苹果和Netflix)或者是其他本土电商或社交媒体巨头成为很多市场的前十大户外媒体广告支出者。数字媒体巨头对户外媒体营销活动越来越多的使用既彰显了户外媒体的效率,又体现了未来的增长势头,该领域的营销支出势必进一步增长。

(6) 从全球范围来看,主要传统户外媒体类别的户外媒体存量保持稳定,但街边广告牌存量受到监管压力和媒体主战略的影响正在缓慢下滑,而其他类别(交通、街边设施、商场)媒体数量正在增加。与此同时,基于位置的数字户外媒体存量(小众室内环境中的小型廉价屏幕)呈现出爆炸式增长,但在一些市场很难找到商业模式。

(7) 从全球范围来看,数字户外媒体2018年实现了将近60亿美元的销售额,占到了全球户外媒体广告销售额的18%,这一比例是2010年(6%)的3倍。数字户外媒体广告销售额在过去5年每年增长16%。随着媒体主在过去几年进行大笔投资,全球范围内的数字户外媒体广告设备数量从10年前的刚刚超过16万个增长到了现在的超过30万个。

(8) 在一些市场,数字户外媒体广告收入在户外媒体广告收入中的占比远远超出了18%的平均值:2018年,两个市场(英国和澳大利亚)户外媒体广告销售总额中有50%来自数字媒体。美国市场接近全球平均值(数字户外媒体广告销售额占比17%),但一些市场由于监管障碍或行业碎片化的原因低于全球平均值(如意大利和法国)。MAGNA预计,在2019—2023年经历12%的广告销售额平均增长之后,数字户外媒体广告销售额在全球户外媒体广告销售额中的占比有望到2023年增长到28%。

(9) MAGNA和RAPPORT的研究观察到,户外媒体广告行业正在经历整合。2018年年底,前三大户外媒体广告供应商控制着全球前二十大市场平均63%的户外媒体广告销售总额,但集中率(前三大户外媒体广告供应商的市场份额)在两个关键市场(英国和澳大利亚)达到了90%左右。

(10) 随着所有传统媒体行业纷纷进行整合以与互联网巨头相抗衡,这势必推动进一步的行业整合。此外,户外媒体行业旨在利用规模为进一步的数字化提供资金支持,利用数据改善投资回报。传统户外媒体行业之外的参与者及来自其他媒体和技术行业的参与者现在同样对户外媒体资产感兴趣。相对呈现出碎片化的美国市场(前三大户外媒体广告供应商的市场份额为 57%)很可能迎来下一波整合。

2. 中国的户外媒体市场

在 2018 年增长 12.2%之后,中国媒体净广告收入(NAR)将在 2019 年增长 9.7%。这一增长将使中国广告市场规模达到 5130 亿元人民币。这将推动中国成为全球第二大市场,但市场规模依旧显著落后于美国(不到美国市场规模的一半)。

不包括影院,户外媒体净广告收入在 2018 年估计达到了 274 亿元人民币。数字户外媒体广告销售额占到了户外媒体广告销售总额的 25%以上,使中国成为发展程度最高的市场之一(全球平均值 18%)。数字广告牌在中国市场很普遍,基于位置的数字库存同样普遍,大约一半的广告收入来自这些类别的数字屏幕。

户外媒体控制着 6.1%的市场份额,接近全球平均值。中国的户外媒体市场与其整体广告市场一样是全球最大的市场之一(仅次于美国)。城镇化的不断推进及人均可支配消费收入的增加是未来户外媒体广告支出的两大驱动因素。

展望未来,中国户外媒体市场格局有望见证强劲的数字户外媒体增长(平均增长 11%,直至 2023 年),而传统户外媒体增长将在未来 5 年开始有所放缓。这种增长停滞主要归因于存量替换、静态媒体数量下滑及品牌对非数字媒体缺乏兴趣。

预计数字户外媒体净广告收入将不断增长,到 2023 年占户外媒体广告支出总额的 39%,高于 2022 年的全球平均值。

RAPPORT 全球首席执行官 Michael Cooper 表示:“户外媒体行业迎来了最激动人心的时刻。户外媒体行业充分利用了不断发展演变的数字技术带来的好处,同时保持了独特的地域足迹,这是其他任何媒体都无法做到的。2018 年,Spotify、亚马逊、苹果、Netflix、Hulu 等激动人心的科技公司在全球几乎每个市场都大幅增加了户外媒体广告支出。它们有充足的理由这样做。”

MAGNA 全球市场情报执行副总裁 Vincent Letang 表示:“户外媒体是消费者无法跳过或屏蔽的最后一种广告类别,依旧能够覆盖活跃的城市年轻人。再加上营销活动管理、受众测量与归因方面取得的巨大进步,这就解释了户外媒体广告为什么能够在过去 10 年保持稳定增长,为什么未来 5 年将在全球范围内保持 3%的年增长率。”

资料来源:http://www.ad-cn.net/read/9745.html

知识储备

4.1.1 解读广告媒体

广告媒体解读

1. 什么是广告媒体

广告信息的基本载体是媒体。在我国,广告费用 80%以上用于广告媒体投放,足见媒体的选择与发布对于广告效果的重要作用。

传播中的“媒体”是信息的载体,凡是能把信息从一个地方传送到另一个地方的就可称为媒体。所谓广告媒体,就是广告主在广告活动中借以向目标消费者传达广告信息的各种需要付费的传播工具。广告是一种非人际的信息传播活动,必须借助一定的传播手段和媒体才能达成。所以,广告媒体是用于向其目标受众表现某一广告的有偿手段。

2. 传播媒体在广告活动中的作用

广告媒体的具体作用有以下几个方面。

(1) 广告媒体的选择直接决定广告目标能否实现。企业广告目标是塑造企业与商品形象,促进并扩大商品销售。在广告媒体的选择和组合上,版面大小、时段长短、刊播的次数、媒体传播时机等,都对广告有一定的影响。例如,延长广告时间,包括广告时间的绝对延长和相对延长。一般而言,时间长比时间短更易引人注意,但是绝对延长时间即时间较长而内容枯燥乏味,反而会降低注意力。相对延长时间即广告反复出现,增加广告的频率也易引人注意。但是,反复出现广告也有一定界限,过分长久的反复,会使受众感到厌烦甚至产生对抗心理。因此,在广告媒体的选择上,采用的媒体空间大小和时间的长短,会直接影响到广告目标的实现。

(2) 广告媒体决定广告是否能够有的放矢。广告的目标对象只能是一定数量或一定范围内的社会公众。广告目标对象是广告信息传播的"终端",也是信息的"接收端",社会公众或消费者又称为"受者""受众"。撇开"受者"也就无所谓传播,广告也就无效。如果在广告活动中将广告目标对象把握住了,但是媒体把握不当,那么整个广告活动也就前功尽弃。

(3) 广告媒体决定广告内容与采用的形式。在任何广告中都包含有"说什么"的问题,在不同的传播媒介上,"说的内容"和"说的形式"就有着很大不同,这是由不同的广告媒体的特点所决定的。对于某些广告活动,在其广告内容上要注意分析和把握其不同传媒的价值功效,以相适应的传播媒体去完成特定广告信息传播。

(4) 广告媒体决定广告效果。企业做广告都希望以尽可能少的广告费用取得较好的效果,或者以同样的广告费用取得最好的效果,由于广告费用中的绝大部分用于媒体,从这个角度来分析,与其说是广告效果的大小,倒不如说媒体费用决定广告效果的大小。按照国际惯例,在一种正常的经济运行状态中,用于广告媒体的费用占企业广告费用的80%以上。

3. 广告媒体的分类

目前,最常用的广告媒介分类方法是按照媒体的载体与传播途径来进行划分。

印刷媒体:主要利用纸质印刷品进行广告传播的媒体,主要包括报纸、杂志、挂历、书籍(包括电话簿、邮政编码簿、火车时刻表等)、海报、传单、票证、标签等。

电子媒体:是指运用电子技术、电子技术设备及其产品进行信息传播的媒体,其中包括广播、电影、电视、电话、传真机、录像、电子显示大屏幕、电动广告牌、幻灯、光导纤维等,大多数电子媒体属大众传播媒体,其中广播、电视是最主要的电子媒体。

户外媒体:是指主要建筑物的楼顶和商业区的门前、路边等户外场地设置的发布广告的信息的媒体,其种类多样,如路牌、霓虹灯、交通车船、飞机、气球、飞艇、高层建筑、旗帜等。

邮寄媒体:是指主动给消费者邮寄广告信息的一种广告形式。如销售信、明信片、订购单、商品目录等。

销售现场媒体:销售现场媒体广告又称为售点广告,是设立在商品销售现场的广告形式,如橱窗、招牌、门面、室内外装潢、模特等。

流动媒体:如打火机、火柴盒、手提袋、包装纸、广告衫、购物袋、雨伞、书包等。

按照广告所产生的效果来看,报纸、杂志、广播、电视所起的作用及影响最大,因此人们习惯称为现代四大广告媒体。

4.1.2 广告媒体的演变历程

1. 奴隶社会广告媒体发展概况

奴隶社会时期，大约是在夏朝(约公元前21世纪—前16世纪)，我国就出现了农业、手工业与商业分工，行商阶层开始出现。随着商业的发展，商品交换日趋频繁和广泛，出现了城市和集市。为了把产品交换出去，就必须把产品陈列于市场，同时，为了吸引他人，势必要叫喊等。实物陈列和叫喊是最早的广告形式。这种形式的广告至今还在流传，而其他的广告形式，大体又都是从这种广告形式中演变而来，只不过是采用了新的手段和工具，注入了新的内容。从中国的古典文学作品中，尤其是在《诗经》中，还可以看到对商业活动的片段描写。例如，《邶风·谷风》用"既阻我德，贾用不售"这样的譬喻来描写遭人拒绝之后的心情；而《卫风·氓》中，更有"氓之蚩蚩，抱布贸丝"这样的对商业活动进行直观描述的诗句。这些都从一定程度上反映了原始社会晚期和奴隶社会时期的商业发展情况与原始的商品销售形式，进而使展示物品和叫卖成为形象的广告。

2. 封建社会广告媒体发展的相对鼎盛

春秋时期，即公元前770年—公元前476年，我国社会开始发生并完成从奴隶社会向封建社会的过渡转变。在这一时期，人们开始把陈列于市的实物悬挂在货摊上以招人。这样，就在实物陈列的基础上，演变和发展成了招牌、幌子等广告形式，《晏子春秋》中就有这样的描述："君使服于内，犹悬牛首于门而卖马肉于内也。"这句话就足以证明，至少当时已存在幌子这样的广告形式。

随着商业活动的发展，一些服务行业应运而生，从业者骤然增多。茶坊、酒楼、饭馆、客店，遍布街头巷尾，生意兴隆。在这种经济背景下，广告得以更进一步发展。招牌、幌子、酒旗、灯笼各显其能，且随着大店铺的出现开始形成新的广告形式——门匾。

原始的广告形式——口头呼叫、音响、招牌、幌子、灯笼以及门匾、门楼、酒旗等店铺广告，在宋朝时已发展得相当繁荣。同时，由于科技水平的提高，发明了印刷工艺。在隋朝发明的雕版印刷，到了宋朝已发展为活字印刷。印刷技术的发明为广告提供了新的传播媒体——印刷品。

随着各个历史朝代的商业及广告的发展情况，可以看到从口头广告、店铺广告到印刷广告的历史变革，从而可以看出广告在中国封建社会发展的相对鼎盛时期及其与当时商业经济的关系。

同步案例 4-1

"古代"广告

河南省登封市告咸镇发掘出土的东周陶器上都印有"阳城"篆体陶文字样标记，被认为是我国最早的文字广告。北宋张择端的《清明上河图》上就可看到诸如"刘家上色沉檀拣香""赵太丞家""杨家应症"和"王家罗匹帛铺"等招牌门匾。历史资料证明，现存上海博物馆的"济南刘家功夫针铺"的印刷铜版，就是相当珍贵的宋代广告印刷史料。

案例分析： 受条件的限制，古代的广告形式简单，技术手段也很落后。通过招牌等形式做广告，能够让消费者更为直接、清晰地识别不同的商埠，起到提醒消费者购买的目的。

3. 中国近现代史中的广告媒体发展

鸦片战争后，在帝国主义强权下，中国政府签订了《南京条约》，允许开放广州、福州、厦门、宁波、上海五大城市为通商口岸，并且准许中国商人将洋货从上述口岸运往全国各地销售，从而使资本主义的贸易入侵合法化。从此，外国货如破堤之水涌入内地，现代广告业也就在这几个通商口岸城市迅速地发展起来。

在各类输入品中，使用广告最多的是药品和香烟；在5个通商口岸中，广告业最发达的是上海。当时的广告主要有路牌和招贴。路牌是画在墙上的，蓝底白字，十分简单。招贴则多在国外印制，带回中国张贴。

20世纪30年代，广告媒体开始变得多样化，出现了多种多样的广告形式。报纸是主要的广告媒体。当时，我国的中外文报纸达1100多种。报纸广告的广泛出现，标志着我国近代广告的发展进入了一个新的历史时期。

1922年，美国人奥斯邦在上海组建中国境内第一家无线广播电台，拉开了我国电波广告的序幕。但广播电台正式开播广告是在1927年，同年，天津、北京也相继开设电台，这些电台的运营都主要依靠广告维持。同期，印刷广告也得到进一步发展，相继出现了产品样本、企业内部刊物(免费赠阅)、企业主办专业性刊物、月份牌和日历等形式的印刷广告。

同步案例 4-2

“近代”广告的作用

1858年，外商首先在香港创办了《孖刺报》，在1861年后成为专登船期物价的广告报。在这期间，外国人除了创办一些综合性报纸外，还创办了一些专业广告报纸，如《东方广告报》《福州广告报》《中国广告报》等。1872年3月23日，《申报》创刊，这是我国历史最久、最有名望的中文报纸。同期创办的还有《上海新报》《中国教会新报》等。这些报纸都刊登大量的广告，几近2/3版面。

在1936年全国运动会期间，《上海新闻报》借机搞了一次空中广告，把写着“新闻报发行量最多，欢迎客选”的广告条幅用气球放入空中。这是在我国首次出现的空中广告，为扩大《上海新闻报》的影响起到了相当积极的作用。同年在上海还举行了全国性的商业美术展览会，为提高广告的艺术水平、更加积极地发挥广告的社会效益和经济效益起了相当好的作用。

案例分析： 中国近代报纸的发展为广告提供了新的载体。近代报纸以社会大众为读者对象，可以成批量地复制、发行，可以很好地起到传播作用，可以将商品或企业信息更快、更广泛地传递给消费者，从而做到引导消费，提高企业声誉。

4. 新中国成立后我国广告媒体发展

新中国成立初期人民政府采取各项措施，广告行业得到一定程度的恢复和发展。报纸、杂志、电台、路牌等商业广告业务依然很活跃，同时还举办过几次全国性展览会和国际博览会。1958年，商业部和铁道部联合发出通知，为使商业广告更好地服务生产和消费者，要求利用车站、候车室、车厢及列车内使用的用具等为媒体开展广告业务。

1978年12月，中共中央召开了十一届三中全会，宣布全党把工作重心转移到经济建设上，提出了"对外开放和对内搞活经济"的政策，从而也为广告的恢复和发展提供了契机。从此时开始，各地的广播、电视和报纸相继恢复广告业务，广告公司(社)相继成立。到1981年年底，全国广告公司已由9家发展到100多家，报纸、杂志2000多家，广告从业人员1.6万多人，并开展了外贸广告业务。到1983年年底，全国广告经营单位更达2340家，营业额2.3亿元，比1982年增长40%。为加强广告管理，1982年2月国务院颁布了《广告管理暂行条例》，规定广告行业统一由国家和地方各级工商行政管理部门管理。同时，为加强行业自身的建设，成立了中国广告协会和中国对外经济贸易广告协会两个广告行业组织，并举办各种展览会和培训班，促进广告事业的建设。

1989年，我国广告营业额已达30亿元人民币(其中包括对外广告)，从业人员近20万人，出版报纸1000多种，杂志4000多份，电台200多个，电视台300多家。每年的广告营业额，以超过20%的速度增加。我国的广告事业在各方的共同努力下，必将继续呈现出繁荣发展的景象，为促进商品经济和对外贸易的发展起到更大的作用。

同步案例 4-3

里约奥运会中的vivo广告

2016年里约奥运会期间，vivo与腾讯合作，随着一条条即时更新的赛事视频被观众打开，vivo X7的品牌标识及"1600万柔光自拍 捕捉精彩时刻"的品牌标语不断映入观众眼帘。仅凭飞底广告一项，vivo X7在腾讯平台便获得了100亿次曝光的惊人成绩。在热门游泳选手宁泽涛参赛前夕，以其为主角的vivo X7广告刷爆朋友圈。借此，vivo手机的产品销量和品牌知名度获得大幅提升。

资料来源：http://bbs.zhiyoo.com/thread-13264454-1-1.html

案例分析： vivo通过腾讯的媒体平台将投放优势最大化，掀起消费者对中国游泳队的期待高潮，实现了品牌与消费者的同呼吸；同时，最新赛况信息通过QQ弹窗及时推送至用户，实现对视频内容的强势导流。借此，vivo做到了利用网络平台达到高效传播的效果。

4.1.3 广告媒体发展趋势预测

广告媒体始终处于一个动态的发展过程中，印刷技术的发明产生了报刊媒体，电子技术的发展产生了广播电视媒体，传统媒体(广播、电视、报纸、杂志)经过一个时期的发展后，又迎来新媒体的挑战，网络技术、数字技术的发展产生了互联网、手机等新型媒体。

1. 网络广告未来发展趋势预测

广告媒体在历经报纸(杂志)、电台广播、电视的不断演变后，网络广告已经逐渐为人们所接受。作为新兴的"第四类媒体"，凭借网络超高的信息传播效率和无与伦比的全球覆盖率，使网络广告这一新型的推广渠道已经逐渐成为传媒行业的"新宠"。未来网络广告将有以下发展趋势。

(1) 网络广告经营额会稳定地增长。网络广告具有较强的经济性。传统广告媒体费用要占到总费用的近80%,网络广告无须印刷、拍摄或录制,在网上发布广告的总价格较其他形式的广告价格便宜很多,平均费用仅为传统媒体的3%。与报纸和电视相比,单位面积(时间)的广告价格相比,网络广告在价格上极具竞争力。网络广告正在被越来越多的广告主和广告代理商所重视,随着网络技术的发展,新的网络广告形式不断出现,网络广告的效果不断增强,网民数量的不断增长等复合性因素都激发着广告主在网上做广告的信心,网络广告的营业额将不断增长。

(2) 网络广告将与营销全面结合。网络广告最大的特点就在于它的定向性,网络广告不但可以面对所有网络用户,而且可以根据受众用户确定广告目标市场,例如,生产化妆品的企业,其广告主要定位于女士,因此可将企业的网络广告投放到与女士相关的网站上。这样通过网络,就可以把适当的信息在适当的时间发送给适当的人,实现广告的定向。从营销的角度来看,这是一种一对一的理想营销方式,它使可能成为买主的用户与有价值的信息之间实现了匹配。网络广告的优势还在于它可以给受众选择的余地,如价格、购买渠道等,一旦受众对广告产品或服务产生兴趣,他们就可以进一步单击以了解更多的情况,还可以直接利用电子邮件进行在线订购,并通过划拨电汇方式付款,由企业通过邮寄或送货上门进行货物交付,不会出现其他广告常有的"脱节"现象。

(3) 网络广告的形式将会趋向多样化和复杂化。随着中国网络广告规模的逐年扩大,多种多样的网络广告形式也在蓬勃发展。常见的网络广告形式有以下几种:普通网幅广告、普通按钮广告、页面悬浮广告、鼠标响应网页网幅广告、鼠标响应网页悬浮广告、弹出窗口广告、网上视频广告、网上流媒体广告、网上声音广告、QQ上线弹出广告、QQ对话框网幅广告、电子邮件广告等,在文字、图片、音频乃至视频上的表现形式各具特色,已经表现出充分的生动性和多样性。现在,诸如流媒体、VRML等网络视频技术的发展,为网络广告技术的发展提供了技术上的保障,随着互联网技术的发展及宽带技术水平的提高,网络广告的表现形式也越来越丰富。未来,富媒体广告、网络游戏植入式广告将越来越受到广告主的青睐。

(4) 网络广告将与传统主流媒体合作,整合传播。随着宽带网络的发展,宽带网络对网络广告的容量限制不复存在,网络广告也可以参照电视广告的模式进行制作。目前公认的观点是,随着宽带网的普及,以流媒体技术为核心的网络视频服务将会成为下一个主要的网络广告载体。将电视广告和网络视频广告融合,即将网络视频广告作为电视广告的一部分,一前一后互为补充,寻求最佳的传播效果,也是未来网络广告的发展趋势之一。IT、汽车、消费电子等产业正在将更多经费投放到网络广告中,并与其他广告形式整合传播,这样的方式在未来将受到越来越多产业的青睐,以期产生联动效果。

2. 新媒体的迅速崛起,网络广告升级发展

新媒体是建立在数字技术、网络技术上的传播媒体。相对传统媒体而言的近年来以互联网形态的网络作为信息传送平台,以计算机、电视、手机为终端,以文字、声音、图像等作为传播形式,具有对等互动特征的数字化多媒体的传播媒体。包括网络媒体、手机媒体、城市楼宇电视媒体、车载电视媒体等。科技的发展带来了网络媒体的第二个春天。同时传统媒体已经不能完全满足广告市场传播的需求，这样就产生了新媒体的需求。这也就是广告传媒业从“以媒体为中心”的时代进入了“以受众为中心”的时代。未来广告媒体的发展是不可限量的。

目前在Internet上播发的网络广告的类型有以下几种。

1）旗帜型广告

旗帜型广告（banner）是最常见的广告形式。网络媒体者在自己网站的页面中分割出2厘米×3厘米、3厘米×16厘米或2厘米×20厘米的一个画面（视各媒体的版面规划而定）发布广告，因其像一面旗帜，故称为旗帜型广告。旗帜型广告允许客户用极简练的语言、图片介绍企业的产品或宣传企业形象。为了吸引更多的浏览者注意并点选，旗帜型广告通常利用多种多样的艺术形式进行处理，如做成动画跳动效果，做成霓虹灯的闪烁效果等。

随着软件技术的进步，这类广告的表现形式越来越丰富多彩，可进一步分为以下内容。

（1）动态传送广告。以轮转、随机的方式传送广告信息，同一广告可在整个网站上轮转，也可根据关键词检索而出现，能让不同用户在同一页面上看到不同的广告。

（2）扩张式广告。通过单击，将横幅自动扩张成一个更大的页面，从而获取更多的信息内容。

（3）互动式广告。运用动画软件制作而成。可将网络上的广告转换成互动模式，使用户享受到一系列服务，增加浏览时间，扩大广告效果。

2）按钮型广告

按钮型广告（button）是网络广告最早的和常见的形式。通常是一个链接着公司的主页或站点的公司标志（logo），并注明“Click me”字样，希望网络浏览者主动来点选。通常有4种像素尺寸：125×125、120×90、120×60、88×31，容量不超过2KB。按钮型广告的不足在于其信息量较小，表现手法比较简单。浏览者只有主动点选，才能了解到有关企业或产品的更为详尽的信息。

3）赞助广告

赞助广告（sponsorship）类似于传统媒体的赞助广告，由广告主对自身所感兴趣的网站内容或网站节目进行赞助，主要有3种赞助形式：内容赞助、节目赞助和节日赞助。内容赞助如大型电影制作公司赞助开展影片评论的网页。节目赞助或节日赞助，有时效性的约束。如澳门回归网站赞助、世界杯网站赞助、奥运会网站赞助等。节目（活动）停止，赞助即结束。

4）插页广告

插页广告（interstitial ads）又名弹跳广告。广告主选择在自己喜欢的网站或栏目被打开之前，插入一个新窗口显示广告。用户在上网查看各网站主页时这个小窗口会弹跳出来，吸引人们去单击。这种类型的广告还指那些在页面过渡时插入的几秒广告，可以全屏显示。但如果带宽不足会影响正常浏览。

5）首页广告和内页广告

首页广告也称为主页广告。打开某个网站，首先展示的就是主页。在主页上做广告，会得到较高的注目率，给予上网者较深刻的印象。内页广告也可称为链接页广告。进入某站点后，选择单击某些内容即可进入新的网页，在这些网页上做广告，就是内页广告，相对于首页广告来说,注目率会低一些。但是并不能完全说明这两种广告所产生的传播效果。广告选择首页还是内页,要根据广告主的传播目标、显示次数、受众广度和每千人成本等因素来考虑确定广告出现的位置。

6) 邮件广告

邮件广告有两种形式:一种是邮件列表广告,也称为直邮(direct marking)广告。利用网站电子刊物服务中的电子邮件列表,把广告加在每天读者所订阅的刊物中发放给相应的邮箱所属人,可运用横幅、插页等多种形式;另一种是电子邮件(E-mail)广告。广告利用拥有免费电子邮件服务的网站,直接向个人邮箱里寄送广告,广告以横幅广告的形式为主,问题在于要能得到个人电子邮件地址的资料。

此外,还有墙纸(wallpaper)广告、竞赛和促销(contests & promotions)广告、互动游戏(interactive games)广告等形式。随着网络技术的开发和应用、网络广告策划和创造力的增强,互联网还会用更多、更新颖的方式和方法来表现广告信息。

○ 任务演练

媒体选择与销售效果分析

演练背景

企业针对某产品进行广告宣传或其他类型广告活动,其核心是为了提高企业的经济效益,扩大产品的市场占有率或销售数量,因此定期进行系列广告的发布,使人觉得广告媒体的可信任性和新鲜性,并带来一定的冲击力。

演练要求

(1) 选择销售5年以上产品。

(2) 分析广告内容,分析产品持续占据高的市场份额,广告媒体的演变过程。

演练条件和过程

(1) 学生分4组,自选组长。

(2) 每组任选一种广告。

(3) 每组分析该广告内容,分析广告商品的市场竞争能力和企业信息,从而确定广告媒体选择与产品销售持续走高的内在关系。

任务演练评价

任务演练评价表

任务演练评价指标	评价标准	分值	得分
1. 产品选择	产品选择要具有代表性	20	
2. 产品广告收集	(1) 收集的广告媒体类型要全面	10	
	(2) 媒体能充分展现产品特点	20	
	(3) 媒体选择对产品竞争力要有提升作用	30	
3. 成果展示	PPT设计精美,解说语言表达流畅到位	20	
总成绩		100	
学生意见			
教师评语			

学习任务4.2 广告媒体的类型及特征

教学方案设计

教学方法：案例法、演示法　　　　建议课时：4

<table>
<tr><td rowspan="2">学习目标</td><td>技能目标</td><td colspan="3">能根据广告内容选择适当的广告媒体</td></tr>
<tr><td>知识目标</td><td colspan="3">1. 了解广告媒体的类型
2. 准确掌握各种广告媒体的优缺点
3. 清楚问卷设计的注意事项</td></tr>
<tr><td rowspan="2">学习任务准备</td><td>教师</td><td colspan="3">课件及任务评分考核表</td></tr>
<tr><td>学生</td><td colspan="3">1. 抽签随机分组，8～10人为一组，组内自选组长
2. 收集框架广告</td></tr>
<tr><td rowspan="5">教学流程</td><td>教学环节</td><td>教师活动</td><td>学生活动</td><td>课时</td></tr>
<tr><td>一、成果展示与分析</td><td>1. 引入案例，提出问题
2. 布置任务，提出要求</td><td>做好问题分析笔记</td><td rowspan="2">1</td></tr>
<tr><td>二、知识储备</td><td>1. 讲授任务相关的理论知识
2. 解答知识疑问
3. 针对本学习任务中的同步案例和“广告语”进行学习指导</td><td>1. 认真听取本学习任务所需的理论知识
2. 提出疑问
3. 针对本学习任务中的同步案例和“广告语”进行学习分析</td></tr>
<tr><td>三、任务演练</td><td>1. 介绍本学习任务的演练背景和要求
2. 指导各小组任务演练的实施过程
3. 评价演练效果和结论</td><td>1. 小组自主演练任务，分析框架媒体的广告效果
2. 以卡片的形式记录汇总结果
3. 组长陈述结论</td><td>2</td></tr>
<tr><td>四、学习任务知识小结</td><td>1. 系统地对本学习任务知识进行总结
2. 针对重要知识点进行课后作业布置</td><td>1. 认真听取知识总结
2. 以小组为单位上网搜索新型的广告媒体</td><td>1</td></tr>
</table>

成果展示与分析

雪花啤酒媒体策略

华润雪花啤酒推出品牌重塑以来首个核心产品——勇闯天涯 superX，随后这个产品的广告就在全国各地的户外广告媒体上开启了霸屏模式，那么华润雪花啤酒投放这么多户外广告意欲何在？

雪花啤酒广告采用多组重复投放的形式，增强消费者的品牌记忆。

车站出发层、地铁出入口、停车场、出租车入口、上下扶梯、站外的广告牌、城站路口……随处可见蓝色基调的勇闯天涯 superX 和代言人王嘉尔的画面，勇闯天涯 superX 的广告强势占领消费者眼球。旅客们在这些区域停留期间，都能在车站中反复接收勇闯天涯 superX 的信息,增强品牌记忆度。

同时,雪花啤酒以线下活动为助力,增强品牌影响力。

雪花啤酒勇闯天涯 superX 全国首发的自动品尝非常吸引人眼球,产品摆放在车站的出入口,勇闯天涯 superX 不但与消费者零距离接触,而且还通过 H5 的活动页面,将勇闯天涯 superX 的目标群体吸引到微信公众号,产生持续的影响力。

勇闯天涯 superX 作为华润雪花啤酒品牌重塑的首个核心产品,就是要与主流消费群体产生共鸣,勇闯天涯 superX 共解锁全国 400 多块户外广告牌,30 多条公交、地铁线路,让年轻人看得到新的雪花,有个性的勇闯天涯 superX。

资料来源:http://www.51ebo.com/repstation/4738.html

知识储备

4.2.1 广告媒体的类型

电视广告的特点

随着社会经济的发展,科学技术的进步,广告媒体的种类越来越多,一些不适应现代社会需要的媒体手段逐渐被淘汰,而许多新颖的广告媒体和品种正不断产生出来。

工业革命以后,经济和市场迅速扩大,从而要求有现代化的传授方式和广告媒体来适应新形势的需要,因而以印刷和电子技术为基础的报纸、杂志、广播、电视 4 个方面的广告业务,被称为现代四大广告媒体,以其迅速的传播速度和广阔的覆盖面积使其他媒体相形见绌。但是,目前更加新颖的大型计算机程序控制光电广告、激光空中广告,卫星传播的电信广告、网站推广和网络广告也日益占据更大的市场。

鉴于目前广告媒体的纷繁复杂,有必要进行分类,以适应各种要求。通常的分类方法如下。

1. 依广告主对广告媒体的所有权分类

(1) 租用媒体。即媒体的所有权不属于广告主所有,广告主只能以一定的代价租用它,或者以付酬方式占用它的一段时间、某一部分版权。例如,报纸、杂志、广播、电视、大型门户类综合网站或行业性网站所发布的广告,均按版面面积大小、播出时间长短计酬,而路牌广告、车船广告,其版面所有权属于广告公司或车船主者,也以租用方式计价付酬。

租用媒体在一般情况下不可能与销售活动做到同步进行,消费者看到广告并不能在广告发布时购得商品,只是获知信息,他日有可能购买,因此称为“间接媒体”或者“信息广告”。

(2) 专用媒体。即媒体本身为广告主所专用,属于广告主所有。例如,商店的霓虹灯广告、橱窗广告、售点广告,一般均属商店所备为本商店的经营服务;企业通过自己的网站建设,发布的产品和服务广告,以及印刷的产品目录、商品包装、企业宣传片以及专题片等广告,则由广告主免费或廉价赠送给消费者,都属专用广告之列。

专用媒体一般紧随销售活动发布,消费者看到广告可以马上买到商品,或买到商品后同时见到广告,即与销售活动保持同步关系,所以又称为“直接媒体”或者“同步广告”。

2. 依广告内容的含量分类

(1) 混合媒体。可以同时发布多种不同内容或不同厂商的广告。如报纸、杂志、广播、电视、路牌等。

(2) 单一媒体。只能发布一种商品或一个厂商的广告媒体。如商店的霓虹灯、POP广告、包装广告等。

3. 依广告媒体的物质属性分类

(1) 印刷广告。通过印刷厂以印刷技术来完成的各种广告媒体统称为"印刷广告"。如报纸、杂志、挂历、年鉴、名录、样本印刷等。

(2) 户外广告。存在于户外公共场所的各种广告媒体统称为"户外广告"。户外广告与我们的经济与社会生活密切相关,它从一个侧面代表着一个国家经济发展与社会文明的水平。常见的户外广告大致有以下几种形式:①路牌广告;②电动或电子户外广告;③灯箱广告;④交通广告;⑤海报与招贴;⑥运动场地广告;⑦节日广告;⑧民墙广告;⑨霓虹灯广告。另外,由于科学技术的飞速发展以及现代人思维方式的宽松解放,户外广告在其表现形式上也有许多重大的突破。例如,卫星发射现场广告、空中广告(如飞行表演、跳伞表演、热气球球身广告)、活人(模特)活动广告、实物放大(缩小)模型广告、充气放大模型广告、自动翻转(多面)广告、激光投射广告(或利用建筑物反射,或利用空中飞行物,或利用云层反射)等。这些全新的户外广告形式,在视觉外观上富有强烈的表现力与冲击力,因而在传达效果上比其他传统形式的户外广告更胜一筹。

同步案例 4-4

360淘人网喜庆上线　广告投放北京360路公交车

据相关媒体报道,创新人力资源分享交易平台360淘人网于2013年4月8日上线试运营,在经过一个月的试运营后,于5月8日正式上线。在当日,360淘人网就与白马广告签署了合作协议,并启动了极具创新的广告传播方式。双方精心选择最终确定在北京西直门开往香山公园的360路快车投放车体广告,让360淘人网和360路快车之间共同的"360"元素获得高度吻合。"喜看美景登香山,坐360路快车;爱拼北京找工作,上360淘人网"的广告语,也让坐360路快车去香山的乘客更有亲近感。

资料来源:http://www.zg3china.com/i/HangYeXinWen/2541.html

案例分析: 车体广告是可移动的户外媒体形式,能主动出现在受众的视野之中,在传播方式上最为"积极、主动",得到更多的注意,实现高到达率。

(3) 电信广告。以电子通信技术为传播手段的各种广告媒体统称为"电信广告"。如广播、电视等。

(4) 网络广告。随着互联网技术的广泛应用,虽然也是电子通信技术的延伸,但是日益形成了巨大的规模。通过网站制作、网站建设、网站推广等手段传播广告,比如目前广为流行的百度推广、Google优化等广告推广。

(5) DM——直接邮寄广告。DM是英文direct mail的缩写,是直接邮寄的意思。通过邮政传递的各种广告媒体(不包括报纸、杂志的发行)统称为"邮寄广告"。在我国,邮寄广告的发展较为迅速,已不局限于征订单之类的初级邮寄函件了。邮寄广告分为一次性邮寄和数次性邮寄两类,主要是根据邮寄的目的和产品(或服务)的性质而定。

DM广告是直效广告经常采用的形式。需要注意的是,一份好的邮寄广告,必须精心设计。邮寄广告要尽量写明具体收信人姓名,信的语言要亲切诚恳,突出为对方服务的希望,最好不用"邮资已付"的形式,因为贴邮票更容易引起对方的重视。邮寄广告应附上意见征询表或购物订单,邮寄广告后,对收件人的询问,要及时答复或做出处理。

(6) POP——销售现场广告。POP 广告是英文 point of purchase advertising 的缩写,是指在商品进行销售和购买活动的场所所做的广告,它属于销售现场媒体广告。

销售现场媒体是一种综合性的媒体形式,从内容上大致可分为室内媒体和室外媒体。室内媒体主要是指货架陈列广告、柜台广告、模特广告、四周墙上广告、圆柱广告、空中悬挂广告等。销售现场的室外媒体主要是指销售场所如商店、百货公司、超级市场门前和附近周围的一切广告形式,譬如广告牌、灯箱、霓虹灯、电子显示广告牌、招贴画、商店招牌、门联、门面装饰、橱窗等。

(7) 包装广告。可以说是无声的推销员。包装广告是与产品贴得最近的广告宣传。包装有小包装、中包装、大包装;内包装、外包装;软包装、硬包装。大包装、外包装、硬包装又称为运输包装,而小包装、内包装、软包装则都附带产品说明的性质,产品的详尽信息或企业观念的宣传大都体现在上面。

(8) 展览广告、电影广告及礼品广告。

① 展览广告。展览的形式多样,有博览会、展销会、交易会、洽谈会、交流会、新产品发布会,以及固定场所的产品陈列等。因而展览广告的形式也是综合的、多种多样的。

② 电影广告。因为制作、费用等多方面原因,电影广告在我国还未普及,电影院这一比较有效的媒体还未为厂家和广告主广为利用。电影广告大都较短,1~5 分钟不等,在正式电影开映前加映。

③ 礼品广告。以小型礼品或纪念品的馈赠为手段,博取用户对企业的好感和记忆。

4. 依媒体接受者的接受方式分类

(1) 视觉广告。凡通过视觉为群众所接受的广告,统称为"视觉广告"。如上述分类方式中的印刷广告、现场广告、户外广告、邮寄广告、宣传片广告等均属此列。

(2) 听觉广告。凡通过听觉为群众所接受的广告,统称为"听觉广告"。如广播广告、唱片广告、叫卖广告、音乐广告等。

(3) 综合广告。即综合听觉、视觉等接受方式的广告。如电影广告、电视广告、广告剧、网络广告等。

5. 依媒体形式分类

依媒体形式划分为平面、电波、网络三大类。

(1) 平面媒体。主要包括印刷类、非印刷类、光电类等。

(2) 电波媒体。主要包括广播、电视广告(字幕、标版、影视)等。

(3) 网络媒体。主要包括网络索引、平面、动画、论坛等。

4.2.2 广告媒体的特征(与传统广告媒体相比较)

广告媒体主要有报纸媒体、杂志媒体、广播媒体、电视媒体、户外广告媒体,以及邮寄广告媒体和其他媒体等。这些主要媒体在送达率、频率和影响价值方面互有差异。每一类媒体都有一定的优点和局限性,认识每一类媒体的特性,是合理选择广告媒体的前提。

报纸、杂志通过印刷文字将大量的信息和意见传递给公众属于印刷类大众传播媒体。广告传播工作是离不开报纸、杂志的。

1. 报纸

报纸作为一种印刷媒体，是以刊登新闻为主面向公众发行的定期出版物。从职业和教育程度来看，阅读报纸的阶层可以说是媒体中幅度最广泛的。以不同阶段读者的资料为基础，报纸广告要实施地域性的计划就变得容易了。而且报纸配送地域明确，以定期订阅者为主要对象，可以说是最有计划性的稳定的媒体。

1）报纸的优势

（1）传播面广。报纸发行量大，触及面广，遍及城市、乡村、机关、厂矿、企业、家庭，有些报纸甚至发行至海外。

（2）传播迅速。报纸一般都有自己的发行网和发行对象，因而投递迅速准确。

（3）具有新闻性，阅读率较高。报纸能较充分地处理信息资料，使报道的内容更为深入细致。

（4）文字表现力强。报纸版面由文字构成，文字表现多种多样，可大可小，可多可简，图文并茂，又可套色，引人注目。

（5）便于保存和查找。报纸信息便于保存和查找，基本上无阅读时间限制。

（6）传播费用较低。

2）报纸的弱势

（1）时效性短。报纸的新闻性极强，因而隔日的报纸容易被人弃置一旁，传播效果会大打折扣。

（2）传播信息易被读者忽略。报纸的幅面大、版面多、内容杂，读者经常随意挑读所感兴趣的内容，因此报纸对读者阅读的强制性较差。

（3）理解能力受限。受读者文化水平的限制，更无法对文盲产生传播效果。

（4）色泽较差，缺乏动感。报纸媒体因纸质和印刷关系，大都颜色单调，插图和摄影不如杂志精美，更不能与视听结合的电视相比。

2. 杂志

杂志也是一种印刷媒体，是定期或不定期成册连续出版的印刷品。作为广告媒体，杂志的长处在于它是被读者特意选购的。杂志读者的可靠性是使用杂志媒体的优势，阅读杂志的读者已经处在该杂志的影响之下，可以说登载在杂志上的报道和读者之间的关系，比起其他的媒体处在更自然的关系上。阅读自己喜爱的杂志是处于充分接受的状态，因而，情绪气氛的广告不在话下，理性的劝导广告也就能起到较好的作用。从广告的持续性来看，杂志有完好的保存性，广告生命长，有被读者长时间阅读的机会。另外，也可以期待有超过杂志发行册数几倍的传阅率。与报纸广告相比，杂志广告可以以比较低的费用覆盖全国市场，这也是其突出的特性之一。从杂志销售状况来看，有几乎集中于大都市的倾向，杂志广告与报纸一样，对特定地域的广告不适宜。当然，杂志中也有能够向特定地域刊发广告的兼具通融性的媒体。

1）杂志的优势

（1）时效性长。杂志的阅读有效时间较长，可重复阅读，它在相当一段时间内具有保留价值，因而在某种程度上扩大和深化了广告的传播效果。

(2) 针对性强。每种杂志都有自己的特定读者群,传播者可以面对明确的目标公众制定传播策略,做到“对症下药”。

印刷精美,表现力强。

2) 杂志的弱势

(1) 出版周期长。杂志的出版周期大都在一个月以上,因而时效性强的广告信息不宜在杂志媒体上刊登。

(2) 杂志媒体无法像报纸和电视那样造成铺天盖地般的宣传效果。

(3) 理解能力受限。像报纸一样,杂志不如广播电视那么形象、生动、直观和口语化,特别是在文化水平低的读者群中,传播的效果受到制约。

3. 广播

广播与电视同属于电子媒体。广告经常要运用广播、电视去播发新闻、广告,及时、有效地影响公众,是非常重要的广告传播手段。广播这里是指通过无线电波或导线传送声音节目、供大众收听的传播工具。广播分无线广播和有线广播。通过无线电波传送声音符号称无线广播,通过导线传送声音符号称为有线广播。

作为四大媒体之一的广播其特性首推时效性。报纸由于广播的出现受到了很大的打击就是时效性被夺走。这以后广播一直以时效性为第一武器。广播具有的这个特性,在广告方面通过适时的广播广告被有效地利用了。

广播是适合个人喜好的媒体。由于电视的出现,广播把娱乐的首席地位让给了电视。但是,其作为人性化的媒体,仍然占有重要的地位。对于个性化的媒体,当然有采取个性化的诉求方法的必要,给予听众以其他媒体不能得到的亲近感是尤为重要的。听众对于自己感兴趣的节目希望不受别人的妨碍,可以一个人欣赏。所以,广播广告应该强调特殊阶层的诉求。广播可以向全国,也可以向特定的地域做广告。发布全国性的广告可以利用全国性的广播网,地方性的广告则可利用地方性的广播电台。

1) 广播的优势

(1) 传播面广。广播使用语言做工具,用声音传播内容,听众对象不受年龄、性别、职业、文化、空间、地点、条件的限制。

(2) 传播迅速。广播传播速度快,能把刚刚发生和正在发生的事情告诉听众。

(3) 感染力强。广播依靠声音传播内容,声音的优势在于具有传真感,听其声能如临其境,如见其人,能唤起听众的视觉形象,有很强的吸引力。

(4) 多种功能。广播是一种多功能的传播工具,可以用来传播信息、普及知识、开展教育、提供娱乐服务,能满足不同阶层、不同年龄、不同文化程度、不同职业分工的听众多方面的需要。

2) 广播的弱势

(1) 传播效果稍纵即逝,耳过不留,信息的储存性差,难以查询和记录。

(2) 线性的传播方式,即广播内容按时间顺序依次排列,听众受节目顺序限制,只能被动地接受既定的内容,选择性差。

(3) 广播只有声音,没在文字和图像,听众对广播信息的注意力容易分散。

4. 电视

电视是用电子技术传送活动图像的通信方式。它应用电子技术把静止或活动景物的影像进行光电转换,然后将电信号传送出去使远方能及时重现影像。

电视是现代广告的主角,电视是现代所有媒体中最家庭化的娱乐媒体。因此,对视听者的亲近感也很强烈,是感动视觉和听觉两方面的媒体。通过将视听者吸引进画面,移入感情,对商品的理解也就很快。电视广告有其他媒体不可比较的示范效果,常常成为话题的创意作品也肯定被电视广告诱导出来。而且,通过电视的彩色影像,商品的视觉效果与店里摆置同样明了,销售效率也会飞速地提高。

1)电视的优势

(1)视听结合传达效果好。它用形象和声音表达思想,这比报纸只靠文字符号和广播只靠声音来表达要直观得多。

(2)纪实性强、有现场感。电视能让观众直接看到事物的情境,能使观众产生身临其境的现场感和参与感,时间上的同时性、空间上的同位性。

(3)传播迅速、影响面大。它与广播一样,用电波传送信号,向四面八方发射,把信号直接传送到观众家里。传播速度快,收视观众多,影响面大。

(4)多种功能、娱乐性强。由于直接用图像和声音来传播信息,因此观众完全不受文化程度的限制,适应面最广泛。

2)电视的弱势

(1)和广播一样,传播效果稍纵即逝,信息的储存性差,记录不便也难以查询。

(2)电视广告同样受时间顺序的限制,加上受场地、设备条件的限制,使信息的传送和接收都不如报纸、广播那样具有灵活性。

(3)电视广告的制作、传送、接收和保存的成本较高。

广告语

"就要'年'在一起"——可口可乐。

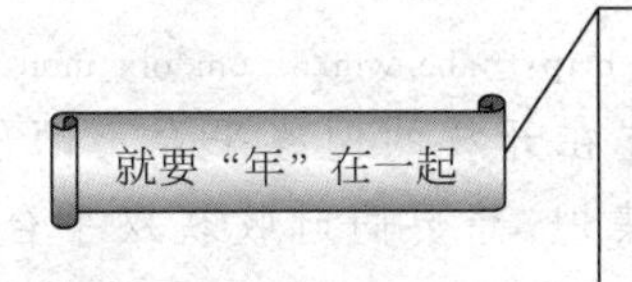

2018年2月,可口可乐将承载了无数中国人的传统情怀融入广告语,在春节这样奇妙的时间点,与可口可乐、福娃共同拥抱中国情怀,与家人"年"在一起,引发了消费者的情感共鸣。

5. 网络广告

Internet是现代计算机技术、通信技术的硬件和软件一体化的产物,代表了现代传播科技的最高水平。Internet这种全新的媒体科技,具有与传统的大众媒体和其他电子媒体不同的传播特征,主要表现在以下几个方面。

(1)范围广泛。Internet实际上是一个由无数的局域网(如政府网、企业网、学校网、公众网等)联结起来的世界性的信息传输网络,因此,它又被称为"无边界的媒体"。

(2)超越时空。Internet的传播沟通是在电子空间进行的,能够突破现实时空的许多客观的限制和障碍,真正全天候地开放和运转,实现超越时空的异步通信。

(3)高度开放。Internet是一个高度开放的系统,在这个电子空间中,没有红灯,不设障碍;不分制度,不分国界,不分种族。任何人都可以利用这个网络平等地获取信息和传递信息。

(4) 双向互动。计算机 Internet 成功地融合了大众传播和人际传播的优势,实现了大范围和远距离的双向互动。

(5) 个性化。在 Internet 上,无论信息内容的制作、媒体的运用和控制,还是传播和接收信息的方式、信息的消费行为,都具有鲜明的个性,非常符合信息消费个性化的时代潮流,使人际传播在高科技的基础上重放光彩。

(6) 多媒体,超文本。Internet 以超文本的形式,使文字、数据、声音、图像等信息均转化为计算机语言进行传递,不同形式的信息可以在同一个网上同时传送,使 Internet 综合了各种传播媒体(报纸、杂志、书籍、广播、电视、电话、传真等)的特征和优势。

(7) 低成本。相对其巨大的功能来说,Internet 的使用是比较便宜的。

6. 其他媒体

除了报纸、杂志、广播、电视四大媒体之外,还有一些其他的广告媒体,如户外广告媒体和直接邮寄广告媒体。

同步案例 4-5

屈臣氏发起“2019 做自己,美有道理”抖音挑战赛

屈臣氏在抖音上发起的这项活动,希望女孩们 2019 自信做自己,将这些 flag(小目标)立稳了,美出自己的模样。

越来越多网友加入这波挑战赛中。网友们玩转创意满满的“态度宣言”贴纸,搭配着魔性洗脑的专属音乐,花样助力自己的 flag C 位出道!

屈臣氏不仅 flag 立得深入人心,奖品设置方面也是真懂女孩,一年份口红锦鲤、一年份美肌装备、一年份护发神器……

在趣味贴纸、惊喜奖品的刺激下,挑战赛上线仅 24 小时,抖音话题页视频播放量破 5 亿!截至发稿抖音挑战赛累计播放量破 14.6 亿,视频投稿破 26.2 万支,收获网友点赞破 3008.5 万!

资料来源:http://abc.wm23.com/oix_mon/222901.html

案例分析: 在这个注重隐私的时代,让网友在开放的网络平台上晒出自己,实属不易。抖音与微博都是年轻潮流与个性的聚集地,想要同时收获双平台粉丝的认可,必须在了解目标消费者的媒体习惯和需求偏好上着手。屈臣氏通过粉丝自身产出的抖音或微博 UGC,反向引导、吸引更多用户参与到“做自己”中,从而扩展品牌态度边界,不断丰富品牌内核。

户外(out door)广告简称为 OD 广告,是指在露天或公共场所运用一些室外特定的手段向消费者传递信息的广告形式。

1) 户外广告的优点

(1) 地理方位的可选择性。广告主可以在自己认为最需要广告来支持促销的区域、地点设置户外广告。一般户外广告大都选择在繁华区、交通要道、公园、广场、娱乐和服务中心、高层建筑和车站码头等地区。

(2) 传播信息的持久性。户外广告在选定的显示区域内一旦设置,在其有效利用的较长时间中,持续地向社会公众传播广告信息,它不断地向人们提醒着广告内容。

(3) 信息表现上的直观性。户外广告既可以是印刷的、漆绘的、喷绘的，也可以是五光十色的灯箱广告，能够显示其高质量的彩色效应。有些立体广告，更具有展示效果，从而增加了广告信息的直观性表达。

2) 户外广告的缺点

(1) 易损性。户外广告媒体受自然环境影响较大，易于被气候或破坏性行为损坏外观。

(2) 灵活性较差。由于大多数户外广告为静态表现，又通常是固定的，因而在信息表现上缺乏一定的灵活性。

直接邮寄广告的优点是针对性、选择性强，注意率、传读率、反复阅读率高，灵活性强，无同一媒体广告的竞争，人情味较重。其缺点在于成本较高、传播面积小、容易造成滥寄的现象。

同步案例 4-6

2000年，蒙牛用300万元的低价格买下了当时在呼和浩特还很少有人重视的户外广告牌。一夜之间，呼和浩特市区道路两旁冒出一排排的红色路牌广告，上面写着："蒙牛乳业，创内蒙古乳业第二品牌！""向伊利学习，为民族工业争气，争创内蒙古乳业第二品牌！"这让很多人记住了蒙牛，记住了蒙牛是内蒙古乳业的第二品牌。

案例分析： 蒙牛利用户外广告传播性广、表现直观的特点，能够低成本、高效率地提高品牌的认知度，在广告语方面充分利用"第二品牌"这个词语，与熟知的伊利作对比，让消费者认知蒙牛，记住蒙牛。

任务演练

如何确定框架广告效果

演练背景

框架是目前中国最大的电梯平面媒体运营商，拥有了中国主要城市绝大多数的电梯平面媒体资源广告案例，在电梯平面媒体领域具有绝对的强势地位。

随着框架市场运作的规范化，以及客户的不断增多，框架需要委托第三方市场调查公司对媒体和广告效果进行连续性的追踪调研，以提供更精准的数据阐述该媒体效果及广告投放的效果。

演练要求

(1) 选择几种不同时段的广告。

(2) 分析广告内容，明确框架电梯平面目标受众关注程度。

演练条件和过程

(1) 学生分3组，自选组长。

(2) 每组任选一个时段广告。

(3) 每组分析广告内容，分析广告与其他媒体优劣点。

任务演练评价

任务演练评价表

任务演练评价指标	评价标准	分值	得分
1. 广告选择	(1) 在不同时段播出	15	
	(2) 框架广告不少于4个	20	
	(3) 产品广告要有代表性	15	
2. 展示与点评	(1) 展示清晰、语言表达精练	20	
	(2) 小组内评价广告效果到位	30	
总成绩		100	
学生意见			
教师评语			

学习任务4.3 广告媒体组合

教学方案设计

教学方法：任务驱动、演示法　　　　建议课时：4

<table>
<tr><td rowspan="2">学习目标</td><td>技能目标</td><td colspan="3">能够根据预算进行科学的媒体组合方案</td></tr>
<tr><td>知识目标</td><td colspan="3">1. 了解广告媒体组合的意义
2. 把握广告媒体组合的原则
3. 掌握广告媒体选择的标准</td></tr>
<tr><td rowspan="2">学习任务准备</td><td>教师</td><td colspan="3">课件及任务评分考核表</td></tr>
<tr><td>学生</td><td colspan="3">1. 抽签随机分组，8～10人为一组，组内自选组长
2. 各个小组收集现有的房地产广告的媒体组合策略</td></tr>
<tr><td rowspan="5">教学流程</td><td>教学环节</td><td>教师活动</td><td>学生活动</td><td>课时</td></tr>
<tr><td>一、成果展示与分析</td><td>1. 引入案例，提出问题
2. 布置任务，提出要求</td><td>做好问题分析笔记</td><td rowspan="2">1</td></tr>
<tr><td>二、知识储备</td><td>1. 讲授任务相关的理论知识
2. 解答知识疑问
3. 针对本学习任务中的同步案例进行学习指导</td><td>1. 认真听取本学习任务所需的理论知识
2. 提出疑问
3. 针对本学习任务中的同步案例进行学习分析</td></tr>
<tr><td>三、任务演练</td><td>1. 介绍本学习任务的演练背景和要求
2. 指导各小组任务演练的实施过程
3. 评价演练效果和结论</td><td>1. 小组自主演练任务，分析房地产市场，根据预算选择媒体组合
2. 进行房地产市场消费者调查
3. 组长陈述结论</td><td>2</td></tr>
<tr><td>四、学习任务知识小结</td><td>1. 系统地对本学习任务知识进行总结
2. 针对重要知识点进行课后作业布置</td><td>1. 认真听取知识总结
2. 以小组为单位从网上收集知名广告公司所做的调研报告</td><td>1</td></tr>
</table>

成果展示与分析

亚马逊 Alexa 或成最昂贵网络广告位

据外媒最新消息，网络广告行业人士指出，Alexa 紧密整合了亚马逊公司的网络零售服务，未来将会成为互联网上最昂贵的广告位。

美国财经新闻网站 CNBC 引述多位行业人士称，在 Alexa 和谷歌助手的竞争中，Alexa 似乎正在失去主导性优势，但它仍然具备谷歌助手所不具备的竞争优势。

在第三方设备、家庭、办公室等覆盖方面，Alexa 相比谷歌助手更具优势。根据科技市场研究机构的报告，美国热衷使用智能音箱的用户中，2/3 使用 Alexa 和亚马逊 Echo 音箱，谷歌音箱和谷歌助手只占到 3 成份额。

美国互联网广告公司 The Community 的高级创新总监纳福(Chris Neff)表示，亚马逊希望 Alexa 整合尽可能多的产品和软件，而不只是作为自家产品的一个组件。因此，虽然亚马逊自家的智能音箱市场份额缩小，但是该公司仍然可以通过大量的 Alexa 合作伙伴，扩大影响力。

纳福表示："亚马逊 Alexa 最大的竞争力，是目前的市场覆盖面及将 Alexa 植入任何事物中的发展目标。"

和谷歌完全不同的是，Alexa 来自作为电子商务巨头的亚马逊，它天生就提供了无缝的购物体验。

美国网络广告公司 Huge 创意总监科莱博表示，未来，网络上最昂贵的广告位将会出现在 Alexa 上，Alexa 已经被植入了一个购物平台中。

Alexa 带来的营销和销售机会已经引起了网络公司的注意。比如，Vayner Smart 传媒公司曾经把热门的手机游戏"Heads Up!"移植到 Alexa 上，甚至在 Alexa 平台上第一家提供了语音支付服务，供用户购买各种游戏工具。

传媒公司 Vayner Smart 的副总裁 Patrick Givens 表示，Alexa 将会带来一种完全不同的营销和收入模式。

多家广告公司的高管指出，亚马逊对于 Alexa 平台保持了进行各种试验的开放态度，另外向外部开发者推出了各种工具，比如"亚马逊语音服务工具"。除了上述的语音支付服务之外，目前第三方开发者正在把丰富的音频内容和软件移植到 Alexa 上。

网络广告公司 Dentsu Aegis 媒体负责人 Dan Calladine 表示，如今越来越多的第三方开发者聚集到了 Alexa 生态系统中，因为亚马逊让开发软件、功能变得更简单，"我们已经看到这个领域出现了越来越多的创新"。

亚马逊已经开始按照苹果和谷歌软件商店的思路，来开发 Alexa 生态系统。该公司不久前推出了 Alexa 在第三方应用内部(也被称为 Alexa 的"功能")进行消费购买的功能，消费者可以一次性付费，或是成为包月用户，而开发者将获得七成的收入分成。

资料来源：http://www.admaimai.com/news/detail/14/137714.htm

知识储备

4.3.1 广告媒体组合的意义

运用媒体组合策略,具体来说主要有以下意义。

1. 能够增加总效果(GRP)和到达率

单个媒体对目标市场的到达率是不高的。即使是覆盖范围较大的媒体,也不可能将有关广告信息送达目标市场内的大多数人甚至每一个人。所以,运用单个媒体,会导致目标市场内的许多消费者未能接触到广告信息。

而媒体组合则能够弥补这一缺憾。运用两个或两个以上的不同媒体,就使不同媒体所拥有的受众组合起来,从而使广告能到达更多的目标受众,扩大广告影响。

2. 能够弥补单一媒体传播频度的不足

有些媒体的传播寿命较长,有些媒体的传播寿命较短。这就影响到受众对媒体广告的接触程度。只有增加传播的频度,使目标消费者能够多次触及广告信息,才可能取得较好的传播效果。而有些媒体因广告的费用太高而难以重复使用,如果运用单个媒体,这些不足就难以避免。选择多种媒体,组合运用,使受众在不同媒体上接触到同一广告信息内容,就增加了额度,强化了重复效应。保证广告在费用不多的条件下,仍能获得较好的效果。

3. 能够整合不同媒体的传播优势,形成合力,扩展传播效果

各种媒体各有一些特性,如电视具有形象性和直观性,报纸具有时效性和说服性,广播具有灵活性且价格便宜,杂志具有选择性,直接邮寄广告具有直接性和直观性,销售现场广告具有现场性等。但同时也有一些不足和缺陷,如费用高、时效慢、选择性差等。通过组合,使媒体所具有的特性有机地结合起来,既可使某些媒体的特长得到发挥,又可使其缺陷被其他媒体所弥合。如电视和报纸组合,电视收视率一般比较高,影响较大,能够获得较理想的认知效果;报纸可以比较详细地介绍有关商品或劳务的信息,帮助目标消费者加深理解。这样,就使认知促进和理解促进有机地结合在一起,增加广告的重复和累积效果,推进广告目标的实现。

4. 能够相对减少成本,增加广告效益,有利于企业量力而行

媒体组合不是对媒体的简单排列,而是经过有机整合,发挥媒体各自特长,弥补各自不足的过程。组合后能够发挥整体效益,许多企业就可利用媒体组合的整体优势,在资金有限的情况下,组合多种费用低、效果相对一般的媒体,仍可形成声势,实现预期的广告目标。电视虽然有较强的传播效果,但广告制作费用大,播出费更昂贵,一般企业难以承受这样的大笔开支,则可运用多种类型的小广告,配合促销活动,花钱不多,但也能做到有声有色,取得一定的效果。

4.3.2 把握广告媒体组合的原则

广告媒体组合并不是把几种媒体简单地拼凑起来,而是根据各种媒体自身的特点,按照广告媒体选择的原则进行科学合理的搭配。因而广告媒体组合除了遵循广告媒体选择的原则外,还必须注意以下两个问题。

(1) 媒体组合应尽可能涵盖所有的广告对象。当然,在广告活动中,广告信息的传播难以百分之百地涵盖所有广告对象。但在媒体组合时必须尽可能地涵盖所有广告对象作为目标。

（2）尽量突出重点广告对象。在媒体组合时，应考虑在哪些媒体上多投入广告费，以增加其对重点目标对象的影响力，同时削减另外一些媒体上的广告费，以免在非目标对象或非重点目标对象上花费过多的广告费。

4.3.3 广告媒体选择

广告媒体选择的影响因素

1. 广告媒体选择的考虑要素

选择广告传播媒体的目的，就是以最小的代价取得最大的传播效果。但对媒体的选择过程中会受到各种因素的制约，所以在选择媒体时必须充分了解这些因素。下面介绍几种影响广告媒体选择的主要因素。

（1）相关度选择。即根据广告所宣传商品的性能、特点、质量、使用范围和销售方式来考虑选择何种广告媒体为佳。例如，作为某些工厂的原料而投入市场的产品，如钢材、原木、化工原料等，一般只利用印刷的产品说明书、样本印刷、目录册或者信函式广告，向使用这些原料的单位寄发或赠送，很少采用直接面向公众的广播、电视、报纸、路牌等广告媒体。而与人们的衣、食、住、行、玩等日常生活关系密切的商品，如服装、家具、饮料、糖果、乐器、摄像器材、摄影机等，则需要运用直接面向广大消费者的、艺术性较强的广告媒体来发布广告。即使确定刊登报纸广告，也应当根据商品的性质、特点，利用有针对性的、专业对口的报纸刊登广告，这样才能发挥更大的效益。例如，农药、化肥、农机、农具，在农业报纸上刊登广告；森林采伐机械、运输机械，在林业报纸上刊登广告，就更富有针对性。又如，宣传某种新产品，应当利用多媒体一齐出动，以便造成声势、占领市场，在市场占有率稳定下来之后，改用单一媒体发布广告，也是常见的事情。

（2）数量选择。即按不同媒体所能覆盖的消费者人数不同来选择媒体。在一般情况下，人们常常以这种媒体所能够得到的读者或观众人数为媒体覆盖率的大体参数。例如，报纸广告以征订用户数，电视广告以收听、收看数，路牌广告以行人大致流量，车船广告以旅客大致流量，零售店广告以商店顾客大致流量等作为参数指标。但是，这样的计算方法并不十分合理。例如，美国广告公司专家罗柏特·米勒就指出，报纸订户数，是报纸广告媒体的初级读者，而参与阅读活动的家人、朋友，还构成次级读者圈，他把这种关系称为"投射传阅率"，因而报纸印刷广告的实际效力范围应当是发行量加上次级读者量。但是在这个范围内，并不是所有人都关心广告，如果把关心广告且有可能成为广告宣传商品的潜在顾客数做一个百分比估计，那么用这个百分比乘以报纸订产数与次级读者之和，方能得到真正的广告有效读者数。举例来说，保定复印机厂在《燕赵日报》上刊登复印机广告，《燕赵日报》的发行量为136万份，加上次级读者，以每份订户有3人阅读，则实际阅读数应为408（136万份×3）万份，假如有20%的人关心复印机，可能成为该厂产品的购买者，那么广告的实际效率是81.6（408×20%）万人。

（3）市场选择。即按照市场情况，市场和消费者希望何种媒体或者可能接受何种媒体，便选择什么样的媒体。例如，边远落后地区，电视机尚未普及，向这些地区销售的商品，采用电视广告效果就不一定好。此外，如市场地域、市场季节、市场购买力、市场供求状况，以及消费者的性别、年龄、民族、职业、文化层次等，都是我们选择广告媒体所依据的条件。向国外出口的商品，不必在国内大做广告；在寒冷地区使用的商品，不必在热带地区大做广告；在没有报纸发行网的地区，报纸广告效果也很差；在文盲较多的消费群体中，广播广告比报纸广告效果更好等。

(4) 价格选择。即按照各种广告媒体的收费标准和广告主本身的支付能力来考虑采用适当的媒体。一般来说,媒体的效率高,效果好,费用自然也大。

就报纸来说,在计算广告成本的时候,不应当片面追求表面价格的高低,而应当按照其发行量与广告费的比价来计算成本。每千份发行量成本的计算公式是

每千份广告成本费=广告费×1000÷发行量

报纸广告的发行量还应当考虑它的"次级读者量"。如果每份的传阅率为2,则上述公式中的分母数应为"发行量×2"。

"潜在顾客比率"也是计算广告成本的重要因素之一。在所有读者中,有可能成为广告所宣传商品的顾客人数占百分之几,就是它的潜在顾客率,或者称为"销售实现率"。一般来说,如果广告发布的地区(即报纸的发行网)恰好在商品的销售网之内,则实现销售的可能性就大,即潜在顾客率高。这样的成本计算公式应当是

每千份广告成本费=广告费×1000÷(发行量×传阅率×潜在顾客比率)

(5) 质量选择。广告媒体的质量参数,涉及的范围也很广,主要的如额次,即在单位时间内重复出现的次数;保存率,即媒体在接受者手中可以保存的时间和条件;还有艺术性处理效果,它会使广告的刺激度和记忆度得到提高。广告媒体的质量因素可以由这几方面的乘积获得参数。例如,网络广告,可能版面上广告数量过多引起视觉疲劳,像百度推广的客户多,一方面造成了影响力的扩大;另一方面又造成了网站推广的竞争加剧和广告费用的大幅增长。网络优化和网站SEO相对费用低廉,从业人员的素质又良莠不齐。

广播广告媒体虽然收听的人很广泛,但保存率低;广播广告一播而过,不像报纸广告和杂志广告可以查询,刺激度差;广播广告只能靠语言表达,产品的形象无法展示。此外,语言的清晰与否往往影响广告内容的准确性。例如,山东黄县酿酒厂的葡萄酒,商标是"丹旦牌",播起来就很令人费解。当然广播广告可以利用听觉传达的优势,加强语言艺术的魅力和音乐效果,这又是印刷类视觉传达媒体所做不到的。

新型的多媒体广告,如宣传片、专题片等,利用了以往电视媒体摄像的直观优势,与电视媒体相比费用大为降低,目前宣传片拍摄制作也得到了越来越广泛的应用。

2. 广告媒体选择方法

广告媒体的种类如此繁多,各有所长,也各有所短。例如,就拥有读者的多少和出版周期的长短而言,报纸要优于杂志,但报纸一般只能刊印黑白广告画面,即使是彩色广告画面,受限于报纸印刷的分辨率,画面精度也较差;而杂志可以用彩色画页招印,就艺术效果而言,杂志又显然有其优于报纸的地方。就户外广告的各个品种而言,路牌广告比灯箱广告面积大,白天的吸引力要比灯箱广告大,但灯箱广告一到夜晚就比路牌广告效果好得多。新型的网络广告和网站推广的费用低廉,覆盖面广,表现形式丰富,用户数量大,越来越受到重视。

在通常情况下,广告主有选择媒体的权利,也有的广告主把选择媒体的权利交给广告代理商——专业广告公司。为了正确选择广告媒体,必须善于灵活巧妙地运用科学的媒体选择方法,常用的方法有以下几种。

(1) 依据广告产品的特性选择媒体。

(2) 依据广告产品的目标市场选择媒体。

(3) 依据广告媒体自身的特点选择媒体。

(4) 依据广告预算选择媒体。

4.3.4 有效的广告媒体组合策略

广告媒体组合策略乃是一项系统工程,并非一些媒体简单的拼凑,也并非搭积木式的组合。这就需要人们不但要熟悉掌握每一种媒体,而且要学会有机地、科学地组合。

各种媒体的功能、特点各异,在进行广告活动的时候,常常采用媒体组合来开展广告工作。所谓媒体组合,是指以一种媒体为主,以其他媒体配合使用,或选取多种媒体,分布使用广告费的媒体使用方法。

广告媒体组合策略之所以能使商品产生轰动效应和良好的促销效果,主要在于以下几方面。

1. 媒体组合立体传播效应

(1) 延伸效应。各种媒体都有各自覆盖范围的局限性,假如将媒体组合运用则可以增加广告传播的广度,延伸广告覆盖范围。广告覆盖面越大,产品知名度越高。

(2) 重复效应。由于各种媒体覆盖的对象有时是重复的,因此媒体组合使用将使部分广告受众增加,广告接触次数,也就是增加广告传播深度。消费者接触广告的次数越多,对产品的注意度、记忆度、理解度就越高,购买的冲动就越强。

(3) 互补效应。即以两种以上广告媒体来传播同一个广告内容,对于同一个受众来说,其广告效果是相辅相成、互相补充的。由于不同媒体各有利弊,因此组合能取长补短,相得益彰。

同步案例 4-7

vivo X9 的广告媒体组合策略

2016 年年底新品 vivo X9 宣传中,请来了中国台湾演员彭于晏作代言,vivo 的报道中提到,由于彭于晏的影响人群集中在国内一二线城市 20～39 岁追求个性的年轻人群体,这正是 vivo 希望深度沟通并与之互动的目标人群。同时,彭于晏也是一名自拍爱好者,走到哪儿都要自拍一下,拍剧过程中更是与剧组成员拍拍拍。因此,vivo 不仅可以借助他的励志形象传达品牌想与消费者沟通的内容,使消费者对 vivo 有一个更深刻、更准确的认知,还能通过彭于晏的亲身体验为产品专业拍照功能证言。

vivo 善于在用户眼球中挖掘营销需求并采用新的场景式营销,在微博发现首页植入 10 个 icon 广告,在搜索主页浮现彭于晏代言动图与发红包,给用户体验注入了新鲜元素,形成一股强有力的视觉冲击,激发用户参与的积极性与分享的主动性。一场发布会倒计时活动,相继在 4 座城市的标志性建筑物上投影,把北京、上海、广州、山东联动起来,vivo 的这种创意显然已成为一种标签;线上,vivo 联动 300 余家媒体头条报道,30 余家主流媒体开机大屏,精准传播了 vivo X9 的产品特性;同时在微博上的交互创意,vivo 借助彭于晏的个人形象与影响力,更是优化了 vivo 与用户的沟通质量,提升了产品甚至品牌的好感度。

资料来源:http://bbs.zhiyoo.com/thread-13264454-01-01.html

案例分析: 要达到传播效果必须充分利用不同媒体的特点,制定优势互补的媒体组合策略,全方位、多角度地表现产品特色和品牌内涵。

2. 媒体组合策略的方式

(1) 视觉媒体与听觉媒体的组合。视觉媒体是指借助于视觉要素表现的媒体,如报纸、杂志、户外广告、招贴、公共汽车广告等。听觉媒体主要借用听觉要素表现的媒体,如广播、音响广告,电视可以说是听觉、视觉完美结合的媒体。视觉媒体更直观,可以给人一种真实感,听觉媒体更抽象,可以给人丰富的想象。

(2) 瞬间媒体与长效媒体的组合。瞬间媒体是指广告信息瞬时消失的媒体,如广播电视等电波电子媒体,由于广告一闪而过,信息不易保留,因而要与能长期保留信息,可供反复查阅的长效媒体配合使用。长效媒体一般是指那些可以较长时间传播同一广告的印刷品、路牌、霓虹灯、公共汽车等媒体。

(3) 大众媒体与促销媒体的组合。大众媒体是指报纸、电视、广播、杂志等传播面广、声势浩大的广告媒体,其传播优势在于"面"。但这些媒体与销售现场相脱离,只能起到间接促销作用。促销媒体主要是指邮寄、招贴、展销、户外广告等传播面小、传播范围固定,具有直接促销作用的广告,它的优势在于"点",若在采用大众媒体的同时又配合使用促销媒体能使点面结合,起到直接促销的效果。

3. 采用广告媒体组合策略需要注意的方面

(1) 媒体组合策略较适合于开拓新市场及推出新产品时使用。

(2) 媒体组合使用要耗费大量广告费,因此只适合有经济实力的大中企业。

(3) 媒体组合运用是复杂的,不能随心所欲,而应建立在研究分析和计划的基础上。

○ 任务演练

如何确定广告媒体组合策略

演练背景

根据房地产发展现状,每组在课下时间分别对不同人群进行问卷调查,并汇总各项调查结果,用表格等形式表现调查数据,并分析调查结果,形成结论。

演练要求

(1) 根据调查结果分析对房地产关注程度。

(2) 分析房地产公司组合策略是如何成功的。

演练条件和过程

(1) 按分好的组讨论,制作成 PPT 形式。

(2) 每组分别上台阐述各组的调查结果。

(3) 各组之间相互评价。

任务演练评价

任务演练评价表

任务演练评价指标	评价标准	分值	得分
1. 媒体组合	(1) 媒体选择有针对性	10	
	(2) 根据预算选择媒体组合	20	
2. 调查情况	客观真实反映市场情况	30	

续表

任务演练评价指标	评价标准	分值	得分
3. 小组合作情况	(1) 小组展开积极有效讨论	20	
	(2) 小组每个人都要参与任务演练	10	
4. 成果展示	PPT设计精美,解说语言表达流畅到位	10	
总成绩		100	
学生意见			
教师评语			

重点概括

(1) 广告媒体就是广告主在广告活动中借以向目标消费者传达广告信息的各种需要付费的传播工具。广告是一种非人际的信息传播活动,必须借助一定的传播手段和媒体才能达成。所以,广告媒体是用于向其目标受众表现某一广告的有偿手段。

(2) 广告媒体类型及特征:依广告主对广告媒体的所有权分为租用媒体、专用媒体;依广告内容的含量分为混合媒体、单一媒体;依广告媒体的物质属性分为印刷广告、户外广告、电信广告、网络广告、DM——直接邮寄广告、POP——销售现场广告、包装广告、展览广告、电影广告及礼品广告;依媒体接受者的接受方式分为视觉广告、听觉广告、综合广告;依媒体形式分为平面、电波、网络三大类。

(3) 广告媒体组合策略乃是一项系统工程,并非是一些媒体简单的拼凑,也并非是搭积木式的组合,这就需要人们,不但要熟悉掌握每一种媒体,而且要学会有机地、科学地组合。

案例分析　Ford(福特)汽车

福特汽车公司生产的F-150敞篷小型载货卡车20多年来一直是全美机动车销售冠军。在2003年年末,福特汽车公司采取新的广告策略,对它的F-150敞篷小型载货卡车提出了一个新的概念。如同在同伴案例研究中所描述的,"新的2004年F-150网络广告拉动销售"商业活动在重大的广告活动中是史无前例的,这一关键事件被福特汽车公司CEO威廉姆·福特誉为"福特历史上最重要的广告运作"。

商业活动

这个广告运作用英语和西班牙语通过电视、广播、平面、户外广告及电子邮件进行广泛的宣传。标准单元网络广告(平面、长方形、摩天楼)在与汽车相关的主要网站上出现。此次网络广告活动侧重在主要门户网站较高的到达率及访问率的页面,包括主页和邮件部分。"数字障碍"宣传是福特汽车公司在底特律的代理商J. Walter Thomopon先生的创意。这些数字化障碍在一个月内两个重要日子分别出现。

方法论

Marketing Evolution公司对看到广告的电视观众和杂志读者及在网上看到广告的受众作了调查。通过在商业活动进行前、进行中和完成后对电视观众和杂志读者的调查(所谓的前后连续性跟踪研究),来衡量看到广告的受众对其认知度的增长情况。网络受众方面,通过名为"体验设计"的一流调查方法来进行调查。向约5%浏览过福特广告的受众换为展示美国红十字会控制广告。网络受众也接受了商业活动中电视广告和杂志广告效果的测试。

Marketing Evolution 将 Insight Express 作为数据收集合作伙伴,智威汤逊公司启用了 DoubleClick 公司管理互动广告活动并实现体验设计的露出、区隔与控制。

效果

电视产生了完全达到受众和购买欲冲击的最伟大层次,但是在成本效果上不如其他媒体。出现在与汽车有关的网页上的网络广告,证实在提升购买欲方面是最有效的。在提升购买欲方面,入口处立放的广告和杂志上的广告比互动广告要贵,但与电视广告相比,它们在每个有效印象成本上有很大价值。

网上商业活动的到达率是惊人的。ComScore 的数据显示:在广告商业活动中,49.6%的人看到了广告,39.1%的人看到了门户网站的数字路障广告,8.5%的人看到了汽车网站的广告,1.9%的人看到了 2 种广告。

网络广告对销售量的提升有重大意义。整体而言,在调查的时限内,6%的车辆销售可以直接归功于网络广告(不包括点选广告)。点进跟踪销售对除 6%以外的销售量有重大意义。

汽车网站上的标准单元广告比路障广告的转变率略高,但路障广告的到达率更高,对销售量增加有重大贡献。在市场的网络广告和数字路障广告的组合是增加销售量的最佳方式。互动广告对实质销售量(甚至不包括点选广告)的增加有重大意义,更重要的是,网络广告的投资收益率是其他非网络媒体的 2 倍以上。

这个调查跟踪了访问 MSN 网站上汽车与卡车网页的用户,将他们的购买习惯与没有浏览过这些网页的人们做了比较(显示出浏览与购买行为之间的相关性,但不是直接原因)。浏览过网页的人购买 F-150 的可能性大概是没有浏览过网页的人的 2 倍。

调研人员同样跟踪了数 10 个搜索网站上的许多相关搜索词的运用。在研究时期,这个搜索词在所有互联网用户的到达率是 0.6%,但那些输入跟踪搜索词的人占所有购买汽车用户的 3%。其购买 F-150 的可能性,是不使用搜索功能的互联网用户的 4 倍还多。

资料来源:http://marketing.manaren.com//yxal/201006/63261.html

电视广告购买欲冲击最大,但成本效果不如其他媒体。根据现有的效果分析,请为该款福特汽车做一份广告媒体方案。

分析要求

(1) 各小组为不同的媒体效果进行打分。

(2) 结合媒体成本,对媒体效果进行排序。

(3) 各小组做出一份广告媒体方案,指明广告预算分配份额,并阐述原因。

(4) 小组将广告媒体方案制成 PPT,由小组成员进行阐述。

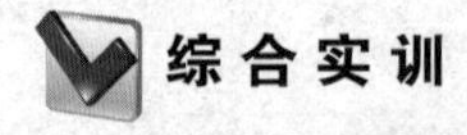

组合广告媒体调研训练

【实训目标】

引导学生参加“组合广告媒体调研训练”的实践活动;在具体的调研活动中,熟悉各个广告媒体特性;在组合媒体应用心得报告的准备过程中,培养相应专业能力与职业核心能力。

【实训内容】

选择目前市场上比较典型的一则广告为调研对象,明确组合媒体使用的目的,跟踪实施的效果,建立一份阶段性记录档案,并撰写调研报告。

【操作步骤】

(1) 将班级每 5 位同学分成一组,每组确定 1 人负责。

(2) 每组选取一则广告,或由教师指定一则广告。

(3) 每组学生根据产品销售额或市场占有率确定组合媒体的效果。

(4) 根据跟踪记录,整理报告。

(5) 各组在班级进行交流、讨论。

【成果形式】

实训课业:撰写组合媒体应用心得报告。

【实训考核】

根据实训题所要求的学生“实训课业”完成情况,就下表中各项“课业评估指标”与“课业评估标准”,评出个人和小组的“分项成绩”与“合计”,并填写“教师评语”与“学生意见”。

实训课业成绩考核表

课业评估指标	课业评估标准	分值	得分
1. 组合广告媒体调研的内容	(1) 测评目的明确	10	
	(2) 测评内容全面	10	
2. 组合广告媒体调研方法的选择	(1) 选择的测评方法恰当	15	
	(2) 测评方法能够真实、有效地反映测评目的	10	
3. 调研的过程	(1) 测评过程设计合理	10	
	(2) 测评过程记录详细	5	
	(3) 收集到的资料真实有效	10	
4. 报告撰写	(1) 报告结构符合要求	5	
	(2) 观点鲜明,无抄袭痕迹	5	
	(3) 语言表达简洁、清楚	5	
	(4) 结论具有一定的参考价值	15	
合计		100	

教师评语	签名: 年 月 日
学生意见	签名: 年 月 日

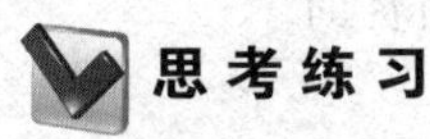

思考练习

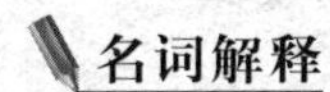

名词解释

广告媒体　电子媒体　新媒体　户外广告

选择题

单项选择题

1.(　　)广告是指在商品进行销售和购买活动的场所所做的广告。

A. 销售现场　　B. 电影
C. 包装　　D. 礼品

2. 依广告主对广告媒体的所有权分类,广告媒体分为租用媒体和(　　)。

A. 户外广告　　B. 单一媒体　　C. 混合媒体　　D. 专用媒体

3. 广告主选择在自己喜欢的网站或栏目被打开之前,插入一个新窗口显示广告是(　　)广告。

A. 印刷　　B. 赞助　　C. 插页　　D. 旗帜

4. 邮寄广告根据邮寄的目的和产品(或服务)的性质可分为一次性邮寄和(　　)邮寄两类。

A. 两次性　　B. 数次性　　C. 五次性　　D. 十次性

5.(　　)作为一种印刷媒介,是以刊登新闻为主的面向公众发行的定期出版物。

A. 宣传册　　B. 书籍　　C. 杂志　　D. 报纸

6. 按照广告内容的含量进行分类,广告可以分成(　　)和单一媒体。

A. 租用媒体　　B. 混合媒体　　C. 户外广告　　D. 专业媒体

7.(　　)广告是无声的推销员,是与产品贴得最近的广告宣传。

A. 现场销售　　B. 直接邮寄
C. 电信　　D. 包装

8. 对电视广告描述,错误的一项是(　　)。

A. 传播速度快,影响面广　　B. 娱乐性强
C. 视听结合传达效果好　　D. 传播效果停留时间长

多项选择题

1. 按照广告所产生的效果来看,(　　)所起的作用及影响最大,被称之为我国的传统四大媒体。

A. 报纸　　B. 杂志　　C. 广播　　D. 电视

2. 目前,最常用的广告媒体分类方法是按照媒体的载体与传播途径来进行划分,其包括(　　)。

A. 印刷媒体　　B. 电子媒体　　C. 销售现场媒体　　D. 户外媒体

3. 赞助广告由广告主根据自身所感兴趣的网站内容或网站节目进行赞助,主要有(　　)形式。

A. 内容赞助　　B. 节目赞助　　C. 节日赞助　　D. 画面赞助

4. 依媒体形式划分为三大类,即(　　)。

A. 平面媒体　　B. 电波媒体　　C. 网络媒体　　D. 纸质媒体

5. 户外广告的缺点主要表现在(　　)。

A. 灵活性较差　　B. 多种功能　　C. 娱乐性强　　D. 易损性

6. 对户外广告描述，正确的有（　　）。

A. 传播信息持久性强　　B. 信息表现直观性强

C. 容易被天气或破坏行为损害　　D. 费用高昂

7. 影响媒体选择的主要因素有（　　）。

A. 产品与媒体的相关度　　B. 消费者的媒体习惯

C. 广告媒体的质量参数　　D. 广告费用

判断题

1. 广告是一种非人际的信息传播活动，必须借助一定的传播手段和媒体才能达成。（　　）

2. 互动式广告是网络广告最早的和常见的形式。（　　）

3. 作为四大媒体之一的广播，其特性首推时效性。（　　）

4. 根据广告所宣传商品的生产日期、种类来考虑选择何种广告媒体为佳。（　　）

5. 电视传播的弱点和广播一样，传播效果稍纵即逝，信息的储存性差，记录不便也难以查询。（　　）

简答题

1. 简述广告媒体的具体作用。

2. 概述户外广告的优缺点。

3. 简述广告媒体组合的意义。

项目 5

Xiangmu wu

撰写广告文案

知识目标

1. 了解广告文案的目的。
2. 掌握广告文案的写作原则及结构。
3. 掌握广告文案的写作技巧。
4. 了解广告文案的写作分类。
5. 掌握各种不同广告媒体的文案写作要求。

技能目标

1. 能分析广告文案的优缺点。
2. 能根据企业广告目标撰写广告文案工作。

思政目标

1. 增强服务意识，培养精益求精的“工匠精神”。
2. 树立正确的人生观、价值观、世界观、政治观、道德观和法制观。

匠心传承，追求卓越

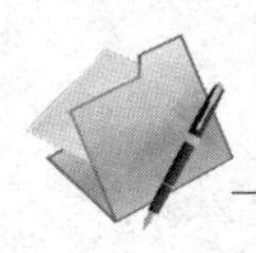

学习任务5.1 广告文案的写作原则及结构

教学方案设计

教学方法：案例展示　　　　　　　　　　　　　　　　　　建议课时：2

<table>
<tr><td rowspan="2">学习目标</td><td>能力目标</td><td colspan="3">1. 能分析目标受众的文化层次、生活方式、价值趋向
2. 能准确把握广告文案的写作原则</td></tr>
<tr><td>知识目标</td><td colspan="3">1. 了解广告文案的目的
2. 掌握广告文案的写作原则及结构</td></tr>
<tr><td rowspan="2">学习任务准备</td><td>教师</td><td colspan="3">1. 课件及任务评分考核表
2. 准备授课广告视频、广告文案实例等资料</td></tr>
<tr><td>学生</td><td colspan="3">1. 抽签随机分组，8～10人为一组，组内自选组长
2. 各个小组探讨广告文案实例并选出代表发言</td></tr>
<tr><td rowspan="5">教学流程</td><td>教学环节</td><td>教师活动</td><td>学生活动</td><td>课时</td></tr>
<tr><td>一、成果展示与分析</td><td>1. 引入案例，提出问题
2. 展示3段不同媒体的广告文案</td><td>1. 做好问题分析笔记
2. 3位同学讲述对广告文案的体验</td><td rowspan="2">1</td></tr>
<tr><td>二、知识储备</td><td>1. 讲授广告文案的写作原则及结构理论知识
2. 解答知识疑问
3. 针对本学习任务中的同步案例进行学习指导</td><td>1. 认真听取广告文案的写作原则及结构理论知识
2. 提出疑问
3. 针对本学习任务中的同步案例进行学习分析</td></tr>
<tr><td>三、任务演练</td><td>1. 介绍本学习任务的演练背景和要求
2. 指导“广告文案的写作结构”的演练实施过程
3. 评价演练效果和结论</td><td>1. 小组自主演练任务：“广告文案的写作结构”
2. 通过实训感受广告文案的写作
3. 以书面的形式进行归纳
4. 组长陈述结论</td><td rowspan="2">1</td></tr>
<tr><td>四、学习任务知识小结</td><td>1. 系统地对本学习任务知识进行总结
2. 针对重要知识点进行课后作业布置</td><td>1. 认真听取知识总结
2. 以小组为单位收集3种媒体的广告文案，进行评述介绍</td></tr>
</table>

成果展示与分析

不是所有牛奶都叫特仑苏

特仑苏——金牌牛奶

“特仑”在蒙古语中是“金牌”“第一”“高贵”的含义，“苏”是蒙古语中“牛奶”的意思。“特仑苏”即是“金牌牛奶”之意，是蒙牛的一个牛奶品牌。它的产地中国乳都核心区和林格尔，依托北纬40°左右、中温带暖湿季风性气候、世界公认的优质奶源带等一系列得天独厚的优势自然条件,提供了市场稀缺的高品质奶源,这里有蒙牛的澳亚国际牧场,有蒙牛的全球样板工厂,也有蒙牛全智能自动化控制中心与牛奶健康研究发展中心。

金牌牛奶,特仑苏人生

我只追寻这样的境界,就像我只喝特仑苏,

海拔、纬度、阳光、水土,

精挑高质牧草,优选良种乳牛,

造就富含优质乳蛋白的特仑苏,

金牌牛奶,特仑苏人生。

营养新高度,成就更好人生

特仑苏提倡的“营养新高度,成就更好人生”,鼓励每个人对未来都抱有乐观的态度,都有自己的期待,为了自己能在未来过得好一点,他们都在当下为之付出更多的努力。每一天,特仑苏以更高品质的营养,滋养生命更好成长,激励消费者不断追求新高度,成就更好人生。

每个清晨,我们都走在新的路上,感受这个世界,不断向前的节奏和自己内心的期待。

有的人还在为今天奋斗,有的人,已经在为明天做准备。

我们正在和这个新的时代一起成长,我们需要,更好的营养。

特仑苏,以更高标准,限定专属牧场,孕育3.6克优质乳蛋白,120毫克原生高钙。

营养新高度,成就更好人生。

不是所有牛奶都叫特仑苏。

从更好开始

特仑苏的“从更好开始”,也是在思量自己品牌发展路程后,提出的一种类似价值观的品牌主张,不是所有人都能在很好的时候去思考,什么是更好,怎样才能更好。

不是所有人都会在感觉很好的那一刻去思考什么是更好,

更好的情感,更好的身体,更好的风格,更好的成长,

更好,是停不下来的自己,

只要一天比一天更强的力量,

让一切,从一杯更好的营养开始,

搜索99个更好计划,从更好开始,从特仑苏开始

不是所有牛奶都叫特仑苏。

更好没有止境

特仑苏产品品质全新升级后,推出视频广告“更好没有止境”,从陈道明的第一视角讲述了自己作为优秀演员的经历和感受,阐释了“更好和好不一样,更好没有止境”这一概念,将其与每一个人的人生追求相联系,发人深思,在此基础上引出“营养新高度,成就更好人生”这一理念。

有人说:这个角色,没有人比你演的更好了。

我问他:如果是我再演一遍呢?

总有人在欢呼:已经够好了!

但前方有个声音却在说:还可以更好!

这声音,来自不断前行、追求更好的你。是的,更好和好不一样,更好没有止境。

这是特仑苏的故事,你的故事。

特仑苏,以更高标准,限定专属牧场,孕育3.6克优质乳蛋白,120毫克原生高钙。

营养新高度,成就更好人生。

不是所有牛奶都叫特仑苏。

资料来源:https://wenda.so.com

知识储备

广告文案又称广告文,人们对它的解释不尽相同,归纳起来大致可分为两种。

广义上的广告文案是指广告作品的全部,包括文字、绘画、色彩、布局装饰等。譬如,有人认为"广告文案系广告作品的全部","广告稿乃是一张广告的本身,包括意义、字句、绘画及其排列等"。

狭义上的广告文案仅指广告作品中的语言文字部分,即通过一定媒体向公众介绍和推销商品、服务内容的应用文。这方面的代表性概念有"广告文案是指广告的文字内容,是广告的字句资讯"。狭义上的广告文案不包括绘画、照片、色彩、布局等非文字内容。

一般多从狭义的角度解释广告文案的含义,把广告文案定位于广告的文字部分。这样对研究广告文案的创作规律、技术比较有利。

5.1.1 广告文案的写作原则

广告文案的写作原则

广告文案写作有三大原则:真实性、原创性和有效传播。

1. 真实性

广告文案以代表企业、产品、服务宣传其特点、功能,说服和劝诱消费者产生对应性消费为己任。因此,真实性是它的生命所在、力量所在。如果违背了真实性原则,其广告文案会因为失真而丧失自己的可信度。丧失了可信度的广告文案将毫无生命力、毫无价值。目前,受众对广告的怀疑、不信任心态的存在和弥漫,就是许多虚假广告造成的恶果。广告活动如果失去了受众的信任,广告本身也就成了毫无意义的行为。

在广告文案写作中,坚持真实性原则问题,就是坚持广告科学地、真正地为社会服务的问题,坚持正向发展我国广告业的问题,真实性原则应该是广告文案写作行为的首要原则。

2. 原创性

由于现代社会同类产品越来越多,同质化倾向愈演愈烈,一般的表现方式很难引起目标受众的注意。因此,广告人都将原创性作为一个重要的原则来遵循。原创性是与众不同的首创,是广告人在广告运作过程中赋予广告运动和广告作品以独特的吸引力与生命力的与众不同的力量。

原创的意义并不仅仅在于形式上的"想人所未想,发人所未发",而是包括了两方面的内容:表现手法上的独创和信息内容的独创。

表现手法上的独创即形式上的独创。为了使广告文案更能吸引人,产生新奇感,在众多的广告文案中脱颖而出;为了使文案形式成为品牌的一种独特的标记,在众多的品牌中富于个性;为了使感性消费的受众因为喜爱文案中所体现的某种品牌情趣而发生购买行为,广告文案写作需要在形式上体现原创。这个原创,可以是创造新的表现形式;可以是发掘前人创造的有意味的形式,而后运用现代的形式、现代的理解去重新组合起一种新的形式、赋予新的含义。

信息内容的独创主要体现为信息的独创。广告文案寻找到独特的信息内容进行表现,寻找到能让产品在同类中跳出来吸引人的新信息,这就是信息的独创。信息的独创不仅表现为产品无法替代的消费利益点、产品生产背景以及产品的附加价值,也表现为能诉求别人没有诉求的产品特点。信息的独创表现在能发现同一产品和服务中的不同的特点与借助心理作用形成或创造出的不同价值。

同步案例 5-1

横扫饥饿,做回自己,士力架,真来劲

——大哥你敢再虚点儿吗?饿的跟林黛玉似的!

——要不你来?

——你说什么?你再说一遍?

——饿了吧?吃块士力架!怎么样?

——嗯,来劲了!

资料来源:http://www.sohu.com

案例分析: 士力架广告以风格幽默为主调,情节创新,内容搞笑,广告采用情感诉求方式,刚出场的场景就颠覆了一般人眼中的足球运动员刚强有力的形象,画面中一位柔弱少女在做守门员,让观众不禁疑问,为什么会这样呢?原来是因为饿了没有能量,吃了士力架之后立马变回自己,充满力量得以重新应对比赛。给消费者传递了一种士力架能解决饥饿的问题,饥饿便会联想到士力架,把士力架塑造成为摆脱饥饿,补充能量的最佳产品。

总之,原创性原则不仅仅要求形式上的原创,同时也要求所传达的信息的原创;不仅仅要求是首创,更要求是在传递广告信息基础上的首创;形式和信息共同造就的原创,发掘形式中的内在力量的原创才是真正的原创。

3. 有效传播

广告的有效传播是指广告经由表达、传播达到广告目的的过程。作为一种有目的、有责任、以说服和诱导目标消费者产生消费行为的信息传播活动,广告以销售的获得作为自己的最终目的。

在有效传播问题上,具有代表性的观点有以下几种。

(1) 广告的有效在于改变目标消费者的态度。

(2) 广告的最终作用是销售,广告是否有效可从销售业绩看。

(3) 好的广告要能有助于创立持久的品牌。要衡量广告的优劣,不仅要视其销售产品的能力,或是对产品过渡时期的协助,最重要的是取决于其能否树立一个持久的品牌,成为消费者生活的一部分,拥有他们的忠诚和信心。

(4) 有效传播,是通过沟通,建立与目标消费者之间的独特关系。给品牌一个生命和灵魂,能让消费者轻易地与竞争品牌区别开来。它能给消费者一种既熟悉又亲密、朋友般的感觉。

同步案例 5-2

波司登"异国情侣篇"创意脚本和文案

因为你我爱上这个城市，
因为你我爱上这个季节，
你，让这个城市变得浪漫，
你，让这个季节变得美丽，
你，让这个世界变得精彩……
世界因你而美丽，
世界名牌——波司登羽绒服！

资料来源：诺兰影视杨君武的博客

案例分析： 在诺兰影视杨君武的眼中，世上的一切事物都可以是有情感、有故事的，一件衣服，一个品牌也是如此。并且，一件有生命力的衣服，一个有生命力的品牌，恰恰正是有情感、有故事的，能够引起消费者共鸣的。否则，衣服是冷冰冰的，品牌也是冷冰冰的，没有温度。一则优秀的广告作品也是如此。要真正打造百年品牌，在品牌传播方面必须开展与消费者情感沟通，才能真正进入消费者心里，抢占消费者心智资源。"异国情侣篇"打破前几年蹦蹦跳跳的热闹氛围，代之以感性、唯美、浪漫，富有电影感和故事性的情感诉求。

5.1.2 广告文案的写作结构

广告文案是广告的核心，是一切广告作品的基础，广告文案的创作不仅要考虑到不同媒体的特征与要求，还要考虑到广告的目标、对象、功能和作用，做到有的放矢、量体裁衣。

从国际广告发展史可见，最初时期的广告文案并没有完善的结构。在英国伦敦博物馆保存着迄今为止发现的世界上最早的广告文案也只有一段文字，没有广告标题等其他结构因素。印刷术的发明和发展使广告文案随之出现变化，这个变化在结构上的表现是从只有一段文字的广告正文过渡到出现了广告标题、广告正文、随文的分工。

随着社会的发展，广告文案的结构也在不断完善，一般由标题、广告语、正文、随文 4 个基本要素构成。

在不同类型的广告应用中，广告文案的构成要素也会有所变化，如广播、影视广告中一般不含广告的标题，在招贴广告中往往不含广告的正文等。但大卫·奥格威认为，每则广告都应该是一件推销你的产品的完整的作品。

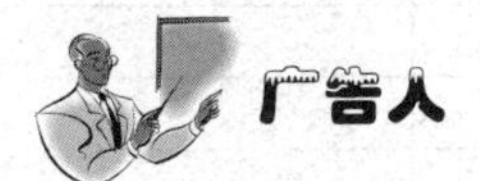

世界广告大师：乔治·葛里宾

广告文案撰写也有一个为人熟知并使用的英文模式,就是AIDCA,意思是撰写广告文案首先要引起读者的注意;其次要生动有趣,引起消费者的消费欲望,进而确认商品,并引导他们产生购买行为。即attention(注意)、interest(趣味)、desire(欲望)、conviction(确信)、action(购买行动)。根据这一模式写成的广告文案的结构,可用下列显示:标题——引起注意A;副标题——保持兴趣I;正文——挑动欲望D;口号——建立信息C;随文——促使行动A。当然,严格来说,在实际运用中并非是绝对的一一对应的关系,比如口号的位置有时是较为随意的。

任务演练

广告文案的写作结构

演练背景

广告文案文本在结构上体现出自身的独特和完备。与一般文本相比,广告文案文本具备标题、正文、口号、随文以至准口号等各部分,表现结构独特而完善。广告文案的文本形式可以有多种多样,但广告文案必须在传达广告信息的活动中才能得以存在,广告文案的写作活动也只有在传达广告信息的过程中才能得以展开。

演练要求

(1) 按食品、饮料、电器、化妆品等大类分组,可以考虑将兴趣一致的同学分在一个组,每组选定其中某一类产品,通过网络、电视、报纸、杂志等媒体收集相关产品广告文案信息。

(2) 讨论分析时将侧重点放在广告的文案写作上,不要脱离主题。

(3) 因为本次演练主要是感受广告文案,因此不必过于追求理论性、完整性和深刻性。

演练条件和过程

(1) 分组调查并收集同类商品广告。

(2) 分析同类商品广告文案,并用书面文字形式进行归纳。

(3) 按每小组4~5人分组进行演练,每小组收集不少于5种的处于竞争的同类商品广告,小组集体分析研究结束后,上交1份关于同类商品广告文案的调查分析报告。

(4) 由各个小组派代表在班上发表小组汇总结论,教师点评。

任务演练评价

任务演练评价表

任务演练评价指标	评价标准	分值	得分
1. 广告收集选择的代表性	(1) 是否具有代表性	20	
	(2) 是否具有可行性	10	
2. 演练过程	(1) 演练系统性	20	
	(2) 广告文案归纳全面	20	
	(3) 调查分析报告信息详略得当	10	
3. 成果展示	PPT设计精美,解说语言表达流畅到位	20	
	总成绩	100	
学生意见			
教师评语			

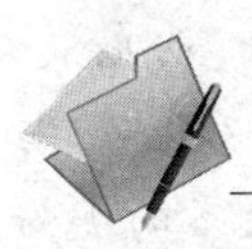

学习任务5.2 广告文案的写作技巧及注意事项

教学方案设计

教学方法：案例展示　　　　建议课时：4

<table>
<tr><td rowspan="2">学习目标</td><td>技能目标</td><td colspan="3">1. 能从不同的角度分析广告文案的写作技巧
2. 能把握广告文案的写作注意事项</td></tr>
<tr><td>知识目标</td><td colspan="3">1. 掌握广告文案的写作技巧
2. 了解广告文案的表现手法
3. 掌握各种不同广告媒体的文案写作要求</td></tr>
<tr><td rowspan="2">学习任务准备</td><td>教师</td><td colspan="3">1. 课件及任务评分考核表
2. 准备授课广告视频资料</td></tr>
<tr><td>学生</td><td colspan="3">1. 个人完成作品的收集
2. 个人在班上针对广告正文的表现手法发言</td></tr>
<tr><td rowspan="5">教学流程</td><td>教学环节</td><td>教师活动</td><td>学生活动</td><td>课时</td></tr>
<tr><td>一、成果展示与分析</td><td>1. 引入案例，提出问题
2. 展示3段不同媒体的广告文案的不同表现手法</td><td>1. 做好问题分析笔记
2. 3位同学讲述对广告的体验</td><td>1</td></tr>
<tr><td>二、知识储备</td><td>1. 讲授广告基本内涵理论知识
2. 解答知识疑问
3. 针对本学习任务中的同步案例和“广告语”进行学习指导</td><td>1. 认真听取广告基本内涵理论知识
2. 提出疑问
3. 针对本学习任务中的同步案例和“广告语”进行学习分析</td><td>1</td></tr>
<tr><td>三、任务演练</td><td>1. 介绍本学习任务的演练背景和要求
2. 指导“广告正文的表现手法”的演练实施过程
3. 评价演练效果和结论</td><td>1. 个人自主演练任务：“广告正文的表现手法”
2. 通过收集不同广告正文表现手法的作品，进行剖析，并写出解读阐释
3. 以文字阐述形式进行分析</td><td>1</td></tr>
<tr><td>四、学习任务知识小结</td><td>1. 系统地对本学习任务知识进行总结
2. 针对重要知识点进行课后作业布置</td><td>1. 认真听取知识总结
2. 个人收集3种媒体广告文案，进行评述介绍</td><td>1</td></tr>
</table>

成果展示与分析

东润枫景文案

一、东润枫景文案(1)

标题：生命，可以浪费在美好的事物上

正文：衡量生命厚度的坐标不是时间，而在于是否体验到更多美好的事物。当然，这需

要美好的心情和环境，在东润枫景，你会拥有这些：它离燕莎商城 2500 米，时间和距离的意义，就是让你省下尽量多的时间，去尽情享受生活。在枫丹白露林，听林风沙沙，虫儿啾啾；闲坐中央广场，看孩子跟鸽子蹒跚学步；咖啡店一隅，心情如行云悠悠淡淡；往来的是，与你一样对美和品位的追求不曾妥协的邻人……在这儿，常感觉时间不够，实在有太多的美好让人沉醉。东润枫景，发现居住的真意。

1. 报纸广告创意说明

(规划篇)

引文：有根的稳固着，无根的流浪着

标题：东润枫景，发现居住的真意

正文：东润枫景，位于东四桥与亮马桥交会处，燕莎城东 2500 米，一片叫枫丹白露林的地方。它占地约 26 公顷，西傍朝阳公园，南连 228 公顷的城市绿化区，与东四环路之间是百米宽的绿化带。北美格调的社区，为加拿大 B+H 公司的国际设计师呕心之作。这里有生活，有艺术，有美，唯独没有压力。

(交通篇)

引文：生活，就是要把时间浪费在美好的事物上

标题：工作与生活——2500 米

正文：东润枫景北距四元桥 2500 米，西临东四环，距首都国际机场高速公路仅 2000 米，到燕莎城不过 15 分钟车程，多路公交车将小区与城中繁华地轻松相连。居住在这里，距离和交通的意义，就是让你省下尽量多的时间，去尽情享受生活。随着东四环的开通和 WTO 临近，东润枫景成为 CBD 居家投资的魅力之城。

(人文篇)

引文：东润枫景印象：咖啡、音乐、书、画

标题：这里，品位与品位为邻

正文：人选择住宅，住宅也选择人。专为 CBD 白领而诞生的东润枫景，以清新的环境、闲淡优雅的生活气氛和现代的气息，吸引了许多城中精英来这里定居。外表和职位不能代表的人文素质，在这里时时可以感受。

2. 东润枫景电台广告(30 秒)

脚本 1：

悠扬的萨克斯曲《回家》旋律、咖啡店里轻微的说话声

(厚实、低缓的男声)：我不在家，就在咖啡馆(略停顿)，不在咖啡馆，就在去咖啡馆的路上。

(感性、优雅的女声)：在东润枫景，咖啡馆不是一步一家。不过，这儿的生活氛围却如咖啡般闲淡写意。

(厚实、低缓的男声)：燕莎以东 2500 米的东润枫景，一个纯然放松的北美式生活社区，为 CBD 白领而诞生。东润枫景，发现居住的真意。

(感性、优雅的女声)：售楼热线：64316262、64316363。

脚本 2：

女人忧虑的声音：儿子现在老爱玩电子游戏，你也……

(一阵嘈杂的电话铃声此起彼伏)

男声：好的，张总，我马上回公司。

(足球赛热烈地喝彩声和解说员声音)

激烈的男声：就这个价，让无可让！

(女孩欢快地哼歌)

(大街嘈杂声)

男声歉意的：对不起，有个客户要见，我不能陪你……

(以上部分的不同声音快速切换)

浑厚男声：工作就是工作，生活就是生活。不应该混在一起。

(舒缓萨克斯曲《回家》，男女和小孩笑声、鸟虫鸣声，流水哗哗声)

女声：来东润枫景看看，你将发现居住的真意，售楼热线：64316262、64316363。

3. 东润枫景电台广告脚本影视

(喧闹的街市背景声，汽车喇叭声，一个接一个的电话铃声、说话声交杂在一起。赵传的歌曲《蜗牛的家》："在密密麻麻的高楼大厦找不到我的家……")

男甲：别人说CBD白领风光，可谁知道咱们每天加班没完没了。想住舒服些吧，CBD的房价太贵；住远点呢，交通又麻烦。哎！自己理想的家在哪儿呢？

(悠扬的小提琴声起，和着欢快的笑声)

男乙：可不是，工作哪能代替生活！听说，在CBD商圈燕莎城东2500米，有个专门为CBD白领建的生活社区——东润枫景，它紧挨着朝阳公园和城市绿化带，均价每平方米才5000元。怎么样，咱也去瞧瞧？

响亮男声：发现居住的真意，东润枫景。

二、东润枫景文案(2)

(规划篇)

社区是人创造的，也是为人所创造的。

蓝天、碧水、绿地是人最基本的生活条件。

唯一使都市人还与自然保持联系的就是植物了，植物不但能降低温度、降低噪声、消尘，而且可以舒缓压力，获得慰藉和灵感。

引文：城里工作，郊外生活，一种曾让人梦寐以求的生活模式。今天，在北京东四环路的北部，这个梦终于可以圆了。

标题：在东润枫景，发现了居住的真意

正文：如果你喜欢现代生活，又对清新空气、阳光、泥土怀有深深的眷念，那你真该来东润枫景走走。

离燕莎城2500米，东四桥与亮马桥交会处，有一片被生态学家称为"都市林荫"(urban shadow)的地方，那就是东润枫景。它占地约26公顷，对居住的真意有独特理解——生活就是纯粹的，当然要与工作完全剥离。由加拿大B+H公司规划设计的社区里，在张扬现代风格的同时，还流露着闲淡的北美情调。

东润枫景——新经济和返璞归真新生活的平衡点。它属于广义东部中央商务区(CBD)和燕莎商圈，地利得天独厚；又依傍"城市绿肺"朝阳公园，南连城市绿化区，西与东四环隔着100多米的绿化带；另一位芳邻是北京最大的十八洞高尔夫球场。漫步社区的现代建筑和园林，满眼葱翠，清甜的气息随风沁人心脾；广场上，白鸽点头踱步，歌声悠扬处有咖啡香来。这一切，离工作刚刚2500米！

三、东润枫景文案(3)

具体展板文案如下。

标题：你还记得今天是一个节日吗

正文：可能许多人的确不记得今天是一个节日——教师节。当然，也就忘了向那些自己记得和不记得名字、音容笑貌的老师说一声：谢谢！今天，我们懂得道理，有学识，甚而成为城市精英，或许有些人和事真的不该忘了。这里，让我们向所有从事教育工作的人，致以深深敬意——因为，我们尊重知识，更尊重传播知识的人。东润枫景，和所有以知识文化为荣的人一起，努力建造一个还原生活本来面貌的家。

标题：这里的生活气息，属于自己

正文：有没有想过，在什么地方自己最自在无拘？是的，在属于自己的生活氛围里。它，不一定是你见得最多的，也并非要形而下地占有；而是一种你内心认同、渴望的生活环境、氛围和人。东润枫景，那一片枫丹白露林，北美式园林建筑，亲切和谐的社区氛围，从容、优雅的生活调子，吸引着许多京城精英择此而居。这一切，如此熟悉而亲切，让每个懂得生活与格调的人感觉到轻松自在。因为，这生活气息是属于自己的。东润枫景，发现生活的真意。

标题：这里，“慢”是生活的调子

正文：人在喧嚣都市，总想时间快些——实在没多少值得流连；对工作，你更讲高效率。不过生活呢，就该“慢”起来，才有从容的心情，去细细享受美好。在东润枫景，我们落足心力建设纯然的生活环境——北美式园林建筑，中央广场，咖啡馆，酒吧，私立名校，甚至地板供热每个细节。没想到，这里的生活节奏因此与别处有些不一样。一进东润枫景，心情舒畅起来，脚步也不由得慢了，这儿有太多美好的情趣，让人沉醉。不管是枫丹白露林，还是阳光里喝咖啡的人……东润枫景，发现生活的真意。

标题：发现居住的真意

正文：选择一个社区，就是认同一种生活方式。在北京，燕莎商城东边 2500 米，有一片远离工作压力、纯然放松休闲的北美式生活社区——东润枫景。在这里，居住意义被诠释为工作就是工作，生活就是生活。所以，这个社区弥漫着加拿大式闲淡写意的氛围和优雅气质，吸引着许多城市精英择此而居。东润枫景，发现生活的真意。

展板：

音乐图：生命，可以浪费在美好的事物上

咖啡图：我不在家，就在咖啡馆，不在咖啡馆，就在去咖啡馆的路上

油画图：这里，有艺术、有美、有生活，唯独没有压力

书籍图：优雅和优雅为伍

老人画画图：笔可以勾勒风景，色彩生活只可用心感受

吸氧图：让人沉醉的，是清风与芬芳，还有这自在的舒展

父子图：稚子一声笑，便胜却人间无数

男女图：多年以后，我们忆起这段日子，会感激地说：我真正生活过了

戏水图：阳光里嬉戏，青草地上成长，生命快乐就好

标题：星夜，一阵琅琅书声传来，一种久违的感动从心底悄悄升起

正文：在属于自己的生活氛围里，你是否感觉最自在无拘？它，不一定是见得最多的，也并非要形而下地占有；而是一种你内心认同、渴望的生活环境、氛围和人。东润枫景，那

一片枫丹白露林，北美式园林建筑，亲切和谐的社区氛围，优雅的生活情趣……这一切，如此熟悉而亲切，让每个懂得生活与格调的人感觉到轻松自在。因为，这生活气息是属于自己的。东润枫景，发现生活的美好。

标题：东润枫景的日子，如歌的行板

正文：衡量生命的厚度，需要一种美好的心情和环境。东润枫景，离燕莎商城 2500 米，交通在这里的意义，就是让你省下尽量多的时间，去尽情享受生活。在枫丹白露林，听林风沙沙，虫儿啾啾；闲坐中央广场，看孩子跟鸽子蹒跚学步；咖啡店一隅，听老歌流转，往来的是，与你一样对美和品位的追求不曾妥协的邻人……在这儿，常感觉时间不够，实在有太多的美好让人沉醉。东润枫景，发现居住的真意。

资料来源：http://www.chinadmd.com/file

知识储备

5.2.1 广告文案的写作技巧

广告文案写作是一个创意实现的过程，在这个过程中，广告文案人员要在广告文案写作的特殊原则、特殊条件下，对广告创意策略和表现策略进行语言文字的表现。这个表现是与其他制作者和表现者一起，形成一个完整、有效的广告作品，因此主要应注意以下内容的写作。

1. 标题

标题在广告文案中占据着主导地位，它是一则广告的导入部分，其主要作用在于吸引受众，通常位于广告作品中最醒目的位置，诱导受众阅读正文。广告标题的优劣直接关系到整个广告文案的成败，因此在撰写标题过程中必须注意以下几个方面。

1）出奇制胜，富有创意

广告标题写作中最忌人云亦云，模仿是广告标题创作的大敌，只有与众不同的创意，才能迅速抓住受众的耳目，引起注意。

正如一位广告行家所言：“如果你站着，而周围的人都在跳舞，你就会被注意。”例如，“派克”钢笔的广告标题创作就显得别开生面：总统用的是派克。该标题没有像一般广告那样直接说明“派克”钢笔如何质优品佳，而是利用总统举足轻重的地位作为广告创作的出发点，足以使人联想到“好马配好鞍”这句话。该广告标题又未确指某一总统，这样既避免了侵权的可能，又容易使人产生出很多总统都用“派克”的联想，真是妙不可言。

当然，广告标题写作中，不能为了追新逐奇而不顾受众的感受，甚至以丑为美，那是要不得的。例如，太太口服液的广告标题是每天送你一个新太太。由于该广告在太太口服液后面故意略去“口服液”，以招徕受众，结果受到了广大受众的抗议，尤其是女性朋友对此颇为不满，在强大的舆论压力下，太太口服液后来只得把广告标题改成：每天把健康和太太口服液送给你。可见，写作广告标题不能为出奇制胜而不顾广告对象的心理感受。

2）简洁明了，通俗易记

所谓简洁，是指广告标题的写作需精心选择那些精彩的、别开生面的字、词、句，轻装上阵，不拖泥带水。通常，一个广告标题字数不超过 10 个字，最多不超过 16 个字。因为广告标题过长不容易使人记住，也不利于广告标题的口口相传。

所谓通俗易记，是指广告标题写作不求“深意”，不使用冷僻晦涩的字、词。有的广告标

题为了追求别出心裁,推出“大有深意”的广告,即表达得曲折隐晦,受众看了、听了一头雾水,不解其深意,致使广告所宣传的商品信息不能有效地传递给受众。

同步案例 5-3

那些年可口可乐的广告语

1886 年,第一瓶可口可乐问世,需要更多的人去品尝这一款新产品,“drink Coca-Cola”(请喝可口可乐)成为可口可乐的第一句广告语,并在此后的 10 多年里一直是可口可乐的推广主题。

1904 年,可口可乐在美国进入了巩固发展期,“delicious and refreshing”(美味畅爽)道出了可口可乐的产品特质,也是使用频率最多的广告语之一,畅行百年,历久不衰。

1927 年,可口可乐开始了第一波全球扩张,中国也名列其中。一句“around the corner from everywhere”(任何角落,随手可得),霸气外露的同时,也彰显了可口可乐的全球化战略。

1963 年,可口可乐用“心旷神怡,万事胜意(things go better with coke)”来安抚每颗落寞的心。

1971 年,可口可乐的广告“山顶篇”(hill top)引起了巨大的反响。在片中,来自世界各地的青少年聚集到意大利的一个山顶,用纯真的声音唱出“I’d like to buy the world a Coke”(我想给世界来杯可口可乐),表达出可口可乐世界大同的心愿,为更多的新朋友带来欢乐。

1979 年,中美正式建交,可口可乐也重返中国。为了表达内心的澎湃,可口可乐广告语也变为了“have a coke and a smile”(可口可乐添欢笑)。

2009 年,伴随着一系列脍炙人口的快乐营销活动,可口可乐启用了广告语“open happiness”(畅爽开怀),奠定了可口可乐制造、分享、传递快乐的使者形象。

2016 年,可口可乐推出全新营销主题“taste the feeling”,回归产品本身,强调畅饮任何一款可口可乐产品所带来的简单快乐,让那一刻变得与众不同。

资料来源:https://www.coca-cola.com.cn

案例分析: 可口可乐从诞生伊始,就始终伴随着凸显时代特色的广告语,这些广告语不仅反映了品牌内涵,更是一个时代的象征。纵使可口可乐多次更换广告语,却始终遵循统一的原则:短小精悍;因地制宜,在各个国家都能拥有接地气的翻译;与众不同;与时俱进又不失经典;反映品牌内涵。

3) 尽量表现商品的特性

广告标题除了要生动、能吸引人外,还有一个功能就是要传递一定的商品信息,即尽可能在标题中突出商品的某一特征,使受众的兴趣被大大激发起来,从而进一步从正文中了解更多的商品信息。

2. 广告语

广告语又称“广告口号”,是在广告阶段性战略中反复使用的一种精练的口号式语句。

广告语与广告标题在表现形式和写作要求上有许多相同之处,都是仅用一两句话来表达一个广告主题，因此也有许多广告作品的广告语就是广告标题。但广告语又同广告标题有着明显的差别，广告语不但在语言文字上要朗朗上口，易读易记，个性鲜明，而且一经确定，要在很长一段时间内反复使用，因而广告语在广告作品中有其相对的独立性和灵活性，在广告的宣传中则有一定的稳定性和持久性。

1）广告语的类型

常见的广告语的类型有以下几种。

（1）突出商品品牌的广告语。此类广告语把宣传的重点放在对产品或企业品牌的大力宣传上。

广告语

为爱加冕，钟爱一生，金六福尚美珠宝。

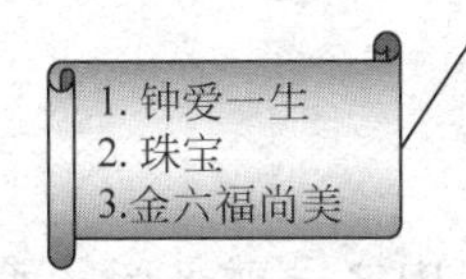

金六福尚美珠宝的这条广告语向消费者传递了珠宝的价值体现和消费观念信息，让消费者认知其为爱加冕，钟爱一生，给人一种幸福的感觉，同时也推广了珠宝品牌。

（2）反映企业或产品悠久历史的广告语。此类广告语把宣传的重点放在对产品或企业悠久历史的大力宣传上，使受众对企业或产品刮目相看。

（3）反映产品高档品质的广告语。以满足部分消费者追求名牌、追求档次的心理，有的品牌商品广告语突出强调产品有着非同寻常的档次。

（4）反映企业或产品带给受众利益的广告语。人们购买产品前，尤为关注的是该产品能否带给自己较大的利益。广告语以此为重点宣传能激发受众对产品的关注，并留下较深的印象。

（5）表现企业经营理念的广告语。在广告语宣传中，突出企业经营理念，是公关广告宣传，往往能使受众对企业的形象产生良好的印象，突出企业或产品的经营思想。

（6）反映企业或产品特点的广告语。突出企业或产品的特点，也是许多广告语写作的重点内容。

（7）表现产品给受众带来好的祝福。人们买产品买的不但是产品的物性本身，而且也希望能得到精神的享受，即获得附着在物体上的属于意义性的、符号性的成分，而渴望幸运、幸福、吉祥又是大众普遍的心理。

2）广告语创作的基本要求

广告语的创作要比写广告标题更困难，广告标题表现手法有多种多样：可直接，可间接；可正面，可反面。但广告语则必须从正面入手，既要完整、准确地表达广告战略思想，又要有鲜明的风格。因此，广告人应花大力气在广告语的写作上，以达到以下几方面的要求。

（1）新颖独到，与众不同。对大多数受众来说，每天有意、无意地会接触到无数条广告语，最终会记住或引起注意的其实并不多。因为大多数广告语平淡无奇，与其他产品的广告语大同小异，这样就不可能引人入胜，更无法让人难以忘怀。

（2）简短有力，好读易记。干净利索的广告语也有利于受众记住广告语，从而让企业或产品的形象长驻人心。因为广告语实质上是口号性宣传，需要在较长一段时期内反复使用，如果句子过长,就不利于受众记住广告所宣传的内容。所谓“好读易记”,就是创作广告语要利用汉语韵律,做到和仄押韵,节奏明快,字句铿锵,读起来朗朗上口。

世界看中国,中国有芜湖。

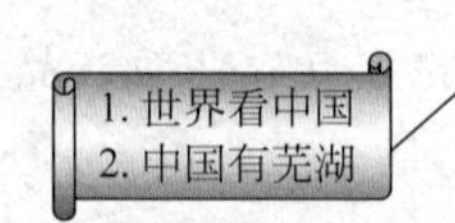

该广告语上句与下句字数相同,讲究对称押韵,读起来顺畅、节奏感强,好读易记。

(3) 诉求单一明确,正面宣传。单一是指广告语的写作要选择一个诉求点来宣传产品,而不能包含较多方面的内容。明确是指广告语不讲含蓄、悬念,不求“深意”。因为只有表意明确的广告语,才能使企业或产品的品牌在受众心中留下鲜明的印象,广告语才有可能成为产品或企业的“文字标识”或“特有语汇”。例如:

用户至上,用心服务(中国电信广告语)。

富康,可信赖的朋友(富康轿车广告语)。

(4) 形象鲜明,号召力强。广告语写作要有特色,其中之一就是产品或企业的形象宣传要鲜明,能使受众在情感上认可它、向往它,在行动上购买它,这是广告语应该做到的。

例如,“其实男人更需要关怀”(丽珠得乐广告语)以充满关切的语气对在社会、家庭中的男性有一种感同身受的体贴呵护,令人感动,并产生付诸于购买行动的念头。“挡不住的感觉”(可口可乐广告语)则使人读后忍不住马上想品尝可口可乐,整个广告语洋溢着引诱人们采取行动的情绪。

3. 正文

正文是广告文案中的主体,是对广告标题的解释和广告主题的详细阐述。广告正文的内容与受众的利益直接相关,它既要考虑到受众当前所迫切关心和了解的问题,又要设身处地考虑受众可能会引起兴趣的问题,提供翔实的事实材料和客观理由。

1) 广告正文的形式结构主要有两种

(1) 并列式。并列式即材料与材料间的关系是并列的,即使将前一段材料与后一段材料位置互换,也不会影响到广告主题的表现。“特点1+特点2+……”的正文结构就属于并列式广告。这种并列式的正文结构能把广告产品的特点比较清晰、准确地表达出来。

同步案例 5-4

摩拜单车,触手可骑

该怎么定义我自己呢

嗯

用一句话

有人说我太过自由

潜心去做一件事

那本身就是一种自由

如果不能做到简洁和舒适
那么美还有什么意义呢

爱速度
胜过一切

在快节奏的日子里慢下来
才能发现那个最真的你

我曾经失意
现在,有些事随他去
有些歌,我还是只唱给懂的人听

在这个城市
只要我想
你们就在
随传随到的才是真朋友

这就是我
这就是我
这就是我
这就是 Mobike

如果你可以记得这一瞬间
为你所做的一切都将充满意义

资料来源:https://www.digitaling.com/

案例分析: 这则广告采用了并列式的写作手法,不同领域的人,分别叙述他们对生活的态度,对出行方式的选择,向受众传达新的生活态度:追求健康与环保,过自己想要的酷生活。

(2) 纵深式。纵深式即正文中材料与材料间的关系是层层推进、纵深发展的,后面材料的表述只有建立在前一个材料的基础上方显出意义。故事体、对话体的表述方法采用的就是这种结构形式。

2) 广告正文的表现方法

广告正文可分为陈述体、说明体、故事体、独白体、对话体、歌曲体等。以下将分门别类加以介绍。

(1) 陈述体。陈述体广告正文以简明扼要的叙述方式来介绍广告所宣传的商品或劳务等信息。

同步案例 5-5

雅诗兰黛全新小棕瓶密集修护眼精华

雅诗兰黛
想要双眸紧致,更大更年轻
"小棕瓶"眼精华,滴滴源自小棕瓶精粹
ChronoluxCB 核心专利科技
导入更快更深
360°柔滑按摩笔,一点一画改善泡泡眼
平滑眼纹,紧致眼周
双眸匀亮弹嫩,紧致大眼更年轻
"小棕瓶"眼精华——雅诗兰黛

资料来源:https://www.esteelauder.com.cn

案例分析: 这篇广告采用了纵深式和陈述体相结合的写作结构,层层递进,开篇和结尾紧扣品牌主题雅诗兰黛,同时陈述了该款产品的详情,包括权威科技、产品功效和使用方法,将产品的功能形象展示到了极致。

(2) 说明体。说明体广告正文以说明为表达方式,着重对产品或劳务的性能、特征、用途等加以说明解释。

同步案例 5-6

8848 钛金手机

你,与众不同,你喜欢超越,你有梦想,你有力量,你从不把成就作为终点,记住——你的名字叫作成功。8848 钛金手机,钛合金机身,包裹荷兰进口小牛皮,视网膜高清屏幕,128GB 内存,1300 万高清摄像,向成功的人生致敬,8848 钛金手机。

8848 钛金手机,专属一对一保密钥匙,人机分离 10 米自动报警,很好与优秀只差一点点距离,这段距离——叫安全,忘带会提醒,丢失就报警,手机不忘带,机密不泄露,8848 钛金手机,8848 钛金手机。

8848 钛金手机,隐形拨号,加密通话,无痕迹沟通,幸福往往是分享,而苦痛却常常隐藏,这就是男人,你的世界,别人不懂,隐形拨号,加密通话无痕迹沟通,能谈吐有方,会进退自如,8848 钛金手机。

懂生活才能会工作,8848 钛金手机,双密码双空间,工作生活分别存储,互不干扰,记住跑得快不一定赢,不跌跟头,才是成功,一部手机,两个密码,两个空间,分别存储,互不干扰,8848 钛金手机。

成功,并不是高瞻远瞩,而是你本来就站在高处,运筹帷幄,掌控未来,这才是

8848，这才是胸怀天下！

顶峰的目标，钛金的气概，真皮的情怀，让我们向成功的人生致敬！8848钛金手机！

资料来源：https://wenda.so.com

案例分析： 这则广告主要采用说明体的方式，说明了8848钛金手机的材质、性能、特征、用途等方面，给消费者一个明确清晰的产品整体形象。

写说明体广告正文，要善于抓住事物的特征，尤其是应把重点放在本产品与同类产品的不同上，同时，可采用综合说明方法，如举例说明、数字说明、比较说明、定义说明等，以使产品的信息表达得明确而生动，写说明体广告正文应少用专业性过强的术语。

（3）故事体。故事体广告正文是通过设置一个与产品相关的情节来介绍产品。因为有了故事情节，就显得有起伏，能激发受众的兴趣，使他们在看完故事后，对产品产生较深的印象。写故事体广告正文，要注意几点：一是故事中的人物与产品要有一定的关联；二是所设置的情节既不能太复杂，又要有点曲折，最好说明某种产品或服务解决了矛盾或难题，这样既能引人入胜，又能较好地宣传产品；三是在情节发展中自然而然地推出产品，而不是情节与产品的硬性拼凑，这里关键是要找到一个构建故事的良好情节框架，而产品应成为情节发展中不可或缺的因素。

同步案例5-7

他忘记了一切，但从未忘记爱你

一位老人表情木讷地望向家门，等待着儿子的回家。“爸，爸，给我开门！”可是等到儿子回来敲门，老人却慌了起来，一句“我不认识你”让儿子倍感震惊。原来，不知道从什么时候起，爸爸患上了老年痴呆症，记忆越来越差。害怕不能继续照顾儿子，这位爸爸开始在清醒的时候，用写纸条的方式继续挥洒着父爱，“记得多穿衣服”“带钥匙”等。渐渐地，爸爸病情加重，冰箱在哪儿，厕所在哪儿，这位爸爸连自己刚做过的事情，有没有吃过饭都记不得了。有一天中午，儿子带着爸爸去外面吃饭，盘子中剩下了两个饺子，当着一桌子亲朋好友的面，爸爸居然直接用手抓起饺子放进口袋。儿子看到，立刻抓住了爸爸的手，又羞又急地问：“爸，你干吗？”这时，已经说不清楚话的爸爸却吃力地说：“这是留给我儿子的，他最爱吃饺子。”爸爸的回答让儿子愣住了，原本以为爸爸已经忘记了一切，可是却从未忘记对儿子的爱。

资料来源：https://baike.so.com

案例分析： 这则公益广告采用故事体的形式向公众展示了感人的情境，一经播出，引起了公众的强烈共鸣，并在各大视频网站和微博上得到迅速的传播，很好地宣传了关爱老人的主题。

（4）独白体。独白体广告正文是以人物的自我言语来介绍产品，其标志为用第一人称“我”。常见的有两种情形：一种是受众的独白，通常是谈自己购买、使用了广告产品后的感受、变化来证明产品的功效，这是一种“让消费者告诉消费者”的宣传方法；另一种是站在广告主的立场上，来向受众做产品宣传，它能拉近产品和消费者的距离，较有人情味。例如，美国一位女士写的征婚广告正文：

作家的头脑,模特的外貌,舞蹈演员的体形,这就是我——一个32岁的曼哈顿女画师。作为一个金发女郎,我当然希望找个金发男子。我会溜冰、滑雪,网球打得不错,富于幽默,多愁善感,爱跳踢踏舞(倘若你不会,到时候我来教你)。那么,你应该是谁?风度翩翩,肌肉发达,刚柔相济,会体贴人,不吸毒,更不可能是同性恋者,最好能像我一样喜爱小动物。好吧,希望爱神之箭能够同时射中我俩。来信内容,定为保密。

这则广告正文自述了年龄、职业、外貌、爱好、性格等情况,也提出对理想中“另一半”的要求和条件。叙述合理清楚,语言风趣生动,是独白体广告正文的佳作。

(5) 对话体。对话体广告正文借助于两个或多个人物间的一问一答来宣传产品,它针对性强,逐一解释产品特点,有较强的吸引力与说服力,特别是因其常模拟角色与情境,故给人身临其境之感,听起来也较亲切,在广播广告和电视广告中最为常见。一般对话体广告要注意人物与产品间应保持一定的联系,这样才可增加产品给予受众的真实感和信任感。

(6) 歌曲体。歌曲体广告正文是通过演唱歌曲的方式来对产品进行广告宣传的一种方式。歌曲体广告因其旋律优美、动听,故广告所传递的产品信息也会潜移默化地到达受众心中。

歌曲体广告通常有这样几种形式:一是唱半句。这种形式多用于广播、电视广告中,以突出产品品牌,如“松下电器”“黄金搭档”就是这种类型。二是歌词只有一句或两句。三是一首完整的广告歌,如雀巢咖啡广告歌。优秀的广告歌一经播出,便广为流传,无论男女老幼,只要一听见那熟悉的旋律,便自然而然地会想到某一特定品牌的产品,甚至该广告已不再播了,但受众仍然对该广告歌记忆犹新。

此外,广告正文形式除了以上介绍的几种以外,还有童话体、诗歌体、对联体等。

同步案例 5-8

小天才电话手表歌曲篇

不管你在哪里
一个电话
马上能找到你
喂
马上能找到你
喂
不管你在哪里
一个电话
马上能找到你
喂
喂
爸爸
能打电话的手表哦
小天才电话手表

天天
Cindy
每时每刻和你在一起
小天才电话手表
记住哦
小天才电话手表
喂

资料来源：https://wenda.so.com/

案例分析： 该广告采用了歌曲体的形式进行了小天才电话手表的宣传，旋律优美、动听。歌曲的调子用的是《蓝精灵》的曲调，儿童手表由儿童来唱比较贴近主题，利于宣传推广。

4. 随文

随文又称附文，是对广告正文的补充。广告随文通常位于广告文案的尾部，用来传达广告主身份以及相关的附加信息等内容，在广告文案中虽然处于从属地位，但它的写作同样不可疏忽，其内容根据不同的需要和广告的形式而定，不宜罗列过多。除了常规的广告主名称、地址、电话、电传等联系内容外，还可以通过创意增设附加内容来激励受众积极参与广告活动，为实现与受众的反馈与互动起到积极作用。

随文的写作旨在强化企业、商品的某些特征，提供联系方法或进一步促进受众购买产品。例如，假如正文介绍了某企业获得了各种荣誉，那么随文一般都会附上有关获奖证书、证件的复印资料，这样，可增加受众对产品的信赖感。

1）广告随文的组成

(1) 企业标识内容。它是广告所宣传的企业或机构等广告主方面的信息，如企业名称、专用字体、专用颜色、企业的标志等，特别是做企业形象广告时，这部分内容必不可少。

(2) 商品标志内容。它是广告宣传的产品方面的附加信息，包括产品的商标、商品名称等。这些要素也都是广告产品的关键信息，直接关系到产品能否长驻受众心中。

(3) 联系方式。它是向受众提供与广告主联系的方法，包括广告主的地址、电话、传真、网址、手机号、邮政编码、联系人及联系方式等。

(4) 权威机构的认证标志或获奖证明资料。它是指广告主的获奖证明资料和重要的证书资料。如专利证书、卫生许可证、国际 ISO 认证等。其中有些内容或许正文已提及过，但随文中如有相关的复印资料，对受众就更有说服力了。

2）广告随文的形式

广告随文根据其表现形式的不同，大致可分为常规式、表格式、附言式、条签式等。

(1) 常规式。常规式广告随文是围绕广告战略目标、广告对象，选择若干项随文内容一一列出。一般来说，随文内容涉及企业或商标名称以及联系方式，而联系方式几乎可以说是必不可少的。

(2) 表格式。为了使随文的内容表达得更为清楚，使受众一目了然，并使广告文案显得有所变化。随文的内容就以表格式的形式出现。例如，“消费者意见表”等，这种随文比较醒目，有利于回收、统计消费者的反馈意见。

(3) 附言式。附言式广告随文往往以"特别提醒""好消息""惊喜"等词语领起,向受众提供与广告内容相关的一些附属信息。写附言式广告随文尤其要把创意放在首位,否则,人云亦云的附言式广告随文则不能引起受众的兴趣,也不能起到促进受众购买产品的作用。

(4) 条签式。条签式广告随文是在广告文案中设计一张简短的条签,以虚线或方格等形式表示,它可以是一张回邮单,也可以是其他内容。条签式广告随文的作用主要是进一步促进受众与广告主进行联系或对广告信息做出相关的反馈,一般以获得赠品或抽奖的形式来鼓励受众参与。

3) 广告随文的写作要求

广告随文应始终围绕着广告主题、广告目标,独特而清晰地传递与广告内容相关的信息。要写好广告随文,应符合以下几方面的要求。

(1) 有选择地陈述有关信息。广告随文包含较多内容,但无须把所有的随文内容都写出,在写作中,应根据广告主题突出几条关键的与广告主相关的附加信息。

(2) 有较鲜明的可识别性内容标志。广告随文应有较鲜明的可识别性内容标志,这样无论是企业也好,商品也好,都能让受众一眼就可以把此公司与彼公司、此产品与彼产品区分开来,这就要求在随文设计与写作中加入一些直观易记的辅助说明。

同步案例 5-9

格力变频 1 赫兹空调

广告标题:1 赫兹 好变频

广告口号:变频就买格力 1 赫兹

广告随文:www.gree.com

24 小时服务热线:4008365315

资料来源:http://www.nipic.com

案例分析: 这篇广告的随文标注了企业品牌的官网和服务热线,标注清晰明确,利于广告受众认知和沟通。

(3) 积极创意,号召行动。创意应贯穿于整个广告文案中,包括随文。好的广告随文能增加受众对产品的亲和力,能召唤他们对产品进一步关注,直接诱导、促进他们购买,并使人产生耳目一新的感觉。例如,在随文中写上"收集若干张此产品的广告纸就可免费领取一份产品"是许多广告文案写作者惯常的做法,但某营养液的广告随文与此相比就更胜一筹,它的随文是这样的:"凭不及格考试成绩单,可免费领取××牌营养液一瓶。"显然,这样的随文很容易使受众在大同小异的各种广告随文中感到一种与众不同的东西,从而加强对广告产品的进一步关注,促进人们购买产品。

(4) 合理安排广告随文的位置。随文通常出现在广告文案的尾部,但也可出现在文案的左上方或右上方;可以以条款的方式分行、分项列出(或横排或竖排),也可化整为零地安排在文案的恰当位置。如果随文所涉及的信息较多,假如集中放在一起,容易给人内容过于密集、版面过挤的感觉。在这种情况下,不妨把它巧妙地分散写于文案的各个位置,倒能产生一种均衡感,且有关信息也能得以清晰地传递出来。

总之,广告文案是体现广告主题的文字部分,承担着传递产品、企业、服务信息的任务,其中，广告标题、广告语、广告正文、广告随文在文案中各有着自己独特的作用，各要素写作的质量如何将直接关系到整个广告文案的成败。因此，遵循广告文案各个要素的写作规范，掌握它们的写作技巧是十分重要的。另外，广告文案是一种独特的文体，它一方面表现出较鲜明的程式化倾向。另一方面，由于受广告媒体、受众及产品在不同成长阶段等因素的影响，广告文案结构又具有开放性、灵活性的特点，即广告文案有时也可以只由其中一个或几个要素组成。并且，在很多情况下，广告文案的写作要适当考虑如何与画面、音响等其他要素整合在一起。从这个意义上说，广告文案的写作是一项系统工程。

5.2.2 广告文案写作应注意的问题

广告的写作要点

在广告文案写作过程中，除了要符合广告标题、广告语、广告正文和广告随文等的技巧要求外，还应注意以下问题。

1. 将广告标题顺利转化到广告正文

衔接广告标题与广告正文可以采用副标题形式，将副标题作为广告主题标题和广告正文之间的桥梁；还可以采用有机的承接标题和解释标题悬疑的开头方式，使广告正文自然地承接广告标题的内容和疑问，两者之间有疑有释、有因有果，浑然一体。

2. 采用小标题或特殊的段落承接正文内容

小标题的制作可以使受众顺利地从一个问题转向另一个问题，使广告正文化繁为简，重点突出，使长文案体现出短文案的阅读效果。特殊的段落承接是指内容上的顺应转折、字体的变化或运用鲜明而特别的行文标记，主要是提醒或刺激受众阅读和接收。

3. 有效运用写作顺序

(1) 接受心理顺序。是按照注意→兴趣→欲望→确信→行为这个接受心理顺序一步步抓住受众。

(2) 需求心理顺序。是指特定受众在特定的环境中所具有的特殊需求所呈现出来的特殊心理顺序。循着这个顺序写作能让文案的发展脉络与受众的需求顺序产生一致。受众的兴奋点和渴望方向与文案的方向一致。

广告语

颈肩痛，贴一贴，腰腿痛，贴一贴，万通筋骨贴，痛了来一贴。

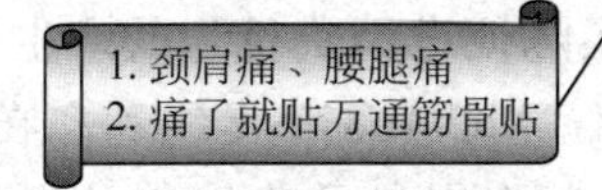

万通筋骨贴的这条广告语向人们传递了只要颈肩痛、腰腿痛，贴一贴万通筋骨贴就好了的信息。

(3) 解惑顺序。人们解决问题时的一般顺序。按照解惑顺序写作，能较好地对应人们在遇到问题时自然的解决问题的本能性发展顺序。具体表现为：你有什么烦恼？我能解决你的什么烦恼？为什么能解决呢？解决的过程和相关证据是什么？解惑顺序能够让受众认为，广告中的信息利益点是他解决问题的一个有效方法，并产生感激之情。

(4) 演绎归纳顺序。用演绎顺序，先写产品对消费者的利益点，然后提出相关产品的特性作证明，先提起兴趣后介绍相关产品的对应性功能。与之相对应的是归纳顺序，先提出产品的特点和功能,然后发展出产品对消费者的利益点,以问题的解决作为文案的终结,先介绍后引发受众兴趣。

(5) 故事性顺序。以故事发生、发展的情节作为写作的线索和写作的顺序。受众会被这个顺序所吸引,产生兴趣。故事的展开和结局的表现可以运用正叙与倒叙的方式。在叙述过程中,须有条不紊,情节发展合乎逻辑,且能发展出较为完整的故事,以满足受众的好奇。

(6) 描述性顺序。将广告信息进行由表及里、由近及远、由浅入深的描述,使广告正文符合受众的阅读、接受顺序的方式。

4. 针对目标受众的各种特征选择恰当的表现形式

广告表现思维不再聚焦于商品特性和营销策略,而是以媒体特性和受众心理作为出发点,调动各种形式手段去营造广告创意的具体内容。针对目标受众的性格、年龄、地域、文化层次等各种特征表现的差异,应选择有针对性的、恰当的广告表现形式。比如,对于消费者可能还不清楚的事实,可以采用理性诉求型的广告表现手段来创建一种新的消费观念。

5. 将企业服务或观念的特色转化为购买理由

商品特色是关键因素却并不是决定因素。决定因素是商品特色所能够为受众和消费者带来的利益与方便性。因此,将广告信息的特色转化成消费者的购买理由才能让受众感受到广告信息和自身之间的某种关系,某种对其生活产生的方便性,才能因此促进购买。

6. 广告长短文案的运用

广告正文长短选择要根据广告信息类型、目标受众接受特征和媒介策略来决定。

(1) 短文案。一般在以下情况下运用短文案:消费品中的日用品;产品在各个方面都没有明显的特殊性和差异性;产品对消费者只提供小的方便性;表现产品的附加价值时;以产品的价格作为主要的诉求利益点时;产品进入成熟后期时;用广播广告、电视广告、户外广告、销售现场广告作为媒体表现;感性受众、文化层次不高的受众、冲动型受众、儿童受众和老年受众等。

(2) 长文案。一般在以下情况下运用长文案:工业品;消费品中的耐用品;高价位、高关心度的商品;产品处于导入期时;企业将进入新的竞争环境时;媒体运用为报纸广告、杂志广告、直邮广告、商品介绍小册子、专版广告;理性受众、文化层次较高的受众、被动型受众。

7. 尽量运用实证方式说服受众

广告文案正文部分的一个主要的任务是为说服受众提出大量的根据。而这个根据的提出需要有一些实在的、真实的数据来做说服的支撑。有了真实的、实证的数据,受众就能自觉地排除怀疑的心态,以数据作为根据来说服自己。

8. 广告正文结尾既要与前面部分浑然一体又要实际促进消费行为的产生

如美国 MCI10817 专线电话的广告正文的结尾为:“MCI10817 专线和您在一起,一拨就通,她可以拨,您不是马上也可以拨一拨吗?想得知全部事实以及确知您及您的公司是否合乎完全免税条件,请电知我们离您最近的办事处。”

任务演练

广告正文的表现手法

演练背景

广告正文可分为陈述体、说明体、独白体、对话体、故事体、歌曲体等表现手法。收集各类广告正文并对广告作品的表现手法进行解读及进行书面语言表述，以加深对广告正文表现手法的理解。

演练要求

自选收集5个不同类别的广告正文表现手法的作品，实施对其相应的表现手法应用剖析，并写出解读阐释。

演练条件和过程

(1) 广告作品的收集方式可采取市场搜索、拍摄、图书阅览、网上下载等手段。

(2) 将收集来的作品进行不同表现手法的归类，并分析其优缺点。

(3) 将不同表现手法的广告文案作品(彩色或黑白效果均可)粘贴于作业版面上，标明所对应表现手法，以文字阐释该表现手法对广告诉求主题的揭示作用。

(4) 由个人在班上发表汇总结论，教师点评。

任务演练评价

任务演练评价表

任务演练评价指标	评价标准	分值	得分
1. 广告正文收集的代表性	(1) 是否具有代表性	20	
	(2) 表现手法是否具有可行性	10	
2. 演练过程	(1) 演练系统性	20	
	(2) 操作符合要求	20	
	(3) 广告文案分析详略得当	10	
3. 成果展示	PPT设计精美，解说语言表达流畅到位	20	
总成绩		100	
学生意见			
教师评语			

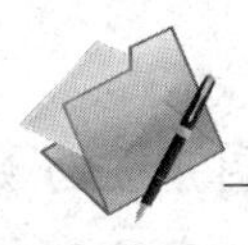

学习任务5.3 典型广告文案的写作模式

教学方案设计

教学方法：案例展示　　建议课时：2

学习目标		
学习目标	技能目标	1. 会撰写各种媒体的广告文案 2. 能掌握不同媒体广告文案的写作要求和表现形式
	知识目标	1. 了解不同媒体广告的特征 2. 掌握电视广告的表现手法 3. 熟悉报纸、网络广告文案的特点

续表

<table>
<tr><td rowspan="2">学习任务准备</td><td>教师</td><td colspan="3">1. 课件及任务评分考核表
2. 准备授课广告文案的各种范例资料</td></tr>
<tr><td>学生</td><td colspan="3">1. 个人收集5个不同类别商品的不同媒体广告文案
2. 个人准备作业并发言</td></tr>
<tr><td rowspan="5">教学流程</td><td>教学环节</td><td>教师活动</td><td>学生活动</td><td>课时</td></tr>
<tr><td>一、成果展示与分析</td><td>1. 引入案例,提出问题
2. 展示3段不同媒体的典型广告文案的写作模式</td><td>1. 做好问题分析笔记
2. 3位同学讲述对典型广告文案的写作模式的体验</td><td rowspan="2">1</td></tr>
<tr><td>二、知识储备</td><td>1. 讲授典型广告文案的写作模式理论知识
2. 解答知识疑问
3. 针对本学习任务中的同步案例进行学习指导</td><td>1. 认真听取典型广告文案的写作模式理论知识
2. 提出疑问
3. 针对本学习任务中的同步案例进行学习分析</td></tr>
<tr><td>三、任务演练</td><td>1. 介绍本学习任务的演练背景和要求
2. 指导“分析广告文案”的演练实施过程
3. 评价演练效果和结论</td><td>1. 个人自主演练任务:“分析广告文案”
2. 重点分析报纸、电视、网络等不同媒体、产品、企业形象等不同信息的广告文案写作技巧
3. 以卡片的形式记录汇总结果
4. 个人陈述结论</td><td rowspan="2">1</td></tr>
<tr><td>四、学习任务知识小结</td><td>1. 系统地对本学习任务知识进行总结
2. 针对重要知识点进行课后作业布置</td><td>1. 认真听取知识总结
2. 个人收集3种媒体广告文案,进行评述介绍</td></tr>
</table>

成果展示与分析

净水——选沃刻

一、广告产品背景

沃刻(大连)科技有限公司,是泷泉水科技与德国沃刻强强联手,在国内成立的专业从事净水产品研发、出品及销售服务的高科技企业。沃刻为其旗下净水直饮机高端品牌。沃刻系列产品全部采用国际先进RO反渗透过滤技术,美国进口陶氏膜片,净化精度达到头发丝的百万分之一,净化后的水达到瓶装饮用水标准,可直接饮用;产品结构采用更适合中国水质的专利设计,净化效能远高于普通净水产品,使用寿命大大延长;独有的流线型外观专利设计,彰显时尚设计大师风范;智能自动制水系统,无须人工,传递出科技改变生活的理念。

二、广告文案

画面展示沃刻净水机和刘仪伟边说广告语边端着蔬菜、洗水果、泡茶等场景。

广告词如下。

我是沃刻净水机的代言人刘仪伟
生活在变
水质也在变
家里的水还好吗
家庭净水
看的是品质和服务
沃刻净水机
核心科技
RO 反渗透过滤技术
为了让大家对产品放心
从现在开始一分钱不花
免费试用 15 天
您可以用净化后的水
做做饭 泡泡茶
体验一下好水生活
不满意无条件拆机
满意留下后
每月付一百九十九元
十三个月付清
售后服务更放心
先体验
后购买
产品放心
一个月一付款
售后有保障
为了让大家对产品放心
现在一分钱不花
免费试用 15 天
免费试用电话 400-616-8899
饮水——我要干净的
核心科技 贴心售后
净水——选沃刻

三、媒体投放策略

2017 年,沃刻净水机成功登陆中央电视台,签约主持人刘仪伟为其品牌代言人,共同推出了"免费试用 15 天,满意后月付 199 元"的大型诚信活动。一方是中国中央电视台(CCTV),在中国媒体界的权威性、公信力、巨大影响力有口皆碑;一方是沃刻(大连)科技有限公司,此次双方达成合作,是 CCTV 对沃刻科技在净水领域 10 年深耕和在净水行业领军地位的认可。

此外,沃刻(大连)科技有限公司在全国范围内,联合百家公共媒体共同开展了"远离水污染、净水机免费试用、满意后月付 199 元"大型诚信活动,至今已有百万家庭参加活动并成为受益者,2019 年诚信活动仍在持续进行。

资料来源:http://www.wokedl.com

知识储备

5.3.1 电视广告文案的撰写

电视广告文案是广告文案在电视广告中的特殊形式,是以画面语言和声音为表现手段的广告传播形式。电视广告主要由两部分要素构成:视觉部分(包括屏幕画面和字幕);听觉部分(包括有声语言、音乐和音响)。其构成要素为素材、主题、艺术形式、表现手法以及解说词等。电视广告文案的特点在于直观生动、感染力强,但它也存在着费用过高、不可存留、可选择性较差等缺点。

目前,电视广告片的各种常规时段有 5 秒、10 秒、15 秒、30 秒、60 秒等。在选择电视广告文案的表现形式时,不仅要依据广告策略、广告信息内容、广告目标受众等情况,还要与时段的选择产生对应。一般来说,电视广告文案每秒不能超过两个字。如果在这么短的时间里还要严格区分正文、随文,势必将文案分割得支离破碎、杂乱无章。现在的很多电视广告都没有标题,有些正文也很简单,有的干脆将标题、随文都舍弃了。电视广告文案的作者一定要注意观众“边看边听”的特点,使文案创作适应电视画面的需要。

1. 各种常规时段及其对应的文案表现形式

(1) 5 秒时段的电视广告片。通常情况下,5 秒时段的电视广告片,其目的是加深受众对广告信息的印象,强化受众对广告主体特定形象的记忆。因此,一般采用瞬间印象体的表现形式,即运用比较具有冲击力的画面和简洁凝练的广告语,来表现企业形象或品牌个性。

回味千年,楼兰红枣。

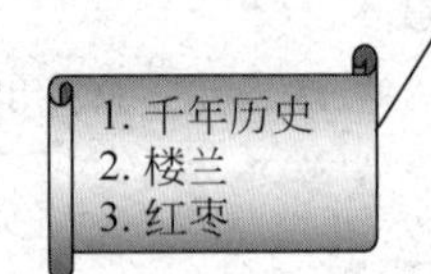

楼兰红枣的这条广告语向广告受众传递了该红枣的产地、历史渊源信息。该产地气候干热,光照时间长,日温差大,光合有效辐射极高,光热资源匹配极佳,非常适宜优质红枣的种植,这种天然条件产出的红枣甜脆适口,香味浓厚,多食不厌。

(2) 10 秒和 15 秒时段的电视广告片。其广告目的是要在短时间内,对广告信息作单一的、富于特色的传播,突出企业形象或品牌个性或独具的“卖点”。因此,常采用名人推荐体、动画体、新闻体以及简单的生活情境体等表现形式。

(3) 30 秒时段的电视广告片。适于采用名人推荐体、消费者证言体、示范比较体、生活情境体以及简短的广告歌曲体等,可以从多角度表现消费品的功能、利益点。

(4) 60 秒时段的电视广告片。可以采用广告歌曲体、生活情境体、消费者证言体、示范比较体等较为完整的表现形式,表现更丰富的广告内容。

2. 电视广告文案的写作要求

电视广告所独具的蒙太奇思维和影视语言,决定了电视广告文案(脚本)的写作既要遵循广告文案写作的一般规律,又必须掌握电视广告脚本创作的特殊规律。具体要求如下。

(1) 分析相关资料,明确广告定位,确定广告主题。在主题的统率下,构思广告形象,确定表现形式和技巧。如“索尼”电视广告脚本(见学习任务 3.3“任务演练”)。

这则电视广告脚本,全部采用视觉语言,通过动态变化的画面进行叙事,将企业对消费者的承诺化为可见的视觉形象——索尼电视机可以伴随三代人。岁月流逝,质量不变,款式、效果永不过时,为三代人所喜欢,广告词只有 4 个字,强化了“索尼”品牌。

(2) 以镜头段落为序,运用语言文案描绘广告画面,考虑时间的限制。因为电视广告是以秒为计算单位的,每个画面的叙述都要有时间概念。镜头不能太多,必须在有限的时间内,传播出所要传达的内容。

(3) 达到声音与画面的和谐。电视广告是以视觉形象为主,通过视听结合来传播信息内容的,因此必须做到广告解说语与电视画面的“声画对位”。

(4) 运用感性诉求方式,调动受众的参与意识,引导受众产生正面的“连带效应”。为达到此目的,脚本必须写得生动、形象,以情感人,具有艺术感染力。这是电视广告成功的基础和关键。

(5) 写好电视广告解说语。它的构思与设计,将决定电视广告的成败。广告解说语的种类包括画外音解说、人物独白、人物之间的对话、歌曲和字幕等。

5.3.2 广播广告文案的撰写

广播广告是以广播为传播媒体的广告形式,它通过声音来传播,诉诸人的听觉,具有费用较低、传播迅速、不受时空限制等优点。但广播广告也存在着听众分散、可选择性差、不可存留、直观性差、城市传播能力较乡村弱等缺点。广播广告主要以文案为主,语言文案是最重要的传播方式。同时,广播广告也综合利用音乐、模拟音响等辅助形式,来强化广播广告对人听觉的刺激,增强文案的表现力。

1. 广播广告文案的表现形式

广播广告文案的表现形式是由广告内容决定的,同时也受广播媒体特点的制约。由于广告内容的丰富多彩、广告创意的千变万化,有声语言的博大精深,广播广告文案的表现形式也就色彩纷呈、不拘一格。主要有以下几种形式。

(1) 直陈式。直陈式又称直接式、直截了当式,即由播音员将事先写好的广告文案在录音间直接播出的广告形式。这是电台广告中最常见的,也是最基本的表现形式。其特点是简便、快捷、时效性强,而且价格低廉。缺点是形式简单,内容枯燥。为了弥补不足,可在文案写作上下工夫,充分发挥语言的感染力和播音员的播音技巧,加上音乐、音响的配合。这种形式可进行现场直播,所以又称"直播式"或"单人播送式"广告。

(2) 对话式。对话式即通过两个或两个以上人物的相互交谈,将信息内容介绍出来的一种形式。这种形式比较生动活泼,富于生活气息,再加上音乐和音响的烘托,能够创造特定的情绪和氛围,吸引听众的注意力,激发其强烈的兴趣。

同步案例 5-10

晨光鲜奶深圳广播交通台广告文案

男:(亲切/温和)
晚上,12点,
(音效垫底:钟走动的声音)
在光明农场,新一天的工作就已开始。
(音效垫底:晚上虫子鸣叫声,奶牛叫声)
我们已严格挑选出最健康强壮的奶牛,
挤出营养丰富的晨光鲜奶。
(音效垫底:晚上虫子鸣叫声)
凌晨3点,
我们已开始对晨光鲜奶进行严格的巴氏消毒和包装,
凌晨5点前由冷藏车配送到奶站。
(音效垫底:汽车发动声)

清晨6点,
(音效垫底:早晨小鸟鸣叫声)
晨光鲜奶,总是踏着第一缕晨光为您新鲜送到。
(音效垫底:送奶工的自行车铃声)
晨光鲜奶,晨光般新鲜的选择。

资料来源:http://www.gstad.com.cn

案例分析: 从上面广告文案可以体会出对话式广播广告的优势:交流感与意境性;流动感与兼作性等。

这种对话式比较容易吸引听众的注意力和收听兴趣,是一种较为普遍的广告形式。

(3) 故事式。故事式即通过精心构思有头有尾的小故事或情节片段,来传播信息内容。故事式类似于小小说,通过播音员播讲出来。其特点是故事生动有趣,能够引人入胜,使听众通过娓娓动听的故事,接收广告内容,并对消费品产生好感,从而成为该产品的消费者或潜在消费者。

(4) 戏剧式。戏剧式是指将一定的故事情节或者冲突的生活情境编成戏剧,通过演员演播,将广告内容表述出来。其特点是文艺性强,曲调多为听众所熟悉,容易为听众接受,从而可以拓展出广阔的销售市场。

(5) 快板式。快板式即以快板这种为听众所喜欢的艺术形式,来传播广告信息。快板又称"顺口溜""练子嘴""数来宝"等。这种形式的广告文案需将广告内容写成快板词,一般以7字句为基础,可根据需要增删,要押韵,间插说白。分单口快板、双口快板和3人以上群口快板3种形式。形式灵活,听众可在娱乐中接收信息,消除听广告的抵触心理。比如,蓝天六必治的牙膏广告,演员边走边说"牙好,胃口就好,身体倍儿棒,吃嘛嘛香"。广告语生动、形象,朗朗上口,成为大江南北最为受众喜爱的广告语之一。

(6) 相声式。相声式即以相声这种为广大群众喜闻乐见的曲艺形式来传播广告信息。它以说、学、逗、唱为艺术手段,以风趣、诙谐、引人发笑为艺术特色,长于讽刺幽默,也善于歌颂新生事物。这种形式的广告文案需写成相声小段,再请演员演播,使听众于笑声中接收信息传播。形式有单口相声、双口相声和3人以上群口相声3种,其中两人对口相声更为普遍。

2. 广播广告文案的写作要点

1) 为"听"而创意,为"听"而写

广播广告应该善于挖掘利用广播媒体"听"的特性,提供丰富的听觉素材,包括有趣的对话、生动的音响,让广告更有吸引力。

(1) 充分发挥汉语的丰富表现力,掌握有声语言与书面语言的差异,让听众字字听得清,句句听得懂,使听众正确理解创意。

(2) 广播广告文案的语言要认真精选,反复推敲,避免使用谐音词、同义词或多义词,以及容易产生歧义和误导的词语。

(3) 正确选择适合广播广告的商品。广播广告应选择一些与人民群众的物质生活和文化生活密切相关,容易说得清楚、听得明白的商品。对于有些单纯用声音不易解释清楚的商品,则不适宜广播广告文案撰写。如有些高科技消费品,符号多或外文字母多,仅凭声音很难分辨。

(4) 广播广告语言要有亲和感,充满人情味,关心消费者利益,使听众一听就喜欢,越听越爱听。即使不是面对面地交流,人声也能将讲话者的形象、个性、情绪、感情色彩等传达给听者。

2) 强调主信息,突出品牌形象

主信息是指品牌。广告最直接的目的,就是塑造品牌形象,唯有声音的反复强调,才能加深听众印象。因为广播听众无法直接见到产品和产品被使用的情境,广播广告更应该注重通过营造氛围引发听众的想象,让产品的形象在诉求对象头脑中丰满起来。

3) 引入"说者"与"听者"的角色互动,避免生硬推荐

为了避免面向诉求对象说教,广播广告可以同时引入"说者"和"听者"的角色,让听众旁听他们的交谈,这是对话式广告常用的形式。但要在两者之间加入真实可信、具有创造性的互动,使对话精彩、有趣。

同步案例 5-11

就 业 篇

(户外嘈杂的声音)

丈夫:哎哟,这家饭店的人好多啊。

妻子:就停这儿吧,出进也方便。

(汽车的鸣笛声)

泊车员:先生,您这是最新款的 CRV 吧,这款车车型比较大。

为了防止其他车辆对您的爱车造成刮蹭,建议您将车停在车辆较少的右方。

谢谢您的配合,祝您用餐愉快!

妻子:哎,你不是我家小明的同学吗?怎么在这儿工作啊?

泊车员:叔叔阿姨好,我大学毕业就在这儿工作了,

这工作能提高语言表达能力,人际沟通能力,还能锻炼快速反应能力。

现在很多刚毕业的大学生都开始选择低起点的工作了,

放下自己的高标准,就业容易多了。

画外音:调整就业心态,把握人生未来。(木琴声)

资料来源:http://www.cnr.cn/

案例分析: 这篇广播广告采用了对话形式的沟通方式,避免了说教,引入了"听者"与"说者"的角色互动。

4) 注意广播广告文案要素之间的配合

广播广告文案要素之间有多种配合方式。

第一种是只有语言,没有音响和音乐。这是广播广告中常见的一种。其优点是简洁明了,制作简便,具有短、平、快的特点。缺点是容易显得单薄、平板,缺乏吸引力。

第二种是音乐和语言相互配合。①以音乐开头,然后与语言相混插;②以语言开头,然后与音乐相混插;③语言与音乐齐头并进;④语言与音乐交替出现。

第三种是音响和语言相互配合。①以音响开头;②音响与语言交替出现。

第四种是音响、音乐和语言的配合。①以音乐开头,穿插语言和音响;②以音响开头,穿插语言和音乐;③以语言开头,穿插音乐和音响。

广播广告中的语言、音乐和音响3种要素,并非简单相加而是高度融合,共同塑造品牌形象,传播广告信息。三要素最佳配合方式的前提条件是保证广告效果。

5.3.3 报纸广告文案的撰写

报纸广告是最为常见的大众印刷媒体广告,它的表现形式是多种多样的,诸如文案形式、插图形式、摄影形式、装饰形式、构成形式、综合形式等。其中文案形式是最基本的,也是采用最多的表现形式。报纸广告文案是直接与读者见面的广告作品形式,这也是它与广播、电视广告文案的主要区别。

1. 报纸广告文案的表现形式

报纸广告的版面大致可分为以下几类:报花、报眼、半通栏、单通栏、双通栏、半版、整版等。选择哪种版面做广告,要根据企业的经济实力、产品生命周期和广告宣传情况而定。

1)报花广告

报花广告版面很小,形式特殊,不具备广阔的创意空间,文案只能作重点式表现,突出品牌或企业名称、电话、地址及企业赞助之类的内容。报花广告一般采用一种陈述性的表述,不体现文案结构的全部,是在任意版面刊登的小广告,规格一般有两种:3厘米×2厘米与6厘米×2厘米,一般报纸会简单做些分类刊登。

2)报眼广告

报眼即横排版报纸报头一侧的版面。版面面积不大,但位置十分显著、重要,引人注目。如果是新闻版,多用来刊登简短而重要的消息或内容提要。这个位置用来刊登广告,显然比其他版面广告注意值要高,并会自然地体现出权威性、新闻性、时效性与可信度。

同步案例 5-12

《大河报》头版报眼“速派奇电动车”广告

媒体名称:《大河报》

投放时间:2019.7.26

投放大小:头版报眼6.5厘米×4.2厘米彩色

广告刊例:22000元

画面要求:展示速派奇电动车及Logo

广告语:丘比特二代,自主研发,外观专利

广告随文:专利号 201030127517X 服务热线 0519-83348123 网址 www.supaq.com

资料来源:http://www.baozhiw.com

案例分析: 报眼一般位置都不大,报眼在头版的右上部,和报头占据一整条,因此位置最佳,公信力最强,但价格昂贵,效果也是最好的。

由于报眼广告版面面积小,容不下更多的图片,所以广告文案写作占有着核心地位,具有举足轻重的作用。①选择具有新闻性的信息内容,或在创意及表现手法方面赋予其新闻性;②广告标题要醒目,最好采用新闻式、承诺式或实证式标题类型;③广告正文的写作可采用新闻形式和新闻笔法;④广告文案的语言要相对体现理性的、科学的、严谨的风格;⑤广告文案需简洁凝练,忌用长文案,尤其不能用散文体、故事体、诗歌体等假定性强的艺术形式,以免冲淡报眼位置自身所具有的说服力与可信性。

3)半通栏广告

半通栏广告一般分为大小两类:65毫米×120毫米和100毫米×170毫米。半通栏广告一般广告版面较小,而且众多广告排列在一起,互相干扰,广告效果容易互相削弱,因此,如何使广告做得超凡脱俗、新颖独特,使之从众多广告中脱颖而出,跳入读者视线,是半通栏广告文案写作应特别注意的。

(1)制作醒目的广告标题。标题字数要短,字体要大,新颖别致,有冲击力,能一下子抓住受众的注意力。

(2)用短文案。语言要高度凝练简洁,提纲挈领,突出重点信息,力求做到小版面多内涵。

(3)文案的写作要注意编排的有机结合。最好能在编排先行、编排为主的制作意念中进行。

4)单通栏广告

单通栏是广告中最常见的一种版面,符合人们的正常视觉,因此版面自身有一定的说服力。从版面面积看,单通栏是半通栏的两倍,单通栏广告也有两种类型:100毫米×350毫米和650毫米×235毫米。

(1)广告标题的制作可以运用短标题形式,也可以采用长标题形式;但为了与画面的编排相和谐,最好用单标题而不用复合标题。

(2)文案中可以进行较为细致的广告信息介绍和多方位的信息表现;但正文字数不宜多于500个汉字,以免造成版面拥挤,影响编排效果。

(3)文案的结构可以有充分的运用自由度,可以体现文案最完整的结构类型。

5)双通栏广告

双通栏广告一般有200毫米×350毫米和130毫米×235毫米两种类型,面积上是单通栏广告的两倍,这给广告文案写作提供了较大的空间,凡适合于报纸广告的结构类型、表现形式和语言风格都可以在这里运用。其文案写作应特别注意以下两点。

(1)可以诉求广告主体的综合性信息。

(2)版面编排放在次要地位,说服和诱导的重任基本上靠广告文案来完成。

6)半版广告

半版广告是广告主雄厚经济实力的体现。其根据报纸的规格大小分为250毫米×350毫米和170毫米×235毫米两种类型。半版与整版以及跨版广告,均被称为大版面广告,它给广告文案的写作提供了广阔的表现空间。

半版广告文案在创作时应特别注意以下方面。

(1)运用画面表现“大音稀声,大象无形”的美学原理,拓宽画面的视觉效果。

(2)文案写作既可以采用感性诉求,也可以进行理性诉求。可以运用适于报纸广告的各种表现形式和手段辅助画面、营造气势、烘托气氛、强化视觉冲击力。

(3) 采用大标题,少正文文字,重点突出主题,以体现品牌形象的气势和形式吸引力。

7) 整版广告

整版广告根据报纸的规格大小一般可分为500毫米×350毫米和340毫米×235毫米两种类型,是我国单版广告中最大的版面。如何有效地利用整版广告的版面空间,创造最理想的广告效果,是广告文案写作的重要任务。

目前,对整版广告的运用大体有3种用法。

(1) 正文无图,或偶有插图,基本以文案方式出现。运用介绍性的文体对消费品系列或企业作较为详细的、全方位的介绍。

(2) 以图为主,辅之以文。以创意性的、大气魄的画面以及精短的文案来进行感性诉求。

(3) 运用报纸的新闻性和权威性,采用公益广告的形式来提升企业的形象。

2. 报纸广告文案的写作要求

(1) 标题醒目。在现代报纸中,标题对于报纸广告来说,是最重要的部分,因为它决定着读者是否阅读广告正文部分。由于报纸广告的标题位置特殊,往往成为对广告受众影响最大、触动最大的部分。

(2) 突出重点。报纸广告的优势是可以运用较大的版面来介绍产品,但这并不是鼓励人们将所有内容都放到报纸中。人们看报纸往往都是一目十行,不可能很认真地阅读所有内容,因此,一定要尽可能将广告的最重要的信息在整个广告中凸显出来,否则读者很难知道你的诉求重点是什么,甚至读者会很快对阅读的内容失去兴趣,放弃阅读。

(3) 多用简明易懂的语言。报纸读者的文化水平参差不齐,阅读目的是随意性的,如果广告文案的内容晦涩难懂,人们就会随手翻过,不会花时间来推敲、思考。因此,要想尽可能地吸引人们的目光,语言一定要简明易懂,特别是介绍一些高技术含量的新产品时,一定要注意少用专业名词和术语,因为读者大都不是专业人士。

5.3.4 杂志广告文案的撰写

杂志媒体的知识性、娱乐性、专业化特征及目标受众群体的相对明确、稳定和较高的文化水平,决定了杂志广告文案的独特性,即对象化、个性化和专业化特点。

杂志广告的最大特点就是图文结合。一般来说,杂志广告文案的表现形式可以归纳为以下几种:杂志的全页、半页、1/4页、跨版或多页专辑、指定版面(如封面、封底、封二、目录对页)等几种形式。版式不同,文案的写作也有所不同。

1. 内页版式广告文案的写作要求

杂志的全页、半页、1/4页、跨版广告,一般都安排在杂志的全页中某个固定的页码或插页,可以统称为内页版式。内页的各种版式广告应该充分考虑如何使自己从相邻的广告单元中脱颖而出,吸引受众的眼球。

杂志广告的文案写作应注意以下几点。

(1) 突出画面的视觉冲击力,文案以点睛之笔升华主题。借助于杂志媒体特有的制作精美、重读率高、时效性强等特点,内页各规格广告应充分发挥画面的艺术表现力,信息内容可几乎全部通过画面来体现。文案则少而精,只起画龙点睛的作用,使广告给人以含蓄之美感。

(2) 图文结合,充分发挥图文并茂的视觉效果。以色彩鲜艳、形象逼真的画面塑造品牌形象;以言简意赅的语言对画面信息作关键性的解释、提示或说明,使文案成为画面的重要组成部分。

(3) 大标题,详文案,以杰出的创意和不同诉求形式抓住受众的注意力。杂志广告除了图文配合外,诉求形式不限,以符合杂志媒体特点和杂志特定受众群体文化素养为标准,对有些信息内容也可以全凭文案进行传播。如招生、招聘、求职等广告,应以醒目的大标题吸引受众注意,再以较为详细的文案满足目标受众求详求实的心理。

(4) 各种较小版面的分类广告,要以引人注目的标题脱颖而出。这些分类的小广告,除了品牌名称或企业形象标识及随文外,文案的写作十分简单,比较容易把握。

首先,杂志广告文案写作时不必拘泥于固定结构,可以考虑用最简练的语言来表现丰富的广告内涵;其次,文案部分简明扼要,将吸引读者的任务交给图片去完成;最后,文案的版面布置也应该做适当的调整,配合画面吸引读者的阅读兴趣。

2. 特殊页面广告文案的写作要求

封面、封底、封二、目录对页这些特殊页面版式,一般都是属于指定版面,可以称为特殊页面版式。封面和封底的印刷广告,因其位置显著,注意值最高,效果也最好,因而对广告的版面设计和文案写作有特殊要求。

封面的广告应以精美的画面吸引受众,文案只能以品牌或广告名称,以及简洁凝练的广告语形式出现,画面信息应与印刷的专业性有一定的内在联系,并具有审美价值,使人于情感愉悦中接收信息。

封底与封面同样重要,以图形为主,文案为辅。文案的语言不但要考虑杂志的特定受众,而且要考虑印刷受众以外无意注意的其他受众,淡化专业性,更接近于大众化。

封二、目录对页等虽然处于杂志的内页,但是因其独特的位置而具有较高的注目率,受众注意力仅次于封面和封底,而高于内页,也是很重要的版面形式。广告多以图文并茂形式加以表现,广告文案的作用更为重要,适于平面广告的各种文体、表现形式和表现手段,均可针对特定目标受众运用于文案写作。

3. 杂志广告文案的写作要求

1) 文图搭配适当

杂志广告与报纸广告有许多的相似之处,用于报纸广告文案的写作技巧对于杂志广告文案的写作而言,很多地方是相同的。但由于杂志广告又具有自身的独特之处,从而导致了杂志广告又与报纸广告有很多不同的地方。

与报纸广告比较而言,文案与图片是杂志广告重要的表述手段,由于杂志印刷质量高、纸张质量好等自身的特点,图片更多地承担了传递形象信息的任务,如果图片没有很好的文案做解说,可能造成不必要的误导。但同时,如果杂志中出现了过多过密的文案,则失去了杂志自身的特点,不能充分发挥杂志媒体的优越性。

2) 杂志广告的专业化

杂志广告的目标受众群体,均有一定的专业素养和文化水平,因而在专业性杂志上做专业商品广告,采用专业化的语言风格易于为专业目标受众所理解,不但可以节省很多文案,而且有利于有的放矢,增强广告效果。比如,在电影杂志上做影视广告,在体育杂志上做体育用品广告。

5.3.5 网络广告文案的撰写

近年来迅速崛起的互联网,被认为是一种适合于细分化市场营销趋势的新媒体。网络广告的吸引力不仅在于其惊人的增长速度和较低的成本,更在于其较强的交互性和更加准确的到达率。因而,有相当多的广告主和广告公司看好网络广告的前景。

1. 网络媒体广告的类型

互联网的迅速发展,带动了网络广告的发展,网络广告从产生到现在已经形成了各种各样的形式。基于网络传播方式的不同,网络广告可以分为以下几种类型: BBS广告、E-mail广告和Web广告。

1) BBS广告

BBS的全称是bulletin board system,是电子公告牌系统的简称,所以BBS广告又被称为电子公告牌广告。BBS是一种以文本为主的网上讨论组织,在BBS上设有很多讨论区,通过文案的形式可以在网上发表文章,可以与别人讨论感兴趣的问题,可以与网友通信,还可以相互聊天。随着受众的增加,它的商业价值也不断显示出来。

2) E-mail广告

E-mail广告也被称为电子邮件广告,以向网络用户发放邮件的方式推销广告信息的内容,所以这种广告形式是直邮广告的网络版。E-mail广告形式是一种十分有效的信息传播方式,其前提条件是广告必须经过网民的允许,而且提供的内容也是网民感兴趣的。基于电子邮件的广告主要有3种形式: 直接电子邮件、电子邮件列表和电子刊物。

其中,直接电子邮件广告是由广告主以电子邮件的方式向电子邮箱的所有者发放的广告。这种广告形式比较简单,而且针对性比较大,广告主可以根据掌握的电子邮箱的地址发放不同的广告内容。但是目前电子邮件广告的这种优势非但没有被好好利用,反而出现了滥用的现象。广告主为了推销产品,不管消费者愿不愿意,只要知道E-mail地址就发放广告。这种未经允许就进入私人邮箱的做法引发了人们的厌恶心理和隐私被侵犯的排斥心理。如何做好宣传又不令人反感,是广告主在发布广告时应该好好考虑的问题。

3) Web广告

Web广告又被称为万维网广告,是挂靠在各种网站上使用量最大的网络广告形式。万维网通过多种传播手段和无限信息量的传送以及24小时在线和信息的交互性交流,在与传统媒体的竞争中争取了大量的受众来到计算机屏幕面前。

目前,Web广告主要有网幅广告、文案链接广告、弹出式广告、在线分类广告和其他的广告形式。

(1) 网幅广告。据统计,网幅广告在Web广告中占有54%的比重,已经成了最有效的广告推销工具。网幅广告是最常见的广告形式,它是粘在网页上的一种广告形式,因其多在页面上方显眼的位置,所以网幅广告又被称为页眉广告或标题广告; 又因为网幅广告一般都是条形的,所以又被称为旗帜广告。

一般来说,对于网幅广告,各个网站都制定了详细的尺寸大小标准,不同的尺寸收取的费用也不同。网幅广告的设计或是运动的,或是色彩鲜艳的,或是比较有趣的文案,能否吸引广告受众打开这扇窗户是网幅广告效果大小的关键。

(2) 文案链接广告。顾名思义,文案链接只是文案的超链接,通过文案的相互链接,使公众了解更新、更详细的广告内容。文案链接广告一般是按照天数来收费，其文案设计不像网幅广告那样有相应的图画动画等创意。

（3）弹出式广告。弹出式广告又被称为插入式广告，这是一种强制性的广告形式，即当用户打开一个网页时，同时弹出另一个窗口，上面或是文案或是图画，像一个网幅广告，有时也是文案链接广告。

（4）在线分类广告。在线分类广告是指网站将各种广告信息综合起来，按照产品和服务的类别进行详细并比较专业的分类，向网民提供各种各样的广告信息。

目前，在线分类广告凭借网络搜索、数据库功能、快捷的更新等网络本身的诸多优势，对传统报纸的分类广告形成了极大的冲击。

2. 网络广告文案的写作要求

网络广告文案的写作要求

（1）语言要简洁生动。目前，网上可供选择的广告位置有限，大多数只有图标广告，最常用的尺寸是15cm×2cm，鉴于各网站对广告尺寸有一定限制，而且网络媒体也不适合长时间阅读，因而简洁、生动的网络广告文案才会有较高的注意率。

（2）注意语言与动画效果的配合。动画技术的运用为网络广告增强了不少吸引力，所以在网络广告的文案写作上，应充分利用动画技术所产生的视觉效果，利用字体大小、位移的快慢变化，来增加信息传播的趣味性和表现力。

（3）语言风格的适应性。由于网络可以根据不同兴趣爱好，把受众高度细分化，因而在针对目标受众诉求时，注意运用他们所熟悉的语气、词汇，会增强认同感。网络广告还可以借助热点信息作为网络广告文案的宣传素材。

（4）语言形式由投放的网站决定。虽然网络无国界，但受众还是会受到语言的限制，因而，要根据企业的传播目标选择站点，决定运用何种语言。不同国籍的受众，其文化背景也不尽相同，对广告文案的表现形式也会有不同的认知，所以应根据受众的文化背景、不同嗜好等来及时调整语言形式。

○ 任务演练

分析广告文案

演练背景

广告文案写作是一个创意实现的过程，在这个过程中，广告文案人员要在广告文案写作的特殊原则、特殊条件下，对广告创意策略和表现策略进行语言文字的表现。通过对广告文案经典案例的分析，使学生能够掌握规律，明确理论，指导实践。

演练要求

自选收集5个不同类别商品的不同媒体广告文案，实施对其相应的原理应用剖析，并写出解读阐释。重点分析报纸、电视、网络等不同媒体、产品、企业形象等不同信息的广告文案写作技巧。

演练条件和过程

（1）对于广告作品的收集可采取市场搜索、拍摄、图书阅览、网上下载等手段。

（2）将收集来的作品按照媒体进行分析后的归类。

(3) 将广告作品(彩色或黑白效果均可)粘贴于作业版面上,纸质媒体可以裁剪,并以文字阐释该应用媒体对广告诉求的揭示作用。

(4) 由个人在班上发表汇总结论,教师点评。

任务演练评价

任务演练评价表

任务演练评价指标	评价标准	分值	得分
1. 广告作品选择的代表性	(1) 是否具有代表性	20	
	(2) 是否具有可行性	10	
2. 演练过程	(1) 演练系统性	20	
	(2) 操作符合要求	20	
	(3) 广告文案分析信息详略得当	10	
3. 成果展示	PPT 设计精美,解说语言表达流畅到位	20	
总成绩		100	
学生意见			
教师评语			

重点概括

(1) 广告文案写作有三大原则:真实性、原创性和有效传播。

(2) 随着社会的发展,广告文案的结构也在不断完善,一般由广告标题、广告语、广告正文、随文 4 个基本要素构成。

(3) 广告文案的写作技巧应注意广告标题、广告语、广告正文与随文的写作。

(4) 广告正文可分为陈述体、说明体、独白体、对话体、故事体、歌曲体等。

(5) 随文又称附文,是对广告正文的补充。广告随文通常位于广告文案的尾部,用来传达广告主身份以及相关的附加信息等内容,在广告文案中虽然处于从属地位,但它的写作同样不可疏忽,其内容根据不同的需要和广告的形式而定,不宜罗列过多。

(6) 电视广告文案是广告文案在电视广告中的特殊形式,是以画面语言和声音为表现手法的广告传播形式。电视广告文案的特点在于直观生动、感染力强,但它也存在着费用过高、不可存留、可选择性较差等缺点。

(7) 广播广告是以广播为传播媒体的广告形式,它通过声音来传播,诉诸人的听觉,具有费用较低、传播迅速、不受时空限制等优点。广播广告主要以文案为主,语言文案是最重要的传播形式。同时,广播广告也综合利用音乐、模拟音响等辅助形式,来强化广播广告对人听觉的刺激,增强文案的表现力。

(8) 报纸广告是最为常见的大众印刷媒体广告,它的表现形式是多种多样的,诸如文案形式、插图形式、摄影形式、装饰形式、构成形式、综合形式等。报纸广告文案是直接与读者见面的广告作品形式,这也是它与广播、电视广告文案的主要区别。

(9) 杂志媒体的知识性、娱乐性、专业化特征及目标受众群体的相对明确、稳定和较高的文化水平,决定了杂志广告文案的独特性,即对象化、个性化和专业化特点。

(10) 基于网络传播形式的不同,网络广告可以分为以下几种类型:BBS 广告、E-mail 广告和 Web 广告。

案例分析　《我是江小白2016》的MV广告分析

一、背景分析

江小白是重庆江小白酒业有限公司旗下江记酒庄酿造生产的一种自然发酵并蒸馏的高粱酒品牌。江小白致力于传统重庆高粱酒的老味新生，以"我是江小白，生活很简单"为品牌理念，坚守"简单包装、精制佳酿"的反奢侈主义产品理念，坚持"简单纯粹，特立独行"的品牌精神，以持续打造"我是江小白"品牌IP与用户进行互动沟通，持续推动中国传统美酒佳酿品牌的时尚化和国际化。

"简单纯粹"既是江小白的口感特征，也是江小白主张的生活态度。江小白提倡年轻人直面情绪，不回避，不惧怕，做自己。"我是江小白，生活很简单"的品牌主张沿用至今，已经渗透进21世纪的现代青年生活的方方面面，并繁衍出"面对面约酒""好朋友的酒话会""我有一瓶酒，有话对你说""世界上的另一个我""YOLO音乐现场""万物生长青年艺术展""看见萌世界青年艺术展""江小白Just Battle国际街舞赛事""我是江小白动漫"等文化活动。随着时间的发酵，江小白"简单纯粹"的品牌形象已经演变为具备自传播能力的文化IP，越来越多人愿意借"江小白"来抒发和表达自己，对于这个复杂的世界而言，或许人人都是江小白。

二、品牌发展与广告活动

2012年，陶石泉创立了江小白品牌。

2012年3月，江小白品牌首次亮相业界，并推出第一款单纯高粱酒品"我是江小白"。

2012年12月21日，江小白首届"江小白粉丝同城约酒大会"在重庆举行，成为江小白粉丝聚会的欢乐派对。

2013年12月21日，江小白在重庆洋人街举办"同城约酒大会"，同时公布"江小白青年艺术扶植计划"。

2014年6月，江小白借助百度贴吧打造"毕业季"活动。

2014年8月12日，江小白第54届国际小姐中国大赛湖南赛区总决赛跨界视听盛宴在凯宾斯基酒店开启。

2014年12月21日，"2014江小白同城约酒大会"在重庆洋人街金色大厅举行，参与人数超过1000人。

2015年12月30日，江小白"小约在冬季"的2015年约酒大会在重庆、北京、武汉、成都、长沙、南昌等多地举行。

2016年，江小白联手成都许燎源当代艺术馆举办"万物生长"青年艺术邀请展，并发布2016款艺术酒标。

2016年5月，由江小白酒业冠名的"极峰·江小白"车队参加2016中国环塔（国际）拉力赛。

2016年10月21日至12月10日，"2016第一届江小白YOLO音乐现场原创嘻哈音乐节"在重庆举办。

2016年12月，"JFC北京创新创业约酒大会"在北京召开。

2016年12月29日，江小白出口韩国。经重庆检验检疫局永川办事处查验合格后启运出口韩国，是重庆传统白酒首次实现出口韩国。

2017年3月21日，江小白青年艺术家邀请展暨艺术版产品发布会在成都举行。青年艺术家郝朗、张小盒团队参与设计的“看见萌世界”“联系”限量版艺术酒瓶正式亮相。

2017 年 5 月,由江小白酒业冠名的“极峰・江小白”车队 2017 中国环塔(国际)拉力赛出征仪式,在喵儿石创艺特区举行。

2017 年 9 月,第二季江小白 YOLO 音乐现场首场北京站,正式拉开 2017 年江小白 YOLO 音乐现场十城巡演的帷幕。

2017 年 11 月 9 日,江小白与两点十分动漫联合制作出品的《我是江小白》动画在优酷、哔哩哔哩、腾讯、爱奇艺、搜狐、芒果 TV、PPTV、天天看看网络视频平台同步上线。

2017 年 12 月,“江小白 Just Battle 国际街舞赛事”在重庆石子山体育公园举办。

2018 年 2 月 4 日,江小白 JOYBO 街头文化艺术节在重庆举行,这是一场融合了各种潮酷文化的青年文化艺术盛典。

2018 年 4 月 20 日,“江小白假如这世界上只有中文歌街舞大赛”在北京首发。

三、产品系列

1. S 系列

S 系列为江小白产品家族最早的成员,现有 S100、S125、S300 等产品。

2. 江小白 JOYYOUTH 系列

JOYYOUTH 意为 JOY+YOUTH,即江小白青春版,酒体更单纯,度数更低,适合初饮蒸馏酒的青年群体。现有产品青春版 100、青春版 150、青春版 300、金奖青春版、青春版 1000 等产品。

3. 江小白礼盒系列之重庆味道

江小白礼盒系列之重庆味道以重庆著名景点为元素打造,包装个性精美。现除重庆味道外,该系列还包括重庆味道条形装、重庆味道精装、江津味道、看见萌世界、张小盒联系、X3 铁盒、金标、蓝调、四面山记忆条形装、万物生长、天生自由、金鸡纪念版、清爽 35°等产品。

4. 江小白拾人饮

25°超低度酒体标志性产品,单瓶重达 4 斤,适合团建聚会。现有召唤拾人饮、齐心拾人饮、必胜拾人饮、庆祝时刻、独角兽产品。

5. 江小白三五挚友

精选重庆本地小颗粒红皮糯高粱,手工精酿,只取中段 10%原酒,麻坛存储 3 年以上,由江记酒庄首席酿酒师李俊专为挚友相聚而设计。

四、品牌荣誉

2013 年 1 月 4 日,江小白上榜“2012 年中国酒业风云榜”年度新品。

2013 年 9 月 18 日,创始人陶石泉获得“2013 年度中国杰出营销人金鼎人物”奖。

2013 年 11 月 18 日,江小白微博被新浪微博评为“2013 年度重庆最赞微营销案例”。

2014 年,江小白在报业集团、轨道集团、都市热报举办的活动中,被评为重庆美食经济推动力标杆企业暨“2014 百万轨道族最喜爱年度品牌”。

2015 年 8 月,江小白入选“2015 年国际调酒师大赛”预调鸡尾酒比赛用酒。

2016 年 11 月,江小白表达瓶获年度创新产品奖。

2017 年 7 月,在“国际葡萄酒暨烈酒大赛(IWSC)”中,江小白“金标”荣获卓越银奖,“三五挚友”“青春版 500”“表达瓶 S100”荣获银奖。

2017 年 9 月,在“布鲁塞尔国际烈酒大赛”中,江记酒庄出品的“江小白 Se300”和“江小白青春版”荣获金奖，“单纯高粱酒”荣获银奖。

2017年11月，在“香港国际葡萄酒与烈酒品评大赛(HKIWSC)”中，江记酒庄出品的“江小白青春版”荣获本届赛事最高奖项特等奖，“有路清淡型高粱酒”“单纯高粱酒”、S300、“金标”获得了银奖。

2017年12月，江小白成为“感知中国·重庆篇——德国行”活动指定用酒。

“江小白”系列高粱酒产品，通过产品质量等级国优认证，获得了由中食联盟(北京)认证中心颁发的产品质量优级认证证书。

五、广告主张

1. 缘起“简单”

独特的地理环境与气候特征，滋养了重庆悠久的酿酒文化。公元前300多年，“巴乡清”就曾被进贡给秦昭襄王。传承巴渝地区传统精酿高粱酒工艺，“江边酿造，小曲白酒”，江小白以此得名。“小白”原本是“菜鸟”“新手”的意思，现已成为江小白所提倡的一种价值观，寓意追求简单、绿色、环保、低碳生活的都市年轻人。

2. 情绪饮料

江小白在《致我们情绪的青春》一文中这样写道：“我们捕捉每一个青春个体的丰富情绪，并向你提供一种带有酒精度的神奇饮料，它能放大我们的情绪。它能让我们更幸福、更快乐、更激情、更兄弟、更姐妹，也可能让我们更孤独、更悲伤、更恐惧、更沮丧。我们喜欢的情绪，就让它淋漓尽致，我们回避不了的情绪，就让它来得更猛烈！”

江小白提倡直面青春的情绪，不回避、不惧怕。与其让情绪煎熬压抑，不如任其释放。

3. 消除互联网隔阂

随着互联网的普及，朋友之间的正常交流时间正越来越多地被移动社交软件所占据。线上的热络取代不了面对面的沟通。江小白号召放下手机暂别网络，与朋友重新在现实中进行社交，不要让网络完全占据了生活。

“回到现实，摘下面具，真心交流”，这种试图把消费者的情绪跟江小白产生连接，让情绪放大的想法，最终促成了江小白独具特色的“约酒大会”，形成了新青年群体中流行的“约酒文化”。

2012年12月21日，玛雅预言中的“世界末日”，江小白以“醉后真言”为主题，第一次尝试与青年消费者的约酒聚会。这一次约酒也成为江小白“约酒大会”的雏形。

2013年12月21日，江小白“同城约酒大会”在重庆洋人街举行。这场以“远离孤单，从约酒开始”为名的聚会让“约酒”成为青年人口中的热门关键词。

2014年12月21日，江小白“同城约酒大会(重庆)”再次在重庆洋人街金色大厅举行。“我是江小白，约酒不孤单”，江小白用一场约酒晚会的形式表达着“拒绝都市孤独症”的明确诉求。

2015年12月30日，江小白“小约在冬季”的2015年约酒大会在重庆、北京、武汉、成都、长沙、南昌等多地举行。旨在呼吁青年群体回归到面对面的现实社交中。

六、《我是江小白2016》的MV

广告风格：文艺、励志、青春、积极向上

文案形式：歌曲体

口号：我是江小白 想要很简单

正文：

你阅尽繁华 经历浮夸
我懵懂艰辛 不曾说话
你世事圆滑 形象高大
我愣头青涩 却想表达
密密麻麻的人群里
荒无人烟
万里无云的天空下
一片阴霾

注定不凡 我百转千回
从来不累
可梦总是把现实怪罪
一杯酒喝出 人间百味
喝醉了别哭
噢 想你宝贝
密密麻麻的人群里
荒无人烟
万里无云的天空下
一片阴霾
我是江小白
想要很简单
哭着笑着
翻越那高山
我是江小白
生活很简单
我要诉说的未来
注定不凡
我是江小白
想要很简单
哭着笑着
翻越那高山
我是江小白
生活很简单
我要诉说的未来
注定不凡
我是江小白
我是江小白
我是江小白

我是江小白
青春不散
我是江小白
想要很简单
哭着笑着
翻越那高山
我是江小白
生活很简单
生命有你做伴
不再孤单

资料来源：http://www.dailyads.cn

(1) 江小白广告的具体形式都有哪些?

(2) 分析江小白MV广告文案的成功之处。

(1) 学生根据案例提出的问题，拟出案例分析提纲。

(2) 小组讨论，形成小组案例分析报告。

(3) 班级交流，教师对各小组案例分析报告进行点评。

(4) 在班级展出附有“教师点评”的各小组案例分析报告，供学生比较研究。

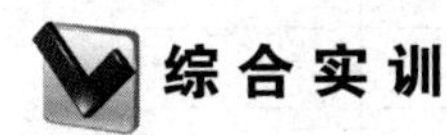

撰写广告文案综合实训

【实训目标】

通过本项目的学习，对广告写作的创意表现、结构、语言、技巧以及具体运作应有全面而深刻的了解，并能熟练地结合企业广告活动进行广告文案撰写。通过教学训练，提升学生的广告文案写作素养，强化学生驾驭广告语言的能力，提高学生创造性传达广告信息的写作实践能力。

【实训内容】

以各广告小组为单位，收集1个真实企业的产品或服务信息，并针对其进行典型广告文案的撰写训练。

【操作步骤】

(1) 将班级每5～6位同学分成一组，每组确定1人负责，在小组内进行任务分配。

(2) 寻找课题、调查研究。学生按组展开调查，并将调查情况详细记录。

(3) 分组开展撰写企业产品或服务信息典型广告文案草案。草案初审，由指导教师评析。

(4) 确定方案，提交典型广告文案正稿。

(5) 各组在班级进行交流、讨论。

(6) 方案跟踪,即与真实企业的某一阶段广告开展进行对比分析。

(7) 方案评审、考核、认定成绩。

【实训向导】

(1) 小组成员要扬长避短、各尽所能,充分发挥广告小组团队精神。

(2) 实训结束后,举办一个课题单元展,以 PPT 演示并回答问题,使每个小组、每个同学能全面地发现优点、认识不足。

【成果形式】

实训课业:每小组提交 1 套典型广告文案作品,小组成绩与每个同学的表现综合考评即为同学个人成绩。

【实训考核】

根据实训题所要求的学生“实训课业”完成情况,就下表中各项“课业评估指标”与“课业评估标准”,评出个人和小组的“分项成绩”与“合计”,并填写“教师评语”与“学生意见”。

实训课业成绩考核表

课业评估指标	课业评估标准	分值	得分
1. 课题的选择	(1) 是否具有代表性	10	
	(2) 是否具有可行性	10	
2. 调查方法	(1) 科学可行	10	
	(2) 难易适中	10	
3. 广告文案	(1) 创意性	10	
	(2) 操作性	10	
	(3) 合理性	10	
4. 成果展示	PPT 设计精美,解说语言表达流畅	10	
5. 广告文案方案	(1) 格式的规范性	5	
	(2) 内容的完整性、科学性	5	
	(3) 结构的合理性	5	
	(4) 文理的通顺性	5	
合计		100	

教师评语	签名: 年 月 日
学生意见	签名: 年 月 日

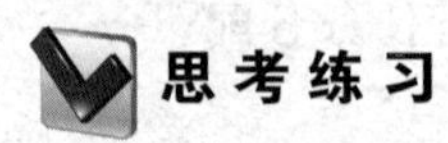

思考练习

名词解释

广告文案 广告随文 广告独白体 Web 广告

选择题

单项选择题

1. (　　)广告一般广告版面较小,而且众多广告排列在一起,互相干扰,广告效果容易互相削弱。

A. 半通栏　　B. 报眼　　C. 半版　　D. 双通栏

2. 广告文案的(　　)通常出现在广告文案的尾部,但也可出现在文案的左上方或右上方;可以以条款的方式分行、分项列出(或横排或竖排),也可化整为零地安排在文案的恰当位置。

A. 标题　　B. 广告语　　C. 正文　　D. 随文

3. 广告正文的形式结构主要有并列式和(　　)两种。

A. 平行式　　B. 上下式　　C. 首尾呼应　　D. 纵深式

4. 网络广告不包括(　　)广告。

A. BBS　　B. E-mail　　C. 报眼　　D. Web

5. 下面不属于广播广告文案要素的是(　　)。

A. 语言　　B. 广播稿　　C. 音响　　D. 音乐

6. 广告文案的原创性包括表现手法上的独创和(　　)的独创。

A. 信息内容　　B. 产品　　C. 媒体　　D. 服务

7. 广告的有效传播是指广告经由表达、传播达到(　　)的过程。

A. 广告流程　　B. 广告主题　　C. 广告目的　　D. 广告口号

8. (　　)在广告文案中占据着主导地位。

A. 广告标题　　B. 服务　　C. 产品　　D. 媒体

9. 把宣传重点放在对产品或企业品牌的大力宣传上的广告语类型是(　　)的广告语。

A. 反映产品高档品质　　B. 表现企业经营理念

C. 反映企业或产品特点　　D. 突出商品品牌

10. 随文又称(　　),是对广告正文的补充。

A. 留言　　B. 附文　　C. 条签　　D. 便签

多项选择题

1. 广告文案写作有(　　)三大原则。

A. 真实性　　B. 原创性　　C. 有效传播　　D. 冗长性

2. 广告文案的结构也不断完善,一般由(　　)几个基本要素构成。

A. 标题　　B. 广告语　　C. 正文　　D. 随文

3. 目前,Web 广告主要有(　　)。

A. 网幅广告　　B. 文案链接广告

C. 弹出式广告　　D. 在线分类广告

4. 杂志广告的最大特点就是图文结合。一般来说,杂志广告文案的表现形式可以归纳为(　　)几种。

A. 杂志的全页　　B. 半页　　C. 1/4 页

D. 跨版或多页专辑　　E. 指定版面

5. 整版广告根据报纸的规格大小一般可分为(　　)两种类型。

A. 500 毫米×350 毫米　　B. 340 毫米×250 毫米

C. 340 毫米×235 毫米　　D. 500 毫米×450 毫米

判断题

1. 在广告文案写作中,必须坚持真实性原则问题。(　　)
2. 封面和封底不可以称为特殊页面版式。(　　)
3. 广告文案一般由标题、广告语、正文、随文 4 个基本要素构成。(　　)
4. 从版面面积看,单通栏是半通栏的两倍,约 150 毫米×450 毫米,属于单通栏广告。(　　)
5. 弹出式广告又被称为插入式广告,这是一种强制性的广告形式。(　　)

简答题

1. 简述广告文案的写作原则及结构。
2. 简述广告文案的写作技巧。
3. 简述电视广告文案的撰写要求。
4. 简述报纸广告文案的撰写要求。

项目 6

Xiangmu liu

广告效果测评

知识目标

1. 理解广告效果测评的含义及作用。
2. 熟悉广告效果测评的基本程序和指标体系。
3. 掌握广告效果测评的各种方法。
4. 掌握广告心理效果的评价、经济效果的评价、社会效果的评价。
5. 掌握广告效果测评报告的撰写要求。

技能目标

1. 能根据公司决策层的要求,制订广告效果评估方案。
2. 能够运用广告测评的方法对广告的不同阶段、不同媒体、不同受众进行评价。

思政目标

1. 培养学生具备广告从业者的职业道德。
2. 弘扬中国传统文化,增强学生的民族文化自信心。

发挥广告社会效果,弘扬中华传统文化

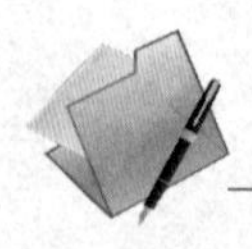

学习任务6.1 广告效果测评的内容

教学方案设计

教学方法:演示、任务驱动　　　　建议课时:2

学习目标	技能目标	1. 能从不同角度对广告效果的含义进行分析 2. 能具体阐述广告效果测评的作用和原则 3. 能运用广告效果测评的基本要素分析广告效果测评的目标
	知识目标	1. 了解广告效果的含义 2. 掌握广告效果测评的作用和原则 3. 熟悉广告效果测评的内容
学习任务准备	教师	1. 课件及任务评分考核表 2. 准备授课广告影音/图片资料
	学生	1. 抽签随机分组,8~10人为一组,组内自选组长 2. 各个小组探讨广告效果测评的目标和内容,并选出代表发言 3. 准备资料卡

教学流程	教学环节	教师活动	学生活动	课时
	一、成果展示与分析	引入案例,提出问题	做好问题分析笔记	1
	二、知识储备	1. 讲授广告效果测评的理论知识 2. 解答知识疑问 3. 针对本学习任务中的同步案例和“广告人”“广告语”进行学习指导	1. 认真听取广告效果测评的理论知识 2. 提出疑问 3. 针对本学习任务中的同步案例和“广告人”“广告语”进行学习分析	
	三、任务演练	1. 介绍本学习任务的演练背景和要求 2. 指导“如何确定广告效果测评内容”的演练实施过程 3. 评价演练效果和结论	1. 小组自主演练任务:“如何确定广告效果测评内容” 2. 通过小组成员的共同合作,分析广告内容、广告商品的市场竞争能力和企业信息,最终明确广告测评的目标和内容 3. 以卡片的形式记录汇总结果 4. 组长陈述结论	1
	四、学习任务知识小结	1. 系统地对本学习任务知识进行总结 2. 针对重要知识点进行课后作业布置	1. 认真听取知识总结 2. 以小组为单位收集广告测评的效果分析,进行评述介绍	

成果展示与分析

新时代下的中国广告业发展与效果

2017年，我国广告营业额为6896.41亿元，相比2016年的6489亿元小幅增长6.3%。其中户均广告经营额61.41万元；纳税559.58亿元，同比增长50.2%；户均纳税4.98万元，同比增长17.1%。全年广告营业额占国内生产总值(GDP)的0.84%，与同期GDP增长率6.9%基本持平，仍低于国际平均水平1.5%和发达国家水平2%。

2017年，广告营业额较多的5个行业分别是食品、房地产、化妆品和卫生用品、汽车、家用电器及电子产品。目前，中国广告市场媒体已形成电视媒体、互联网媒体、生活圈媒体三大阵营格局。

2017年，中国传统媒体(主要指电视台、广播电台、报社、期刊社)的广告经营额没能持续上一年的增长态势，出现了小幅下滑。纵观历年数据可以发现，我国四大传统平台广告营业额从2013年的1834.2亿元到2017年的1784.65亿元，整体处于下滑趋势。2014年，传统广告媒体营业额上升至1994.63亿元，达到近5年最高点后，开始了连续3年下滑。其中，电视广告的下滑是绝对的"核心"。

我国四大传统媒体中，仍然以电视广告为主，2017年电视台广告营业额为1234.39亿元；广播电台广告营业额为136.68亿元；报社广告营业额为348.63亿元；期刊社广告营业额为64.95亿元。值得注意的是，我国电视台、广播电台、报社3类的广告营业额在2017年均出现了负增长，只有期刊社的广告经营额增长了7.69%。其中，电视台、广播电台、报社的广告营业额增长幅度分别为－0.37%、－20.83%、－2.96%。

2017年，中国互联网广告经营额合计为2975.15亿元，比上一年增长了29.06%，占广告总经营额的43.14%。从互联网广告分类来看，互联网服务类广告占比93.67%，其中电子商务广告302万条次，其他互联网服务广告646.95万条次。

广告行业虽然竞争激烈，但同时又拥有巨大的市场潜力，到处充满商机，中国已成为全球广告行业增长最快的市场之一，经历了萌芽期和高速发展期两个阶段的我国广告业，目前已经进入平稳发展期。在稳步发展的同时，中国的广告行业正面临着巨大的挑战和机遇。

如何更好地利用不同类型媒体的特性进行广告的投放，使广告投放的效果不断地优化，这就需要摸清楚每一分钱的去处，做好广告效果分析，尽可能让所有的广告费都能真正发挥效用。

资料来源：http://www.chyxx.com/industry/201710/576017.html

知识储备

6.1.1 广告效果测评的含义

广告效果测评的含义

约翰·沃纳梅克曾说："我知道我的广告费有一半被浪费掉了，但我不知道是哪一半。"如果我们能够对广告效果进行科学的评估，我们会发现，这种浪费并非不可避免。

广告效果是指广告媒体传播后所引起的社会公众的各种心理影响及行为变化的总和。广告主利用媒体传播某个广告，会给受众带来各种影响，也会给企业带来某些经济效益，同时还会给社会环境带来文化上的影响，这些变化都可以称为广告效果。

广告效果按不同的划分方式可以分为以下几种类型。

1. 从广告效果的影响层次分

(1) 广告的心理效果又称广告的传播效果,是指广告对消费者的心理反应所产生的影响程度。其表现为消费者对广告所传递信息的情感反映。广告的心理效果是一个潜移默化的心理过程,也是广告传播效力的直接反映。

(2) 广告的经济效果又称广告的销售效果,是指广告活动引起产品或劳务的销售及其利润增长或降低的程度,也就是广告主从事广告活动所获得的经济收益或损失。这是企业进行广告活动最重要、最关键的效果,也是测评广告效果的主要内容。

(3) 广告的社会效果是指广告对社会、文化、教育、习俗等方面所起到的影响和作用。广告活动在传播过程中,会将其自身所蕴含的社会价值和文化价值一同传递给大众,进而影响整个社会的精神、文化等层面变动。这也是公益广告追求的目标。

给妈妈洗脚(公益广告)

劳累一天的年轻的妈妈,晚上给自己的孩子洗完脚,又大汗淋漓地端着一盆水给自己的妈妈洗脚。这个情节让孩子看在眼里,小小年纪的他仿效着妈妈的动作,也给妈妈打来一盆洗脚水,稚嫩的童声"妈妈,洗脚"。

这则公益广告,通过小视频的形式向社会传播尊老敬老的中华民族传统美德。孝敬老人是中华民族的优良传统,而孝心的培养要从娃娃抓起。这则公益广告宣扬了中华民族的"孝",呼吁现在的人们要常回家看看,关爱老人与儿童。

同步案例 6-1

公益广告与哈药集团制药六厂

从 2001 年开始,哈药集团制药六厂开展声势浩大的公益广告活动,推出了"给妈妈洗澡""关爱老人,用心开始""点滴之爱,人间真情""同升一面旗,共爱一个家"等一系列优秀的广告作品。

哈药集团制药六厂之所以投入巨资拍摄并投放一系列的公益广告,其旨在改善社会形象、提高美誉度、创建品牌价值、塑造现代企业形象。这场浩大的公益广告活动就是为哈药集团制药六厂实现企业形象的核心转变服务。

(1) 这些公益广告活动,倡导大家热爱环保,孝敬老人,爱国,爱民族等,公益主题丰富多彩需适时变化,唯有爱的主线贯穿始终。爱,是民众关心和参与公益事业的动力;爱,可以让各个公益主题,变得形散而神聚。

(2) 民众希望制药企业是富有温情爱心,关爱大众民生,有现代企业风范。关爱民众及由此衍生的理念,能够改变企业经营中的短期行为,特别是营销和广告活动中的不良行为,让企业更受民众的爱戴和拥护。

(3) 民众对产品和企业的爱，可以让企业获得巨大和永久的市场竞争力，帮助企业走出困顿，改变企业命运，让企业前途无限光明。

通过哈药集团制药六厂在广告策略上的转变，可以看出：一个企业要想获得真正意义上的成功，必须以社会大众利益和消费者利益为中心，并以这一理念来规范企业的一切经营活动。只有当企业形象和品牌价值深入人心，为社会大众和消费者喜爱时，企业才能获得最后的成功。哈药集团制药六厂的广告策略从产品推销的层次，向塑造现代企业形象和品牌营销的层次进行了积极变革与整体提升。广告活动只有规范在有利塑造良好的企业形象和品牌价值的范围之内，才会有益于企业的长远发展，才不会给企业带来意想不到的危害。

资料来源：http://blog.sina.com.cn/s/blog_40871e1a010009dh.html

案例分析： 企业公益广告即由企业出资，以围绕改善和解决社会共同利益问题而组织开展的广告活动。公益广告不仅可以提升公民的素质，从企业角度来讲，公益广告片看似是企业花了钱在对公益事业进行的一种宣扬，但实际上可以间接为企业带来形象、声誉等无形资产回报。企业公益广告的“去商性”赢得了公众的好感，淡化了对金钱的欲望和利益的追逐，把企业的商业性目的深深掩藏于对公益事业的积极支持和参与中。企业公益广告具有最广的受众面，能在很大范围内产生认同感、亲和力，让消费者在欣赏甚至钦佩中认同企业的社会责任感，从而极大地提高企业的知名度和美誉度。

通常所说的广告效果一般是指广告的经济效果。因为广告的社会效果、心理效果都要最终反映到其经济效果上。由此可见，广告的经济效果是广告效果的最基本体现和要求。

2. 从广告效果的时间周期分

(1) 即时效果。广告活动开展后，很快就能产生效果，会促使消费者产生强烈的购买欲望，并会立即采取购买行为，如商场内的打折促销广告。

(2) 短期效果。广告活动开展后，在较短的时间内，如一个月、3个月或半年内，使消费者在短期内实现购买行为。短期效果是衡量一则广告活动是否取得成功的重要指标之一。

(3) 长期效果。广告活动持续进行，长期的不断影响消费者，当这种影响在消费者心里积累到一定程度以后，使消费者最终产生行动。

6.1.2 广告效果测评的作用

1. 加强企业对广告的认知程度，增强广告意识

广告效果测评是检验广告整个实施过程是否合理，了解消费者对整个广告活动的反映结果的有效途径。通过测评活动，首先可以很好地检查广告活动是否获得了预期效果，其与企业的营销目标、企业文化宣传目标等是否吻合；其次，可以通过具体的数据说明广告成效，使企业确实感受到广告所带来的利益，帮助企业决策下一阶段的广告宣传活动，增强企业的广告意识。

2. 提高广告作品质量，促进广告业务的快速发展

优秀的、有创意的广告作品才能吸引越来越挑剔的消费者的目光，才能给消费者留下一些印象。广告效果测评能更好地了解消费者对广告作品的接受程度，了解广告创意是否独特新颖,主题是否突出,帮助企业改进广告的设计与制作,提高广告质量,从而促进广告业务的快速发展。

3. 促进整体营销目标的实现

广告效果测评能够比较客观地评价广告活动所获取的经济效益,可以使企业更好地了解自身以及消费市场的详细资料,帮助企业调整生产经营活动,促进整体营销目标的实现。

6.1.3 广告效果测评的特性

1. 时间的滞后性

广告对媒体受众的影响程度由文化、习俗、消费环境等多方面因素综合决定。有的媒体受众反应可能会快一点,很快就有购买行为发生,有的媒体受众反应可能会慢一点,较长一段时间之后才会发生购买行为。广告效果时间的滞后性使广告效果不能很快、很明显地显示出来。因此,要准确地评估广告效果首先要把握广告产生作用的周期,确定广告效果发生的时间间隔,这样才能很好地评估广告活动的真实效果。

2. 广告效果的累积性

大多数广告通常没有立竿见影的效果,其效果是逐渐累积而成的。广告从发布信息到媒体受众的接收和理解,是一个动态的过程。广告的说服力也会随着媒体受众接触次数的增多而增加,最终产生一个质变到量变的过程。

3. 广告效果的复合性

现在广告传播的媒体多种多样,形式也千变万化,这些不同的广告媒体具有不同的特点。

一段时期内的广告效果是由所采取的多种广告表现形式、多种媒体等因素综合作用所产生的结果,也与广告主同期开展的其他营销活动(如线上、线下促销,公共关系等)是相辅相成的。广告效果也就必然会由于其他营销活动效果的好坏而增强或减弱。因此,广告效果具有复合性。在广告效果评估时,要研究好影响广告效果的主要因素是什么,以确保广告效果评估的客观性与真实性。

世界广告大师:威廉·伯恩巴克

6.1.4 广告效果测评的原则

为了科学、准确地测评广告效果,在测评过程中应遵循以下原则。

1. 综合性原则

影响广告效果的因素是多种多样的,有些因素是可控的,有些是不可控的。在测评广告效果时,要全面了解把握各种影响因素,综合地分析各种相关因素的影响,避免受制于某些单一的因素,得到片面的、虚假的结果。因此,在进行广告效果测评时,除了收集广告预算、广告播放频率、播出时间、调查受众媒体的选择等资料时,还要考虑消费者的消费习惯、广告播出地点的区域风俗习惯等因素,全面考虑各种影响因素,取得客观的测评效果。

2. 针对性原则

针对性原则是指测评广告效果时,必须有明确而具体的目标。例如,本次广告效果测评是心理效果测评还是经济效果测评;是短期效果测评还是长期效果测评;测评广告心理效果时,是针对受众态度效果还是认知效果等。测评目的越明确具体,针对性越强,才能选择越恰当的测评方法,测评的结果也才越真实有效;反之测评结果不明显,不能给企业提供更好的参考价值。

3. 可靠性原则

广告效果测评结论只有是真实、可靠的,才能给企业提供参考,才能帮助企业做出正确的决策,提高经济效益。因此,广告效果测评的可靠性原则就要求从确定测评目标起,到测评数据收集、测评过程的把握都要求本着综合考虑各种影响因素的原则,采取科学的方法进行。只有这样,才有可能取得可靠的测评结论。

4. 连续性原则

广告效果有时间上的滞后性、效果的积累性、综合性以及间接性等特征,因此不能抱有临时性或一次性测评的态度。本期广告效果也许不是本期广告宣传的结果,而是上期或过去一段时间内企业广告活动的共同结果。因此,广告效果测评就必须坚持连续性原则,要定期或不定期地进行测评。

5. 经济性原则

广告效果测评时,不能无预算地进行测评,要做好广告效果测评的经济核算工作,要从广告主的经济实力出发,如选取的样本数量、测评的方式、地点以及相关指标等,要尽量用最少的成本取得较好的测评结论。

广告语

百雀羚广告"一九三一"。

1.我的任务就是与时间作对
2.百雀羚始于1931,陪你与时间作对

百雀羚这条广告语向消费者传递了"始于1931"及"陪你与时间作对"这一主旨。百雀羚正在一步步努力打破老国货产品的固有印象,努力塑造品牌年轻化,唤醒年轻消费者的购买欲望。

同步案例 6-2

百雀羚神广告

1931 年,草本护肤品牌百雀羚在上海诞生。80 多年后,作为国货老字号品牌,百雀羚再次受到销费者热捧。百雀羚 2009 年扭亏为盈,2012 年营收 18 亿元,之后 5 年复合增长超过惊人的 30%。据百雀羚官方发布的数据显示,2016 财年百雀羚单品牌零售额达 138 亿元,同比增长 27.8%,成为销售额最大的中国护肤品牌。从市场份额上看,它已经仅次于玫琳凯、巴黎欧莱雅、玉兰油 3 个外资品牌,排在行业第四位。在 2016 年"双十一"期间,百雀羚天猫旗舰店创下 1.45 亿元的单日销售额,而 2017 年"双十一"当天,百雀羚凭借 2.94 亿元的销售总额成为天猫"双十一"美妆品类产品销售冠军,而这已经是百雀羚连续第三年获得天猫"双十一"美妆类目第一。

那么,百雀羚这些年是怎样逆袭成为如今让人另眼相看的国货第一护肤品牌IP,重新赢得年轻市场的呢?

据百雀羚官方数据显示,以2017年为例,百雀羚在这一年发布了诸多创意独到、引爆话题的平面及视频广告,大大增加了品牌曝光度,也获得了消费者的认可。例如,2017年5月百雀羚在微信公众号上发布的名为"一九三一"的广告。

该广告采用"一镜到底"的手法,让整个画面以适合手机阅读的竖排方式,从开头一直无间断延伸至结束,仿佛一张徐徐展开的画卷。

这幅名为"一九三一"的图片广告总长427厘米,以设置悬念的方式讲述了一个"谍战"故事。在广告开头,3张动图勾勒出一位身材婀娜、烈焰红唇、身藏手枪的女子形象。随后,这位名为"阿玲"的神秘女子走下楼梯,一路向目的地迈进。途中,她穿过游行的人群,路过西式餐厅,遇到巡逻的警察……并不时与"组织"上的同事对接暗号。最终,在人群发出"开枪了快跑啊"的惊呼声中,阿玲拔出手枪,对准目标连续射击。当读者的目光随着图画的展开而聚集到被击倒在地的"敌人"时,大家才惊觉,原来这是一则广告!观众无不拍案称奇,因为阿玲刺杀的目标是时间。最后,阿玲揭晓谜底:"我的任务就是与时间作对。"此时,配合着百雀羚品牌形象的亮相,广告主题顺势而出:"百雀羚,始于1931,陪你与时间作对。"

此外,百雀羚还发布了"包公的烦恼""俗话说得好"等一系列神广告,这些优秀的广告作品都极大地提升了品牌的知名度和美誉度,最终转化成为线上和线下的销量,给企业带来业绩的大幅增长。

资料来源:http://www.cinic.org.cn/zgzz/yx/419735.html

案例分析: 百雀羚集团通过多种媒体渠道推出的这些神广告,受到网友的追捧,有网友这样评价:"广告打得猝不及防啊!我现在脸上正敷着百雀羚的面膜。""这文案好有创意,情节跌宕,如同散文逶逶迤迤,结尾让人顿生原来如此,会心一笑而无上当受骗之感,的确颇具民国风。"这些走心的广告让80多岁的百雀羚重新焕发了青春,让更多的年轻人认识并逐渐喜爱国货,也给百雀羚集团带来了销售量上的大丰收,这充分体现出广告对企业销售的影响,也有助于加强企业对广告的认知度,增强广告意识。

6.1.5 广告效果测评的内容

广告效果测评涉及广告活动的各个环节,贯穿广告活动的全过程。因此,广告效果测评的内容很多,概括起来主要包括广告信息测评、广告媒体测评和广告活动效果测评3个方面。

1. 广告信息测评

广告信息测评是对广告所对外传播的内容的检测和评定,主要针对广告的主题是否鲜明,广告是否有创新,广告对媒体受众的冲击力和感染力,广告是否能够激起消费者的购买欲望等。通过对广告信息的测评可以知晓该广告是否向媒体受众传达了足够的信息量,是否达到了最初的广告设计目标。

2. 广告媒体测评

在广告活动中,广告媒体的选择,意味着广告将以怎样的形式展现在大众面前,而且花费在广告媒体上的资金占整个广告费用的很大一部分。因此,广告媒体的选择和运用是一个广告能否取得成功的关键因素之一。目前,可利用的广告媒体有广播、电视、报纸、杂志、户外、网络等多种形式。广告媒体测评是指测评广告所选取的媒体是否能够很好地表现广告内容,传达广告信息,广告各个媒体之间组合是够恰当,比例分配是否合适等内容。

3. 广告活动效果测评

广告活动效果测评是在某广告传播后,对媒体受众所产生的心理、经济、社会等多层次影响的评估。广告活动效果测评不仅评价了单次广告活动对产品销售的影响,还可以为广告主提供后续活动的指导和建议,帮助广告主制定长短期规划,帮助广告主获得更高的经济效益,为广告主的长远发展提供动力支持。

○ 任务演练

如何确定广告效果测评的内容

演练背景

企业针对某产品进行广告宣传或其他类型广告活动,都有一定的目的,其核心是提高企业的经济效益,扩大产品的市场占有率或销售数量,因此广告效果测评就是向企业提供一定的结论,反映广告和某一企业目标间的联系。因此,确定测评内容是准确评价广告效果、为企业提供参考、为企业服务的前提。

演练要求

(1) 选择几种不同类型的广告。

(2) 分析广告内容,明确广告效果测评的目标,确定广告效果测评的内容。

演练条件和过程

(1) 将学生分为6组,自选组长。

(2) 每组任选一种广告。

(3) 每组分析该广告内容,分析广告商品的市场竞争能力和企业信息,从而确定广告效果测评的目标和内容。

(4) 将分析结果进行汇总,并由本组代表在班上发布。

(5) 其他各组进行评价,最后教师点评。

任务演练评价

任务演练评价表

任务演练评价指标	评价标准	分值	得分
1. 广告效果测评的目标和内容	(1) 广告内容是否分析到位	10	
	(2) 广告效果测评的目标是否准确	10	
	(3) 广告效果测评的内容是否全面	10	
2. 演练过程	(1) 演练系统性	20	
	(2) 操作符合要求	20	
	(3) 卡片记录信息详略得当	10	
3. 成果展示	PPT设计精美,解说语言表达流畅到位	20	
总成绩		100	
学生意见			
教师评语			

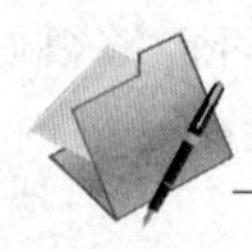

学习任务6.2 广告效果测评的方法

教学方案设计

教学方法：演示、任务驱动　　　　建议课时：2

<table>
<tr><td rowspan="2">学习目标</td><td>技能目标</td><td colspan="3">1. 能按照不同的标准对广告效果测评指标进行分类
2. 能具体阐述广告效果测评的各种指标的含义
3. 能运用广告效果测评指标对广告效果进行测评</td></tr>
<tr><td>知识目标</td><td colspan="3">1. 掌握广告效果测评指标的分类
2. 熟悉广告效果各个测评指标的含义
3. 熟知广告效果测评指标的测评方法</td></tr>
<tr><td rowspan="2">学习任务准备</td><td>教师</td><td colspan="3">1. 课件及任务评分考核表
2. 准备授课广告相关资料</td></tr>
<tr><td>学生</td><td colspan="3">1. 抽签随机分组,8～10人为一组,组内自选组长
2. 各个小组讨论调查问卷的运用方法和注意事项,并选出代表发言
3. 准备资料卡</td></tr>
<tr><td rowspan="5">教学流程</td><td>教学环节</td><td>教师活动</td><td>学生活动</td><td>课时</td></tr>
<tr><td>一、成果展示与分析</td><td>引入案例,提出问题</td><td>做好问题分析笔记</td><td rowspan="2">1</td></tr>
<tr><td>二、知识储备</td><td>1. 讲授广告效果测评的各类指标等理论知识
2. 解答知识疑问
3. 针对本学习任务中的同步案例和“广告人”“广告语”进行学习指导</td><td>1. 认真听取广告效果测评的各类指标等理论知识
2. 提出疑问
3. 针对本学习任务中的同步案例和“广告人”“广告语”进行学习分析</td></tr>
<tr><td>三、任务演练</td><td>1. 介绍本学习任务的演练背景和要求
2. 指导“测评茶饮料的广告效果”的演练实施过程
3. 评价演练效果和结论</td><td>1. 小组自主演练任务：“测评茶饮料的广告效果”
2. 通过小组成员的共同合作,设计一份调查问卷
3. 以卡片的形式记录调查问卷设计过程中对细节的表述
4. 组长展示调查问卷</td><td rowspan="2">1</td></tr>
<tr><td>四、学习任务知识小结</td><td>1. 系统地对本学习任务知识进行总结
2. 针对重要知识点进行课后作业布置</td><td>1. 认真听取知识总结
2. 以小组为单位课下进行调查问卷的发放和回收,并对回收后的调查问卷进行数据统计分析</td></tr>
</table>

○成果展示与分析

电视剧《欢乐颂》植入广告效果分析

在新浪娱乐官方微博独家推出的收看《欢乐颂》的人群调查中，女性占84.2%，男性只有15.8%。从年龄层面看，“90后”占46.7%，“95后”占26.4%，“85后”占15.0%。本科及以上学历占82.0%。从上述数据可以看出，《欢乐颂》的“忠实粉丝”应该是“90后”的女大学生。女性观众群体远大于男性，说明这部剧符合女性的审美，剧集表达出女性为事业、友情、爱情奋斗打拼的全过程。二十多岁的女大学生为观众主力军，因此在目标投放的时候，要有针对性地植入产品。作为一部现代都市剧，《欢乐颂》中的角色设置立体、多方位，年轻的女性观众在“五美”中或多或少可以找到自己的影子，通过观察人物角色，佩戴饰品，如邱莹莹背芙拉包，樊胜美用艺伎蕾丝面膜，曲筱绡的高端奢侈品芬迪吊坠，王百川使用无线耳机等，增加了观众的购买欲望。

1. 认知效果

50%以上的电视剧男女观众注意到剧中植入广告，说明植入广告还是有一定的辨识度。根据受教育水平来看，受教育水平越高，越能记住大部分植入广告。

2. 情感效果

在问卷调查中，受众对传统广告的反应态度如下：仅有6.35%的人喜欢看传统广告，70.9%的人保持中立态度，既不肯定也不否定，说明传统广告越来越被大众忽视。大专及高中以下学历没有人喜欢看商业广告，而本科以上学历有6%左右的人喜欢看。由此可以看出，受教育程度越高，越喜欢看传统广告，他们可能是为了解产品特性和当下流行趋势而关注广告，增加生活经验。

受众对《欢乐颂》植入广告的态度如下：喜欢剧中植入广告的观众非常少，仅占5.82%，66.14%的人对剧中广告没什么感觉，学历越高，对剧中植入广告的容忍度越低，不喜欢剧中植入广告。

《欢乐颂》中的广告很多，仅有13.76%的人表示不再观看，62.43%的人抱怨剧中的广告，但仍会继续观看。由于剧情精彩，剧中演员演技出彩和专业的制作团队等因素，仍然吸引了大量观众观看。只要观众主动接受剧中的内容，那么电视剧中的广告就容易被察觉到，一旦这种感觉深入人心，就会形成品牌辨识度。只有植入广告与剧中剧情人物相吻合，受众对品牌才会产生正面情绪。

对于《欢乐颂》的植入广告，53.97%男女收视群体均认为植入广告过多是该电视剧的一大缺点，受教育水平越高，越能注意到植入广告产品的数量问题。42.33%的观众认为植入广告与剧情脱节。因此，植入广告的发展还有很大提升空间。

3. 意动效果

植入品牌自身的质量、知名度等影响受众的购买行为。仅有11.11%的观众表示一定会购买植入品牌，48.15%的观众表示会考虑购买剧中植入的产品，还有就是受众的消极态度，不仅不会购买剧中产品，还会产生否定的态度，原因在于剧中植入不当，脱离剧情，凌驾于剧本之上。大部分收视群体会考虑购买植入广告产品，研究生及以上高学历群体会根据剧中植入广告有选择地购买相关产品。

对于愿意购买植入广告产品的观众来说,50%以上的人群根据自己的需要和个人喜好来购买,高中生由于年龄尚小,还没有形成正确的人生观、价值观,大部分人会根据个人喜好来选购商品,完全不受剧中植入品牌的影响。无论是传统商业广告还是植入广告,现在很多广告商都采取明星代言的方式,通过明星的感召力推动产品销售,同时明星效应也能保证剧集的收视率,确保观众看剧才能宣传到植入广告产品。通过剧中男女主角使用物件,来吸引青年观众的注意力,运用台词植入或道具植入宣传产品的功能特点,明星起到了示范作用,明星的个人魅力有助于提升受众对该产品的好感度。品牌知名度高的产品比一些中小品牌更容易让人记住,有利于吸引观众眼球。一些国际品牌尽管采用浅层次植入,镜头一扫而过,观众也能立刻识别出来。植入品牌的认知度对其广告效果有显著影响,品牌认知度和受众的回忆率、评价态度与购买意向成正比。

在《欢乐颂》电机剧品牌植入中比较成功的品牌是三只松鼠,最终采取购买行动的占15.34%。三只松鼠是互联网品牌,通过电视剧中的反复使用,增加观众记忆,形成购买力。而唯品会的植入在片头很突出,29.63%的观众表示能记住唯品会这个品牌,邱莹莹和樊胜美这种身份符合品牌的购买受众,产品经济实惠,台词植入加深印象。苹果系列产品有12.83%的人有尝试欲望,61.5%的收视人群注意到了三九红糖姜茶。因此,在广告投放的时候要找寻观众的兴趣点和主要面向人群。在日常购买商品时,人们脑海中经常浮现各种广告,甚至以此来判断是否有较高品质。

资料来源:徐梦雅.电视剧《欢乐颂》植入式广告传播效果研究.天津音乐学院,2018

知识储备

6.2.1 广告心理效果测评指标

广告心理效果测评指标

广告心理效果测评即对广告心理效果的测评,其目的是了解广告播出后,对受众心理的影响程度,包括广告知晓度、认知和偏好等。广告心理效果是一种内在的、能够产生长远影响的效果,其效果大小取决于广告作品和媒体的综合运用。

对广告心理效果测评,主要针对受众者对广告的认知度、记忆程度以及唤起消费程度等内容进行测评。

1. 广告认知度测评指标

广告认知是指当一个受众者通过某种途径了解到一则广告时,对广告所传达的内容和信息的认知、理解等思维过程。广告认知度是指媒体受众通过多种媒体知晓某则广告的比率和程度。其计算公式为

$$广告认知度=\frac{被调查者中知道该广告的人数}{被调查者总人数}\times 100\%$$

广告了解度是指媒体受众知晓并了解该广告的比率程度。其计算公式为

$$广告了解度=\frac{被调查者中知道并了解该广告的人数}{被调查者知道该广告的人数}\times 100\%$$

同步案例 6-3

测评广告的认知度和了解度

某广告公司为调查了解A广告的广告效果，发放调查问卷对A广告知晓度进行测评，共发放调查问卷15000份。通过对调查结果的统计分析，发现在这15000个被调查的媒体受众中，有9000人知晓该则广告，在知晓该广告的9000位媒体受众中，又有4000人对广告宣传的产品有较深的了解。请计算A广告的广告认知度和广告了解度。

业务程序：

$$\text{广告认知度}=\frac{\text{被调查者中知道该广告的人数}}{\text{被调查者总人数}}\times 100\%$$

$$=\frac{9000}{15000}\times 100\%$$

$$=60\%$$

$$\text{广告了解度}=\frac{\text{被调查者中知道并了解该广告的人数}}{\text{被调查者知道该广告的人数}}\times 100\%$$

$$=\frac{4000}{9000}\times 100\%$$

$$=44.4\%$$

业务说明： A广告的认知度为60%，了解度为44.4%。测评广告认知度这项指标，是了解媒体受众对广告是否感兴趣，对广告宣传的品牌是否有印象，测评广告了解度这项指标，是了解媒体受众对广告产品宣传的功能和特点是否关注。

2. 广告记忆程度测评指标

广告记忆程度测评是指借助一定的方法评估媒体受众能够重述或复制出其所接触广告内容的一种方法。其测评的目的是调查媒体受众对广告内容即广告所宣传的产品或服务、商品的品牌、功能等理解、记忆的程度。

3. 广告唤起消费程度测评指标

广告唤起消费程度测评指标，主要测评媒体受众在选择和购买商品时，广告对其消费行为的影响程度。对唤起消费程度指标的测评，主要通过购买动机指标和购买行为指标这两个方面进行。购买动机指标是指测评广告对媒体受众购买行为动机的影响程度。购买行为指标是指广告对媒体受众所唤起的准备购买行为或立即购买行为的发生率和普遍程度。

6.2.2 广告心理测评方法

1. 广告认知度的测评方法

广告认知度的测评方法主要有两种。

1）问卷调查法

问卷调查法即根据事先确定的调查意图，设计一份调查问卷，对某广告的传播效果进行测试,通过对问卷结果的分析研究,得出一定结论的方法。

问卷调查法是广告测评中应用比较广泛的一种测评方式,主要包括被调查者对广告产品的印象、广告的创意、对广告产品的信赖度、广告的说服力等内容。

调查问卷的形式主要有封闭式问卷和开放式问卷两种。

(1) 封闭式问卷,即设计调查问题,让被调查者从所列答案中进行选择。设计的调查问题可以是选择题、是非题、匹配题和评定量表。是非题是让被调查者在相反的两个答案中选择一个答案;选择题是让被调查者在多项答案中选择1个或多个合适的答案;匹配题是让被调查者从一组答案中将适合的项目匹配到提问项来;评定量表是让被调查者给判断指定一个类别等级(样表见表6-1)。

表6-1 广告评定量表

调查内容	内容说明	分值	评分
广告吸引力	吸引观众注意力的程度	0～20	
	吸引消费者的购买欲望程度	0～20	
广告记忆力	是否容易被观众记住的程度	0～20	
广告创新性	给观众产生震撼力、感染力的程度	0～20	
广告行动力	使观众产生购买欲望的程度	0～20	
合计		100	

同步案例6-4

优酷网的网络视频贴片广告效果调查问卷

本问卷征求您对优酷网的网络视频贴片广告效果的看法,请您依照自身的感受、体验与实际行为在问卷的每一项标注您的看法(选中选项前的圆圈)。对于您的积极配合,深表感谢!

Q1:您最近两个月在优酷网上看过视频吗?

○ A. 看过　○ B. 没看过(停止做题)

Q2:您的性别是?

○ A. 男　○ B. 女

Q3:您的年龄是?

○ A. 15岁及以下　○ B. 16～20岁　○ C. 21～25岁　○ D. 26～30岁

○ E. 31～35岁　○ F. 36～40岁　○ G. 41～45岁　○ H. 46岁以上

Q4:您的受教育程度是?

○ A. 初中及以下　○ B. 高中　○ C. 大专　○ D. 本科

○ E. 硕士及以上

Q5:您的职业是?

○ A. 学生　○ B. 事业单位　○ C. 公务员　○ D. 企业单位

○ E. 自由职业　○ F. 其他

Q6:您每天在网上看视频的时间是?

○ A. 1小时以内　○ B. 1～2小时　○ C. 2～3小时　○ D. 3小时以上

Q7：您通常是在哪个时间段看视频？

○ A. 0：00～6：00　○ B. 6：00～12：00

○ C. 12：00～18：00　○ D. 18：00～24：00

Q8：您在优酷网上看视频的频率是？

○ A. 一天多次　○ B. 一天一次　○ C. 2～3天1次　○ D. 一周1次

○ E. 两周一次　○ F. 每月一次　○ G. 其他

Q9：您看到过哪些类型的贴片广告？（多选）

○ A. 数码家电　○ B. 奢侈品　○ C. 日用品/化妆品

○ D. 食品　○ E. 服饰鞋包　○ F. 游戏

○ G. 电影/视频/综艺节目宣传　○ H. 其他

Q10：您在优酷网看视频时，看到过视频前的贴片广告吗？

○ A. 看到过　○ B. 没有看到过

Q11：您看到视频前面的贴片广告会怎样对待？

○ A. 总是看完广告　○ B. 静音　○ C. 静音并且干其他事

○ D. 遇到感兴趣的广告会看　○ E. 跳过广告

○ F. 关掉视频，不看了

Q12：您对视频前面的贴片广告的感觉是？

○ A. 喜欢　○ B. 无所谓　○ C. 讨厌　○ D. 非常讨厌

Q13：您在优酷网看视频时，看到过视频中间插播的广告吗？

○ A. 看到过　○ B. 没有看到过

Q14：您看到视频中间的贴片广告会怎样对待？

○ A. 总是看完广告　○ B. 静音　○ C. 静音并且干其他事

○ D. 遇到感兴趣的广告会看　○ E. 跳过广告

○ F. 关掉视频，不看了

Q15：您对视频中间的贴片广告的感觉是？

○ A. 喜欢　○ B. 无所谓　○ C. 讨厌　○ D. 非常讨厌

Q16：您看到过视频暂停播放或缓冲时出现的广告吗？

○ A. 看到过　○ B. 没有看到过

Q17：您对视频暂停播放或缓冲时出现的广告的感觉是？

○ A. 喜欢　○ B. 无所谓　○ C. 讨厌　○ D. 非常讨厌

Q18：看到自己感兴趣的广告内容，您会点开广告继续了解有关信息吗？

○ A. 会　○ B. 有时候会　○ C. 不会

Q19：您如何处理不小心打开的或是自动打开的广告网页？

○ A. 直接关掉　○ B. 看一下

Q20：您愿意为了跳过广告，而付钱吗？

○ A. 愿意　○ B. 不愿意

Q21：您最不喜欢贴片广告哪个方面？

○ A. 时间太长　○ B. 制作粗糙　○ C. 声音太大　○ D. 不停重复

○ E. 其他

Q22：您还记得您看过的贴片广告吗?

○ A. 记得很多(大于10个)　　○ B. 记得一些(大于5个)

○ C. 只记得几个　　○ D. 几乎不记得

Q23：您觉得这些贴片广告的内容对您有帮助吗?

○ A. 有很大帮助　　○ B. 有一些帮助

○ C. 几乎没有帮助　　○ D. 完全没有帮助

Q24：您有没有因为观看了贴片广告而购买广告中的产品或服务?

○ A. 有　　○ B. 没有

Q25：您希望视频前面的贴片广告多长时间?

○ A. 1～15秒　　○ B. 16～30秒　　○ C. 31～45秒　　○ D. 46～60秒

○ E. 其他

Q26：贴片广告中哪个因素最能令您对广告有印象?

○ A. 广告创意　　○ B. 明星代言人或模特　　○ C. 画面

○ D. 商品　　○ E. 背景音乐　　○ F. 广告语

○ G. 其他

Q27：如果您可以根据自己的喜好,选择接下来要观看的贴片广告,您是否愿意观看自己选择的广告?

○ A. 愿意　　○ B. 无所谓　　○ C. 无论如何都不看广告

Q28：您比较愿意看到哪类广告?

☐ A. 公益类广告　　☐ B. 学习类广告

☐ C. 生活用品类广告　　☐ D. 娱乐宣传类广告

☐ E. 数码家电类广告　　☐ F. 其他

Q29：如果一定要放广告,您希望广告放在什么时候?

○ A. 视频前面　　○ B. 视频中间　　○ C. 视频后面　　○ D. 暂停或缓冲时

○ E. 其他

Q30：您认为贴片广告是否可以信赖?

○ A. 十分可信　　○ B. 基本可信　　○ C. 不太可信　　○ D. 完全不可信

Q31：您认为贴片广告还有哪些可以改进的地方?

案例分析： 这则优酷网的网络视频贴片广告效果调查问卷设计方式采用封闭式调查问卷形式,从被调查者对该广告的记忆程度、直接感受、观看时间等角度进行调查分析,以了解在优酷网播放的视频广告的传播效果,为广告主的广告决策提供参考依据。

(2) 开放式问卷,即让回答者任意填写答案,不作限制。其方法有自由回答法、投射测定法等。

自由回答法,就是回答者自由填写内容。

投射测定法,常用来测定媒体受众的深层动机和欲望,最早将其作为一种测定人格的工具。常见的投射测定法有文字联想法、文句完成法、图画补全法和主题统觉法。

文字联想法又称语句联想法,即给被调查者一定的词语,请其进行自由联想或有条件的限制联想，如心情联想、场所联想等，将想到的答案填写到调查表中。例如，“德芙”联想到__________、__________、__________。这种文字联想法多用于企业或商品的命名，或广告词等方面的调查。

文句完成法，即请被调查者将不完整的句子补充完整，如“________，美丽心情”。这种调查法多用于分析受众对广告的感觉、态度和倾向。

图画补全法，即事先画好一定的图案或人物、场景，请被调查者根据此图案进行联想，并对空白部分进行补充，这种调查法可以满足被调查者表述一些难以用语言表达的情绪或感受。

主题统觉法，是让被调查者从广告画面或广告词上，表述出自己对其的理解或片段设置，以测试广告的传播效果。

采用问卷调查法时，应注意以下几方面情况。

第一，对问卷的调查效果进行检验。对问卷的调查效果进行检验，就是检验问卷调查的结果是否能够满足设计时的要求，调查的广度和宽度是否达到设计目标。因此当问卷设计完成后，要先进行样卷测试，即投入少数样本进行问卷调查，对调查过程中出现的问题、被调查者的反馈意见以及调查结果进行分析，以检验问卷内容是否能够满足要求。根据检验结果，对问卷进行修改。这种检验避免了由于调查问卷设计不合理产生的人力成本和资料的浪费。

第二，对调查人群的选择。应根据调查的目的，对参与问卷调查的人群进行筛选，如调查新型电子产品广告时，应重点针对青少年人群，因为他们是该类产品的主要消费者。

第三，对调查问卷发放形式的选择。问卷调查可采取街头调查、邮寄调查、网页问卷调查等形式，在问卷调查的发放形式上，应根据不同广告类型以及地区特性进行选择。

2）询问调查法

询问调查法是指通过询问的方法获取被调查者对广告效果的评价的一种测评方法。询问调查法主要有直接询问法和间接询问法。

直接询问法是通过面对面的询问、电话询问或网络视频等形式，直接向被调查者进行询问调查，以了解他们对某广告的理解、意见或建议。此调查法大多用于生产厂商直接向消费者、专家或潜在客户群调查对某产品或品牌的意见。

间接询问法是利用各种媒体手段，向媒体受众提供信息反馈途径，如800免费电话、免费赠阅产品目录等，通过受众反馈过来的信息，调查分析广告效果。

2. 广告记忆程度的测评方法

广告记忆程度测评主要采取回忆法进行评定。

回忆法的具体测评内容是：测定被测对象先前接触过的广告是否在其脑海中留有印象；测定被测对象是否记得该广告主要的内容或情节；测定被测对象是否记得该广告宣传的产品品牌、产品名称或厂商名称、功能等。

回忆法根据被测对象在测试过程中是否有提示可分为无辅助回忆和辅助回忆两种方法。

（1）无辅助回忆（又称纯粹回忆）。这种方法是指让被测对象独立地对测试广告进行回忆，在测试过程中，调查人员只如实记录被测对象的回忆情况，不出示广告商品实物、不作任何提示。如“请您想想在过去几天中有哪些品牌的洗发水在电视上做了广告宣传”或“周杰伦代言的是哪个品牌的奶茶”等此类问题。

（2）辅助回忆。这种方法是调查人员在调查时，适当地给被测对象某种提示，如提示广告的商标、品牌、色彩、代言人等。如问:"您记得最近看过或听过索尼3D液晶电视的任何广告吗?"

采用辅助回忆时,调查人员询问内容的多少和具体程度,直接影响判定媒体受众对该广告的理解程度。询问内容越具体,调查人员可从中获得的信息越详细,就越能反映被测的媒体受众对该广告理解程度的高低。

"回忆法"测评的具体做法,以某产品的电视广告为例。

(1) 确定测评题目:关于某产品的电视广告的注意率测评。

(2) 从拥有电视机的普通家庭中抽样。

(3) 记录下抽取样本的地址或电话号码。

(4) 用电话、上门询问等直接询问方式,了解测评对象的电视广告收视情况,从中选择该产品的消费者。

(5) 派调查人员对该产品的消费者的基本信息和消费特点进行调查记录。

(6) 根据测评要求,将测评对象划分成不同的小组,并确定具体测评时间。

(7) 确定待测评的产品电视广告。

(8) 测评当天,用电话、视频、直接访问等方式,对广告内容进行测试,如可以提问"昨天的××广告看了没有""广告词是什么"等。

(9) 回收测评结果,汇总整理后,形成测评报告。

3. 广告唤起消费程度的测评方法

(1) 店内测评法。店内测评法是以零售商店或超市为调查对象,在一定的广告播放时间内,调查该广告产品的销售数量、商品受关注程度、商品的陈列状况等内容进行调查,分析广告唤起消费的程度。在采用这个测评方法时,一般结合比较法进行,即将被调查时期前广告产品的销售数量等信息与调查时期内获得的统计数据进行对比,这样能更好地反映该广告的唤起消费程度。

(2) 态度调查法。态度调查法即通过媒体受众对广告信息的态度表述,测试被调查者对该商品的偏好程度和忠诚度。目前,态度调查法主要采取语意差异测试。语意差异测试是由美国伊利诺伊大学的奥斯古创设的,它主要利用关于广告内容的正反义形容词,如美丽、丑恶、快乐、悲伤等,按7个等级列式在语意差异标尺上,要求被调查者根据自己的观点在标尺上的适当位置做记号,来表达各自对被调查广告内容的态度。通过调查可以测定媒体受众对广告的印象是否和最初广告设计目的相符合,能否加深消费者对该商品的忠诚度等内容。

4. 仪器测评方法

随着科学技术的不断提高,各种可以测试人类心理变化的测试仪器也被不断地创造出来。现在,借助各种测试仪器测量被调查者对广告在心理上产生的反应,成为对广告效果进行心理评价的一种主要辅助手段。具体方法主要有视向测试法、瞳孔计测试法、瞬间显露测试法、皮肤反射测试法、记忆鼓测试法等。

(1) 视向测试法。当人们看广告时,总是最先被广告中的一部分内容所吸引,然后逐渐将视线转移向其他部分。这是因为人们的视线一般总是停留在自己关心和感兴趣的地方,越是关心、感兴趣的,视线驻留时间就越长。视向测试法就是利用视向检测仪器记录被调查者对广告内容的视觉反应情况,如观看广告时的视线对那些画面或情境停留的时间长短、瞳孔的变化情况等。根据视向检测仪器测试的结果，可以分析：广告中的文字是否醒目并容易被读懂；视线顺序是否符合广告策划者的意图，有无被人忽视或不留意的部分；广告画面中哪些部分最突出或最吸引人，这些部分是否符合设计者的意图等内容，从而帮助广告设计者修改、调整广告内容。

(2) 瞳孔计测试法。人类的瞳孔受到明亮光线的刺激时会缩小，在黑暗中则会放大。对感兴趣的事物长时间地凝视，瞳孔也会放大。瞳孔计测试法就是根据这个道理，用有关设备将瞳孔伸缩情况记录下来，以测定瞳孔伸缩与媒体受众兴趣反应之间的关系。这种方法多用于电视广告效果的测定。但由于导致瞳孔放大的各种心理因素很多，所以对所取得的测试结果也不能过分相信。

(3) 瞬间显露测试法。瞬间显露测试法是利用不断刺激，在短时间(1/2 秒或 1/10 秒)内呈现并测定广告各要素的注目程度。即测试时，最先在极短的时间内，呈现广告，对眼球进行刺激，然后逐渐延长呈现时间，请被测试者将其看见的东西画在纸面上。这种方法的作用与用途是：测试印刷品广告中各要素的显眼程度；测试各种构图的位置效果，以决定标题、图样、文案、广告主名称等的适当位置。

(4) 皮肤反射测试法。皮肤反射测试法是利用皮肤反射测验器来测量媒体受众的心理感受。运用此法的理论根据是：人在受到诸如兴奋、感动、紧张等情绪起伏的冲击后，人体的自律神经系统或骨骼肌肉系统会对外界刺激做出反应，体外的表现是人体的出汗情况会随之发生变化，因此可测定其感性的波动情况。

皮肤反射测试法主要用于对电视广告效果的测定，其次是对广播广告的测定。根据测试的结果，大体上可以确知最能激起媒体受众情感起伏的地方，以此检查是否符合广告设计者的意图。

(5) 记忆鼓测试法。记忆鼓是现代心理实验室广泛使用的一种仪器。在广告测评中，其专用来研究在一定时间内，人们对广告作品的记忆程度。记忆鼓通常由一个电动机、一个可以滚动的纸卷、一个定时装置以及一个显示窗构成。测试时，被测试者在一定时间内，经由显示窗看完一则广告后，调查人员可用回忆法或确定法，测试被测试者对广告文案的记忆程度。但这种测试法所测结果的使用价值的大小，与被测试者的精神状态和记忆力的强弱有着直接的关系，而这两者又很难分辨。

6.2.3 广告经济效果测评指标

广告的经济效果又称销售效果，是指由广告引发的促进产品或劳务的销售，增加企业利润的程度。广告的经济效果是广告活动最佳效果的体现，也是企业进行广告活动最为关心的效果，同时也是广告效果测评的主要内容。

广告经济效果测评就是测评在投入一定广告费及广告刊播之后，所引起的产品销售额与利润的变化情况，即用统计分析的方法，对一定广告投入所带来的销售额、利润额的增减变化情况进行分析比较的结果。因此，对广告经济效果的测评就是广告投入产出指标的测评，它具体包括以下内容。

(1) 每增加一个单位产品的销售额和利润额，要求广告投入最小，销售额增加最大。

(2) 每增加一个单位的广告经济效果相对指标，要求广告主(一般是企业)获益最大。

(3) 这种相对指标的提高，有助于形成一个良好的结构与良性循环。良好的结构是指企业内在的生产经营结构与市场需求趋势和消费者消费偏好相吻合,从而有利于企业的发展。良性循环是指广告活动有助于企业扩大市场份额,促进生产和结构调整,促进企业发展,而企业发展又会加大对广告的关注与投入,因此构成一个良性循环。

广告的经济效果与心理效果相比较更加难以测评,因为销售额的增加除了受广告促销的影响外,还受其他许多因素的影响,诸如产品特色、价格、售后服务、购买难易程度以及竞争者的行动等。所以除广告促销外,其他影响销售的因素越少,可控制的程度越高,广告的经济效果就越容易测评。

6.2.4 广告经济效果测评方法

1. 统计分析法

统计分析法是运用统计学原理和运算方式,计算广告投入费用与商品销售额之间的关系,并以此作为测定广告经济效果的方法。根据采用的数据的不同,具体可分为以下几种方法。

(1) 广告费用比率法。为测评每单位销售额所支付的广告费用,可以采用广告费用比率这一相对指标,它表明广告费用支出与销售额之间的对比关系。其计算公式为

$$广告费用比率=\frac{本期广告费用总额}{本期广告后销售总额}\times 100\%$$

广告费用比率的倒数可以称为单位广告费用销售率,它表明每支出一单位的广告费用所能实现的销售额。其计算公式为

$$单位广告费用销售率=\frac{本期广告后销售总额}{本期广告费用总额}\times 100\%$$

(2) 单位广告费用销售增加额法。单位广告费用销售增加额是指受广告活动影响单位广告费用所引起的销售额的变化。单位广告费用销售增加率则表明本期广告费用总额所引起的销售增加额变化的关系情况。其计算公式为

$$单位广告费用销售增加率=\frac{本期广告后销售总额-本期广告前销售总额}{本期广告费用总额}\times 100\%$$

(3) 广告费用利润率法。广告费用利润率法是用于反映本期单位广告费用所带来的利润率变化指标。其计算公式为

$$广告费用利润率=\frac{本期广告费用总额}{本期广告后利润总额}\times 100\%$$

$$单位广告费用利润率=\frac{本期广告后利润总额}{本期广告费用总额}\times 100\%$$

$$单位广告费用利润增加率=\frac{本期广告后利润总额-本期广告前利润总额}{本期广告费用总额}\times 100\%$$

(4) 广告效果比率法。广告效果比率法的计算公式为

$$广告效果比率=\frac{本期销售额增长率}{本期广告费用增长率}\times 100\%$$

(5) 市场占有率法。市场占有率是指某品牌产品在一定时期、一定市场上的销售额占同类产品销售总额的比例。其计算公式为

$$市场占有率=\frac{某品牌产品销售额}{同类产品销售总额}\times 100\%$$

$$市场占有提高率=\frac{单位广告费用销售增加额}{同类产品销售总额}\times 100\%$$

$$市场扩大率=\frac{本期广告后的市场占有率}{本期广告前的市场占有率}\times 100\%$$

(6) 广告有效率法。广告费用占有率是指某品牌产品在某种媒体上,在一定时间内的广告费用占同类产品的广告费用总额的比率。假设以下公式成立。

广告费用占有率=受众占有率=注意占有率=市场占有率

也就是说,广告主(一般指企业)的广告费用占有率产生相应的受众占有率(即媒体受众关注到该广告的人数占该媒体所有受众的比率),并因此获得相应的注意占有率,从而最终决定他们的购买行为,形成的相应的市场占有率。美国广告专家派克·汉姆(Peck Hem)研究了几种产品消费的若干年受众占有率与市场占有率之间的关系,发现老产品的这一比例为1∶1,新产品的比例为(1.5～2.0)∶1.0。因此广告有效率等于市场占有率与受众占有率之比。其计算公式为

$$广告有效率=\frac{市场占有率}{受众占有率}\times 100\%$$

同步案例 6-5

计量广告经济效果的各项指标

某广告公司为调查了解一则广告的广告经济效果,对该广告进行了各项指标的调查分析,该广告共花费107万元,广告播出5周后,共销售该广告商品1360万元,销售利润达780万元。播出广告前该广告商品销售总额为910万元,利润为320万元。请计算这则广告的广告费用比率、单位广告费用销售率、单位广告费用销售增加率、广告费用利润率等各项经济效果指标。

业务程序:

$$广告费用比率=\frac{本期广告费用总额}{本期广告后销售总额}\times 100\%=\frac{107}{1360}\times 100\%=7.9\%$$

$$单位广告费用销售率=\frac{本期广告后销售总额}{本期广告费用总额}\times 100\%=\frac{1360}{107}\times 100\%=1271\%$$

$$单位广告费用销售增加率=\frac{本期广告后销售总额-本期广告前销售总额}{本期广告费用总额}\times 100\%=\frac{1360-910}{107}\times 100\%=421\%$$

$$\text{广告费用利润率}=\frac{\text{本期广告费用总额}}{\text{本期广告后利润总额}}\times 100\%$$
$$=\frac{107}{780}\times 100\%$$
$$=13.7\%$$

$$\text{单位广告费用利润率}=\frac{\text{本期广告后利润总额}}{\text{本期广告费用总额}}\times 100\%$$
$$=\frac{780}{107}\times 100\%$$
$$=729\%$$

$$\text{单位广告费用利润增加率}=\frac{\text{本期广告后利润总额}-\text{本期广告前利润总额}}{\text{本期广告费用总额}}\times 100\%$$
$$=\frac{780-320}{107}\times 100\%$$
$$=430\%$$

业务说明： 这则广告的广告费用比率为7.9%，说明广告费用所占比率不高，投入较少；单位广告费用销售率为1271%，说明每单位广告支出所带来的销售额很高，经济效果明显；单位广告费用销售增加率为421%，说明该广告对消费者的购买行为影响较大，能有效促进消费者购买该商品；广告费用利润率为13.7%，单位广告费用利润率为729%，单位广告费用利润增加率为430%，说明该广告产生的利润较高，带来的经济收益增长显著。这些数据结果的分析，表明广告经济效果较好，对广告商品的销售促进明显。

2. 评估模型分析法

评估模型分析法即利用各种已有的评估模型对广告经济效果进行测评。

1）里弗斯UP评估模型

里弗斯UP评估模型又称为“使用牵引率”模型，实际上是一种大样本抽样调查模式。是由广告专家R. 里弗斯(Rosser Reeves)在其1961年出版的《广告现实》一书中提出的一种评估模型。

其基本原理是在全国范围广泛的领域抽样，把所得大样本分为两类：一类是未受广告影响者，调查出那些不知广告却使用该产品者，即对目前所实施的广告一无所知但却正在使用该产品的人，计算出该类人所占比例(如记为$X\%$)；另一类是受广告影响者，调查出那些知道广告而使用该产品者，即对目前所实施广告有深刻记忆而且正在使用该产品的人，计算出该类人所占比例(如记为$Y\%$)。这样显而易见：如不做广告，只有$X\%$的人购买商品；若做广告，则有$Y\%$的人购买商品，其差额即$(Y-X)\%$的人是被广告影响或引导而购买使用该产品的，这个差值就称作“使用牵引率”。按照里弗斯的说法，此模型是判断广告促销效果最为简便的算术计算法。

里弗斯UP评估模型的计算方法为

$$UP=\frac{A}{A+C}-\frac{B}{B+D}$$

式中：A 是看过广告而购买的人数；B 是未看过广告而购买的人数；C 是看过广告而未购买的人数；D 是未看过也未购买的人数。

中国广告"四大教父"：莫康孙

2）沃尔夫 PFA 评估模型

沃尔夫 PFA 评估模型，实际上是把里弗斯的"使用牵引率"模型进一步细化，它同样是通过询问调查方法，将被调查者划分为接触广告与非接触广告两大群体，进而甄别购买者与非购买者人数，由此测量"因广告而带来的销售效果"(plus for ad)。

在调查询问时，首先要确知消费者是否看到或听到该品牌的广告；其次询问有否购买该品牌的产品；最后将所得数据列示出来，取得确切数据后，可计算 PFA 指标。

具体的 PFA 指标如下。

(1) PFA 的购买率，即因接触而购买的人数占接触广告者人数的比率与未接触广告而购买的人数占未接触广告者人数的比率之差，广告相当于里弗斯的"使用牵引率"。其计算公式为

$$\text{PFA 的购买率}=\text{UP}=\frac{A}{A+C}-\frac{B}{B+D}$$

式中，A 是看过广告而购买的人数；B 是未看过广告而购买的人数；C 是看过广告而未购买的人数；D 是未看过也未购买的人数。

(2) 总体 PFA 比率，即相当于全体人口的 PFA 购买率，它是 PFA 的购买率与接触广告者人数占全体人口百分比的乘积。其计算公式为

$$\text{总体 PFA 比率}=\frac{A-(A+C)\cdot\frac{B}{B+D}}{N}$$

式中，A、B、C、D 所代表的含义与上面表述一样；N 为总体人数。

(3) PFA 购买者数，即全体人口中因广告牵引而购买的人数。

(4) 所有购买者 PFA 比率，即全体人口中因广告牵引而购买的人数占所有购买者人数的百分比。

$$\text{所有购买者 PFA 比率}=\frac{A-(A+C)\cdot\frac{B}{B+D}}{A+B}$$

式中，A、B、C、D 所代表的含义与上面表述一样；N 为总体人数。

卡西奥波(Cacioppo)和佩蒂(Petty)在分析研究沃尔夫 PFA 评估模型后，提出了"解释二阶段认知反应"模型。他们认为，广告效果与广告重复之间呈倒 U 形曲线关系，也就是说在第一阶段，即广告暴露次数少时，重复暴露为媒体受众提供了更多的机会去考虑广告的内容及其含义。重复呈现克服了人们进行信息加工的时间限制，使精细加工的可能性随重复次数的增加而提高。精细加工使媒体受众充分地接受广告信息的说服，因此增进了说服效

果。在第二阶段,适当地重复促进了人们对广告论点的客观评价。但是,随着冗长乏味的唤起,信息加工开始转向有异议的论点,同时也指向广告诉求的情境因素。当重复次数过多时,媒体受众会尽量回避接受广告诉求,把认知活动转移到其他信息上。在这种情况下,态度不会改变。但是,如果受众不可能或不愿意回避接触广告,如不得不观看精彩电视节目中穿插的广告,此时,受众一方面可能进一步对广告进行精细加工,找出广告论点、论据的毛病,因而导致产生一些反对性的看法;另一方面,可能唤起一种消极的心境,在这种消极的心境下,受众容易对广告或广告陈述的观点产生消极的态度。

同步案例 6-6

计量广告销售效果

某广告公司为调查了解一则广告的广告经济效果,对该广告进行了调查分析,具体数据见表 6-2。

表 6-2 某广告销售效果调查数据统计表

广告接触情况 / 购买情况	接触广告者		未接触广告者		合计	
	人数/人	比重/%	人数/人	比重/%	人数/人	比重/%
购买者	1200	32	1000	22	2200	27
非购买者	2500	68	3600	78	6100	73
合计	3700	100	4600	100	8300	100
比重	45%		55%		100%	

请根据上述统计数据,计算这则广告的 PFA 指标。

业务程序:

PFA 的购买率 = 32%－22% = 10%

总体 PFA 比率 = 45%×10% = 4.5%

PFA 购买者数 = 8300×4.5% = 374(人)

所有购买者 PFA 比率 = 374÷2200×100% = 17%

业务说明: 这则广告的 PFA 购买率指标反映出因接触而购买的人数占接触广告者人数的比率与未接触广告而购买的人数占未接触广告者人数的比率之差为 10%;PFA 购买者数为 374 人,所有购买者 PFA 比率为 17%,说明因广告牵引而购买的人数相对较多。通过用沃尔夫 PFA 评估模型分析发现,该广告对销售效果的影响较大。

3. 销售实验法

销售实验法是指选定一定的地域区域,将此作为某广告的宣传实验区,调查该区域广告推出前和广告推出后,广告商品的销售额增加情况,通过数据的对比分析广告经济效果的影响。采用该方法时需注意,在地区的选择上,应尽量选择那些经济结构相对独立的,或周边地区对其影响较小的地区,也可以选择两个条件非常相似的地区同时作为数据采集区(即选择一个地区进行广告宣传,一个地区不宣传,调查广告推出后两个地区的销售额情况);在销售额分析上,应尽量控制测试地区的除广告外其他影响销售额的因素,以增强数据的准确性。

6.2.5 广告社会效果测评指标

广告的社会效果是指广告通过多种媒体向社会大众刊播以后对社会产生的某些方面的影响。这种影响不同于广告的心理效果或经济效果,它不是广告活动本身所要达到的目的,却是广告活动所带来的必然产物,它无法用具体的数量指标来衡量这种影响,只能依靠社会公众长期建立起来的价值观念对它进行评判。这种影响有正面的、积极的影响,也有负面的、消极的影响。

酒后驾车,害人害己。

这是一则宣传"请勿酒后驾车"的公益广告。
这则公益广告提醒人们不要酒后开车,一旦酒后驾车不仅违反法律,也将给社会、家庭和个人带来无穷的悔恨。

广告社会效果的评价主要以一定的社会规范为标准,如以法律规范、道德规范、语言规范、行为规范、伦理道德等为依据,具体包括以下几项内容。

1. 具有真实性

真实性是指广告宣传的内容必须是客观的、真实的反映商品的功能和特性,不含有虚假的、夸大的信息误导消费者。真实性是一则广告制作所要满足的最基本的原则,也是测评广告社会效果的一项重要内容。

同步案例 6-7

权健鞋垫等产品涉嫌虚假广告被查

2018年12月,天津权健公司再度被推上了舆论的风口浪尖。无数网友被医疗自媒体丁香医生和权健公司的一场"论战"刷屏。丁香医生的文章里,除了提到患癌女童周洋的案例外,还对权健公司的核心产品,如"骨正基"鞋垫、"负离子"卫生巾、火疗等提出了质疑。此后,公安机关依法、依规、依事实的原则,对权健公司涉嫌传销犯罪、虚假广告犯罪进行立案侦查,经前期工作发现,权健公司在经营活动中,涉嫌传销犯罪、虚假广告犯罪,公安机关已于2019年1月1日依法对其涉嫌犯罪行为立案侦查。

然而,这并不是权健第一次在公众面前以负面形象亮相。在中国裁判文书网上,涉及权健公司的判决案件,不下十余起。

2014年年底,央视新闻就曾报道,权健产品涉嫌夸大用途,比如宣称权健的鞋垫可以治疗多种疾病、"负离子"卫生巾能够治疗前列腺炎等,并且提到,权健的销售模式是"拉人头"。

据中国裁判文书网的一则判决书显示,2012年,吉林省蛟河市人民检察院就曾指控孟某等4名被告,在天津加入权健自然医学发展有限公司后,以销售权健牌保健品为名,进行传销活动,直接并间接发展了下线会员超过5000人,个人非法所得人民币231.9万元,被判处组织、领导传销活动罪,处以5年以下的有期徒刑。

《今晚财讯》收到的爆料信息显示,权健的产品销售,是集团高层通过发展下线,形成系统。据透露,权健是周薪制度,上面的会员通过发展下面的会员,可以得到公司奖金,每周5万元封顶。权健虽然号称"直销",但在实际操作上,和"传销"模式,并无区别。

据《中国经营报》报道,权健主要通过听课、拿货的方式进行操作,但不会与经销商签订加盟合同。这样,一旦出现问题,权健并不负责。并且,权健的产品大多为贴牌代工产品。报道中显示,一款批准功效仅仅是"改善胃肠道功能(调节肠道菌群)、免疫调节"名为双歧胶囊的产品,售价高达22500元,并在产品介绍中被称为"激活人体的自愈功能"的抗衰剂。

与权健的火疗事故相关的判决,在中国裁判文书网上也有多起。

2016年的一份陕西省商洛市中级人民法院的判决书显示,被告熊某某在西安的天津权健自然医学发展有限公司治疗期间,学习了火疗疗法,并接受了该公司王某的培训。在学了两个月后,熊某某已先后给超过20人做了火疗。2015年,商州白某在接受其治疗后,产生不良反应,并在当年4月死亡。最终,熊某某被判处非法行医罪。

在权健涉及的保健品、医院等领域中,负面消息也一直不曾断绝。

2016年10月,国家中医药管理局发布《关于2016年虚假违法中医医疗广告(报纸第三批)监测情况的通报》,通报中称,共监测到虚假违法中医医疗广告3条次,其中就包括天津权健肿瘤医院在《今晚报》发布的1条次。国家中医药管理局法监司工作人员表示,发现的医疗虚假广告主要包括无医疗广告审查证明或证明已过有效期限、内容中含"确保临床效果"广告词等行为。

此外,一款名为"本草清液"以食品生产许可为标准生产的饮品,售价1068元,一家三甲医院消化内科的主治医生却道出了真相:"这款产品本质上就是普通果汁。"另据药监局的网站上查到的产品登记信息显示:"它(本草清液)是一款风味饮料。"

资料来源:https://baijiahao.baidu.com/s?id=1620889609360769032&wfr=spider&for=pc

案例分析: 天津市场监管部门针对权健涉嫌虚假宣传进行立案调查,联合调查组发现天津权健公司部分产品涉嫌存在夸大宣传问题。依据《中华人民共和国反不正当竞争法》第八条,天津市武清区市场监管局已对其涉嫌虚假宣传的违法行为进行立案调查。根据《中华人民共和国广告法》第四条规定,广告不得含有虚假或者引人误解的内容,不得欺骗、误导消费者。广告主应当对广告内容的真实性负责。第二十八条规定,广告以虚假或者引人误解的内容欺骗、误导消费者的,构成虚假广告,广告有下列情形之一的,为虚假广告:

(一)商品或者服务不存在的;

(二)商品的性能、功能、产地、用途、质量、规格、成分、价格、生产者、有效期限、销售状况、曾获荣誉等信息,或者服务的内容、提供者、形式、质量、价格、销售状况、曾获荣誉等信息，以及与商品或者服务有关的允诺等信息与实际情况不符，对购买行为有实质性影响的；

（三）使用虚构、伪造或者无法验证的科研成果、统计资料、调查结果、文摘、引用语等信息作证明材料的；

（四）虚构使用商品或者接受服务的效果的；

（五）以虚假或者引人误解的内容欺骗、误导消费者的其他情形。

权健帝国中的鞋垫、卫生巾、火疗以"本草清液"等产品在广告宣传中，夸大甚至伪造其产品功效，误导消费者，其还侵犯了消费者的知情权和安全权，涉嫌虚假广告罪，因此被公安机关立案侦查。

2. 符合法律与社会道德规范

符合法律与社会道德规范就是要求广告所宣传的内容必须符合国家所颁布执行的各种法律文件，如《广告法》，且不得违背社会道德规范要求，如《广告活动道德规范》《广告行业公平竞争自律守则》等。广告只有在符合法律与社会道德规范要求的范围内进行宣传时，才能更好地获得媒体受众的信赖和支持，才能取得更好的社会效果。

广告语

大溪地诺丽果汁，瓶在手，健康无忧。

1.抑制肿瘤与癌症
2.对哮喘、糖尿病、风湿等疾病具有改善效用

大溪地诺丽果汁宣传中，诺丽果汁不仅能"修复细胞""消除发炎"，还能"抑制肿瘤与癌症""加强肝脏排毒"，功能多达12种。而我国《广告法》明确规定：保健食品广告不得涉及疾病预防、治疗功能。大溪地诺丽显然已经涉嫌虚假宣传。

3. 促进社会精神文明建设

广告在向媒体受众传递产品信息时，也在向社会传递一种人文理念。广告设计者在制作广告时往往会受到自身教育水平、艺术审美、民族特色、文化传统、价值观念等多种因素的影响，因此其制作出的广告也向社会大众传递一种观念。这种观念伴随着广告的不断重复播出，潜移默化地影响观看者的意识。因此，广告应遵循以下几点。

（1）应宣传、引导消费者树立健康的消费观念。

（2）应弘扬民族文化，增强民族自豪感。

（3）应倡导积极的、向上的社会新风尚。

（4）应注重维护青少年儿童的身心健康。

6.2.6 广告社会效果测评方法

1. 德尔菲法

德尔菲法又称为专家意见综合法，是指在广告文案设计完成后，邀请有关广告专家、心理学家及营销专家，对广告文案及媒体组合方式以及可能产生的效果等进行多层次、多方面的评价，然后综合各位专家的意见，得出预测结果。

德尔菲法是一种广告效果的事前测评方法,即在广告正式发布之前,邀请有关广告专家或消费者代表进行现场观摩、审查广告存在的问题,以对广告作品可能获得的成效进行评价的方法。

德尔菲法是广告社会效果测评中比较简便的一种方法,但专家意见并不等同于消费者的看法。因此在运用该方法时,应事先给专家提供一些必备的资料,并要注意所邀请的专家应能代表不同广告创意趋势,以保证其意见的权威性和全面性。一般而言,邀请的专家人数以9～15人为宜,人数太多则花费时间和费用;而太少则不能全面反映问题。

2. 消费者评价法

消费者评价法是指直接让消费者评审所设计的广告的效果。可以让消费者对同一产品在同期设计的不同主题的几幅广告中进行比较评审,着重选择最优秀的广告;也可以让消费者对所设计的一幅广告进行评价,并据此对广告原稿进行修改完善。

这种评价方法是站在消费者的角度对所设计的广告进行评审,可以收到大量消费者对该广告产品的一手信息,可以直观地选出消费者易于接受的广告。但获取的评审信息也不一定准确,因参加评审的消费者并不一定能代表所有的消费者。

3. 市场信息采集法

市场信息采集法是指利用调查问卷、电话访问、网络信息回馈等方法,在广告播出一定时间后,针对广告的社会效果,向被调查者进行信息、意见收集整理,了解该广告的社会效果影响程度。

任务演练

测评茶饮料的广告效果

演练背景

在健康生活理念的推动下,茶饮料因其健康、天然富含多种有益于人体的物质而受到消费者的青睐。各品牌间茶饮料广告大战也愈演愈烈。据电视广告监测数据显示,康师傅茶饮料和统一系列茶饮料在4月、5月的广告"投放战"中胜出。4月,康师傅茶饮料(651.05万元)、统一系列茶饮料(317.92万元)投入的广告费分别占同类广告费用的47%和23%。5月,康师傅茶饮料(1803.68万元)和统一系列茶饮料(615.82万元)的广告投入更是猛增,分别占同类广告费用的55%和19%。

5月,全国茶饮料行业的企业在85家电视频道上共投播了16个品牌。共计播出广告3620次,广告总时长达63833秒,投入的广告费用增加到3252.64万元。而4月,全国茶饮料行业的企业在76家电视频道上共投播了9个品牌。共计播出广告2246次,广告总时长达49023秒,估计这些企业为此至少投入广告费用约1387.54万元。

康师傅茶饮料是广告投放范围最广的品牌,全国26个城市的56个频道中都有其广告的投放。广告投放量占茶饮料广告的半数以上。康师傅茶饮料的广告投放策略是将其产品的宣传深入各地的地方台和有线网。4月,广告总投入约651万元,广告投放量为1058次。北京是广告费用投入最多的城市,广告投入约125.5万元,北京1、2、3台共投播广告85次。南京(58.8万元,138次)是广告投入量最多的城市,合肥、杭州、沈阳、兰州的广告投入量都在50次之上。5月,广告投入增加到1803.68万元,广告投入量增加到1525次。北京依然是广告投入的重点城市,广告投入量猛增至340次。南京广告投入与上月基本持平。而广州、福州、武汉、海口等南方城市成为本月的广告宣传的侧重点。

统一系列茶饮料4月在全国16个城市35个频道投放广告。广告投入费用约318万元，广告投入量为739次。4月的广告投入主要在各地的地方台和有线网。本月的广告投放以中南部城市为主。武汉是广告投入的重点城市，武汉1、2、4台和湖北电视台都有其广告的投播，广告投入量为136次。合肥、南昌和上海的广告投入量都在70～100次。杭州、贵阳、青岛的广告投入量都在50次之上。南京、济南、昆明、郑州等中南部城市的广告投入也较多，北京、大连、沈阳等北方城市的广告只有零星播放。而在5月广告的投播范围增加到19个城市涉及50个频道。广告投入增加到615.8万元，广告投入量增加至1238次。该月在中央台投入了大量的广告，CCTV-1《新闻联播》后的广告时间投播广告16次，花费约202万元。上海、武汉、福州和南昌等中、南部城市的广告投入仍是重点，北京、西安、兰州等北部城市的广告投入大幅度增加。

资料来源：http://www.cctv.com/news/financial/20010725/280.html

演练要求

(1) 选择任意一个品牌的茶饮料广告。

(2) 通过调查问卷的形式，分析这则茶饮料广告的广告效果。

(3) 测评内容要求包括广告吸引力、广告记忆力、广告创新性和广告行动力等。

演练条件和过程

(1) 学生分6组，自选组长。

(2) 每组均为选定的广告设计一份调查问卷。

(3) 每组分别阐述所调查问卷设计。

(4) 各组之间相互评价调查问卷设计是否符合要求，提出修改意见。

(5) 教师点评。

任务演练评价

任务演练评价表

任务演练评价指标	评价标准	分值	得分
1. 广告效果测评指标的运用	(1) 调查问卷设计是否合理	10	
	(2) 调查问卷内容是否全面	10	
	(3) 调查问卷能否满足对广告效果的测评	10	
2. 演练过程	(1) 演练系统性	20	
	(2) 操作符合要求	20	
	(3) 卡片记录信息详略得当	10	
3. 成果展示	调查问卷版面设计精美，解说语言表达流畅到位	20	
	总 成 绩	100	
学生意见			
教师评语			

学习任务6.3　广告效果测评报告

教学方案设计

教学方法：演示、任务驱动　　　　建议课时：4

<table>
<tr><td rowspan="2">学习目标</td><td>技能目标</td><td colspan="3">1. 能具体阐述广告效果测评报告的含义
2. 能根据测评结果撰写广告效果测评报告</td></tr>
<tr><td>知识目标</td><td colspan="3">1. 了解广告效果测评报告的含义
2. 熟悉广告效果测评报告的格式与内容
3. 掌握广告效果测评报告的实施过程</td></tr>
<tr><td rowspan="2">学习任务准备</td><td>教师</td><td colspan="3">1. 课件及任务评分考核表
2. 学习任务6.2完成的各种资料</td></tr>
<tr><td>学生</td><td colspan="3">1. 抽签随机分组,8～10人为一组,组内自选组长
2. 各个小组探讨广告效果测评报告撰写的方法,并选出代表发言
3. 准备资料卡</td></tr>
<tr><td rowspan="5">教学流程</td><td>教学环节</td><td>教师活动</td><td>学生活动</td><td>课时</td></tr>
<tr><td>一、成果展示与分析</td><td>引入案例,提出问题</td><td>做好问题分析笔记</td><td rowspan="2">2</td></tr>
<tr><td>二、知识储备</td><td>1. 讲授广告效果测评报告撰写的理论知识
2. 解答知识疑问
3. 针对本学习任务中的同步案例进行学习指导</td><td>1. 认真听取广告效果测评报告撰写的理论知识
2. 提出疑问
3. 针对本学习任务中的同步案例进行学习分析</td></tr>
<tr><td>三、任务演练</td><td>1. 介绍本学习任务的演练背景和要求
2. 指导“撰写茶饮料广告效果测评报告”的演练实施过程
3. 评价演练效果和结论</td><td>1. 小组自主演练任务：“撰写茶饮料广告效果测评报告”
2. 利用学习任务6.2完成的调查问卷的数据,根据广告效果测评报告格式,分项讨论如何撰写,并最终形成测评报告
3. 以卡片的形式记录讨论内容
4. 组长发布测评报告</td><td rowspan="2">2</td></tr>
<tr><td>四、学习任务知识小结</td><td>1. 系统地对本学习任务知识进行总结
2. 针对重要知识点进行课后作业布置</td><td>1. 认真听取知识总结
2. 以小组为单位收集2份广告效果测评报告,分析其内容、格式上的区别和联系</td></tr>
</table>

○成果展示与分析

微电影汽车广告效果分析

截至 2017 年 1 月 15 日，本次问卷调查共回收 300 份，其中没有看过微电影汽车广告的为无效问卷，共 48 份，有效问卷 252 份。

问卷主要从 3 个层次对受众进行调查：一是受众的基础信息；二是受众的收视渠道及对微电影汽车广告的认知；三是受众对微电影汽车广告的态度，包括情感态度和行为态度。

1. 受众人员统计

在收集的问卷中，男性人数 144，占比 48%，女性人数 156，占比 52%，从性别上看，女性所占人数稍多，但男女比例基本持平。

考虑到汽车产品属于非日常生活用品，存在购买上的非随意性，月收入也是本次考察的一个基本信息。此次问卷将收入划分为 4 个层次，分别为 0～2000 元、2000～4000 元、4000～6000 元及 6000 元以上，本文将这 4 个层次的收入分别对应低收入、中等收入（2000～6000 元）和高收入 3 个层次。受访者中中等收入群体数量最多，月收入 2000～4000 元的 108 人，占比 36%，月收入 4000～6000 元的 100 人，占比 33%，低收入群体和高收入群体人数相当。

2. 受众媒体使用习惯

当问到是如何接触微电影汽车广告的，252 名受访者中有 188 人选择手机，192 人选择网络，分别占据了总数人数的 74.60%和 76.19%，微电影汽车广告主要通过视频网站、微博等新媒体渠道传播。

而受访者在网络上主要是通过视频网站、社交网站和门户网站观看微电影汽车广告，其中通过视频网站观看的占 77.78%，通过社交网站观看的占 65.08%，通过门户网站观看的占 34.92%，在企业官网观看的人数较少，只有 12.70%。另外，有 108 人是通过电视接触到微电影汽车广告，这是因为较长的微电影汽车广告往往受到时间限制和受众时间接受程度的影响，会将一部微电影分成几部分在电视平台上播放，而系列微电影更是如此。另外，还有 34.92%的人是通过朋友推荐接触的微电影汽车广告。由此可见，受众在自己观看微影汽车广告之后有推荐给其他人的意愿，但转发的原因不得而知。微电影汽车广告往往在新媒体平台上进行传播，网络平台的便利性和受众的高使用度是微电影汽车广告可以通过网络平台播放的必要和前提。从数据中可以看出，受众对手机和网站的选择均在 70%以上，受众对网络媒体的依附程度较高，通过新媒体对微电影汽车广告进行传播效果应当更好。

3. 受众对微电影汽车广告的基础认知

受访者观看过的微电影汽车广告主要是爱情类、亲情类和励志类题材，悬疑类和奇幻类题材所占比例较少，分别只占总数的 17.46%和 11.11%，而其他题材在这里忽略不计。这是由于市场上爱情、亲情等情感类题材的微电影汽车广告数量多，而这种情感类的题材易引起受众共鸣，这也是受众更愿意收看的原因。

至于受众观看微电影汽车广告的原因，受访者中有 192 人选择了故事情节刺激，像看大片，动作类微电影汽车广告是汽车行业在表现产品时较为常用的一种广告题材，受访者的选择也说明这种题材适合微电影汽车广告。有近半成的人是因为微电影中有自己喜欢的演员，可见演员特别是名人也是影响微电影汽车广告的重要因素之一。请知名演员为产品代言或广告演出是广告商经常采取的扩大传播效果的方式之一，利用名人效应发挥受众在信息认同及购买意愿的引导作用。与汽车产品有关的选项中,有自己喜欢的品牌和有购车需求的人分别是42.86%和39.68%,都在四成上下,可见受访者对汽车品牌的喜好和对微电影汽车广告的认同是观影的原因之一,除此之外,有76人表示自己是随便看看。

4. 受众对微电影汽车广告的态度

当询问是否对微电影汽车广告感兴趣,受访者中有167人表示有点感兴趣,55人表示感兴趣,23人表示非常感兴趣,只有7人表示不感兴趣,由此可见微电影汽车广告的形式在受众中的接受程度较高,有较大的市场发展潜力。

在调查受众更愿意观看哪类微电影广告时,爱情类、亲情类、动作类题材占据前三位,分别占到总人数的74.60%、73.02%和63.49%,励志类排在第四,悬疑类和剧情类比例均衡,大致在25%左右。动作类题材在受众偏好中排在第三位与汽车行业有关,在微电影广告中,汽车产品除了通过情感来引发受众共鸣之外,还主要通过对汽车的外观和功能进行展现,且动作类题材让受众在观看时可感受到好莱坞经典动作大片的观影感。这也表明汽车行业可以根据受众的偏好来拍摄适合表现汽车产品的微电影以扩大广告的传播效果。

影响微电影汽车广告的也有时间因素,因为其广告的形式,微电影汽车广告的时间比一般的视频广告更长。受众能接受的微电影汽车广告的时间不一,有44.44%的受访者能接受5分钟以内的微电影汽车广告,有39.68%的人能接受的时间在5~10分钟,接受这两个时间段微电影的人数比例相近。接受10~30分钟的有36人,占总人数的14.29%,而能接受30分钟以上的只有4位。由此来看,受众对微电影汽车广告的时间接受程度集中在10分钟以下,企业在拍摄微电影汽车广告时应尽量让影片保持在较短时间。

微电影汽车广告的最终目的是实现汽车产品的销售,受访者在观看微电影汽车广告后的购买意愿表现如下:有6.35%的人表示自己会购买汽车产品;近半数的人认为自己可能会购买;36.51%的人不确定自己是否会购买;而表示不太可能会和不会购买的人占据12.69%。去除保持中立的人群,受访者有50.79%的人对汽车产品有购买意愿。有购买意愿的人比不愿意购买的人数多,这说明微电影汽车广告的产品购买转化程度较高,受众有购买意愿,微电影汽车广告取得了实际的传播效果。

5. 结论

本文是为了解微电影汽车广告取得了怎样的传播效果而进行的调查数据分析。通过问卷调查了解了微电影汽车广告的传播效果。情感化、年轻化是影响微电影汽车广告的重要因素。年轻化的受众对微电影汽车广告的形式更容易接受,而"微时"能够满足受众碎片化的阅读时间。从数据统计看,微电影汽车广告的时长10分钟以下的有22部,占整体的73%,而10分钟以上的只有8部。这与微电影的广告形式有关,故事剧情的完整性和受众对广告时间的接受程度是一对矛盾体,想要实现传播的最佳效果必须解决这对矛盾。爱情、亲情等情感类题材所占比例都在七成以上,仍然是受众愿意观看的微电影汽车广告题材。有四成的受众在观看微电影汽车广告后愿意转发,有五成的受众表示可能会购买汽车产品,由此可见微电影汽车广告得到了受众的喜爱和认可,也在观看微电影之后接收到产品信息并转化为一定的购买力。但微电影汽车广告想要取得更好的传播效果还要注意更多的细节。

资料来源:马秀芳. 汽车微电影广告效果研究. 西南政法大学,2017

知识储备

6.3.1 广告效果测评报告的含义

广告效果测评报告的含义

广告效果测评报告是广告效果测评人员在对调查资料进行科学分析后,用书面语言将广告效果分析、检验、评估的过程及其结论表达出来的书面总结。

广告效果测评报告的撰写是整个广告效果测评活动的最后一个阶段环节,也是广告效果测评活动过程的最终结果。广告效果测评报告是衡量和反映一项广告测评项目效果好坏的重要标志。因此,在广告效果测评报告的写作中,应注意以下几方面的要求。

(1) 确立正确的写作目的。要站在广告主的立场上,实事求是、真实客观地反映、分析、评价广告产生的效果,既充分肯定成绩,又要大胆揭露问题,切忌以偏概全,以点带面。要尽量全面、客观真实地反映广告效果测评的结果。

(2) 注意测评方法的选取。要根据广告宣传内容和广告主想要测评的项目,选取适合的测评方法,并注意对收集到的数据和统计资料进行核实与整理,保证测评结果的可靠性。

(3) 报告应结构严谨、用语简洁、观点鲜明、材料典型、条理清晰,语言表达以叙述为主,具有较强的说服力。同时在撰写过程中还要考虑阅读者的专业水平和层次,避免使用生僻的、过于专业的词汇,尽量使报告适合于大部分读者阅读。

同步案例 6-8

街头广告效果的调查报告

1. 调查背景与目的

街头广告与我们的日常生活密切相关,对我们的消费也有一定影响。经济日益发达的城镇,各式各样、印刷精美的传单随处可见,随意丢弃传单也给环境带来一定影响,为了解街头广告效果,了解大家对街头广告的看法,也为商家提供一定的参考,特进行本次调查。

2. 问卷调查的结果及分析

此次活动,在公共场所发出230份调查问卷,回收210份,回收率为91.3%。以下是问卷的统计及分析。

(1) 调查对象的文化程度。本次活动对调查对象进行了细分,以便了解不同层次的人群对街头广告的看法,通过调查数据发现调查对象大多是高学历,说明所调查区域人群的文化素质较高。

(2) 调查对象对街头广告的看法。调查结果显示,79%的调查对象平时根本不留意街头广告,说明街头广告在大众心中印象一般;21%留意街头广告的人中一部分是因为传单印刷精美而感兴趣,仅有很少数人对广告内容感兴趣。52%的人只是看一眼大字号文字,仅有12%的人仔细看完一整句广告。说明街头广告被大众的认可度很低。

对于广告的可信度,49%的人认为不可信,31%的人不知道,仅20%的人认为可信。大部分人认为媒体形式的广告在电台或者其他媒体播出时,播出平台会对企业做出评估。而传单等其他形式的街头广告其真实性无法进行考量;同时认为街头广告费用低,说明做广告的企业实力弱,其产品质量自然也不会多好。可见街头广告的可信度是非常低的。

(3) 街头广告的不足。调查结果显示,大众认为街头广告存在污染环境、缺乏创意、不能很好地体现产品特点、难以达到预期效果、投放形式不被认可等不足之处。日常生活中我们也经常看到满地的街头传单,确实污染环境,且影响市容;传单中有相当一部分是印刷极其精美的铜版纸,这类传单制作工艺要求高,制作工序复杂,价格也更高,就这样被随手丢弃特别可惜,对社会资源是很大的浪费。

随着网络的发展,街头广告形式已越来越不具有优势,网络媒体上的广告可以很好地体现产品的性能、特点、属性,且沟通效果比较好。而街头广告只能用文字来表现其特点,难以很好、全面地表现产品的特性,自然就难以达到满意的效果。

3. 建议

我国居民消费结构逐渐升级,资源供需矛盾和环境压力越来越大,我们必须重视节约资源,减少街头传单造成的资源浪费。针对这个问题,提出以下建议。

(1) 商家派发传单时,要有针对性的投递,或者采取群众自取的方式,不要把传单硬塞进行人手中。

(2) 商家在印刷传单时,最好采用环保纸。

(3) 商家还可以采取路牌方式或者名片形式进行宣传。

(4) 相关部门加大资源可回收力度宣传,增强群众环保意识。

广告对国民经济的发展有一定的促进作用,希望各界共同努力,共建节约型和谐社会。

资料来源:https://wenku.baidu.com/view/68e1ad1155270722192ef7ee.html? from=search

案例分析: 这份街头广告效果的分析报告,内容较全面,调查方法选取适当,语言简洁,条例清晰,能够客观真实地反映效果测评的结果,具有很强的说服力。

6.3.2 广告效果测评报告的格式与内容

广告效果测评报告的格式与内容主要由标题、正文和结尾3个部分组成。

1. 标题

由被调查的广告产品品牌、产品名称和调查主要内容组成。

2. 正文

正文主要分为前言和主体两部分。

(1) 前言。前言主要是简明扼要地说明此次广告效果测评的目的、背景、意义,以及所要研究的问题及其范围,测评的组织及人员情况等。

(2) 主体。主体是测评报告的核心内容,主要阐述此次测评的调查范围和结论。广告效果测评报告一般首先是介绍广告主的基本情况,说明广告主的人、财、物、产、供、销、信息等资源的情况。其次,说明广告效果测评的调查内容,即测评的时间、地点、内容以及所导致结果的详细情况,测定、研究问题所运用的方法,各种指标的数量关系。最后,说明广告效果测评的具体结果，包括计划与实际的比较、经验的总结与问题的分析、提出解决问题的措施和改善广告促销的具体意见等内容。

3. 结尾

强调本次广告效果测评的重要性，提出对今后工作的展望。

（1）附件。包括样本分配、推算过程、图示与附表等。

（2）落款和日期。广告效果测评机构名称、人员名单和本报告的成文日期。

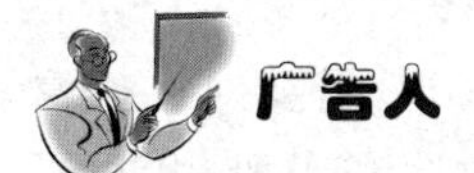

世界广告大师：玛莉·韦尔斯·劳伦斯

6.3.3 广告效果测评报告的实施过程

在进行广告效果测评，撰写测评报告时，一般按以下步骤进行操作。

1. 明确测评目的

一个广告是不是有效，在很大程度上取决于所使用的测评指标。而测评指标又取决于广告目标或测评目的。广告目标不同，所选定的评估标准也不同。因此，进行一次广告效果测评，首先要明确广告效果测评的目的，制定恰当的测评指标。

2. 制订测评计划

在明确了测评目的后，应制订一份详细具体的测评计划，以保证测评能有步骤、有系统地进行。广告效果测评计划主要包括以下几个方面。

（1）测评内容。

（2）测评的目的和要求。

（3）测评的步骤和方法。

（4）测评的时间和地点。

（5）测评的范围和对象。

（6）调查机构的选择。

（7）测评人员的安排。

（8）测评费用预算。

3. 实施测评方案

广告效果测评的结果是否达到预期目标，主要依靠测评人员严格、认真、细致地按照预定目标与计划去实施。而在测评的具体实施过程中，选择恰当的测评方法、明确测评对象和设计调查问卷是整个测评实施最为重要的3方面内容。

（1）选择恰当的测评方法。广告效果的测评方法有很多，应根据本次测评的目标和内容选取适合的测评方法，并组合运用这些测评方法进行测评。

（2）明确测评对象。即确定调查哪些人，怎么调查，调查的人数是多少。测评对象应该重点针对广告的目标对象进行选取。

（3）设计调查问卷。设计调查问卷也是广告效果测评能否取得预期效果的一个重要环节。设计调查问卷,首先要确定调查的主题,然后通过初步调查、设计草案、事先试验等环节,最后设计成问卷,从而保证问卷的问题主题明确、范围适当、方式得当。其次,要注意询问技巧与方式,主要有提出的问题要具体、清晰,使测评对象容易明确回答;提出的问题要简明扼要,使测评对象易记、易读;提出的问题语言要亲切,问题要提的合情合理,使测评对象愿意主动回答;先提问容易回答的问题,敏感性的问题放在后面提问;避免提诱导性的问题;开放性的问题放在问卷的最后。

4. 撰写测评报告

这是广告效果测评的最后阶段。要想撰写一份好的广告效果测评报告,需要对已经拿到的资料进行整理和分析,剔除虚假和不适用的部分,并运用各种统计方法和手段,找出其中的联系,得出具有规律性的结论。

任务演练

撰写茶饮料广告效果测评报告

演练背景

根据学习任务 2.3 任务演练所设计的调研报告的内容,每组在课下时间分别对学校周边人群进行问卷调查,并汇总各项调查结果,用表格等形式表现调查数据,并分析调查结果,形成结论。

演练要求

(1) 根据调查结果形成测评报告。

(2) 测评报告的格式和内容符合要求。

演练条件和过程

(1) 按已分好的组,撰写测评报告。

(2) 将测评报告制作成 PPT 形式。

(3) 每组分别上台阐述各组的调查结果。

(4) 各组之间相互评价。

(5) 教师点评。

任务演练评价

任务演练评价表

任务演练评价指标	评价标准	分值	得分
1. 广告效果测评报告	(1) 广告效果测评报告格式是否正确	10	
	(2) 广告效果测评报告内容是否全面	10	
	(3) 广告效果测评报告结论是否合理	10	
2. 演练过程	(1) 演练系统性	20	
	(2) 操作符合要求	20	
	(3) 卡片记录信息详略得当	10	
3. 成果展示	PPT 设计精美,解说语言表达流畅到位	20	
	总　成　绩	100	
学生意见			
教师评语			

重点概括

（1）广告效果是指广告媒体传播后所引起的社会公众的各种心理影响及行为变化的总和。广告主利用媒体传播某个广告，会给受众带来各种影响，也会给企业带来某些经济效益，同时还会给社会环境带来文化上的影响，这些变化都可以称为广告效果。广告效果按不同的划分方式可以分为广告的心理效果、广告的经济效果、广告的社会效果；按广告效果的时间周期划分可以分为即时效果、短期效果、长期效果。

（2）广告效果的测评内容主要包括广告信息测评、广告媒体测评和广告活动效果测评3个方面。广告信息测评是对广告所对外传播的内容的检测和评定，主要针对广告的主题是否鲜明，广告是否有创新，广告对媒体受众的冲击力和感染力，广告是否能够激起消费者的购买欲望等。广告媒体测评是指测评广告所选取的媒体是否能够很好地表现广告内容，传达广告信息，广告各个媒体之间组合是够恰当，比例分配是否合适等内容。广告活动效果测评是对某广告传播后，对媒体受众所产生的心理、经济、社会等多层次影响的评估。

（3）广告心理效果测评目的是了解广告播出后，对受众心理的影响程度，包括广告知晓度、认知和偏好等。对广告心理测评，主要针对受众者对广告的认知度、记忆程度以及唤起消费程度等内容进行测评。具体包括问卷调查法、询问调查法、回忆法、店内测评法和态度调查法、仪器测评法等。

（4）广告的经济效果又称销售效果，是指由广告引发的促进产品或劳务的销售，增加企业利润的程度。广告的经济效果是广告活动最佳效果的体现，也是企业进行广告活动最为关心的效果，同时也是广告效果测评的主要内容。广告经济效果测评就是测评在投入一定广告费用及广告刊播之后，所引起的产品销售额与利润的变化状况，即用统计分析的方法，对一定广告投入所带来的销售额、利润额的增减变化情况进行分析比较的结果。因此，对广告经济效果的测评就是广告投入产出指标的测评。广告经济效果测评的方法具体有统计分析法、沃尔夫 PFA 评估模型分析法和销售实验法等。

（5）广告的社会效果是指广告通过多种媒体向社会大众刊播以后对社会产生的某些方面的影响。这种影响不同于广告的心理效果或经济效果，它不是广告活动本身所要达到的目的，却是广告活动所带来的必然产物，它无法用具体的数量指标来衡量这种影响，只能依靠社会公众长期建立起来的价值观念对它进行评判。这种影响有正面的、积极的影响，也有负面的、消极的影响。测评广告社会效果的方法具体有德尔菲法、消费者评价法和市场信息采集法等。

（6）广告效果测评报告的撰写是整个广告效果测评活动的最后一个阶段环节，也是广告效果测评活动过程的最终结果。广告效果测评报告是广告效果测评人员在对调查资料进行科学分析后，用书面语言将广告效果分析、检验、评估的过程及其结论表达出来的书面总结。广告效果测评报告是衡量和反映一项广告测评项目效果好坏的重要标志。

案例分析　雅客 V9 的奇迹

从我国糖果行业的发展历程可以看出，1987 年糖果业的年产量达 105.5 万吨，这一阶段的产品利益点停留在质量层面；1991 年，糖果产量只有 42.5 万吨，糖果业迅速萎缩，盘整成为这一阶段的最大特点；1996 年后，糖果业重新崛起。2001 年，糖果的年产量为 85 万吨，少于 1987 年，但销售额却高达 135 亿元，包装糖果得到发展，这一阶段竞争日趋激烈，产品利益点已上升到口味、情感、功能。功能性糖果成为主流,产品利益点突出表现为关心消费者的体验感受、健康要求等。

糖果的利益点经历了质量、口味直到现在的功能。人们对糖果的消费越来越注重健康,因此能使咽喉舒适的薄荷糖、使口气清新的口香糖、富含维生素的果汁糖成为市场趋势。通过深入的调研发现维生素糖果市场潜力巨大。

(1) 60.4%的消费者认为需要补充维生素,80.4%的消费者有意识地采取过补充维生素的措施,81.7%的消费者买过维生素糖果,91.8%的消费者表示愿意尝试维生素糖果。显而易见,启动维生素糖果品类无须太多的市场教育,消费者对于维生素糖果已有一定的认知度。

(2) 鲜橙多、酷儿、每日C在饮料界掀起了补充维生素的热潮,单是鲜橙多就做出了20亿元左右的市场。善存片、成长快乐、施尔康、黄金搭档借"非典"之势急速增长,均与补充维生素相关。

(3) "非典"结束后,人们形成了"补充维生素、提高免疫力"的观念,市场对维生素产品的需求空前高涨,许多维生素产品热销甚至脱销。

大量的市场调查数据表明,希望通过吃糖果补充维生素的人居然达到了48.1%,仅次于采用吃水果和蔬菜的方式,比希望采用吃维生素保健品的高出20%以上。

对糖果市场的研究和对雅客的内部营销诊断之后,结果看起来并不乐观——在所调查的25个品牌中,雅客的品牌认知度只有3%;广告认知度排在最后;喜爱率只有0.3%,这说明庞大的多品牌雅客策略实际上只是构建了一个貌似强大的雅客家族!也就是说,雅客是一个没有球星的球队,每个类别产品的销量都不大。"非典"肆虐的2003年春天,雅客带着雅客V9来到人们面前。

雅客V9的品牌定位与品牌调性:雅客V9是一种具有创新精神、充满运动活力、为身体补充维生素的健康糖果。而雅客V9的品牌传播也将围绕"创新、运动、健康维生素"展开。

为了体现雅客V9的健康感,雅客专门设计了飘舞的V和9色彩虹带构成的9的视觉组合图形,整个元素充满青春活力,仿佛维生素带来的新鲜动力源源不断地注入生命体。

为了体现雅客V9的运动精神,设计了水果与球类融合的主视觉元素,比如橙子篮球、柠檬橄榄球、橙子足球、橙子垒球、橙子排球等。

围绕着水果球舞蹈的火焰,则体现了雅客V9源源不断的创新精神和顽强的生命力。橙黄与鲜红同台演出的主色调令整个视觉表现灿烂而响亮。

这些视觉元素广泛运用于雅客V9的包装,以及路牌、灯箱、跳跳卡、吊吊牌等所有平面宣传物料。尤其当各种水果球缤纷绚丽地吊在空中招摇过市时,那真是一种奇特的视觉盛宴。

为雅客V9寻找一个合适的形象代言人一直是雅客策划探讨的课题。经过几轮测试,数据显示古怪精灵活力十足的周迅比邻家女孩徐静蕾更贴近雅客V9的感觉。最后雅客V9尊重大多数消费者的意见,形象代言人选择了周迅。

广告片创意非常单纯:新鲜而灿烂的阳光中,周迅奔跑在都市的大街小巷,吸引众多追随者,形成奔跑的奇观,而原因,则由雅客V9引发。

跑步篇(30秒)TVC脚本

(1) 清晨的城市,朝霞映衬着密集的高楼。

(2) 周迅一身运动装束跑过街道。

旁白：本年度具有创意精神的糖果雅客V9诞生。

(3) 特写周迅自信的表情。

(4) 叠化，周迅的身后出现了两三个尾随者。

(5) 路人惊奇地看着他们跑过。

(6) 很快变成了几百人的阵容，继续不停地跑着。

(7) 周迅边跑边说："爱吃的人越来越多，越来越多，知道为什么吗？因为两粒雅客V9，就能补充每天所需的9种维生素！"

(8) 雅客V9的特写。

(9) 9字的动画色块闪动。

(10) 印章"中国营养学会验证"敲下。

(11) 周迅手一挥，说道："想吃维生素糖果的，就快跟上吧！"

(12) 周迅和众人一起跑着，叠压"雅客V9"的标版。

(13) 雅客的标版，字幕：中国奥委会赞助商。

旁白：雅客V9。

这则广告片的目的是强力抢占维生素糖果的概念，并引领扩大整个维生素糖果市场。

在广告投放节奏上，采取脉冲式的节奏，即2003年8月26日至9月底为第一个传播高峰期。10月1—7日，增加了国庆看点的贴片广告，那时也正好是全国糖酒会举办的日子，一天7次，每次30秒、15秒、5秒各一次，掀起第二个传播高峰。12月1日到春节前又展开轰炸，制造第3个传播高峰。这种脉冲式的节奏比之不动脑筋的细水长流和平均分配效果起码要好两倍，而且并不多花一分钱。同时也建立了高度的声音门槛，以阻止竞争对手的跟进。

根据雅客V9目标消费群可能的接触点，制定了雅客V9的传播组合策略。

空中影视轰炸＋平面及网络软文灌输＋车体、地铁灯箱、写字楼及高尚社区电梯间广告＋锁定终端拦截＋事件与活动、网络游戏。

雅客V9品牌传播运动有步骤地展开了：先用软文与公关运作来为整个品牌传播运动热身，周迅出任雅客V9代言人事件被炒作得沸沸扬扬；接下来是空中影视媒体的轰炸式灌脑运动，在短时间内迅速提升雅客V9的认知度与影响力；同时各类提醒式广告也纷纷登场，让消费者无处可逃。2003年盛夏，一场雅客V9与气温的热度竞赛拉开了帷幕。

当雅客V9的热度超过10年来上海最热的一天的最高温度时，超大规模的新品派发品尝会更将热度推向全新纪录。

另外，在终端拦截的动作上，还设计了很多有趣的游戏提供给消费者互动，这些游戏在网络上一样可以玩，还可以积分。

经过雅客V9的传播活动，不仅成功实现了雅客V9的上市，也使雅客品牌的知名度得到了大幅度提升，并迅速拉动雅客系列产品的销售成长。

雅客是从2003年8月26日正式开始推广活动的，此后不久的雅客招商会开幕，一天签约的金额就高达2.3亿元，经销商预付款达到6700万元。一个单品在上市当天能创造出如此纪录，这在糖果行业的历史上是从来没有过的事情。

以往从新产品上市到产品上架，大概需要90天，而雅客V9的全国铺货时间只用了32天。上市仅仅5天，雅客V9的销售量急剧攀升，甚至让人措手不及。经销商反应更加强烈,由过去一次只订五六十箱产品变为一次订货2000箱。

上市一个月,雅客V9仅在福建省就产生了230万元的销售业绩,是上一年同期雅客所有产品销售总和的4倍。

同时,雅客V9的火爆带动了雅客其他品种的销售,与上一年同期相比,上海销量增长500%,宁波增长450%,杭州增长400%,辽宁增长530%,四川增长340%等。

到2003年年底,3个月的时间,雅客V9在全国卖到3亿多元。

资料来源:http://hi.baidu.com/xusich/blog/item/82cb3a290417e6fe98250ad2.html

思考题

(1) 请问在雅客V9创造销量奇迹的事件中,广告起到了什么作用?

(2) 雅客V9广告成功的因素有哪些?

(3) 如果撰写雅客V9广告效果测评报告,应如何进行?

分析要求

(1) 学生分析案例提出的问题,拟出案例分析提纲。

(2) 小组讨论,形成小组案例分析报告。

(3) 将案例分析报告制成PPT演示文本,选派一名同学进行讲解。

(4) 各小组进行交流,提出修改意见。

(5) 教师对各小组案例分析报告进行点评。

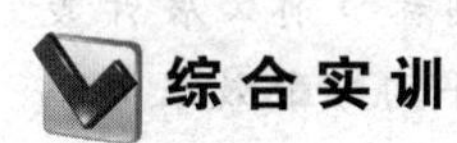

综合实训

广告效果测评业务能力训练

【实训目标】

引导学生参加"广告效果测评业务能力"的实践训练;在具体的广告效果测评活动中,熟悉各个测评环节和内容;在××广告效果测评报告的准备与撰写活动中,培养相应专业能力与职业核心能力;通过践行职业道德规范,促进健全职业人格的塑造。

【实训内容】

选择目前市场上比较典型的一则广告为测评对象,明确广告效果测评的目的,制定恰当的测评指标,并制订一份详细具体的测评计划,然后进行具体测评,最后撰写测评报告。

【操作步骤】

(1) 将班级每5~6位同学分成一组,每组确定1人负责。

(2) 每组选取一则广告,或由教师指定一则广告。

(3) 每组学生根据广告内容和广告商品确定测评方法与计划。

(4) 根据测评计划展开调查,并将调查情况详细记录。

(5) 对调查的结果进行整理分析。

(6) 撰写测评报告。

(7) 各组在班级进行交流、讨论。

【成果形式】

实训课业:撰写××广告效果测评报告。

【实训考核】

根据实训题所要求的学生“实训课业”完成情况，就下表中各项“课业评估指标”与“课业评估标准”，评出个人和小组的“分项成绩”与“合计”，并填写“教师评语”与“学生意见”。

实训课业成绩考核表

课业评估指标	课业评估标准	分值	得分
1. 广告效果测评的内容	(1) 测评目的明确	10	
	(2) 测评内容全面	10	
2. 广告效果测评方法的选择	(1) 选择的测评方法恰当	15	
	(2) 测评方法能够真实有效反映测评目的	10	
3. 广告效果测评的过程	(1) 测评过程设计合理	10	
	(2) 测评过程记录详细	5	
	(3) 收集到的资料真实有效	10	
4. 广告效果测评报告撰写	(1) 报告结构符合要求	5	
	(2) 观点鲜明，无抄袭痕迹	5	
	(3) 语言表达简洁、清楚	5	
	(4) 结论具有一定的参考价值	15	
合　计		100	
教师评语	签名： 年　月　日		
学生意见	签名： 年　月　日		

思考练习

名词解释

广告效果　广告心理效果　广告经济效果　广告社会效果　店内测评法　销售实验法　德尔菲法　广告效果测评报告

选择题

单项选择题

1.（　　）是根据广告刊播后受众向广告主咨询的数量、问题和情况来衡量广告的传播效果。

A. 间接询问法　　B. 问卷调查法　　C. 仪器测试法　　D. 直接询问法

2.（　　）是广告效果测评的主要内容。

A. 广告心理效果测评　　B. 广告经济效果测评

C. 广告社会效果测评　　D. 全部都是

3. 整个广告效果测评活动的最后一个阶段环节是（　　）。

A. 制订广告效果测评方案　　B. 确定广告测评方法

C. 撰写广告效果测评报告　　D. 完成调查问卷

4. 不是广告社会效果测评方法的是(　　)。

A. 德尔菲法　　B. 问卷调查法　　C. 消费者评价法　　D. 市场信息采集法

多项选择题

1. 从广告效果的时间周期上,可将广告效果分为(　　)。

A. 即时效果　　B. 临时效果　　C. 短期效果　　D. 长期效果

2. 广告效果测评报告的内容主要由(　　)组成。

A. 标题　　B. 正文　　C. 结尾　　D. 附录

3. 广告经济效果测评主要针对(　　)的测评。

A. 广告费用与销售额的关系　　B. 广告费用与知名度的关系

C. 广告费用与美誉度的关系　　D. 广告费用与利润的关系

4. 运用德尔菲法进行广告效果测评时,可邀请(　　)参与。

A. 专家　　B. 学者　　C. 普通消费者　　D. 任何人

5. 回忆法根据被测对象在测试过程中是否有提示可以分为(　　)。

A. 无辅助回忆　　B. 辅助回忆　　C. 自己回忆　　D. 全部都是

6. 广告效果测评的原则有(　　)。

A. 综合性原则　　B. 针对性原则　　C. 可靠性原则　　D. 经济性原则

7. 问卷调查法的形式主要有(　　)。

A. 开放式问卷　　B. 针对式问卷　　C. 封闭式问卷　　D. 网络式问卷

8. 仪器测评方法包括(　　)。

A. 视向测评法　　B. 瞳孔计测评法　　C. 皮肤发射测评法　　D. 记忆鼓测评法

判断题

1. 由于广告的经济效果测评可以采用具体的数据进行统计分析,因此它比广告心理效果测评更能准确反映广告效果。(　　)

2. 采用问卷调查法进行测评时,封闭式问卷更能很好地体现被调查人员的想法或意见。(　　)

3. 在进行广告心理效果测评时,被调查者能复述广告的内容越多说明广告效果越好。(　　)

4. 通过各种专业的测试仪器能更为准确地评估广告对媒体受众的影响。(　　)

简答题

1. 简述测评广告效果的作用。
2. 广告记忆程度的测评方法有哪些?
3. 利用仪器进行广告心理测评的方法有哪些?
4. 进行广告社会效果测评方法有哪些?
5. 广告效果测评报告有哪些撰写要求?
6. 广告效果测评报告的实施过程是什么?

项目 7

Xiangmu qi

规范广告运作

知识目标

1. 把握广告行政管理、广告审查制度、广告行业自律制度和广告社会监督机制。
2. 熟悉广告经营审批程序。
3. 掌握相关的广告法律、法规。
4. 熟悉广告行业协会和广告社会监督组织的工作内容。

技能目标

1. 能根据有关部门的广告管理条例,按程序报送审批广告。
2. 能在业务范围内自觉遵守《广告法》。
3. 具备构建广告管理体系、进行广告业务管理的能力。

思政目标

1. 培养学生具备遵纪守法的精神。
2. 培养学生能够规范地进行广告运作。

自律与职业道德

学习任务7.1 广告管理的系统构成

教学方案设计

教学方法：演示、任务驱动　　　　建议课时：3

<table>
<tr><td rowspan="2">学习目标</td><td>技能目标</td><td colspan="3">1. 能根据广告自律制度规范自身的广告策划
2. 能根据广告的监督机制，完善自身的不足</td></tr>
<tr><td>知识目标</td><td colspan="3">1. 熟悉广告的行政管理体系
2. 掌握广告行业自律的特点
3. 熟悉广告行业协会和广告社会监督组织的工作内容</td></tr>
<tr><td rowspan="2">学习任务准备</td><td>教师</td><td colspan="3">1. 课件及任务评分考核表
2. 准备授课资料</td></tr>
<tr><td>学生</td><td colspan="3">1. 随机分组，8～10人为一组，组内自选组长
2. 各个小组选定一则有代表性的虚假广告，提出监管建议
3. 制作资料卡或PPT</td></tr>
<tr><td rowspan="5">教学流程</td><td>教学环节</td><td>教师活动</td><td>学生活动</td><td>课时</td></tr>
<tr><td>一、成果展示与分析</td><td>1. 引入案例，提出任务问题
2. 布置任务并实施安排</td><td>做好问题分析笔记</td><td rowspan="2">1</td></tr>
<tr><td>二、知识储备</td><td>1. 讲授广告管理的系统构成的理论知识
2. 解答知识疑问
3. 针对本学习任务中的“广告语”进行学习指导</td><td>1. 认真听取广告管理的系统构成的理论知识
2. 提出疑问
3. 针对本学习任务中的“广告语”进行学习分析</td></tr>
<tr><td>三、任务演练</td><td>1. 介绍本学习任务的演练背景和要求
2. 指导“虚假广告的监管漏洞”的演练实施过程
3. 评价演练效果和结论</td><td>1. 小组自主演练任务：“虚假广告的监管漏洞”
2. 通过小组之间展示所发现的虚假广告，对其监管漏洞进行讨论
3. 以卡片的形式记录汇总结果
4. 组长陈述结论</td><td>1</td></tr>
<tr><td>四、学习任务知识小结</td><td>1. 系统地对本学习任务知识进行总结
2. 针对重要知识点进行课后作业布置</td><td>1. 认真听取知识总结
2. 以小组为单位撰写讨论情况报告</td><td>1</td></tr>
</table>

成果展示与分析

广告要懂得尊重

意大利奢侈品牌Dolce&Gabbana(杜嘉班纳，以下简称D&G)的一则广告片，因为“中式发音”模特用奇怪的姿势使用筷子吃Pizza等片段，被指歧视华人。该广告片引发了很多网友的质疑及不满，主要在3方面：种族歧视、女性歧视和中国歧视。一位网友在ins story说起这件事，D&G设计师也是创始人之一的Stefano Gabbana前来争辩，恼羞成怒大骂出口，还公然辱华。

此举引发舆论巨大反响，章子怡、陈坤、李冰冰、黄晓明、王俊凯、迪丽热巴、霍思燕等中国艺人，纷纷在微博发声，宣布退出原定于当天晚上在上海举办的D&G时装秀。除了明星表态之外，不少参加当晚上海大秀的模特也表示退出表演。

随后，D&G通过官方ins和官方微博做出道歉，称其官方账号和设计师账号均被盗，为这些不实言论给中国和中国人民造成的影响与伤害道歉，并强调对中国和中国文化始终保持热爱与尊重。最终，杜嘉班纳上海时装秀被取消！

但其实在此之前杜嘉班纳的辱华行为就一直未停。曾经，D&G就发布了一组"涉嫌丑化中国人形象"的宣传海报。这些照片选取了几个北京地标：天安门、雍和宫、南锣鼓巷和长城。除了那些穿着D&G开怀大笑的模特外，街头乱入的路人也很抢眼，画面和颜色十分杂乱，而且与其他宣传片也形成强烈反差。在一次次试探国人底线的广告宣传之路上，杜嘉班纳终于凭借"自己的努力"成了超级辱华大牌。

国际品牌辱华，杜嘉班纳并非首例，那么它的前辈们都是什么下场呢，接下来一起来回顾一下。

1. 丰田霸道改品牌名

当年，日本丰田霸道越野车的广告引发了广大国人愤慨，"霸道越野车威武地行驶在路上，而两只卢沟桥旁边的石狮蹲坐路旁，一只挺身伸出右爪向'霸道'车作行礼状，另一只则低头作揖。配图的广告语写道，'霸道，你不得不尊敬'"。这次非常轰动的卢沟桥广告事件激起了国民的民族情绪，丰田霸道的辱华形象刻在了国人心里。没过多久，由于舆论压力过大和中国销量低迷，丰田把"霸道"改成音译名"普拉多"。

2. 朴宝剑广告辱华事件

电视剧《请回答1988》火爆一时，朴宝剑饰演的崔泽在剧中各种力压日本人和中国人，之后一则广告中也借助了这个人设，和朴宝剑对阵的是一个名为"万里长城"的猥琐中年大叔，毫无意外男主获胜，其中导演特意安排女子抽"万里长城"一巴掌，引发众人嘲笑。这则广告直接诋毁中国特有建筑万里长城，辱华性质严重，直接导致朴宝剑的中国粉丝大量脱粉，而之后推行的"限韩令"也得到网友的一致叫好和推行。

3. 亚马逊歧视中国人

两款服装产品于亚马逊及eBay的英国网站刊登海报，海报中白人男孩身穿传统中国服饰，用手指向自己的眼角，以CHINK(歧视词汇：眯眯眼中国佬)形象暗讽中国人。大批华裔人士看毕后大感愤怒，把有关广告图片拍下，上传到亚马逊的社交平台、Facebook及Twitter的专页，引发国内网友众怒，因舆论压力亚马逊紧急下架了两款相关产品。

杜嘉班纳将奢侈品行业"高级""尊贵""睥睨众生"的自我定位贯彻到底，成功失去国人芳心，彻底凉凉！中国三大电商巨头天猫、京东和苏宁易购，以及网易考拉、奢侈品电商寺库、唯品会、1号店、海外购物平台洋码头……多家经营奢侈品业务的中国主流电商平台均已下架了所有与D&G品牌相关的产品。

这也意味着，D&G方面若不积极应对该事件，妥善处理此轮风波，除杜嘉班纳中国官网外，该品牌在中国地区的重要电商销售渠道几乎将被全部切断。

资料来源：http://www.sohu.com/a/277273656_99985681

知识储备

7.1.1 广告行政管理

广告行政管理是指国家广告行政管理机关依照广告管理的法律、法规和有关政策规定，或通过一定的行政干预手段，对广告行业和广告活动进行的监督、检查、控制和指导。在我国，广告的行政管理是由国家市场监督管理部门按照广告管理的法律、法规和有关政策规定来行使管理职权的，而且是我国现阶段进行广告管理的一种主要方法。

从整体上来看，广告行政管理可自成一个系统，并主要由4个子系统构成，即广告行政管理机构、广告行政管理法规、广告验证监督管理、广告行政管理对象。

(1) 广告行政管理机构主要由国家市场监督管理机关和地方各级市场监督管理机关构成。我国《广告法》第六条："县级以上地方市场监督管理部门主管本行政区域的广告监督管理工作，县级以上地方人民政府有关部门在各自的职责范围内负责广告管理相关工作。"

(2) 广告行政管理法规是广告行政管理机关进行广告行政管理的法律依据，主要包括《广告法》《广告管理条例》和一些单项广告管理规章与有关政策规定，如《药品广告管理办法》《医疗器械广告管理办法》等。

(3) 广告验证监督管理是广告管理机关依法对广告主、广告经营者和广告发布者的主体资格与广告信息内容进行验证管理，以及对广告发布后的监督管理。

(4) 广告行政管理对象主要包括广告经营者、广告主、广告信息内容、广告发布者等。

① 对广告经营者的管理，是广告行政管理机关依照广告管理法律、法规对广告经营者实施的管理，属于政府的行政管理行为。广告经营者只有在获准登记、注册，取得广告经营资格后，才能从事广告经营活动。否则，即为非法经营。严格地说，广告经营者要取得合法的广告经营资格，必须符合《民法通则》的有关规定和企业登记的基本要求，必须具备广告法规中规定的资质条件，必须按照一定法律程序依法审批登记。广告经营者的审批登记程序主要包括受理申请、审查条件、核准资格和发放证照4个阶段。

② 对广告主的管理，主要实行验证管理制度。对广告主的验证管理是指广告主在委托广告经营者设计、制作、代理、发布广告时，必须向其出具相应的文件或材料，以证明自己主体资格和广告内容的真实、合法。广告经营者只有在对广告主提供的这些证明文件或材料的真实性、合法性和有效性进行充分审查后，才能为其设计、制作、代理、发布广告，并将所验证过的证明文件或材料存档备查。

③ 对广告信息内容的管理，集中到一点，即对广告内容的真实性、合法性进行的管理，以确保广告内容的真实、合法与健康。《广告法》第三条规定："广告应当真实、合法，以健康的表现形式表达广告内容，符合社会主义精神文明建设和弘扬中华民族优秀传统文化的要求。"《广告法》第九条对广告中不得出现的内容，《广告法》第十五条、第十六条、第十八条、第二十一条、第二十三条、第二十四条、第二十五条、第二十六条对药品、医疗器械、保健食品、农药、酒类、教育培训、招商投资和房地产广告中不得出现的内容都做出了明确规定。此外，《药品广告管理办法》《医疗器械广告管理办法》《食品广告管理办法》等单项法规，还对相应的广告内容的管理作出了明确规定。

④ 对广告发布者的管理,又叫广告媒介管理,是指广告行政管理机关依照国家广告管理法律、法规的有关规定,对以广告发布者为主体的广告发布活动的全过程实施的监督管理行为。换言之,广告发布者管理是广告行政管理机关依法对发布广告的报纸、期刊、电台、电视台、出版社等事业单位和户外广告物的规划、设置、维护等实施的管理。

整个广告行政管理系统运作时,国家市场监督管理机关依照广告行政管理法规对广告行政管理对象进行广告验证管理并进行广告发布后的监督管理。

7.1.2 广告审查制度

广告审查

1. 什么是广告审查

广告审查是指广告经营者、广告发布者在承办广告业务中依据广告管理法规的规定,在广告发布之前检查、核对广告是否真实合法,并将检查、核对情况和检查结论、意见记录在案,以备查验的活动。《广告法》第四十六条规定:"发布医疗、药品、医疗器械、农药、兽药和保健食品广告,以及法律、行政法规规定应当进行审查的其他广告,应当在发布前由有关部门(以下称广告审查机关)对广告内容进行审查;未经审查,不得发布。"广告审查既是广告经营者、广告发布者的权利,也是必须履行的法定义务。《广告法》第四十七条规定:"广告主申请广告审查,应当依照法律、行政法规向广告审查机关提交有关证明文件。广告审查机关应当依照法律、行政法规规定作出审查决定,并应当将审查批准文件抄送同级市场监督管理部门。广告审查机关应当及时向社会公布批准的广告。"

广告审查的范围包括 3 个方面:①审查广告客户的主体资格,查看广告客户有无做某项内容广告的权利能力和行为能力。当广告内容所涉及的事项超出广告客户的权利能力和行为能力范围时,作出不予出具证明或承办的决定。②审查广告内容及其表现形式。查看广告是否含有违反广告管理法规和国家其他法律、法规规定的内容,查看广告内容的表现形式是否违反广告管理法规和国家其他法律、法规的规定。凡广告中含有违反国家法律、法规内容和表现形式的,作出不予出具证明或承办的决定。③审查证明文件,查验广告客户应当提交和交验的证明文件是否真实、合法、有效。当证明文件不符合法律、法规规定的要求时,作出不予承办或出具证明的结论。

2. 广告审查的基本方法

(1) 根据广告管理法规审查。广告管理法规对广告客户从事广告宣传活动应当遵守的行为规范作出了规定。广告经营者和广告证明出具机关在承办广告与出具广告证明时,应当依照广告管理法规确立的规范对广告内容及其表现形式逐次进行检查,发现有违法内容的,应当要求客户删除,广告客户拒绝删除的,作出不予承办或出具证明的决定。

(2) 根据证明文件审查。广告管理法规对广告客户委托经营者或广告证明机关承办或出具广告证明,应当提交和交验的证明文件作出了明确、具体的规定。广告经营者和广告证明出具机关应当依据客户的证明文件对广告进行审查,检查广告内容是否与证明文件内容相符合,凡无合法证明、证明不齐以及证明文件不能证明广告内容真实合法的,作出不予承办或出具证明的决定。

广告经营者审查广告的程序分为 4 个阶段:①承接登记。对委托办理广告业务的客户,首先将其基本情况(名称、地址、法定代表人姓名、职务、广告联系人姓名、职务等)和广告内容、提交和交验的广告证明记录在案。②初审。广告审查人员依据广告管理法规和客户提交和交验的证明文件对广告进行审查,做出审查是否合格的结论意见,并记录在案。③复审。广告业务负责人对经过初审的广告,再次进行审查,最终做出审查是否合格,是否接受广告客户委托的广告业务的决定,并签署意见。④建档。有关承接登记和审查过程的记录材料在决定承办或不予承办后,按照一定规则将上述材料归档,以备查验。

广告经营者未依法审查广告就承办广告业务的,要承担由此引起的法律责任,除行政法律责任外,凡由此给用户和消费者及其他人造成损害的,承担连带赔偿责任,情节严重,构成犯罪的,承担刑事责任。广告证明出具机关因审查不严或未进行审查就出具证明的,要承担出具非法或虚假证明的法律责任,由此给用户和消费者及其他人造成损害的,承担连带赔偿责任。

充电五分钟,通话两小时!

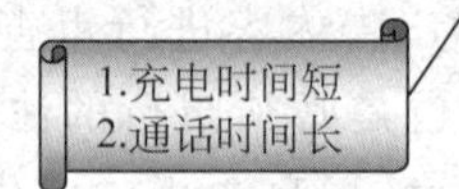

"充电五分钟,通话两小时!"是OPPO手机的经典广告语,用一句简单的前后对比,突出了产品的卖点。语句简短、易记,让人听过之后就能记住。

广告一经播出,马上引起了消费者的广泛关注,通过网络评测平台的测试及消费者的反馈,证实OPPO手机确实能够实现"充电五分钟,通话两小时"。一时间OPPO手机名声大噪,成为众多消费者信赖的品牌。由此可见,广告语要与产品实际相符,才能达到应有的效果。

7.1.3 广告行业自律制度

1. 什么是广告行业自律

广告行业自律又叫广告行业自我管理,是指广告业者通过章程、准则、规范等形式进行自我约束和管理,使自己的行为更符合国家法律、社会道德和职业道德的要求的一种制度。广告行业自律是目前世界上通行的一种行之有效的管理方式,并逐渐发展成为广告行业自我管理的一种制度。

广告行业自律是在广告行业内建立起来的一种自我约束的道德伦理规范,因为这种自我约束是以遵守各种法律为中心而建立起来的自我限制。这种做法既可以起到补充政府法规的指导作用,又表现了广告行业自觉尊重法规的意愿。因此,自我约束对推动广告事业的发展起着积极的作用。

2. 广告行业自律的显著特点

(1) 自发性。广告行业自律的自发性表现在:广告行业组织不是政府的行政命令和强制行为的结果,而是由广告主、广告经营者和广告发布者自发成立的;广告行业组织用以进行自我管理的依据是广告行业自律规则,它是由广告主、广告经营者、广告发布者和广告行业组织共同商议、自行制定并自觉遵守的,体现出广告行业的共同愿望。这是一种完全自愿的行为,并不带有强制性。

(2) 灵活性。广告行业自律的灵活性是指广告主、广告经营者、广告发布者和广告行业组织在制定广告行业自律章程、公约和会员守则等自律规则时,具有较大的灵活性。只要参与制定该自律规则的各方同意,可以随时制定自律规则,而且还可以根据客观情况的变化和现实需要,随时对自律规则进行修改和补充。

(3) 道德约束性。这是就广告行业自律的运作方式而言的。广告行业自律作用的发挥,一方面来自广告主、广告经营者、广告发布者自身的职业道德、社会公德等内在修养与信念,即它们不仅主动提出了广告行业自律规则,还要自觉遵守。另一方面则来自一些具有职业道德、社会公德等规范作用的广告自律章程、公约、会员守则等对广告主、广告经营者和广告发布者的规范与约束。它主要借助职业道德、社会公德的力量和社会舆论、广告行业同仁舆论的力量来发挥其规范与约束作用。即使广告主、广告经营者和广告发布者有违反广告自律规则的行为,也只在广告行业内部,通过舆论谴责和批评教育等方式,对其行为加以规范与约束。

3. 广告行业自律与广告行政管理的关系

广告行业自律和政府对广告行业的管理都是对广告业实施调整,二者之间既有密切联系,又有根本的不同。广告管理的依据是广告法规,它主要从外在方面对广告管理者的职责行为进行了规定;广告自律的原则是广告道德,它主要从内在方面划定出广告行业的职业道德规范。它们之间的关系包括以下方面。

(1) 行业自律必须在法律、法规允许的范围内进行,违反法律的将要被取消。政府管理是行政执法行为,行业自律不能与政府管理相抵触。

(2) 行业自律与政府管理的基本目的是一致的,都是为了广告行业的健康发展,但是层次又有所不同,行业自律的直接作用目的是维护广告行业在社会经济生活中的地位,维护同业者的合法权益。而政府对广告业的管理,其直接作用是建立与整个社会经济生活相协调的秩序,它更侧重于广告业对社会秩序所产生的影响。

(3) 行业自律的形式和途径是建立自律规则与行业规范,调整的范围只限于自愿加入行业组织或规约者;而政府的管理是通过立法和执法来实现,调整的范围是社会的全体公民或组织。

(4) 行业自律的组织者是民间行业组织,它可以利用行规和舆论来制裁违约者,使违约者失去良好的信誉,但它没有行政权和司法权;而政府的管理则是以强制力为保证,违法者要承担法律责任。

7.1.4 广告社会监督机制

广告社会监督即广告社会监督管理,又叫消费者监督或舆论监督管理,是消费者和社会舆论对各种违法违纪广告的监督与举报。在通常情况下,广告管理以政府的监督管理为主,但这并不是说广告行业自律和消费者监督管理是可有可无或根本用不着存在的;相反,正是由于有了广告行业自律和消费者监督的加入,政府对广告的监督管理才更加有力,广告管理也才更加富有层次。

广告受众依法对广告进行监督并非广告管理机关和广告社会监督组织的指令所致,而是一种完全自发的和自愿的行为,在此过程中,几乎不存在任何的行政命令和行政干预。广告受众这种自发行为主要来自:其一,广告受众对自己接收真实广告信息权利的认识的加强;其二,广告受众对保护自身合法权益的意识的提高。而这一切皆取决于人的素质的提高和广告受众自我保护意识的加强。因此,社会越发展,文明程度越高,人的素质越好,广告受众的自我保护意识越强,那么他们对广告的监督行为也就越自发和越自觉。

○ 任务演练

虚假广告的监管漏洞

演练背景

威斯康星州一家生产奶制品的公司请某广告公司为其新生产的奶制品果冻设计包装,该产品根据正宗意大利配方,在威斯康星州生产。该广告公司在策划广告文案时意图强调该产品的意大利风味,于是建议公司为这个产品起一个意大利味道的名字"Buono",并在果冻包装的显要位置使用了意大利国旗。在产品标签中印刷上英文和意大利语;在包装盒上的产品名称下面,该广告主设计了一句广告词——"正宗意大利果冻"。产品上市后一个月内即在中西部3个州打破了该公司的销售纪录。但是,好景不长,该公司随即遭到竞争厂家投诉,指出其产品包装严重误导消费者,使人们误以为果冻确实产于意大利。法院认为果冻包装的确构成虚假广告宣传,一般消费者并不知道任何进口产品都有原产地的标签,而大部分消费者也不会仔细阅读产品标签,该公司最终败诉。随后该公司修改了包装中的文字,去掉了意大利国旗以及标签中的意大利语字样;而该广告公司不久也便失去客户。

可见,美国政府与行业自律对于虚假广告的监管力度是非常大的,这一方面表明美国的广告业发展已经很成熟,对于虚假广告的监管涉及方方面面;另一方面也体现美国广告市场规范发展较完善,对于广告从业人员的素质要求也越来越高。这必然又推动美国广告行业向更精细化、高水平的良性轨道发展。这样一种良性循环模式是值得广告业发展中国家深入研究和学习的。

资料来源:杭州广告网

演练要求

(1) 选择任意一个类别的虚假广告。

(2) 通过走访调查的形式,分析这一广告监管漏洞。

演练条件和过程

(1) 学生分4组。

(2) 每组均选定一则有代表性的虚假广告。

(3) 各组讨论,提出监管建议。

(4) 教师点评。

任务演练评价

任务演练评价表

任务演练评价指标	评价标准	分值	得分
1. 虚假广告选择的代表性	(1) 是否具有代表性	20	
	(2) 是否具有可行性	10	

续表

任务演练评价指标	评价标准	分值	得分
2. 演练过程	(1) 演练系统性	20	
	(2) 操作符合要求	20	
	(3) 卡片记录信息详略得当	10	
3. 成果展示	PPT 设计精美,解说语言表达流畅到位	20	
	总　成　绩	100	
学生意见			
教师评语			

学习任务7.2　广告主自我管理

教学方案设计

教学方法:演示、任务驱动　　　　建议课时:3

学习目标	技能目标	1. 能在业务范围内自觉遵守《广告法》 2. 能根据自身实力确保广告预算		
	知识目标	1. 熟悉各种相关的法律、法规 2. 掌握广告风险的防范 3. 熟悉广告审查制度以及社会监督机制		
学习任务准备	教师	1. 课件及任务评分考核表 2. 准备授课资料		
	学生	1. 随机分组,8~10人为一组,组内自选组长 2. 各个小组选定一则有代表性的发达国家的广告,提出建议 3. 制作资料卡或PPT		
教学流程	教学环节	教师活动	学生活动	课时
	一、成果展示与分析	1. 引入案例,提出任务问题 2. 布置任务并实施安排	做好问题分析笔记	1
	二、知识储备	1. 讲授广告主自我管理的理论知识 2. 解答知识疑问 3. 针对本学习任务中的同步案例和"广告语"进行学习指导	1. 认真听取广告主自我管理的理论知识 2. 提出疑问 3. 针对本学习任务中的同步案例和"广告语"进行学习分析	
	三、任务演练	1. 介绍本学习任务的演练背景和要求 2. 指导"学习发达国家广告监管制度"的演练实施过程 3. 评价演练效果和结论	1. 小组自主演练任务:"学习发达国家广告监管制度" 2. 小组成员讨论发达国家广告监管的优缺点 3. 以卡片的形式记录汇总结果 4. 组长陈述结论	1
	四、学习任务知识小结	1. 系统地对本学习任务知识进行总结 2. 针对重要知识点进行课后作业布置	1. 认真听取知识总结 2. 以小组为单位撰写讨论情况报告	1

成果展示与分析

小区电梯广告所涉法律问题分析

房产、汽车、医药、商超……每次乘小区电梯,各式各样的平面广告、视频广告都在频频轰炸人们眼球。对于司空见惯的小区电梯广告,作为业主,大家是否有关注小区电梯广告投放这一经营行为背后的法律问题呢?生活中,大多小区业主不知晓小区电梯广告是如何“进驻”的,更不知晓其背后的经营收益及收益去向。

小区电梯广告投放这一经营行为一般是由楼宇电梯媒体运营商与小区物业管理公司或小区业主委员会签订电梯资源经营合同,楼宇电梯媒体运营商依据该合同取得在相关小区候梯厅、电梯轿厢内安置商业广告等其他商品/服务信息的权利,并向小区物业管理公司或小区业主委员会支付一定费用。即安置商业广告的载体是小区候梯厅、电梯轿厢内的平面空间,小区物业管理公司或业主委员会将该空间以出租或授权的方式提供给楼宇电梯媒体运营商使用,并收取一定的租金或资源费。

一、小区候梯厅、电梯轿厢内的空间所有权归谁

法律依据及分析:《最高人民法院关于审理建筑物区分所有权纠纷案件具体应用法律若干问题的解释》

第三条　除法律、行政法规规定的共有部分外,建筑区划内的以下部分,也应当认定为《物权法》第六章所称的共有部分:

(一)建筑物的基础、承重结构、外墙、屋顶等基本结构部分,通道、楼梯、大堂等公共通行部分,消防、公共照明等附属设施、设备,避难层、设备层或者设备间等结构部分;

(二)其他不属于业主专有部分,也不属于市政公用部分或者其他权利人所有的场所及设施等。

建筑区划内的土地,依法由业主共同享有建设用地使用权,但属于业主专有的整栋建筑物的规划占地或者城镇公共道路、绿地占地除外。

因此,用于安置商业广告的候梯厅、电梯轿厢内空间应属于《物权法》第六章所称的业主共有部分,归全体业主共有。

二、谁有权决定将小区候梯厅、电梯轿厢内的空间用以对外经营

法律依据及分析:《物权法》

第七十条　业主对建筑物内的住宅、经营性用房等专有部分享有所有权,对专有部分以外的共有部分享有共有和共同管理的权利。

第七十六条　下列事项由业主共同决定:

(一)至(六)略。

(七)有关共有和共同管理权利的其他重大事项。决定前款第(五)项和第(六)项规定的事项,应当经专有部分占建筑物总面积三分之二以上的业主且占总人数三分之二以上的业主同意。决定前款其他事项,应当经专有部分占建筑物总面积过半数的业主且占总人数过半数的业主同意。

何谓《物权法》第七十六条第一款第(七)项所称“有关共有和共同管理权利的其他重大事项”呢?《最高人民法院关于审理建筑物区分所有权纠纷案件具体应用法律若干问题的解释》对此作了释明,根据该解释第七条:“改变共有部分的用途、利用共有部分从事经营性活

动、处分共有部分,以及业主大会依法决定或者管理规约依法确定应由业主共同决定的事项,应当认定为物权法第七十六条第一款第(七)项规定的有关共有和共同管理权利的其他重大事项。”

根据上述法律规定,利用小区候梯厅、电梯轿厢内空间等业主共有部分进行经营应当经专有部分占建筑物总面积过半数的业主且占总人数过半数的业主或业主大会的同意及物业服务企业的同意。故若小区物业管理公司或小区业主委员会与楼宇电梯媒体运营商签订相关电梯资源经营合同时,需取得相关业主及业主大会的事前同意/授权或事后追认。

然而,在生活实践中,基于我国物业管理现状,小区物业管理公司或小区业主委员会在与楼宇电梯媒体运营商签订电梯资源经营合同的过程中,难以严格按照上述法律、法规的要求取得相关业主或业主大会的授权或同意,主要原因在于:①部分小区物业管理公司与小区业主/业主委员会签订的物业服务协议中未对物业管理区域内的共用部位、共用设施设备的经营权作明确约定;②部分小区的业主人数较多或业主常年不在物业所在地居住,小区物业管理公司难以逐一获得相关业主的同意;③部分小区不经常召开业主大会,进而导致无法获得业主大会做出的相关授权决定。

根据《合同法》,未经相关业主或业主大会同意或追认,小区物业管理公司或小区业主委员会将小区候梯厅、电梯轿厢内空间有偿提供给楼宇电梯媒体运营商使用之行为属于无权代理行为,双方签订的有关电梯资源经营合同属于效力待定的合同。

因此,有关电梯资源经营合同因出租方——小区物业管理公司或小区业主委员会未能取得相关业主或业主大会同意的原因,造成这一民事法律行为的法律效力处于不确定状态。

三、小区电梯广告收益归谁

法律依据及分析:《物业管理条例》

第五十四条　利用物业共用部位、共用设施设备进行经营的,应当在征得相关业主、业主大会、物业服务企业的同意后,按照规定办理有关手续。业主所得收益应当主要用于补充专项维修资金,也可以按照业主大会的决定使用。

故小区物业管理公司或小区业主委员会将小区候梯厅、电梯轿厢内空间这一业主共用部位有偿提供给楼宇电梯媒体运营商使用,所得之收益应归业主共有,应由全体业主支配、使用。

经营者已逐步意识到小区电梯广告等公共空间经营收入的合法合规性问题,从最初与业主或建设单位签订(前期)物业服务合同时起开始规范,于合同中明确小区物业管理公司对小区共用部位、共用设施设备的经营权及所获收益的分配方式,使其相关经营收入公开化、合法化。

资料来源:https://www.sohu.com/a/84449730_394742

知识储备

《广告法》规定,本法所称广告主是指为推销商品或者服务,自行或者委托他人设计、制作、发布广告的自然人、法人或者其他组织。《广告管理条例》中称广告主为广告客户。

7.2.1 相关法规及政策

相关法规及政策

1. 广告法

《广告法》规定,广告主、广告经营者、广告发布者之间在广告活动中应当依法订立书面合同,明确各方的权利义务。

广告主不得在广告活动中进行任何形式的不正当竞争。

广告主自行或者委托他人设计、制作、发布广告,所推销的商品或者服务应当符合广告主的经营范围。

广告主委托他人设计、制作、发布广告应当委托具有合法经营资格的广告经营者、广告发布者。

广告主自行或者委托他人设计、制作、发布广告,应当具有或者提供真实、合法、有效的下列证明文件:第一,营业执照以及其他生产、经营资格的证明文件;第二,质量检验机构对广告中有关商品质量的内容出具的证明文件;第三,确认广告内容真实性的其他证明文件。

广告主在广告中使用他人名义、形象的,应当事先取得他人的书面同意;使用无民事行为能力人、限制民事行为能力人的名义、形象的,应当事先取得其监护人的书面同意。

广告主申请广告审查,应当依照法律、行政法规向广告审查机关提交有关证明文件。广告审查机关应当依照法律、行政法规作出审查决定。

发布虚假广告,欺骗和误导消费者,使购买商品或者接受服务的消费者的合法权益受到损害的,由广告主依法承担民事责任;广告经营者、广告发布者明知或者应知广告虚假仍设计、制作、发布的,应当依法承担连带责任。

广告经营者、广告发布者不能提供广告主的真实名称、地址的,应当承担全部民事责任。社会团体或者其他组织,在虚假广告中向消费者推荐商品或者服务,使消费者的合法权益受到损害的,应当依法承担连带责任。

广告主提供虚假证明文件的,由广告监督管理机关处以 1 万元以上 10 万元以下的罚款。伪造、变造或者转让广告审查决定文件的,由广告监督管理机关没收违法所得,并处 1 万元以上 10 万元以下的罚款。构成犯罪的,依法追究刑事责任。

广告主、广告经营者、广告发布者违反本法规定,有下列侵权行为之一的,依法承担民事责任。

(1) 在广告中损害未成年人或者残疾人的身心健康的。

(2) 假冒他人专利的。

(3) 贬低其他生产经营者的商品或者服务的。

(4) 广告中未经同意使用他人名义、形象的。

(5) 其他侵犯他人合法民事权益的行为。

广告语

一处水源供全球。

谁能一处水源供全球

恒大冰泉的这条广告语,其中饱含的霸气和抱负一览无余。可是这句广告语却忽略了两个问题:① 全世界人口70多亿,如果每人每天喝水1升(实际数字可能会大于这个量),那么这个数字就是70亿升,大概就是700万吨,一个月就是21000万吨,试问恒大可有这个产能?②中国是缺水大国,我们自己都不够喝,为什么还要给别人?

因此消费者对于这个广告并不买账,再加上不恰当的市场定价,使得恒大冰泉并没有取得预想中的辉煌。

2. 广告管理条例

《广告管理条例》规定(广告客户为广告主),广告客户申请刊播、设置、张贴的广告,其内容应当在广告客户的经营范围内或者国家许可的范围内。

广告客户申请刊播、设置、张贴下列广告,应当提交有关证明:第一,标明质量标准的商品广告,应当提交省辖市以上标准化管理部门或者经计量认证合格的质量检验机构的证明;第二,标明获奖的商品广告,应当提交本届、本年度或者数届、数年度连续获奖的证书,并在广告中注明获奖级别和颁奖部门;第三,标明优质产品的商品广告,应当提交政府颁发的优质产品证书,并在广告中标明授予优质产品称号的时间和部门;第四,标明专利权的商品广告,应当提交专利证书;第五,标明注册商标的商品广告,应当提交商标注册证;第六,实施生产许可证的产品广告,应当提交生产许可证;第七,文化、教育、卫生广告,应当提交上级行政主管部门的证明;第八,其他各类广告,需要提交证明的,应当提交政府有关部门或者其授权单位的证明。

《广告管理条例施行细则》规定,广告客户申请利用广播、电视、报刊以外的媒介为卷烟做广告,须经省、自治区、直辖市工商行政管理局或其授权的省辖市工商行政管理局批准。

广告客户申请为获得国家级、省部级各类奖的优质烈性酒做广告,须经省、自治区、直辖市工商行政管理局或其授权的省辖市工商行政管理局批准。刊播39°以下(含39°)酒类的广告,必须标明酒的度数。

3. 其他

《刑法》对于虚假广告的惩罚也有规定:广告主、广告经营者、广告发布者违反国家规定,利用广告对商品或者服务作虚假宣传,情节严重的,处二年以下有期徒刑或者拘役,并处或者单处罚金。

同步案例 7-1

茅台镇"替父代言卖酒"系虚假广告,涉事公司被罚4.5万元

《贵阳晚报》微信公众号消息,贵州仁怀市委宣传部通报称:经相关调查确认,网上"陈静替父代言卖酒"广告,系虚假宣传,主角"陈静"及"父亲"毫无关系,也不从事酒行业。国内个别知名网络平台为其发布虚假广告,有的收费甚至不足千元。

一段时期以来,国内多个网络平台上,都出现了"替父代言卖酒"的广告推文。这些推文的主角大多是"陈静",称父亲在仁怀市茅台镇酿酒40多年,自己大学毕业辞去高薪,决定帮父亲代言美酒。

这些推文还配上"父女"在车间、库房、高粱地的合照。但网友发现,不同平台上、不同时间发布的推文,P图痕迹严重,"陈静"不仅年龄混乱,连"父亲"也由多人扮演。

"陈静替父代言卖酒",由此引发虚假宣传猜测,呼吁主管部门出面调查。仁怀市市场监管局对"陈静替父代言卖酒"推文展开调查,初步认定为虚假宣传。监管部门决定依法立案。

经调查确认,网络上的"陈静替父代言卖酒"部分推文,系贵州省仁怀市茅台镇醉臣酒业有限公司自行设计、制作。该推文虚构"陈静"为茅台镇人,"父亲"酿酒48年。

资料来源:http://www.sohu.com/a/284165282_211882

案例分析: 近年来虚假广告频现,很多已经严重触犯了法律,有关部门也加大了打击力度,在学习广告原理的同时,一定要坚决抵制虚假广告。

7.2.2 广告战略策划

广告战略策划是广告策划的中心,是决定广告活动成败的关键。一方面,广告战略是企业营销战略在广告活动中的体现;另一方面,广告战略又是广告策划活动的纲领。它对广告推进程序策划、广告媒体策划、广告创意等都具有统率作用和指导意义。

1. 广告战略策划的特征

1) 全局性

广告战略策划是对整个广告活动总的指导思想和整体方案的谋划、确定,当然具有明显的全局性,它体现在以下方面。

(1) 服务于企业营销战略。广告战略是企业营销战略的一部分,它既要体现企业营销总体构思的战略意图,又要服从于企业营销战略,并创造性地为企业营销战略服务。

(2) 着眼于广告活动的全部环节。广告战略作为对广告活动的整体规划和总体设计,本身就是一项系统工程。它研究广告活动在整体上应持什么态度,坚持什么原则,把握什么方向,统率广告活动的各个环节,全程始终。因此,广告战略策划必须着眼于广告活动的全部环节。

2) 指导性

在广告策划过程中,广告推进程序策划、广告媒体策划,都是操作性、实践性极强的环节,而广告战略策划所要解决的是整体广告策划的指导思想和方针的问题,它对广告策划的实践性环节提供了宏观指导,能使广告活动有的放矢,有章可循。

3) 对抗性

广告是商品经济的产物。商品经济的显著特征之一就是竞争。因而,广告战略策划必须考虑竞争因素,针对主要竞争对手的广告意图,制定出针对性强的抗衡对策。所谓"知己知彼",体现的就是对抗性。

4) 目标性

广告活动总是有着明确的目标。广告战略策划要解决广告活动中的主要矛盾,以保证广告目标的实现。因此,广告战略策划不能脱离广告目标这一中心。

5) 稳定性

广告战略在市场调查的基础上,经过分析研究制定的,对整个广告活动具有牵一发而动全身的指导作用,在一定时期内具有相对的稳定性,没有充分的理由和迫不得已的原因,不能随意改变。

2. 广告战略策划的程序

1）确定广告战略思想

广告战略思想是广告活动的指南。比如，日本的松下电器公司在中国市场上的广告活动，其广告目标是扩大松下电器在中国市场的占有率，为实现这一战略目标，它们以"长期渗透"的观念来确定广告战略思想。十余年来，不惜重金，通过长久有效的广告终于在中国消费者心中树立起了松下电器的品牌形象。使松下电器在中国拥有了21%的市场占有率，居日本电器行业之首。这与松下人广告战略思想中的长期渗透观念不无关系。

2）明确广告战略目标

广告战略目标是指广告活动所要达到的预期目的，它规定着广告活动的总任务，决定着广告活动的发展方向。

3）分析内外部环境

(1) 内部环境分析。

① 对产品分析。产品本身、产品供求关系、产品方案。

② 对企业分析。企业规模、企业观念、企业文化。

(2) 外部环境分析。

① 市场环境。主要包括市场分割情况，市场竞争情况，生产资料和消费品可供量，消费品购买力的组成情况，消费者对市场的基本期望和要求。通过对市场环境的分析，能为确定目标市场、制定成功的广告策略提供可靠的依据。

② 消费者。主要分析消费者的风俗习惯，生活方式，不同类型的消费者的性别、年龄、职业、收入水平、购买能力，以及对产品、商标和广告的认识态度。

③ 竞争对手。主要是分析竞争对手的数目、信誉、优势、缺点及产品情况。要在众多竞争对手中找出最具威胁性的竞争对手，并对主要竞争对手的优缺点进行比较，避其长，攻其短。还要对竞争对手的质量、特点、数量、品种、规格、包装、价格、服务方式了如指掌，使广告战略的确定更具有针对性。通过对外部环境的分析，能找出其中的问题与机会，从而利用有利因素，克服不利因素，制定出正确的广告战略。

4）确定广告战略任务

就是要具体明确广告内容、广告受众、广告效果等多项任务。

(1) 确定广告内容。在一定时期(即解决"宣传什么"的问题)的广告活动中，要对广告内容加以选择，确定出主要内容。比如是以宣传企业为主，还是以宣传产品为主。另外，一定时期内的广告活动中，广告内容并非自始至终保持不变。可以根据不同发展阶段，确定不同的广告内容。比如，产品刚上市时，可以以宣传品牌为主；产品已为人所知后，可以改为以宣传功能为主；在市场竞争激烈时，则应以宣传质量或服务为主。

(2) 确定广告受众。广告目标受众是指广告的主要接受者。广告虽属"广而告之"的行为，但对企业来说，广告的效果并不体现在社会上不特指的所有人，而只体现在与其产品有关的即部分受众身上，因而，广告策划人只有明确了广告宣传的目标受众，才能根据目标受众的社会心理特征来采用符合其关心点的广告策略，从而最大限度地贴近消费者的需求，提高广告宣传的实际效果。

(3) 确定广告效果。在广告战略思想中已经明确了广告的主要目标，但那是比较抽象的，在广告宏观战略的制定中应将此目标体现为一系列衡量广告效果的量化指标，有了量化指标体系,才可能对广告的战略效果进行评估,才能将广告战略付诸实施。

5) 确定广告策略

广告策略是广告过程中具体环节的运筹和谋划,是实现广告战略的措施和手段。

同步案例 7-2

从"退款"到"退卡",华帝的策略是否合适

随着中国消费者协会公开征求消费者参加华帝"夺冠退全款"活动受阻的投诉,华帝退款变退卡事件继续发酵。2018 年 7 月 20 日,有法学专家接受《中国消费者报》记者采访时表示,华帝应该在退款过程中对消费者采取尊重与包容的态度,允许消费者在退卡或退款之间选择。

在标注日期为 2018 年 5 月 30 日、盖有华帝股份有限公司并有董事长亲笔签名的"法国队夺冠、华帝退全款"的声明中,华帝承诺:若法国国家足球队在 2018 年俄罗斯世界杯夺冠,则对于在 2018 年 6 月 1 日 0 时至 6 月 30 日 22 时期间,凡购买"夺冠套餐"的消费者,华帝将按所购"夺冠套餐"产品的发票全额退款。在该声明的下方,用小字标明"活动细则详询华帝当地各终端门店或各电商平台华帝授权店"。

对外经济贸易大学消费者保护法研究中心主任苏号朋教授告诉记者,该声明具有 3 个特点:第一,对未来交易所作的承诺;第二,对自己设定义务的单方承诺;第三,内容明确、具体,体现出强烈的自我约束的态度。基于该声明的上述特点,虽然它标明为广告,但因其内容明确、具体,且华帝愿意受其约束,故可以将其认定为民法上的意思表示,且属于为自己设定义务的单方民事法律行为。对于类似的声明或承诺,法院也多将其认定为单方允诺(单方承诺或单方民事法律行为)。例如,北京数家法院在处理"假一赔十"承诺的案件中,即采用此种态度。当然,也有观点认为,应将此类声明认定为合同条款。此种观点也有一定的合理性。如按照此种观点进行分析,则华帝所作声明属于《合同法》第三十九条规定的格式条款。显然,无论是单方民事法律行为,还是合同条款,华帝所作声明均对华帝具有法律约束力。

值得注意的是,在华帝退款变退卡受质疑的事件发生后,曾有媒体报道指出,其实华帝在发出"法国队夺冠、华帝退全款"的声明时,就已经公布细则,规定线上退款是退平台购物卡。记者查询也发现,5 月 31 日,华帝在其官网发布了此次活动的细则,除规定具体的参加条件外,还将"退全款"确定为"各渠道店铺按照顾客发票金额返顾客等额的平台消费卡"。令人不解的是,虽然从内容上看,无论是活动声明,还是活动细则,内容都非常简单,完全可以放在一个文件中同时发布的,但华帝并没有这么做,而是将活动细则与 5 月 30 日声明错开一天分别发布。苏号朋教授分析时表示,在活动声明中,华帝的承诺是"全额退款"。从文义解释的角度出发,应将其理解为"以现金方式返还全部货款"。但是,按照活动细则的规定,"退全款"则被限定为"返等额消费卡",而不是返还现金。可见,二者存在意思表示不一致的情况,后者明显有利于华帝,而不利于消费者。这就是华帝之所以分别发布活动声明与活动细则的原因所在。严格来说,华帝的这一行为有违诚信原则,误导了消费者的判断与购买决定,有损消费者权益。

对此，苏号朋教授提出建议，华帝应该在退款过程中对消费者采取尊重与包容的态度，允许消费者在退还现金与返消费卡之间自行选择；华帝作为本行业有影响力的经营者，应当秉承商业诚信，按照其承诺向消费者退款，将保护消费者权益放在优先考虑的位置；华帝作为此次活动的组织者，有义务就退款规则做出统一要求，不得任由经销商自行设定各种要求，而且经销商自己也没有权利设定除华帝设定规则之外的其他退款条件；对于经销商与消费者之间发生的争议，华帝应设立专门的消费者投诉渠道，及时处理纠纷，制止各经销商的不当行为。对于仍坚持犯错误做法、损害消费者权益的经销商，应采取必要措施予以处理。

资料来源：http://www.ccn.com.cn/html/news/xiaofeiyaowen/2018/0720/358392.html

案例分析： 制定广告策略除了要考虑到产品销售指标与企业自身利益之外，更要考虑消费者的利益，优秀的广场策略是以“双赢”为目标的。无论多好的策划，如果不保证消费者的利益，那最终受损的一定是商家。

7.2.3 广告预算

1. 广告预算概念

广告预算是广告主根据广告计划对开展广告活动费用的匡算，是广告主进行广告宣传活动投入资金的使用计划。它规定了广告计划期内开展广告活动所需要的费用总额、使用范围和使用方法。

广告预算不但是广告计划的重要组成部分，而且是确保广告活动有计划顺利展开的基础。广告预算编制额度过大，就会造成资金的浪费，编制额度过小，又无法实现广告宣传的预期效果。广告预算是企业财务活动的主要内容之一。广告预算支撑着广告计划，它关系到广告计划能否落实和广告活动效果的大小。

2. 广告预算编制程序

广告预算编制是由一系列预测、规划、计算、协调等工作组成的，大致经过以下几个程序。

(1) 进行广告预算调查。收集有关商品销售额，企业广告营销计划、流通及竞争等方面的数据与材料，做好预算前的准备工作。

(2) 确定广告费用的预算规模。提出预算规模的计算方法和理由，尽可能地争取到较充裕的广告经费。

(3) 广告预算的分配。先从时间上确定一年度中广告经费总的分配方法，按季度、月份将广告费用中的固定开支分配下去，然后再将根据时间分配的大致广告费用分配到不同产品、不同地区、不同媒体上。

(4) 制定广告费用使用的控制与评价标准。

(5) 确定机动经费的投入条件、时机、效果评价方法。除广告费用的固定开支外，还需要提留一部分作为机动开支，对这部分费用也要做出预算。

(6) 完成广告预算书并得到各方面的认可。

3. 广告预算影响因素

可以影响广告预算的因素很多,只是就几个主要因素加以总结。

(1) 产品的生命周期。在产品导入时期,广告投量比较大,至少是在销售比例上很高。因为要开发市场,必须通过大量的广告使消费者认识产品,在产品进入成熟期之后,由于市场对产品已比较熟悉,广告的解释性已转变为提示性和重复性,所需广告费用相对就要少一些,至少是在销售比例上比较小。

(2) 市场竞争。竞争对手在市场上所推行的广告战略直接影响广告预算。如果竞争对手采用比较强劲的广告攻势,或者竞争品牌比较多,那么所要花费的投资就要比平常多。

(3) 市场占有率。一个具体的品牌,如果已经拥有了一定的市场占有率,且其消费者基础较好,那么所需广告费用就较少;反之,广告费用就要高许多。大体上讲,一个产品要保护并提高市场占有率要花费少。市场占有率的大小,同时还表明产品目前使用者的数量,即消费者基础。如果消费者基础大,以每一受众印象为基础,送达广告信息的媒体支出千人成本要小得多。由此可见,市场占有率和顾客基础的规模大小,对广告预算影响甚大。

(4) 广告频次。不同的广告媒体购买价格大不相同,有时不同的媒体可以同样达到对某一消费群体的信息传达,但媒体价格却差异甚大。此外,广告在发布中持续的周期长短、发布频率也至关重要。为了传达品牌信息,广告必须持续一定周期,并要求有一定的重复和强调。

(5) 可替代性。消费者选择产品,就可能面临金钱风险和需求效果风险。通常低风险产品在市场上都面临着激烈竞争,具有很大的可替代性,为了维持或改善现有地位,所以广告预算也较高。相反,如果产品在市场上没有其他产品可替代,那么所支付的广告费用也就较低。

4. 广告预算编制方法

由于企业及产品类型不同,加上企业决策人员的决策风格也各不相同,对广告预算的编制方法也各自不同。整体的广告预算往往是对企业长期营销活动中,营销成本与利润收益的综合预算,而某一项广告活动的费用预算,往往是对达到具体目标的经费投入意向。

1) 销售百分比法

销售百分比法在现实中使用最为普遍,对于销售比较稳定的公司,运用此种方法较为有利,可以基于过去销售状况并根据对未来的销售预期加以制定。其计算方法相当简单,以前一年销售的一定比率,或预测来定销售的一定比率,作为广告费用预算支出。

在运用销售百分比法时,要尽量注意避免其先天的缺点,当销售好时,广告费用增加;当销售不好时,广告反而减少。其在实际中本末倒置,使广告变成了销售的结果,这与“广告应产生销售”的基本信念正好相反。

2) 竞争对比法

竞争对比法是指广告主根据竞争对手的广告费用开支来确定自己的广告预算的一种方法。其优点是能够充分适应市场,有利于在短期之内达到强有力的市场竞争地位。其明显的不足是,它假定市场竞争是一对一的关系,往往带有很大的盲目性,在操作上容易导致浪费。有时注意了竞争对手情况，却忽略了整个营销环境对销售的制约。另外，要确切掌握竞争对手的广告投入情况也有一定困难。

3）销售单位法

销售单位是指商品销售数量的基本单位，如以商品的一件，或同类商品的一箱等某一数量为单位，以这一单位广告费，再乘以销售数量而算出。销售单位法是规定每个销售单位上有一定数目的广告费，然后根据商品的预计销售量来计算出广告费的总额。例如，罐头每箱单位定以 10 元为广告费，若一年共售一万箱，则一年的广告费为 10×10000＝100000（元）。

4）目标达成法

在 20 世纪 60 年代目标管理理论逐渐成熟时，一种旨在更加科学有效地进行预算的方法被提了出来，即目标达成法，又称为目标与任务法（objective and task approach）。这种方法把预算置之于整个营销计划中，在营销规划中，在完成了市场分析和研究之后，就要设定营销目标，其中有些目标是广告策划所要达到的目标，这样就自然形成了广告所要完成的任务，而广告预算就是执行这些广告任务所需的资金成本。

目标达成法的优点显而易见。它配合并实现了营销规划程序的行进方向，具有严密的系统性和逻辑性；同时它是针对具体任务分配经费，在预算上以零为基点，可以有效地回避以往失误的重演，并保障广告费既不会浪费也不至于不足。当然，它也有其必然的缺点，就是没有对每个任务执行的合适程度提出一个指导方针，在以目标作为前提的情况下，广告目标往往难以量化，无法提供准确的依据。

5）经验拨款法

经验拨款法就是由广告支出决策人员，借以往的经验和个人对市场的判断来做出广告费用支出预算。这一方法经常用于中小企业，操作上具有较大风险，通常由企业决策人或财务部门经由某种形式的执行判断来代替，要求执行人具有丰富的经验和正确的判断力。

7.2.4 广告风险防范

广告风险防范

1. 广告风险产生原因

1）非常态因素

非常态因素因突然性和巧合性往往难以有充分的应对准备。如 2008 年 5 月 12 日四川汶川大地震，因为不可预知的原因导致不得不中途取消所有宣传及展销活动；另如，有些法令法规的突然颁布实施就可能使本来可以正常开展的广告及活动无法预期开展甚至取消，像 2003 年国家广电总局颁布实施的关于严格限制广告播放的禁令，就对许多厂商特别是白酒生产厂商的广告宣传活动产生较多不利的影响。原本做好的一切的前续工作都很可能因为要做适合于法令法规的改进或重新开展而被大打折扣，这也即意味着大量的人力、物力、财力的损失，特别是如果重新宣传的格调与以前的完全不同甚至相反时，那就很可能损失更大甚至对企业有致命打击的危险。

2）主观性因素

（1）决策者风险。企业本身特别是企业领导决策层的主观因素是一个重要方面。现实中总有部分企业领导人往往因为曾经一时的成功或对别的因广告而成功的企业的羡慕便把企业的命根子寄托在广告身上。这就出现广告的收益与投入形成一种入不敷出的尴尬局面。同时这种局面会产生连锁反应，使企业的生产、流通资金周转不灵，进而影响企业运营的其他环节,由完全主动到完全被动。这对企业来说这种风险是极其危险的。

(2) 广告经营者风险。广告的具体执行是广告公司开展的,因此广告公司导致广告风险衍生的可能性是不容小觑的。首先,部分广告从业人员法律意识的淡薄,无视法律、法规抑或乐于和法律、法规"打擦边球"。其次,部分广告从业人员的职业道德素质不佳、态度不够端正。最后,广告运作不规范,没有遵循正常的流程和规律。如有的广告公司根本不进行市场调研、不进行企业和产品的 SWOT 分析,随便根据企业的个别领导人甚至自己的推测性看法便直接导入其他环节。这样制作出来的再精美的广告、策划出来的再完美的活动,往往也不可能对企业的效益、产品的销售产生丝毫的促进作用。

(3) 代言人风险。名人代言广告宣传并不是"万金油",适应每个企业,而且,在选择名人、选择代言方式、宣传活动的各个环节中,都有风险存在。所以,找名人来宣传自己的品牌或产品,并不是会"砸钱"就可以,要预计可能产生的风险,并准备相关应对措施,才能使名人代言广告宣传策略行之有效。归纳起来,企业在实施名人代言广告宣传中,有可能存在成本风险、适用度风险、个人突发风险等。

同步案例 7-3

6 位明星代言广告被叫停

根据国家工商总局的部署,湖南省工商局从 2005 年 4 月初即在全省开展了整顿广告市场秩序专项行动,为期 8 个月。其中,保健食品、药品、医疗、化妆品、美容服务虚假违法广告是此次整治行动的重点。

工商部门表示,此次行动中,凡以消费者、患者、专家的名义和形象作证明的保健食品、药品、医疗、化妆品广告一经查实,将予以严厉查处。

2005 年 5 月 30 日、5 月 31 日,省市工商部门、省卫生厅、省药监局对长沙电视媒体广告发布情况进行了检查。经查,这些广告因涉嫌违反《广告法》《中华人民共和国药品管理法》《医疗广告管理办法》被责令停止发布,其中,包括国内知名影星陈小艺、江珊在内的 6 个名人广告被叫停。

湖南省工商局公布的这 6 个名人广告具体为长沙南湖医院(奇志版)医疗广告、长沙骨质增生医院(奇志版)医疗广告、长沙方泰医院(李清德、何晶晶等版)医疗广告、"金驴驴胶补血冲剂"(仇晓版)药品广告、"三精葡萄糖酸锌"(陈小艺版)药品广告以及"钙加锌口服液"(江珊版)药品广告。

广告专家表示,由于消费者对明星具有很高的认知度,利用人们对名人的崇拜心理来刺激消费者的购买欲望,是商家经常采用的广告宣传手段之一,但广告代言明星往往根本就没有使用过相关产品,从而对消费者造成误导。

湖南省工商局强调指出,对于此次发布的 42 个虚假违法广告,省市工商部门将立案查处,对情节严重的还将提请有关部门追究责任人的党纪政纪责任,此次未列入名单的其他同类广告也应按照法律、法规有关规定自行停止发布。

资料来源:东方新报

案例分析: 明星虽然好,代言需谨慎。邀请明星代言一定要让对方试用,了解产品,征求本人看法之后再做决定。否则将得不偿失。

2. 广告风险的应对策略

(1) 事先分析。企业要以实事求是的态度来对广告及活动进行预期和运营。要准确地预算估计广告支出与可能收益之间的比例关系,特别是估算出广告风险出现后其企业发展流程所被导致出现的负面影响的大小及负面影响消除的弹性活动范围的大小。一是应对市场进行分析。如果新产品的市场比较广泛,潜在需求量较大,能够容纳若干个竞争者企业,即使一部分市场被竞争对手占领,也不会严重影响广告主企业的整体营销计划。广告主企业仍可在广告的配合下争取到众多的消费者,从而使广告的风险大大减轻。二是应对产品进行分析。如果广告主企业所推出的是技术要求高,或受专利保护的产品,其他竞争对手一时无法马上仿制出来,或者该产品的生产经营为广告主企业所垄断,其广告风险就较小。

(2) 统一决策。企业领导层特别是营销决策层必须加强统一协调能力的培养,使广告在总的营销活动中扮演一种更为积极的角色。这对一些大公司包括全球性的大公司极为重要。像有的广告以方言或习俗为表现手段的,这时候营销决策层在不同地方进行品牌推广时就切不可照搬,要重新配音的就得重新配音,触及宗教信仰和民族情感等这几块的要果敢地予以协调。

(3) 教育培训。广告公司人员必须强化法律意识和职业道德意识,必须以专业精神来从事广告运营,规范广告的运营过程,积极提高自身素养,以一种对广告主负责的使命感去进行活动。这中间需要广告从业人员特别是广告公司领导人员的自觉,同时也需要其他相关体的督促引导。如企业主就可以采取有效措施让广告公司增加所进行的活动的透明化,防止其对部分中间过程的敷衍;国家相关部门也可以根据广告从业人员的工作业绩对其进行素质测评,达不到一定标准的,可以将其排除出这个行业。尽管这种做法很残酷,但对于促进广告从业人员的素质的提高,对于提高广告行业的整体水平和确实防范广告风险的发生都必将有很深远的意义和影响。

(4) 建立名人代言的预警方案,防范因名人本身问题给代言品牌造成的风险,企业在与名人签约时都有附加条款,签署非常详细的行为规范条款;提高风险管理意识,增强应对突发事件的危机处理能力。

同步案例 7-4

孙红雷的尴尬

一个孙红雷女粉丝想把自己的二手车卖掉却找不到合适的中间商,想起了自己的偶像孙红雷代言的瓜子二手车交易市场,于是便找到瓜子网,可谁想瓜子网一直压价导致该车没有卖出去,还错过了自己换新车的时间,该女子一怒之下将瓜子网告上了法庭。这不禁让粉丝们想起了那句广告词:没有中间商赚差价!真是莫大的嘲讽啊!

而此时作为明星代言人的孙红雷就不得不面临以下情况:如果这个案子原告胜了,那么广告商将赔偿广告的3～5倍的罚款,而据爆料,瓜子网的广告投入高达10亿元,作为最直接受益人,3～5倍,孙红雷最低也是30亿元的罚款。

资料来源:https://www.sohu.com/a/241419199_577940

案例分析: 明星要为自己代言的产品负责,《广告法》中对于明星代言有严格的规定,明星代言虚假广告的将被禁止代言3年,还将承担连带民事责任。

任务演练

学习发达国家广告监管制度

演练背景

一个国家要充分发挥广告在整个经济中的作用,要使广告业健康发展,关键在于有严格、系统的管理机制。

演练要求

(1) 学习任意发达国家广告监管制度。

(2) 通过资料整理收集,了解发达国家广告监管的优缺点。

演练条件和过程

(1) 学生分4组。

(2) 每组均选定一则有代表性的发达国家广告。

(3) 各组讨论,提出建议。

(4) 教师点评。

任务演练评价

任务演练评价表

任务演练评价指标	评价标准	分值	得分
1. 发达国家的监管制度	(1) 是否具有代表性	20	
	(2) 是否具有可行性	10	
2. 演练过程	(1) 演练系统性	20	
	(2) 操作符合要求	20	
	(3) 卡片记录信息详略得当	10	
3. 成果展示	PPT设计精美,解说语言表达流畅到位	20	
总成绩		100	
学生意见			
教师评语			

学习任务7.3 广告发布标准的管理

教学方案设计

教学方法:演示、任务驱动　　建议课时:2

学习目标		
学习目标	技能目标	1. 能鉴别虚假广告 2. 具备构建广告管理体系,进行广告业务管理的能力
	知识目标	1. 掌握广告发布的一般标准 2. 熟悉广告经营审批程序

续表

<table>
<tr><td rowspan="2">学习任务准备</td><td>教师</td><td colspan="3">1. 课件及任务评分考核表
2. 准备授课资料</td></tr>
<tr><td>学生</td><td colspan="3">1. 随机分组，6~10 人为一组，组内自选组长
2. 各个小组讨论，轮流讲解自己的看法
3. 制作资料卡或 PPT</td></tr>
<tr><td rowspan="5">教学流程</td><td>教学环节</td><td>教师活动</td><td>学生活动</td><td>课时</td></tr>
<tr><td>一、成果展示与分析</td><td>1. 引入案例，提出任务问题
2. 布置任务并实施安排</td><td>做好问题分析笔记</td><td rowspan="2">1</td></tr>
<tr><td>二、知识储备</td><td>1. 讲授广告发布标准的管理的理论知识
2. 解答知识疑问
3. 针对本学习任务中的同步案例进行学习指导</td><td>1. 认真听取广告发布标准的管理的理论知识
2. 提出疑问
3. 针对本学习任务中的同步案例进行学习分析</td></tr>
<tr><td>三、任务演练</td><td>1. 介绍本学习任务的演练背景和要求
2. 指导“如何判定虚假广告”的演练实施过程
3. 评价演练效果和结论</td><td>1. 小组自主演练任务：“如何判定虚假广告”
2. 通过小组之间展示所发现的虚假广告，并对如何判定进行讨论
3. 以卡片的形式记录汇总结果
4. 组长陈述结论</td><td rowspan="2">1</td></tr>
<tr><td>四、学习任务知识小结</td><td>1. 系统地对本学习任务知识进行总结
2. 针对重要知识点进行课后作业布置</td><td>1. 认真听取知识总结
2. 以小组为单位撰写讨论情况报告</td></tr>
</table>

成果展示与分析

全国首例：三大通信运营商因“流量不限量”虚假广告领罚单

湖南省张家界市工商行政管理局武陵源分局（以下简称武陵源工商局）向《中国消费者报》独家披露，针对当地电信、移动、联通三大通信运营商发布“流量不限量”虚假广告，该局日前分别向 3 家通信运营商下达行政处罚决定书。据悉，工商（市场监管）部门针对“流量不限量”虚假广告对通信运营商进行行政处罚，在全国尚属首例。

经武陵源工商局查明，中国移动通信集团湖南有限公司张家界市武陵源区分公司（以下简称武陵源移动）自 2017 年 7 月 1 日至 2018 年 4 月 10 日期间，在张家界科艺广告有限公司制作灯箱、橱窗、柜台挡板、玻璃门防撞条、包柱、背景墙及横幅等形式宣传促销广告共计 112 件，悬挂与张贴在武陵源移动办公场所及下属 12 个营业厅及营业网点内外。广告内容为“1 元/天个人流量不限量”。在张家界市移动公司领取并摆放在各营业厅与营业网点 240 份“移动大王卡”印刷品广告，页面正面印有“1 元/天个人流量不限量”。反面用较小字体印有“赠送的 100 分钟国内语音仅限套餐升档和新入网用户享受；升级流量不限量有效期为自办理当月起 6 个月，到期后恢复 1 元/1GB・天；为保障所有客户的网络公平使用权，当月手机上网流量达到 40GB 后实行达量降速与当月使用流量达到 100GB 以后将停止用户当月流量使用功能,次月自动恢复;预存的话费不可清退”等提示内容外,其他促销广告均无上述提示告知内容。在本案调查中,武陵源移动于2018年4月1日起,又将“1天/元个人流量不限量”的广告内容更改为“全国流量敞开用低至1元/GB·天”。

据工商部门查证,自2018年1月1日至3月31日止,武陵源移动共办理“移动大王卡”“新和家庭”等业务295户,只有3户是享受了“流量不限量”,其他292户在入网登记时都采用科技手段(计算机程序)进行了流量限制。其具体操作方法是:当用户当月手机上网流量达到40GB后实行达量降速,即从100Mb/s降至1Mb/s以下(用户予以达量降速后上网速度缓慢,最多可简单浏览页面,甚至不能打开网页内容),当月使用流量达到100GB以后将停止用户当月流量使用功能,次月自动恢复。

另据查明,以上广告内容由武陵源移动提供并委托张家界科艺广告有限公司制作,制作完成后交由各代理商在其营业厅发布,广告费用由武陵源移动承担,其中含有“流量不限量”广告制作费共记6237.25元。

2018年6月14日,武陵源工商局依法向武陵源移动送达了《行政处罚听证告知书》,告知移动公司工商部门拟做出行政处罚的事实、理由、依据及处罚内容,并告知移动公司依法享有的权利。武陵源移动在法定期限内未申请听证,也未提出陈述和申辩,但于6月21日向武陵源工商局提交了一份《张家界移动武陵源分公司关于流量不限量宣传整改的情况说明》。

武陵源工商局认为,武陵源移动推出的“移动大王卡”业务的广告允诺信息与实际情况不符。首先,虽然移动公司在宣传单页上标注了“当月手机上网流量达到40GB后实行达量降速”等字样,但是网速从100Mb/s降至1Mb/s以后,最多只可简单浏览页面,上网速度缓慢甚至不能打开网页内容,有时图片都难以加载,用户体验极差;与降速前相比,用户在相同的单位时间内,降速后使用的流量远远低于降速前使用的流量,降速的实质是变相限制了用户的流量。其次,在用户当月使用流量达到100GB以后,将停止用户当月流量使用功能。虽然一般用户每月的流量可能用不了100GB,但对于大量长时间玩网游和观看高清、超清视频的用户来说可能仍然不够。移动公司这种行为实质上是对用户每个月的流量使用做了一个最高的限制,这与当事人允诺的“流量不限量”明显不符。

移动公司的广告宣传对用户的购买行为有实质性的影响。无论是“1元/天个人流量不限量”抑或是“全国流量敞开用低至1元/GB·天”的广告语,在内容上,都只是陈述了部分事实,仅从广告语上看,用户看不到有其他附加条件,容易让人引发错误的联想;在效果上,移动公司在宣传单页上用大字体突出标注“1元/天个人流量不限量”,而用相对小得多的字体标注“当月手机上网流量达到40GB后实行达量降速”等附加条件,这种做法有明显误导消费的主观故意,实际上也确实造成了误导用户的客观后果。

不论是从广告语内容本身,还是从广告宣传单页的设计排版看,移动公司这种“流量不限量”的广告宣传,都容易导致用户误以为流量真的没有限制,从而做出不符合真实意愿的购买选择。其行为违反了《广告法》第二十八条第(二)项之规定,构成发布虚假广告行为。

对于移动公司6月21日向工商部门提交的《张家界移动武陵源分公司关于流量不限量宣传整改的情况说明》,该说明的4项整改措施与3项处理意见,武陵源工商局认为与本案无直接关联，不予采信。鉴于移动公司在本案调查中积极配合，并能及时主动予以改正，本着教育与处罚相结合的原则，参照《湖南省工商行政机关行政处罚自由裁量权实施办法》第十八条和《湖南省工商行政管理机关行政处罚自由裁量执行标准》的规定，予以行政处罚。

据此，武陵源工商局日前向武陵源移动做出处罚决定；根据《中华人民共和国行政处罚法》第二十三条之规定，责令武陵源移动立即改正违法行为；依据《中华人民共和国广告法》第五十五条的规定，对发布虚假广告行为处罚款人民币 31186.25 元。

此外，武陵源工商局负责人向《中国消费者报》记者证实，中国电信股份有限公司张家界武陵源分公司和中国联合网络通信有限公司武陵源分公司也因发布"流量不限量"虚假广告分别领到 32500 元和 31657.05 元的罚单。

资料来源：http://www.ccn.com.cn/html/news/xiaofeiyaowen/2018/0806/360432.html

知识储备

广告发布标准管理是广告主、广告经营者、广告发布者必须遵循的准则，是指广告管理机关对广告内容和形式必须遵循的准则进行的监督管理。广告发布标准管理分为广告发布的一般标准管理和广告发布的具体标准管理。

7.3.1 广告发布的一般标准管理

广告应当真实、合法，以健康的表现形式表达广告内容，符合社会主义精神文明建设和弘扬中华民族优秀传统文化的要求。广告不得含有虚假或者引人误解的内容，不得欺骗、误导消费者。广告主、广告经营者、广告发布者从事广告活动，应当遵守法律、法规，诚实信用，公平竞争。"广告内容应当有利于人民的身心健康，促进商品和服务质量的提高，保护消费者的合法权益，遵守社会公德和职业道德，维护国家的尊严和利益。"《广告管理条例》规定："广告内容必须真实、健康、清晰、明白，不得以任何形式欺骗用户和消费者。"这是广告的最基本原则。

广告发布标准规范了广告内容和表现形式的禁止与限制。

《广告法》规定，广告不得有下列情形。

(1) 使用或者变相使用中华人民共和国的国旗、国歌、国徽，军旗、军歌、军徽。

(2) 使用或者变相使用国家机关、国家机关工作人员的名义或者形象。

(3) 使用"国家级""最高级""最佳"等用语。

(4) 损害国家的尊严或者利益，泄露国家秘密。

(5) 妨碍社会安定，损害社会公共利益。

(6) 危害人身、财产安全，泄露个人隐私。

(7) 妨碍社会公共秩序或者违背社会良好风尚。

(8) 含有淫秽、色情、赌博、迷信、恐怖、暴力的内容。

(9) 含有民族、种族、宗教、性别歧视的内容。

(10) 妨碍环境、自然资源或者文化遗产保护。

(11) 法律、行政法规规定禁止的其他情形。

《广告法》还规定,广告不得损害未成年人和残疾人的身心健康。广告中对商品的性能、产地、用途、质量、价格、生产者、有效期限、允诺或者对服务的内容、形式、质量、价格、允诺有表示的,应当清楚、明白。广告中表明推销商品、提供服务附带赠送礼品的,应当表明赠送的品种和数量。广告使用数据、统计资料、调查结果、文摘、引用语,应当真实、准确,并标明出处。广告中涉及专利产品或者专利方法的,应当标明专利号和专利种类。未取得专利权的,不得在广告中谎称取得专利权。禁止使用未授予专利权的专利申请和已经终止、撤销、无效的专利做广告。广告不得贬低其他生产经营者的商品或者服务。

广告应当具有可识别性,能够使消费者辨明其为广告。大众传播媒体不得以新闻报道形式发布广告。通过大众媒体发布的广告应当有广告标记,与其他非广告信息相区别,不得使消费者产生误解。麻醉药品、精神药品、毒性药品、放射性药品等特殊药品,不得做广告。

同步案例 7-5

旺旺"O泡果奶"广告被紧急叫停

2018年6月19日,国家广播电视总局办公厅发布通报,要求立即停止播出"O泡果奶"等违规广告的通知。通报中明确提到,"O泡果奶""莎娃鸡尾酒"等电视广告存在导向偏差和夸大夸张宣传、误导受众等严重违规行为,违反了《广告法》《广播电视管理条例》《广播电视广告播出管理办法》《关于进一步加强医疗养生类节目和医药广告播出管理的通知》等规定。

值得注意的是,通告中强调旺旺公司旗下的"O泡果奶"部分内容含有表现学生早恋和少男少女饮用酒精饮品感受等情节,价值导向存在偏差,易对未成年人产生误导,影响未成年人健康成长。旺旺"O泡果奶"广告中,"给我抱抱"存在诱导学生早恋嫌疑。

据了解,此次被国家广电总局点名的"O泡果奶",广告语中的"O泡时间到,O泡果奶OOO,喝O泡果奶把清凉抱抱,把好喝抱抱""喝O泡牛奶,给我抱抱"等内容暧昧,被认为不适合在孩子、青少年中传播。

资料来源:http://www.jksb.com.cn/html/news/headlines/2018/0620/125917.html

案例分析: 广告要做好,但是不能夸夸奇谈,不顾及目标人群的特点,更不能出现违规、违法的情况,应该真实展示产品的质量,并且切实尊重相关的法律、法规。如果盲目地考虑广告效益,吸引大众的眼球而不去斟酌广告主题是否积极,内容是否真实,理念是否符合主流价值观,不仅有可能触犯法律受到相应的制裁,还会给企业形象造成难以挽回的影响。

7.3.2 广告发布的具体标准管理

广告发布相关规定

对于少数涉及人民身体健康、人身安全的商品,国家规定了它们的具体发布标准,在发布时,须加强对广告的监督管理。主要有药品广告、农药广告、兽药广告、医疗器械广告、烟草广告、酒类广告、保健食品广告等。

(1) 药品广告。2019年12月24日国家市场监督管理总局令第21号公布的《药品、医疗器械、保健食品、特殊医学用途配方食品广告审查管理暂行办法》第五条规定，药品广告的内容应当以国务院药品监督管理部门核准的说明书为准。药品广告涉及药品名称、药品适应症或者功能主治、药理作用等内容的，不得超出说明书范围。药品广告应当显著标明禁忌、不良反应，处方药广告还应当显著标明“本广告仅供医学药学专业人士阅读”，非处方药广告还应当显著标明非处方药标识（OTC）和“请按药品说明书或者在药师指导下购买和使用”。

《广告法》第十六条规定，医疗、药品、医疗器械广告不得含有下列内容：①表示功效、安全性的断言或者保证；②说明治愈率或者有效率；③与其他药品、医疗器械的功效和安全性或者其他医疗机构比较；④利用广告代言人作推荐、证明；⑤法律、行政法规规定禁止的其他内容。

(2) 农药广告。2015年12月24日，国家工商行政管理总局令第81号公布的《农药广告审查发布标准》规定，未经国家批准登记的农药不得发布广告；农药广告中不得含有评比、排序、推荐、指定、选用、获奖等综合性评价内容；农药广告中不得使用直接或者暗示的方法，以及模棱两可、言过其实的用语，使人在产品的安全性、适用性或者政府批准等方面产生误解；农药广告中不得滥用未经国家认可的研究成果或者不科学的词句、术语；农药广告中不得含有“无效退款”“保险公司保险”等承诺。

(3) 兽药广告。2015年12月24日，国家工商行政管理总局令第82号公布的《兽药广告审查发布标准》规定，下列兽药不得发布广告：①兽用麻醉药品、精神药品以及兽医医疗单位配制的兽药制剂；②所含成分的种类、含量、名称与兽药国家标准不符的兽药；③临床应用发现超出规定毒副作用的兽药；④国务院农牧行政管理部门明令禁止使用的，未取得兽药产品批准文号或者未取得《进口兽药注册证书》的兽药。

同时还规定，兽药广告不得贬低同类产品，不得与其他兽药进行功效和安全性对比。兽药广告中不得含有“最高技术”“最高科学”“最进步制法”“包治百病”等绝对化的表示；兽药广告中不得含有评比、排序、推荐、指定、选用、获奖等综合性评价内容；兽药广告不得含有直接显示疾病症状和病理的画面，也不得含有“无效退款”“保险公司保险”等承诺；兽药广告中兽药的使用范围不得超出国家兽药标准的规定；兽药广告的批准文号应当列为广告内容同时发布。

《广告法》第二十一条规定，农药、兽药、饲料和饲料添加剂广告不得含有下列内容：①表示功效、安全性的断言或者保证；②利用科研单位、学术机构、技术推广机构、行业协会或者专业人士、用户的名义或者形象作推荐、证明；③说明有效率；④违反安全使用规程的文字、语言或者画面；⑤法律、行政法规规定禁止的其他内容。

(4) 医疗器械广告。2019年12月24日国家市场监督管理总局令第21号公布的《药品、医疗器械、保健食品、特殊医学用途配方食品广告审查管理暂行办法》第六条规定，医疗器械广告的内容应当以药品监督管理部门批准的注册证书或者备案凭证、注册或者备案的产品说明书内容为准。医疗器械广告涉及医疗器械名称、适用范围、作用机理或者结构及组成等内容的，不得超出注册证书或者备案凭证、注册或者备案的产品说明书范围。推荐给个人自用的医疗器械的广告，应当显著标明“请仔细阅读产品说明书或者在医务人员的指导下购买和使用”。医疗器械产品注册证书中有禁忌内容、注意事项的,广告应当显著标明“禁忌内容或者注意事项详见说明书”。

(5) 烟草广告。《广告法》第二十二条规定,禁止在大众传播媒介或者公共场所、公共交通工具、户外发布烟草广告。禁止向未成年人发送任何形式的烟草广告。禁止利用其他商品或者服务的广告、公益广告,宣传烟草制品名称、商标、包装、装潢以及类似内容。烟草制品生产者或者销售者发布的迁址、更名、招聘等启事中,不得含有烟草制品名称、商标、包装、装潢以及类似内容。

(6) 酒类广告。《广告法》第二十三条规定,酒类广告不得含有下列内容:①诱导、怂恿饮酒或者宣传无节制饮酒;②出现饮酒的动作;③表现驾驶车、船、飞机等活动;④明示或者暗示饮酒有消除紧张和焦虑、增加体力等功效。

(7) 保健食品广告。2019 年 12 月 24 日国家市场监督管理总局令第 21 号公布的《药品、医疗器械、保健食品、特殊医学用途配方食品广告审查管理暂行办法》第七条规定,保健食品广告的内容应当以市场监督管理部门批准的注册证书或者备案凭证、注册或者备案的产品说明书内容为准,不得涉及疾病预防、治疗功能。保健食品广告涉及保健功能、产品功效成分或者标志性成分及含量、适宜人群或者食用量等内容的,不得超出注册证书或者备案凭证、注册或者备案的产品说明书范围。保健食品广告应当显著标明“保健食品不是药物,不能代替药物治疗疾病”,声明本品不能代替药物,并显著标明保健食品标志、适宜人群和不适宜人群。

《广告法》第十八条规定,保健食品广告不得含有下列内容:①表示功效、安全性的断言或者保证;②涉及疾病预防、治疗功能;③声称或者暗示广告商品为保障健康所必需;④与药品、其他保健食品进行比较;⑤利用广告代言人作推荐、证明;⑥法律、行政法规规定禁止的其他内容。保健食品广告应当显著标明“本品不能代替药物”。

同步案例 7-6

槟榔广告被叫停

2019 年 3 月 7 日起,一份湖南省槟榔食品行业协会下发的《关于停止广告宣传的通知》在网上传播。该文件提到,湖南所有槟榔生产企业即日起停止国内全部广告宣传,且此项工作必须在 3 月 15 日前全部完成。有媒体已经从湖南省槟榔食品行业协会秘书长处证实,该通知系协会 3 月 7 日所发。

《通知》写到:为落实湖南省市场监督管理局对(槟榔)行业相关企业的行政指导会议及常务理事会特别会议精神,所有企业即日起停止国内全部广告宣传,停止发布的媒体平台包含且不限于报纸、电台、电视台、高速公路、机场、铁路列车、地铁、公交车、网络平台、电子屏、店招、影院、出租车顶等。

而在 2019 年 2 月 26 日,新华社也播发了一篇关于槟榔行业的报道,国家卫生委办公厅印发的《健康口腔行动方案(2019—2025 年)》中提到,国家食品药品监督管理总局在 2017 年公布致癌物清单时,已将槟榔果列入一级致癌物。北京大学口腔医院口腔黏膜科教授、中华口腔医学会副秘书长刘宏伟表示,我国南方一些省份的群众有咀嚼槟榔的习惯,从而导致了口腔癌的发病率增高。

早在2013年7月14日,央视《新闻30分》关于槟榔致癌的报道一炮而红,此后一直在支持和反对的旋涡中被反复拉扯。报道指出,2003年世界卫生组织国际癌症研究中心把槟榔列入“黑名单”,和烟酒、砒霜等同列为一级致癌物。其中,致癌原因被列举出的有两个。

第一,槟榔里的化学物质经咀嚼后,形成亚硝基,是明确致癌的化合物。

第二,槟榔较硬,咀嚼时易对口腔黏膜造成机械创伤,时间久了可以转化为口腔癌。

广告起了多大的作用?以消费者比较熟悉的品牌口味王为例。口味王是湖南卫视的老客户,2017年、2018年和2019年,口味王连续3年冠名湖南卫视春晚,2017年和2018年,还同时冠名了湖南卫视元宵喜乐会。热播电视剧《怒晴湘西》中也出现了口味王的广告植入。对于整个槟榔行业来说,广告宣传在促进槟榔消费中起了重要作用。除了电视和网络外,在湖南,线下广告更是铺天盖地。

中国传媒大学广告学院原院长黄升民教授表示,广告在一定程度上影响着消费者的决策和行为,使其“认识—了解—购买”。广告中,“湖南人更爱吃的槟榔”等说法,会吸引没尝过槟榔的消费者去买,诱惑习惯嚼槟榔的人去试试其他品牌和口味。

同时,在广告语中,槟榔的危害性被剔除,成为无害甚至有益的食品。在湖南卫视2018年元宵喜乐会中,主持人沈梦辰现场口播口味王广告时提到:“一下子就让你精神抖擞、返老还童,找回年轻的状态。”

槟榔是我国的一味传统中药,《本草纲目》里也专门记载了槟榔这味药。然而槟榔作为中药,用量很少,无法和湖南人长期嚼食的量相比。然而有些商家却利用这一点,为自家商品打上“健康”的标签。

2017年11月15日,湖南省卫计委在答复一位人大代表的建议案时称:“槟榔的食品定位和安全性尚不明确。按照《食品安全法》的规定,食品应具备无毒、无害,符合应当有的营养要求,对人体健康不造成任何急性、亚急性或慢性危害的基本条件。国家目前是将槟榔定位为药品,纳入《中华人民共和国药典》进行管理,没有把槟榔列入按照传统既是食品又是中药材的物品目录。”

就像对烟草的管控一样,对槟榔的管控如今已迈出第一步,当相应标准逐步出台,槟榔企业也将迎来冲击。

资料来源:https://b2b.sffdj.com/shehui/show_12223.html

案例分析: 食品安全一直是我们十分关注的问题,食品广告更应该实事求是。《广告法》第五十六条规定:“关系消费者生命健康的商品或者服务的虚假广告,造成消费者损害的,其广告经营者、广告发布者、广告代言人应当与广告主承担连带责任。”

7.3.3 广告证明

广告证明是指表明广告客户主体资格和广告内容是否真实、合法的文件、证件。《广告管理条例》规定广告客户委托广告经营者办理广告业务时应当提交和交验广告证明文件。广告经营者承办广告业务时应收取和查验广告证明的规则以及广告证明出具规则构成广告证明制度。广告证明制度是广告管理法规为保证广告真实、合法而确立的一项重要法律制度和管理制度。其基本内容包括广告证明种类;广告证明提交、交验和收取、查验;广告证明出具机关;广告证明有效要件。

7.3.4 广告经营审查程序

1. 广告经营审批时限

(1) 依法确认广告经营资格,核准颁发《广告经营许可证》《户外广告登记证》《临时性广告经营许可证》,在10日内办理完毕。

(2) 兼营广告登记费。

① 省辖市级广告经营单位每户收取100元。

② 县级广告经营单位每户收取50元。

③ 兼营广告业务的事业单位为变更登记费每户收取20元。

④ 兼营广告业务为企业,应办理经营范围变更登记,应缴纳变更登记费,每户企业收取50元。

⑤ 临时性广告经营登记费收取50元,工商行政管理机关发给《临时广告经营许可证》,不另行收费。

2. 广告经营审批程序

申请办理《广告经营许可证》提交以下证明材料。

(1) 申请报告。

(2) 广告负责人任命文件。

(3) 经营场所证明。

(4) 资金证明。

(5) 广告收费标准。

(6) 广告经营单位登记表。

(7) 企业8项管理制度。

○任务演练

如何判定虚假广告

演练背景

林林总总的虚假广告是广告违法行为中社会影响和后果最为恶劣的一种违法行为。尤其是被称为"谋财害命"的虚假医疗广告,它侵害的对象常常是贫病交加的弱势患者群体,其社会危害不容忽视。

演练要求

(1) 选择两则以上虚拟广告。

(2) 分析虚拟广告的内容。

演练条件和过程

(1) 学生分4组。

(2) 小组讨论,轮流讲解案例,教师指导。

任务演练评价

任务演练评价表

任务演练评价指标	评价标准	分值	得分
1. 虚假广告选择的代表性	(1) 是否具有代表性	20	
	(2) 是否具有可行性	10	
2. 演练过程	(1) 演练系统性	20	
	(2) 操作符合要求	20	
	(3) 卡片记录信息详略得当	10	
3. 成果展示	PPT设计精美,解说语言表达流畅到位	20	
总成绩		100	
学生意见			
教师评语			

重点概括

(1) 广告行政管理是指国家广告行政管理机关依照广告管理的法律、法规和有关政策规定,或通过一定的行政干预手段,对广告行业和广告活动进行的监督、检查、控制和指导。

(2) 广告审查是指广告经营者、广告发布者在承办广告业务中依据广告管理法规的规定,在广告发布之前检查、核对广告是否真实合法,并将检查、核对情况和检查结论、意见记录在案,以备查验的活动。

(3) 广告行业自律又叫广告行业自我管理,是指广告业者通过章程、准则、规范等形式进行自我约束和管理,使自己的行为更符合国家法律、社会道德和职业道德的要求的一种制度。广告行业自律是目前世界上通行的一种行之有效的管理方式,并逐渐发展成为广告行业自我管理的一种制度。

(4) 广告发布标准管理是广告主、广告经营者、广告发布者必须遵循的准则,是指广告管理机关对广告内容和形式必须遵循的准则进行的监督管理。广告发布标准管理分为广告发布的一般标准管理和广告发布的具体标准管理。

案例分析　嘉益肽平压软胶囊广告

嘉益肽平压软胶囊,"用了肽平压……血压降到140/90mmHg,就连我这脑梗引起的后遗症也得到了有效的缓解""两粒见效,停服所有降压西药"——这是广告中患者的告白,还十分诚恳地表白"咱有啥说啥"。

67岁的"冯大爷"高兴地说,"吃了一箩筐降压药没管用,倒让两粒肽平压给解决了"。

另一位患者,“开始服用各种降压药,但降压效果都不是很好,用了肽平压可就不一样了,停服所有降压西药”。

该广告在请出患者作证的同时,用了十分醒目的字体、字号和版式,对疗效做了突出的处理:两粒见效;轻中度患者1～5个月内可以停药;可终身停药;3～7天平稳血压;并发症全部逆转;以零风险降血压;45%重度患者12个月内可以停药。

资料来源:中华文本库,http://www.chinadmd.com/file/pot6e6p63zripss6ipteove6_1.html

请结合案例内容讨论该广告违反了哪些与广告相关的法律、法规。

(1) 根据本项目中所学的广告学相关知识分析该案例。

(2) 各小组讨论该广告违反了哪些与广告相关的法律、法规。

(3) 小组将分析和讨论内容制成PPT,由小组成员进行阐述。

综合实训

了解广告法规应用

【实训目标】

通过理论认知和广告公司观摩,讨论和实训全面了解广告法规应用。

【实训内容】

选择目前市场上比较典型的一则广告为学习对象,明确广告中应用法规的程序,并走访广告公司学习广告制作中应该遵守哪些规定,最后制作PPT文件汇报。

【操作步骤】

(1) 将班级每5～6位同学分成一组,每组确定1人负责。

(2) 每组选取一则广告,或由教师指定一则广告,小组内部认真剖析。

(3) 走访广告公司,学习广告法规。

(4) 撰写PPT报告。

(5) 各组在班级进行交流、讨论。

【成果形式】

实训课业:撰写广告法规学习心得。

【实训考核】

根据实训题所要求的学生“实训课业”完成情况,就下表中各项“课业评估指标”与“课业评估标准”,评出个人和小组的“分项成绩”与“合计”,并填写“教师评语”与“学生意见”。

实训课业成绩考核表

课业评估指标	课业评估标准	分值	得分
1. 经典广告效果解析	(1) 广告案例选择合理性	15	
	(2) 广告法规应用的学习	20	
2. 广告公司学习过程	(1) 学习方案设计合理性	10	
	(2) 学习过程记录详细	15	
	(3) 收集到的资料真实有效	10	

续表

课业评估指标	课业评估标准	分值	得分
3. 汇报材料撰写	(1) 报告结构符合要求	5	
	(2) 观点鲜明,无抄袭痕迹	5	
	(3) 语言表达简洁、清楚	5	
	(4) 结论具有一定的参考价值	15	
合　计		100	
教师评语	签名: 年　月　日		
学生意见	签名: 年　月　日		

思考练习

名词解释

广告行政管理　广告行业自律　广告发布标准管理　竞争对比法

选择题

单项选择题

1. 在我国(　　)是由国家市场监督管理部门按照广告管理的法律、法规和有关政策规定来行使管理职权的,而且是我国现阶段进行广告管理的一种主要方法。

A. 广告的行政管理条例　　B.《广告法》
C.《广告管理条例》　　D.《公司法》

2.(　　)策划是广告策划的中心,是决定广告活动成败的关键。

A. 广告战术　　B. 广告目标
C. 广告运营　　D. 广告战略

3. 广告经营者、广告发布者不能提供广告主的真实名称、地址的,应当承担全部(　　)。

A. 罚款　　B. 刑事责任　　C. 民事责任　　D. 行政责任

4.《广告法》规定,禁止利用广播、电影、电视、报纸、期刊发布(　　)广告。

A. 酒　　B. 烟草　　C. 药品　　D. 化妆品

5. 广告发布标准管理是广告主、广告经营者、广告发布者必须遵循的准则,可分为广告发布的一般标准管理和广告发布的(　　)标准管理。

A. 基本　　B. 特殊
C. 优先　　D. 具体

6. 广告行业自律又叫广告行业(　　)。

A. 自我约束　　B. 自我管理　　C. 自我建设　　D. 自我监督

7.(　　)是消费者和社会舆论对各种违法违纪广告的监督与举报。

A. 广告社会监督　　B. 广告社会管理　　C. 广告大众监督　　D. 广告社会监控

8. 广告预算是广告主根据广告计划对(　　)的匡算,是广告主进行广告宣传活动投入资金的使用计划。

A. 制作广告费用　　B. 开展广告活动费用

C. 宣传广告活动费用　　D. 评价广告活动费用

多项选择题

1. 从整体上来看,广告行政管理可自成一个系统,并主要由几个子系统构成,即(　　)。

A. 广告行政管理机构　　B. 广告行政管理法规

C. 广告验证监督管理　　D. 广告行政管理对象

2. 广告行业自律是在广告行业内建立起来的一种自我约束的道德伦理规范,因为这种自我约束是以遵守各种法律为中心而建立起来的自我限制。其显著特点有(　　)。

A. 自发性　　B. 变通性　　C. 道德约束性　　D. 灵活性

3. 下列(　　)是广告风险产生的主观因素。

A. 决策者风险　　B. 代言人风险　　C. 广告经营者风险　　D. 非常态因素

4. 广告战略策划的特征有(　　)。

A. 全局性　　B. 指导性　　C. 对抗性　　D. 目标性

5. 影响广告预算的因素很多,主要因素有(　　)。

A. 产品的生命周期　　B. 市场竞争　　C. 市场占有率　　D. 经济水平

6. 广告经营者审查广告的程序包括(　　)。

A. 承接登记　　B. 初审　　C. 复审　　D. 建档

7. 广告战略策划中,确定广告战略任务包括(　　)。

A. 确定广告内容　　B. 确定目标受众　　C. 确定广告效果　　D. 确定广告经费

判断题

1. 广告行政管理机构主要由国家市场监督管理机关和地方各级市场监督管理机关构成。(　　)

2. 广告主提供虚假证明文件的,由广告监督管理机关处以 1 万元以上 15 万元以下的罚款。(　　)

3. 广告客户申请为获得国家级、省部级各类奖的优质烈性酒做广告,须经省、自治区、直辖市工商行政管理局或其授权的省辖市工商行政管理局批准。(　　)

4. 竞争对比法在现实中使用最为普遍,对于销售比较稳定的公司,运用此种方法较为有利。(　　)

5.《广告法》规定,化妆品广告的内容必须符合卫生许可事项,并不得使用医疗用语或者易与药品混淆的用语。(　　)

简答题

1. 简述影响广告预算的主要因素。

2. 简述广告风险的应对策略。

3. 简述广告战略策划的特征。

4. 简述广告行业自律与广告行政管理的关系。

项目 8

Xiangmu ba

新媒体广告

知识目标

1. 理解新媒体的界定、新媒体广告的概念、大数据的概念。
2. 熟悉新媒体广告的形态、新媒体广告运作。
3. 掌握新媒体广告的界定、新媒体广告的特点。
4. 熟悉大数据与新媒体广告的联系。

技能目标

1. 能根据新媒体广告的含义及特点识别新媒体广告。
2. 能自觉遵守新媒体广告的各类法律、法规。
3. 具备根据新媒体广告的特点融合广告创意的能力。
4. 能够认识到大数据对于新媒体广告的重要作用。

思政目标

1. 培养学生认识新媒体对精神文明建设的意义。
2. 让学生了解如何通过新媒体广告传递核心价值观。

新媒体与精神文明建设

学习任务8.1 新媒体广告概述

教学方案设计

教学方法：演示、任务驱动　　　　建议课时：3

学习目标	技能目标	1. 能根据新媒体广告的含义和特点界定新媒体广告 2. 能根据新媒体广告的含义及特点对新媒体广告进行点评
	知识目标	1. 理解新媒体广告的含义 2. 掌握新媒体广告的特点 3. 熟悉新媒体广告的形态
学习任务准备	教师	1. 课件及任务评分考核表 2. 准备授课资料
	学生	1. 随机分组，8～10 人为一组，组内自选组长 2. 各个小组选定 3 则有代表性的新媒体广告，并进行点评 3. 制作资料卡或 PPT

	教学环节	教师活动	学生活动	课时
教学流程	一、成果展示与分析	1. 引入案例，提出问题 2. 布置任务并实施安排	做好问题分析笔记	1
	二、知识储备	1. 讲授新媒体广告基本内涵理论知识 2. 解答知识疑问 3. 针对本学习任务中的同步案例进行学习指导	1. 认真听取理论知识 2. 提出疑问 3. 针对本学习任务中的同步案例进行学习分析	
	三、任务演练	1. 介绍本学习任务的演练背景和要求 2. 指导“认识新媒体广告”的演练实施过程 3. 评价演练效果和结论	1. 学生小组自主演练任务：“认识新媒体广告” 2. 通过小组之间交叉互评，认识到新媒体广告的优点及可行性 3. 以卡片的形式记录汇总结果 4. 组长陈述结论	1
	四、学习任务知识小结	1. 系统地对本学习任务知识进行总结 2. 针对重要知识点进行课后作业布置	1. 认真听取知识总结 2. 以小组为单位撰写讨论情况报告	1

成果展示与分析

微信红包带给我们的启示

2014 年春节期间，微信红包一夜走红，少则几元，多则几百元，引起全国男女老少疯抢。小小的微信红包，将传统的新春礼俗变成了一场新媒体社交狂欢。据腾讯数据显示，从除夕到正月初八期间，全国上下有800多万用户分发领取4000万个红包，而总价值超过4亿多元人民币。而在除夕当夜，微信红包用户量攀顶，达到482万，零点前后流量峰值出现，每分钟约2.5万个红包被拆。

微信红包是一场天时、地利、人和的营销活动，是移动互联网上发生的一场创新的扩散运动。

从根本上看，它是一个创新产品，目的是从支付宝手中抢夺移动支付，改变大众对微信是社交软件而非支付软件的认知，让更多的微信用户绑定银行卡，从而为未来的移动支付铺路。连马云都声称此举是“偷袭珍珠港”。我们所探讨的并非微信红包在商业上的金融价值，而是它的传播为何取得如此巨大的效果？受众因何迅速地转变了对微信支付的态度并付诸行动？

春节期间，参与发红包的互联网企业并非仅微信一家，支付宝、新浪微博、360等企业也参与了此次红包大战，而声势最大的无疑是支付宝和微信。据统计，支付宝给用户共发放2亿元人民币的红包补贴，红包平均金额超过50元，相比几块几毛的微信红包，支付宝绝对可以称为“土豪”。即使如此，支付宝仍输给了不足3000万绑卡用户的微信。

同样是派发红包，在传播信息基本相同的情况下，究竟是什么因素促使了传播结果出现如此巨大的差异。

……

在新媒体时代背景下，海量创新理念、应用、产品、服务层出不穷，变化日新月异，但只有极少数佼佼者脱颖而出，吸引市场注意、汲取市场资源、博取用户青睐，最终获得成功。

从微信红包上就可以窥见新媒体产品成功的一些特征。

首先，遵从人性。

遵从人性，不单单表现为操作界面简洁易用，更指所有设计要顺从用户心理，尊重用户体验，让用户感觉自然、舒服。

其次，倡导娱乐精神。

产品游戏化、追求简洁好玩，也是当下新媒体产品设计的重要特征之一。新媒体产品用户偏向年轻化，他们有追求新奇好玩的特征，因此新媒体产品都不可或缺地具有可玩性与游戏性。

再次，移动社交元素成为当下热门新媒体产品的标配。

据艾瑞咨询对移动应用日均覆盖人数的最新监测数据来看，微信、QQ等社交类应用位列前两位，二者合计占据所有移动终端应用总时间约20.8%。底层刚需支撑移动社交成为排名首位的超级应用，也帮助众多打好社交牌的新媒体产品问鼎成功巅峰。

最后，新媒体产品的成功一定不能只叫好、不叫座。

媒体声量大，只表明看热闹的人多，不代表盈利。而成功的新媒体产品一定是契合并满足了用户的某种实际利益诉求，并能据此构建起清晰的商业模式、继而获得持续性盈利的产品。

……

新媒体已经成为我们生活中的必需品。

微信红包的传播思维本质就是新媒体思维下的产品营销策略。新媒体思维将重塑企业价值链，涉及商业模式设计、产品线设计、产品开发、品牌定位、业务拓展、售后服务等企业经营所有环节。直击痛点、诉诸趣点、优化体验、玩转社交,基本都是新媒体产品相较于传统媒体的竞争优势。今天看一个产业有没有潜力,就看它离新媒体有多远。任何一种产品立足于当今社会,都必须建立一个新媒体化的思维。能够真正用新媒体传播思维重构的企业,才可能真正赢得未来。

资料来源:侯飞.从微信红包看新媒体营销.中国市场,2015(23)

知识储备

8.1.1 新媒体广告的含义

新媒体的界定

在5000年前的埃及,商人习惯在石板上刻录售卖信息来吸引行人兴趣——这几乎可以认为是最早期的广告;大约1400年前,中国发明了活字印刷术,大大提高了印刷的效率,当需要告诉人们新店开张或新产品上市的时候,商人们可以快速制作很多海报;20世纪中期电视诞生,于是广告主就使用电视信号把他们的售货员送到了人们的客厅里。是的,这些都是广告,但形式不同,效率不同,广告的效果也不相同。然而,最大的不同在于承载它们的媒体不同。通过前面的简单的描述可以发现,广告与广告媒体之间存在着密不可分的关系,广告形式总是随着广告媒体的形式变化而不断变化。随着经济全球化,世界变得更加四通八达,而大数据、云计算、移动互联等许多媒体形式纷纷涌现。新的媒体出现,就必然会出现新的广告形式。此种广告称为"新媒体广告"。

如前所述,广告与媒体是密不可分的。因此,在讨论新媒体广告的概念之前,需要明确什么是"新媒体"。

1. 新媒体的界定

新媒体是一个相对的概念,多方都作了研究和阐述。

美国《连线》杂志对新媒体的定义是"所有人对所有人的传播"。这一观点一语道破新媒体的本质特征,见解独到深刻,但严格地说,这不是一个概念的定义,充其量只能算是一句口号。

有业内人士认为,新媒体的定义包含媒体形态和传播形态两种:媒体形态的"新媒体"是指继报纸、广播、电视等传统媒体之后发展起来的新媒体形态,包括网络媒体、手机媒体、数字电视等;传播形态的"新媒体"是指利用数字技术、网络技术,通过互联网、宽带局域网、无线通信网、卫星等渠道,以计算机、手机、数字电视、PDA、智能手表等设备为终端,向用户提供信息和娱乐服务的传播形态。

清华大学熊澄宇教授认为:"今天的新媒体主要指在计算机信息处理技术基础上产生和影响的媒体形态,包括在线的网络媒体和离线的其他数字媒体形式。""所谓新传媒,或称数字媒体、网络媒体,是建立在计算机信息处理技术和互联网基础之上,发挥传播功能的媒介总和。"

国务院发展研究中心局长岳颂东提出:"新媒体是采用当代最新科技手段,将信息传播给受众的载体,从而对受众产生预期效应的介质。"

广告专家高丽华则提出:"我们讨论的新媒体是相对于传统意义上的报纸、广播、电视等大众传播媒体而言的,指随着传播新技术的发展和传媒市场的进一步细分而产生的新型传播媒体，主要是指学界和业界分别称为第四媒体、第五媒体的宽带网络和手机媒体两类新媒体。”

综上所述，本书认为新媒体是新的技术支撑体系下出现的媒体形态，如数字杂志、数字报纸、数字广播、网络、桌面视窗、数字电视、数字电影、触摸媒体等，是以数字信息技术为基础，以互动传播为特点，具有创新形态的媒体。而一些诸如户外LED、楼宇电视、大型投影等，虽然也运用了数字技术，但并不考虑在内。

日常生活中，常见的新媒体有博客、播客、微博、微信、QQ、手机APP、移动电视等。新媒体具有即时性、交互性、海量性和共享性等特性，是人们在现代生活中接收信息和发布信息、体现自我和参与社会的重要平台。

新媒体建立在数字技术和网络技术基础之上，以多媒体作为信息的呈现形式，具有全天候和全覆盖性的特征，在技术、运营、产品、服务等商业模式上具有创新性，同时，其边界不断变化，呈现出媒体融合的趋势。

新媒体既拥有人际媒体和大众媒体的优点：完全个性化的信息可以同时送达几乎无数的人；每个参与者对内容拥有对等的和相互的控制。同时又免除了人际媒体和大众媒体的缺点：当传播者想向每个接收者个性化地交流独特的信息时，不再受一次只能针对一人的限制；当传播者想向大众同时交流时，可以对每个接收者提供个性化内容。但是如前所述，新媒体完全依赖于技术，不是人类先天自然拥有的技能。没有数字化等技术，新媒体完全不可能。此外，新媒体还有以下特点。

(1) 迎合人们休闲娱乐时间碎片化的需求。由于工作与生活节奏的加快，人们的休闲时间呈现出碎片化倾向，新媒体正是迎合了这种需求而生的。

(2) 满足随时随地的互动性表达、娱乐与信息需要。以互联网为标志的第三代媒体在传播的诉求方面走向个性表达与交流阶段。对于网络电视和手机电视而言，消费者同时也是生产者。

(3) 人们使用新媒体的目的性与选择的主动性更强。

(4) 媒体使用与内容选择更具个性化，导致市场细分更加充分。

2. 新媒体广告的内涵

新媒体广告是以新媒体为媒介的广告形式，在上面讨论过新媒体的概念之后，还需对其“广告”的内涵稍加解释，以完善对“新媒体广告”这一概念的理解。

“广告”这个词来自英文 advertising，而这一英文词汇又源自拉丁语 advertere，含有通知、诱导、披露等意思。由此可知广告的核心就是引人注意。而对于广告的定义，本书也明确指出：“广告是广告主为了达到一定的目的，依靠付出费用，在规定的时间内，按照规定要求，由指定的相关媒体，将广告主的真实信息传播给广告受众的一种社会交流活动。”

由此可见，传统广告的内涵应包括：①有明确的广告主；②有明确的广告目标，通常为推销商品；③需要支付一定的费用；④基于指定的媒体进行传播；⑤广告是社会交流活动，即有目标人群和广告信息。

然而在新媒体媒介环境的影响之下，广告传播模式发生了本质的变化，新媒体相对开放的环境之下，互联网给予了消费者无限的权利。消费者可以根据自己的需求去进行搜索。各种搜索引擎的不断完善，网站的层出不穷，使消费者可以自主地选择是否观看某则广告，或者直接根据自己的需求去搜寻广告。

传统的广告传播具有明确目的,有固定的目标人群,其传播信息经过严格的筛选。而在新媒体的环境下,传播的通道将不再是线性的,而是非线性的;传播的载体也不再是独立的,而是多元的。新媒体的环境造就了全新的广告形态,广告主越来越多地选择可自我掌控的、付费支出方式多元化的营销传播活动。消费者也变被动为主动,自主选择广告。消费者的自主选择与广告主的自主传播体现了新媒体的互动性。而有趣的是,在新媒体环境下,消费者可能很了解你的品牌,但是未必会购买你的产品。由此看来,广告的内涵似乎不仅是为了"推销商品",还涵盖了品牌传播的元素。

由此可以得出一个结论,新媒体不断与传统媒体融合的同时,"广告"的内涵也在不断增加,既包括付费、向特定对象传播,以推销为目的这些"老内涵",也包括品牌传播的"新内涵"。

3. 新媒体广告的界定

《广告法》将广告定义为"商品经营者或者服务提供者通过一定媒介和形式直接或者间接地介绍自己所推销的商品或者服务的商业广告活动"。值得注意的是,《现代汉语词典》与《广告法》中所定义的广告仅限于商业广告,实际上广告还存在非商业广告,比如,公益广告、社会道德文明宣传一类的广告,由于这一类的广告不涉及经济利益且相对于商业广告的数量规模来说都可以忽略不计,因而人们常说的广告通常是指商业广告。

新媒体广告的定义各界众说纷纭,没有一个统一的定义。

华中科技大学舒咏平教授认为:"新媒体广告是指体现在以数字传输为基础、可实现信息即时互动、终端显现为网络连接的多媒体视屏上,有利于广告主与目标受众信息沟通的品牌传播行为与形态。"

也有学者认为新媒体广告有广义和狭义之分,"广义的新媒体广告泛指通过新媒体平台或渠道发布的所有商务信息;而狭义的新媒体广告是指商品经营者或服务提供者以付费的方式获得在各类新媒体平台中的曝光机会,以实现产品(服务)推介或信息沟通为目的的商业活动"。

从广告的定义出发,结合新媒体广告的内涵,以及以上学者对于新媒体广告的界定,本书认为:新媒体广告是以新媒体为载体,以品牌传播及产品(服务)推销为目的,以付费的方式将广告主的真实信息传播给广告受众的一种社会交流活动。

拼多多,拼多多,拼得多省的多!

拼多多的广告语简短、直白,朗朗上口,让人一听就能记得住。配合其高频的播放频率、"魔性"的节奏,使其在受众的脑海中盘桓,久久不散。

8.1.2 新媒体广告的特点

新媒体广告与传统的广告有着诸多不同的特点,这些特点也是研究新媒体广告的重要内容之一。

1. 新媒体广告交互性强

交互性是新媒体的重要传播特征，也是区别于传统媒体的根本属性。传统媒体是单向传播，由于资源和渠道只有信息发布方才拥有，受众只能被动地接收信息。新媒体打破了这种信息源和渠道的掌控，数字技术的发展使信息采集、制作和传播都非常便捷，每一个"受众"都能变成"传播者"，传与受随时都能进行双向的交流，甚至有时信息的传播是网状的，每一个节点上，都有可能是一个接收者和传播者。

新媒体广告作为新媒体的重要传播内容，同样也具备很强的交互性。从传播学的角度看，互动性是新媒体的根本性特征。新媒体传播方式中有很多种是开放式的互动传播。传统媒体的传播方式通常是单向的，传受双方无法随时随地进行双向传播。而新媒体既能单向传播，也可以双向传播甚至多向传播。新媒体的信息传播具有很强的互动性，因此新媒体广告可以通过广告的形式来吸引用户沟通，提升交易达成率，并且提升品牌印象，增强用户黏性。

2. 新媒体广告形式丰富

新媒体传播主要是以互联网为基础的，开放性是其主要的特征之一。数字化是新媒体的另一个特征。这就使新媒体广告打破了报纸、广播和电视等媒体的壁垒，同一内容有了多介质的传播，为海量信息传播提供基础。新媒体广告可以通过运用不同的传播载体实现各种不同形式的单一传播或者整合传播。它可以借助文字、图片、图像、声音中的任何一种或几种的组合来进行传播活动。这种具有立体效应的多媒体传播组合可以更加真实地反映所报道的对象，给用户带来逼真而生动的感觉。新媒体广告融合了文字、声音、图像、动画、视频等多种形式的媒体，克服了传统的文字媒体（报纸）、声音媒体（广播）和视觉媒体（电视）之间难以逾越的障碍。一个新媒体广告实际上是多种媒体广告的综合，因其兼具图、文、音、像等多方位功能，比读文时代、读图时代的广告有更多的趣味性与互动性，人们可以同时通过多个媒体渠道接收信息，这使得新媒体广告形式十分丰富。

3. 新媒体广告传播快、范围广

新媒体具有传播上的快捷性和时间上的自由性，能够轻易做到即时传播。新媒体的即时性打破了传统媒体在时间上的限制，形成了即时传播的特点，使新媒体的使用者可以不受时空限制地接收信息。这一特性，使新媒体广告的传播相较传统媒体更加广泛和迅速。

新媒体广告的传播是一种数字化传播，由于其传播数据是数字化的，所以其传播更适合于互联网传输，其存储也较为方便，且具有较高的还原度及保存期。新媒体可以通过互联网高速传播并实时更新，可以像电台、电视台一样进行实时、实况直播，相较于传统的传播方式有明显的优势。新媒体广告传播速度快、时效性强，且不受印刷、运输、发行等因素的限制。新媒体广告还具备"接收异步"的特性，即新媒体广告发布的同时，受众可以选择即时或者之后接收这个广告的信息。而传统媒体必须按传媒传播的步骤来等待，尤其是广播和电视。如果受众错过播出时间，就无法再得知广告信息。这种传播是线性的，在时间的维度上对于广告主与受众都十分不友好。很难想象人们为了某一则广告一直"蹲守"。而新媒体广告的这种"接收异步"的特性，使广告的效率明显提高，使边吃早点边看新闻的人、边喝午间咖啡边关心当天消息的人，或是习惯睡前了解一天动向的人可按自己的需要来接收信息，而无须赶早间新闻而睡眼惺忪，或为晚间新闻而耽误了休息。

新媒体广告的传播突破地域、没有疆界，而且跨国传播成本低廉。无论从广告主的角度还是从受众的角度看,新媒体广告在网络上跨国传播与本地传播的成本与速度是大致相同的。这一点与传统媒体截然不同。纸质媒体、广播电视,虽然在理论上也能进行全球传播,但是其传播的成本与传播的距离成正比。新媒体完全打破了传统的或者说物理上的空间概念,网络信息传播实现了无阻碍化。

新媒体广告可以说是互联网的"原生产品",其得天独厚的优势使其与互联网的融合十分完美,踏着信息高速公路,驰骋于世界的每个角落。数字化产品的特性使其发布、传播甚至修改都十分便捷。

4. 新媒体广告依托于科技的发展

1967年,美国人戈尔德·马克创造了"新媒体"一词,此后这个词开始高频出现,被越来越多的学者、专家和业内人士所提及和使用。新媒体根植于当代信息科学技术的不断发展,就目前来看,主要依赖于互联网和数字传输与存储及数字化终端和设备,网络是其进行信息传播的媒介,数字技术为其传播的基础。在二者基础之上,新媒体才能真正充当发挥传播功能的媒介总和。新媒体广告以新媒体为媒介,同样也依赖于现代科技的发展。

可以说,只要有新的信息技术出现,新媒体的外延就会得到延伸,新的新媒体广告形式就会出现。比如,伴随着互联网兴起,早期新媒体广告,大多指简单的网页广告。后来伴随着网络技术的发展,网络带宽的拓展,新媒体广告又包含富媒体(多个功能媒体)广告,它一般包括流媒体、声音、Flash及Java、C程序设计语言等一种或几种技术的组合,受众不需要任何额外的插件即可实现双向信息通信和与用户交互功能。然而随着Web技术的发展,交互式广告也被纳入了新媒体广告的范畴。其"交互"的特性,使受众可以通过某些"行动"(利用鼠标、键盘、摄像头等数字化外设等输入信息)来与广告"互动",带来全新的受众体验。

新的技术会诞生新的媒体形式,而"新媒体广告"的概念也会迭代更新,新媒体广告与现代科技的发展密不可分,研究新媒体广告应该时刻关注科技进步,这样才能将"技术"与"媒体"联系起来,不与新媒体的发展脱节。

5. 新媒体广告与传统广告将逐步融合

"新媒体"只是一个相对的概念,随着科技的发展,今日所谈的"新媒体"可能不会再称"新"。这个过程中"新媒体"并不是消失了,而是逐步同熟悉的传统媒体融合,成为熟悉的媒体形式。新媒体广告也必将经历这一过程。

传统媒体广告与新媒体广告各有千秋,功能和特色各不相同。传统媒体相对于新媒体而言,传播经验比较丰富,具有规范化的管理体制和机制,经过长期的发展,传统媒体在受众中的权威性比较高,且拥有数量庞大的受众。其时效性较差,无法具体识别受众目标。而新媒体广告对信息进行传播的时效性及效率比较高,可以"点对点"地传输,能做到"千人千面",有较强的针对性。但是,其缺乏对于受众人群的权威性,并且受到某些环境特别是网络环境的局限。

单独的投放传统广告,虽然可以利用其权威性对广告信息进行大面积传播,在受众中传递其良好的品牌形象,但是无法分析受众目标,不能确定潜在消费者;如果单独投放新媒体广告,虽然针对性更强,可以通过数据分析来定位潜在消费者,得到更加准确的广告评估,但是由于其受众对其权威性的质疑可能会使广告效果大打折扣,同时没有网络的地区也无法覆盖。可见只有将二者结合,才能取长补短,达到最大的广告效果。

尺有所长,寸有所短。传统媒体广告与新媒体广告都有自己的优势与短板,两种概念的广告也在各个领域发生着碰撞。在这个过程中并不是一个去代替另一个，而是相互取长补短，逐步融合。

8.1.3 新媒体广告的形态

新媒体广告以新媒体为媒介，广告形式多样，广告发布平台多元化，由于新媒体广告至今没有一个统一的定义，对于其分类也众说纷纭。若是按照传统的广告分类方法，可以将其分为直接把纯粹的带有产品或品牌信息向受众宣传的硬广告和通过各种产品或品牌宣传途径简介宣传产品和品牌的软广告，但是这样划分太过笼统，致使新媒体广告与传统媒体广告的区分度不高，不能凸显新媒体广告的特点；若是按照熟悉的表现形式，如搜索引擎、SNS社区、交友软件、功能性APP、各种网站、电子杂志、电竞游戏、手机游戏等来分类，又让人难理头绪，太过于琐碎。综合考虑，以下从新媒体广告的根本出发，以载体不同来对其表现形式进行分类讨论。

1. 网络媒体广告

这里讨论的网络媒体广告，主要是指以互联网以及网络应用或者平台为媒介的广告形式。移动网络、数字电视、社交平台及网络游戏并不在此列。常见的网络媒体广告主要包括网站广告、互联网应用广告、网络电子杂志广告和其他网络媒体广告。

(1) 网站广告。网站广告以网页为载体，以图片、短视频及广告文案为主要表现形式，利用各种网页技术，向受众推销产品或者传递品牌理念。常见的页面广告，通过图片和文案向受众传递信息，制作方便，用途广泛。此外，还有以短视频为载体的广告，这些短视频与传统的电视广告有着很大的不同。它们不是以"硬广告"的形式推销产品，而是更偏向于"软广告"来介绍品牌、产品功能或演示功能。

页面广告的形式是最早，也是受众最熟悉的新媒体广告，由于根植于网站，因此可以依托网站丰富的数据和强有力的技术支持做到点对点的广告投放及准确的广告数据统计。

(2) 互联网应用广告。此类广告通常是建立在具有联网功能的应用软件上的，直接植入于应用程序内部，或者随着应用软件的运行，不定时的以POP窗口的形式弹出，或者以广告推送窗口的形式在计算机开机或者程序启动时出现。

此类广告通常与应用程序绑定，通过应用程序的后台更新。由于应用程序并非专门的广告类软件，所以无法做点对点的投放，也无法统计广告效果，只是依托软件的受众而投放。

(3) 网络电子杂志广告。网络电子杂志是通过网络杂志互动平台发行的供读者订阅的新型电子杂志，它采用多媒体技术将多种媒体结合起来。网络电子杂志广告一出现，就引起了各界的注意。它便于下载、收藏、携带和阅读，人们看到的信息不再是死板的、固定的、单调的文章与图片的组合，而是类似于"哈利波特"世界中的那样——动态的、具有交互功能的信息。它的内容更加丰富，展现形式更加多样，能带给人们更强的感观刺激，用户接受程度高。

网络电子杂志广告总是给人眼前一亮的感觉，数字化的制作使其便于在各种电子设备上阅读。由于各个杂志平台运用的技术不同，会导致各家电子杂志的质量差异，如果选择投放广告，应该选择实力比较雄厚的电子杂志发布平台。

(4) 其他网络媒体广告。除了上述的网络媒体广告外，还有部分网络媒体广告不属于以上的广告形式，如互动性极强的"富媒体广告"和电子邮件广告等。

"富媒体广告"没有一个统一的定义，一般来说，"富媒体广告"是指区别于传统媒体广告的一种数字广告形式,其特点是运用了如2D、3D等多种声音图像复合视觉感官技术及具备很强的交互功能效果。其技术是基于Web 2.0以上的版本,广告中通常包含大量信息,广告内容引人入胜,是非常有代表性的新媒体广告。

电子邮件广告具有针对性强、费用低廉的特点,且广告内容不受限制。特别是针对性强的特点,它可以针对具体某个人发送特定的广告。我们熟悉的"新闻组"或者"邮件订阅"都属于这类。然而随着社交媒体的逐日丰富,电子邮件的使用频率较早期的网络已有所下滑,因此电子邮件广告经常与其他广告形式配合使用,能够起到很好的补充作用。

其他类型的网络媒体广告并不限于上述两种,其共同特点是以互联网及网络应用或者平台为媒介,由于篇幅所限,在此不再赘述。

2. 移动媒体广告

移动媒体广告是指在手机、PDA、平板电脑、电话手表等智能移动设备上显示,通过使用移动应用或其他业务时出现的广告。与其他媒体相比,移动媒体与受众结合更紧密,能有效地利用持有者碎片化的时间,可以随时随地地接收信息,这些都是其得天独厚的优势,移动媒体广告也是新媒体广告发展的一个主要方向。移动媒体广告主要包括APP广告、H5广告、系统推送广告和二维码广告等。

移动媒体广告

(1) APP广告。移动APP是指为各种智能移动设备开发的应用软件,APP广告一般是指智能移动设备中的移动应用程序广告。APP广告主要分为原生广告和第三方植入广告。前者是APP开发者制作的,与APP功能紧密契合,嵌入于APP内部,如淘宝、京东的APP。另一种是由第三方厂商提供的植入于APP中的广告,通常不是APP品牌旗下的产品。两种广告形式相比,前一种与APP深度整合,可以得到强有力的技术与后期支持,能够很好地保证广告效果,但是前期成本较高;后一种属于一次性投放,成本低,制作简单,但后期一般很少维护,比较适合短期宣传。

(2) H5广告。H5是HTML5的简称,HTML(超文本标记语言)是一种基于互联网的网页编程语言。HTML5是指第5代HTML技术。H5最大的特点在于其对移动设备的支持,由于移动设备对于传统的网页元素并不是完全兼容(如苹果设备不能兼容Flash动画),H5的出现让用户的移动端网页体验大大提升。此外,H5优秀的跨平台性能,让开发者无须太多的适配工作,用户无须下载,直接通过网址即可访问。它开发简单,所需成本少,门槛低,开发期短,给了更多人尝试的机会。

所有H5这些特点让它成为理想的传播媒体,于是H5广告频频出现于智能移动设备的屏幕之上,越来越多的广告主选择投放H5广告。H5的优势在于其对于移动平台的多媒体支持,但是如果屏幕尺寸增大,广告主们往往会有许多其他选择,目前其主战场主要集中在移动设备方面。

(3) 系统推送广告和二维码广告。全球大多数的移动设备都是使用IOS或者Android作为操作系统,移动设备厂商在写入操作系统时,往往会对其进行"优化",使他们的系统看起来个性十足。同时系统里面也会加入厂商独有的"推送"功能,厂商可以通过这个公告推送系统更新,或者厂商自己的广告。此外,有些APP也会利用系统"推送"功能推送自己的产品信息。

此种推送是建立在自己的产品客户群体之上的,推送成本较低。但是过度使用可能让受众对于产品产生厌恶情绪,继而丧失现有用户。因此不能频繁使用。

二维码严格来说并不是广告，更不是移动广告。但是，人们在扫描二维码时通常会使用移动设备，因此也属于这个范畴。

二维码其实是网络地址，通过手机或其他设备扫码可以快速进行访问。这种操作方式省去了输入或者单击麻烦，而制作精美的二维码可以放到几乎任何地方，在传播中几乎不受到条件的限制（线上、线下均可）。移动设备的大量使用和移动网络的快速发展使二维码广告成为一种低成本、高效率的广告形式。然而由于不能直观地读出其中信息，人们往往不敢轻易扫描陌生的二维码，因此在制作二维码广告时，需要添加适当的信息对其说明，以打消人们的疑虑。

此外，还有其他通过移动设备传播的广告，如短信、电话等，这些属于传统媒体广告的变形，因此这里不再赘述。

3. 数字电视广告

数字电视又称为数位电视或数码电视，是利用数字化的传播手段来传播电视信号，与模拟电视相比，其信号损失小，接收效果好。具有高速、高质、超量、超文本、超时空、可检索、自由转换等传统电视所不具备的功能与特点。数字电视广告是以数字电视特有业务功能和显示技术为基础，结合数字电视媒体运营特点开展的广告形式。从表现形式上划分，数字电视广告可分为开机画面广告、EPG 广告和其他数字电视广告。

(1) 开机画面广告。开机画面广告是数字电视最具代表性也是市场认可度最高的门户广告。用户打开机顶盒及电视电源后出现的整屏广告画面，是机顶盒植入式广告中版面最大的广告方式。开机画面广告的特点：开机必达，超高到达率，广告画面醒目，冲击力强，反复收看，高覆盖率，无干扰，唯一性，同时段仅一条广告位，无可替代。

(2) EPG 广告。EPG 是 electronic program guide 的英文缩写，意思是电子节目菜单，是数字电视用户在切换频道或在收看电视频道按遥控器“信息”键时，电视下方出现的频道节目内容预告信息条，商业广告表现形式为静态图片。

具体比较常见的广告形式有业务菜单门户广告、换台广告、频道列表广告、音量条广告、个人收藏频道广告、频道回看菜单广告等。这些广告与数字电视的功能化界面绑定，每当进行相关操作时就会被浏览，具备较高的到达率，表现形式可为文字、图片或者视频等，较为丰富，是数字电视中较为常见的一种广告形式。

(3) 其他数字电视广告。对于其他一些不属于前两类，但是在数字电视上发布的广告归于此类。数字电视会通过其独特的功能来发布广告，如数字电视可以发出 E-mail 的电视邮件，告知用户系统更新、账户余额、消费明细或催缴通知等。这一精准定位投放功能可以开展广告推送业务。另外，电视滚动字幕通常用于播送通知类信息，也适用于文字类广告的播送。此外，很多数字电视与购物平台合作，内置了购物模块。通过与电视推送购物广告的互动，可以直达购物模块进行网上购物。由于数字化的特点，一些电视节目可以预先设置相关功能，在观众收看时，如果对其中出现的某个商品感兴趣，就可以实时进行查询，并进行购买。例如，在观看一个动画片时，如果对某个角色感兴趣，就可以点击该角色，浏览其周边产品的销售信息，甚至还可以实现一键购买。

4. 游戏媒体广告

电子游戏(electronic games)又称视频游戏(video games)，或者电玩游戏(简称电玩)，是指所有依托于电子设备平台而运行的交互游戏。根据媒介的不同可分为 5 种：主机游戏

(或称家用机游戏、电视游戏)、掌机游戏、计算机游戏、街机游戏和移动游戏(主要是手机游戏)。完善的电子游戏在20世纪末出现,改变了人类进行游戏的行为方式和对"游戏"一词的定义,属于一种随科技发展而诞生的文化活动。2011年5月9日,美国联邦政府下属的美国国家艺术基金会正式宣布"电子游戏是一种艺术形式",电子游戏成为继绘画、雕刻、建筑、音乐、诗歌(文学)、舞蹈、戏剧、电影八大艺术形式后的"第九艺术"。电子游戏作为新媒体的先锋代表,经过30多年的发展,已经将计算机技术、互动媒体技术等进行了完美的应用,成为娱乐产业的主要支柱。

游戏媒体广告是指以电子游戏为媒体的广告形式。按照表现形式不同,将游戏媒体广告分为游戏植入广告、品牌广告游戏和虚拟与现实交互广告。

(1) 游戏植入广告。游戏植入广告(in game advertising,IGA)是在游戏中出现的商业广告。它以游戏的用户群为目标对象,依照固定的条件,在游戏中某个适当的时间和某个适当的位置出现。这种广告属于强制性广告,广告到达率高,但是互动性不足。

(2) 品牌广告游戏。品牌广告游戏是以游戏的方式承载品牌广告信息,使游戏本身完全成为品牌宣传的载体,受众在进行游戏时感受到企业文化、产品理念、企业价值观等诸多品牌元素,更加切身地感受企业要传达的信息。

同步案例 8-1

爱情玫瑰让昨日重来——兰蔻网络游戏解析

镜头1:"LANCOME"字母之上,猩红的玫瑰花瓣雨样纷飞。一行行迷朦的文字匆匆而逝,向人们讲述了一个凄美的爱情故事。山庄的主人瓦伦丁,依然记得那与安琪拉相爱的时光,他们常依偎在山庄的某个窗口,看阳光下的碧空蓝天,四周玫瑰花盛放…… 可第二年的秋天,山庄还没来得及采摘新季的玫瑰,安琪拉就遇到了车祸,手中还紧攥着一枝刚摘下的玫瑰。瓦伦丁多想让时光倒流,再见一次安琪拉的动人脸庞……

"YESTERDAY ONCE MORE——LANCOME(昨日重现——兰蔻)

每年的情人节,英俊的瓦伦丁,

都会向全世界相信时光倒转的女性,

赠送最漂亮的玫瑰花,

以纪念他的初恋情人安琪拉。

今年的情人节,瓦伦丁将向100名中国女性,

赠送兰蔻神秘礼物,想要获得这份殊荣吗?"

这段文案有诗的意境,很巧妙地将"青春、浪漫、神秘、死亡、奇迹"等诸多元素结合在一起。如果你是浪漫的、唯美的,怎能不被这一故事吸引,怎能不想看看纯情的瓦伦丁带来了什么样的礼物,怎能不关心他的爱情故事如何结局?于是……

镜头2:一扇门打开了,这里是瓦伦丁的孤寂世界:一个苍老男人的背影,一张发黄的信笺。信笺上几行触目的文字,泄露了男主人的心思,也表达了人类的浪漫梦想——让昨日重现。

"如果用一朵玫瑰可以与你相恋,

那用整个山庄的玫瑰，
可以让时光回到从前吗？”

要让时光回到从前，就必须参与一个奇妙的游戏。

“你相信时光可以倒转吗？相信我们的年轻光彩可以再现，初恋的滋味可以重新体会吗？来参加兰蔻山庄的游戏吧！如果你能再现10年前安琪拉的美丽脸庞，就可以帮助瓦伦丁回到10年前他们相依相偎的幸福时光。”

游戏规则：“仔细观察安琪拉的照片，记住她的五官特征。然后，请拼出你记忆中安琪拉的年轻脸庞。如果成功，就能实现时光倒转的梦想了。”当成功地拼出安琪拉的容貌后，安琪拉出现了。

镜头3：兰蔻品牌的时钟正在飞速倒转。终于“时光已经回到了从前，瓦伦丁和安琪拉重聚在玫瑰簇拥的兰蔻玫瑰山庄”。恋人得以重新聚首似乎是个大圆满的结局了。但别急，游戏页面下方还有“点击此处赢取奖品”几个字。点击进去发现是对兰蔻某护肤品的介绍和小测验。针对该产品的广告词是“重现初恋季节，岁月不再有踪可循”。

资料来源：https://doc.mbalib.com/view/6cf93efc1d060a55499e3597cdf1edf5.html

案例分析： 游戏设计得很有特点：没有门槛——任何人都可以玩。益智——安琪拉的面部特征被拆分为眼睛、鼻子和嘴，参与者要从众多眼睛、鼻子和嘴中选出与记忆重合的那一个。可以锻炼人的瞬时记忆能力和判断力。吸引人——游戏者成功之后会很有成就感，因为自己的小小努力，生死相隔的一对恋人得以重新聚首。品牌与游戏的结合使人轻松愉悦，调动受众的个人情感，达到传递品牌理念，进而销售产品的目的。

(3) 虚拟与现实交互广告。即品牌整合现实资源和虚拟资源，将现实与虚拟相互融合。在现实(线下)与虚拟(线上)空间同时布置相似的场景、道具甚至扮演角色、举行活动等，将品牌与游戏情境融合，模糊现实与虚拟的界限，让人沉浸其中，达到品牌传播的目的。比如，2015年七匹狼携腾讯游戏《雷霆战机》在北京798召开联合发布会，七匹狼“天狼机甲”产品系列首次登场，正式与国内粉丝见面，引发业界广泛关注。同时，七匹狼线下门店、七匹狼官方商城、七匹狼天猫旗舰店等七匹狼官方平台也同步发售。

5. 自媒体广告

自媒体(we media)又称“公民媒体”或“个人媒体”，是指私人化、平民化、普泛化、自主化的传播者，以现代化、电子化的手段，向不特定的大多数或者特定的单个人传递规范性及非规范性信息的新媒体的总称。自媒体平台包括博客、微博、微信、抖音、百度官方贴吧、论坛/BBS等网络社区。

自媒体最大的特点在于每个人都是媒体的一部分，每个人都可以通过自己的平台发表自己的见解、主张、对某件事情的评价等，是基于人际传播的一种信息传播行为。在此基础上的自媒体广告充满个性化，其传播途径是通过一种强关系网来传播，这使得人们对于其内容的接受程度高于其他广告，广告的投放具有极明确的目标，广告的设计也与大众社交的习惯充分融合。常见的自媒体广告主要有硬广告、软文广告、活动类广告等。

(1) 硬广告。在早期甚至今日的自媒体中，硬广告占据着重要的比例。很多微信“公众号""官方微博",会大量投放此类广告。硬广告的好处是开门见山,直截了当地向受众传递要表达的信息。并且依托自媒体,广告会有比较好的曝光率。但是在媒体种类如此丰富的今天,大量的硬广告容易引起受众的厌倦心理。

(2) 软文广告。软文广告是目前自媒体广告中比较常见的形式,此类广告通常不会直接出现广告主题,而是通过巧妙地布置,精心地策划,所要传递的信息巧妙地融合到受众感兴趣的信息中,抓住受众的心理,围绕受众的喜好,引发受众的共鸣,在潜移默化中传递出广告信息。

(3) 活动类广告。活动类广告又可分为静态活动广告与动态活动广告。静态活动广告是指通过自媒体平台的功能,定期或者不定期地举办一些有奖活动,借助活动来进行品牌的推广。动态活动广告是指该活动不是事先设定好的、程序性的、流程性的简单活动,而是互动较强的现场类活动,如各类直播。此类活动广告通常会由主播示范产品性能,展示产品特点,同时现场与受众互动。在达成广告效果的同时,往往可以直接达成销售目标。

任务演练

认识新媒体广告

演练背景

通过对新媒体广告的调研与讨论,使同学们对本部分的内容有更加直观的认知,更加切身的感知新媒体广告的不同形态及特点。

演练要求

(1) 上网选取优秀的新媒体广告。
(2) 寻找同类产品的传统广告,并进行比较。
(3) 尝试为一种产品寻找合适的新媒体广告切入点。

演练条件和过程

(1) 学生分为8~10人一组。
(2) 每组均选定3则优秀的新媒体广告。
(3) 各组讨论,陈述演练过程中得出的结论,并且交叉互评。
(4) 教师点评。

任务演练评价

任务演练评价表

任务演练评价指标	评 价 标 准	分值	得分
1. 广告选择的代表性	(1) 是否具有代表性	20	
	(2) 是否具有可行性	10	
2. 演练过程	(1) 演练系统性	20	
	(2) 操作符合要求	20	
	(3) 切入点选取得当	10	
3. 成果展示	PPT设计精美,解说语言表达流畅到位,交叉评价较高	20	
	总 成 绩	100	
学生意见			
教师评语			

学习任务8.2 新媒体广告运作

教学方案设计

教学方法：演示、任务驱动　　　　　　　　　　　　　　建议课时：3

学习目标	技能目标	1. 能根据新媒体广告的受众变化调整广告策划 2. 对于新媒体广告的运作，能给出具有建设性的意见
	知识目标	1. 了解新媒体广告运作中的广告主与受众的变化 2. 掌握新媒体广告创意的特点 3. 熟悉新媒体广告的不足与面临的机遇
学习任务准备	教师	1. 课件及任务评分考核表 2. 准备授课资料
	学生	1. 随机分组，8～10人为一组，组内自选组长 2. 各个小组根据所选的广告，分析如何融合广告创意 3. 制作资料卡或PPT

	教学环节	教师活动	学生活动	课时
教学流程	一、成果展示与分析	1. 引入案例，提出问题 2. 布置任务并实施安排	做好问题分析笔记	1
	二、知识储备	1. 讲授新媒体广告运作理论知识 2. 解答知识疑问 3. 针对本学习任务中的同步案例进行学习指导	1. 认真听取理论知识 2. 提出疑问 3. 针对本学习任务中的同步案例进行学习分析	
	三、任务演练	1. 介绍本学习任务的演练背景和要求 2. 指导“新媒体广告创意分析”的演练实施过程 3. 评价演练效果和结论	1. 学生小组自主演练任务：“新媒体广告创意分析” 2. 小组成员讨论如何融合广告创意 3. 以卡片的形式记录汇总结果 4. 组长陈述结论	1
	四、学习任务知识小结	1. 系统地对本学习任务知识进行总结 2. 针对重要知识点进行课后作业布置	1. 认真听取知识总结 2. 以小组为单位撰写讨论情况报告	1

成果展示与分析

两则新媒体广告

1. 招商银行：西红柿炒蛋

2017年11月1日，一则名为“世界再大，大不过一盘番茄炒蛋”的广告突然在朋友圈刷屏。转发的朋友们纷纷表示：“看到飙泪，不知不觉就泪目了。”故事内容：一位出国在外的留学生,想在同学面前露一手,于是向大洋彼岸的母亲求助,最后留学生做出了满意的番茄炒蛋,然而留学生忽略了中美两地的时间差,留学生的母亲是深夜为儿子教学,感动力满满。

2. 小朋友画廊,“1元最美公益”

2017年8月29日一早,当大家还沉浸在七夕的“虐狗”氛围时,朋友圈又猝不及防地被一组“小朋友”画作刷屏了,更准确地说是炸!屏!了!大家纷纷表示画作相当“惊艳”。这组刷屏画作,出自腾讯公益、“WABC无障碍艺途”公益机构联合出品的H5——“小朋友”画廊。用户参与扫描二维码后,只要1元或输入任意金额,就可以“购买”下心仪的画作,爱心画作可以保存到手机做屏保。“小朋友”画廊刷屏后,很快就凑到了活动设定的1500万元目标。

资料来源:https://www.jianshu.com/p/4aa16af61013

案例分析: 通过这两则新媒体广告可以发现,新媒体广告的广告主可以是传统行业的广告主,也可以是互联网的新兴巨头,抑或是某个新媒体环境下的个人或企业。在新媒体环境下,广告主来源呈多元化趋势。

知识储备

8.2.1 新媒体广告的要素

广告要素一般包括广告主、广告信息、广告媒体、广告费用和广告受众。在广告的运作中,广告主一般是广告信息的发布者,通常也是广告费用的支付者,广告媒体也大多由广告主来选择。可见,广告主处于广告市场中心位置,是整个广告市场得以运转的核心。因此,分析新媒体广告的运作,应该先了解新媒体背景下的广告主。

1. 新媒体背景下的广告主

通常认为广告主是为推销商品或者提供服务,自行或者委托他人设计、制作、发布广告的法人、其他经济组织或者个人。而新媒体广告的广告主,则是以新媒体为媒介进行广告传播的广告主。

新媒体的传播,从某种意义上说是“所有人对所有人”的传播,在这个过程中,个体的作用被强调。个体不再像传统媒体那样只是被动的接受,而是可以平等的互动。这一特点也被新媒体广告所继承,随着个体作用的凸显,人们可以以较低的成本来进行新媒体广告的传播,如微信、朋友圈、各类SNS平台等,同时新媒体广告灵活多变,非常适合个体广告主。在新媒体广告主的组成中,个体广告主成为最大受益者。

传统企业是新媒体广告主的主要组成部分。传统企业是指以劳动密集型和资源密集型为主的制造业,如服装鞋帽、食品加工、机械加工、家居建材、家电制造、批发零售等。传统企业与新兴互联网企业在产品和服务的形上有着较大的区别。新媒体的出现,为传统企业的营销提供了更多的选择,继而其对广告的媒体选择也逐步向新媒体靠拢。传统企业的广告主有着丰富的广告实践经验,随着传统企业在各个方面与新媒体技术逐步融合,他们开始尝试以新媒体广告的形式来拓展其广告的宽度,甚至有的广告主用新媒体广告代替了大部分的传统广告。传统企业的广告主是广告的基础,可以说广告业务的诞生正是由于广告主的出现,同样,新媒体广告的出现,也是因为传统企业的广告主开始选择以新媒体的方式来投放广告。

新兴互联网企业与传统企业相对,他们根植于互联网,是互联网的“原住民”,与传统企业相比较,他们对于互联网的一切更加熟练。而新媒体技术大多与数字化信息技术相关,这些技术或者与互联网相结合或者在互联网上传播，可以说，新媒体与互联网之间存在着密不可分的联系。因此，新兴互联网企业对于新媒体技术更加熟悉，接受程度也更高。他们在选择广告投放时，通常会优先考虑新媒体广告，甚至很多新媒体是由他们“创造”的。

如果说新兴互联网企业占据了新媒体广告的“地利”，那么传统企业就是占据了“人和”——新媒体广告的基础；而随着新媒体广告的出现，得以崭露头角的个体广告主则是占据的“天时”。他们共同组成了新媒体广告主这一群体。

2. 新媒体广告的受众

广告受众是广告信息的接收对象，也指广告传播的目标对象。受众是整个广告传播活动的最重要的参与者，对受众的不同认识和不同态度，直接影响广告传播模式和传播效果。特别是在新媒体的环境下，受众在广告传播中的地位有了很大的变化。

(1) 传播过程中的角色转变。传统媒体的强制性传播方式使受众处于被动地位，受众只能被动地接收信息，而无法与广告主产生互动。新媒体的发展使传播方式发生了巨大的变化，各种信息通过新媒体传递到受众面前。这个过程中，受众的地位也发生了变化，从被动的接收到主动的发现。新媒体技术使受众可以按照自己的需求来“定制”信息。同时受众本身也可以与广告主互动，变“被动”为“主动”。新媒体广告所特有的交互性特点，使广告受众的地位得以提升，他们可以更多地去认知、体验、甄别产品，他们乐于与广告主进行互动性的交流沟通，甚至参与到广告传播中的过程。

(2) 受众心理的变化。当下的受众接触的是一个物资丰富的社会，五光十色的产品琳琅满目，大大小小的商店鳞次栉比，不时出现的广告让人目不暇接。基本的物质很难满足他们日益增长的需求。受众们追求的是独特的，带有强烈辨识性的，既能满足其需求又富有特色的品牌。他们往往会将这些品牌作为其个人或者群体的标识，他们会根据个人爱好建立或者加入各种“圈子”。这些“圈子”中，往往都存在着“意见领袖”，他们大多具备很高权威性，可以左右其他人的选择。因此，受众选择接收的信息既是独立的，同时又受到“权威”的引导可能变成统一的。可以说，这是一个微妙的平衡，而好的广告，无疑会找到最佳的平衡点。

(3) 受众行为的变化。新媒体的出现让人们的生活越来越“数字化”“网络化”，如果消费者想要某种产品，只要打开某个网页或者 APP 输入名称，就能马上找到诸多符合要求的商品。消费者在新媒体环境下往往是主动接收的、主动索取信息，并且自觉或者不自觉地将其向更多的受众传播。新媒体环境让受众不再满足于单一的媒体接触，众多的数字化新媒体，大大地加快了生活节奏。越来越多的人习惯于一边听歌，一边聊天，一边玩游戏这种类似于“多线程”的媒体接触方式。他们对信息的接收程度要较以往快得多，他们接触信息量也大得多。他们会将接触的大量的信息组合起来，去分析产品的价值，揣测广告主的意图，进而指导自己的消费行为。

3. 新媒体广告市场的特点

新媒体广告市场是广告市场的一个子集，它与传统广告市场有一定的交叉，又有一定的不同。

(1) 新媒体广告市场发展迅猛，并且向非一线城市迁移。2016 年，我国广告市场规模 6500 亿元，增速 8.6%，成为全球第二大广告市场，其中新媒体广告近年来增速均在 20%以上，新媒体日益得到广告主的重用，在营销推广活动中的比重越来越大。大的新媒体广告商，如 Google、Facebook 占全球数字广告 50%以上份额；国内三巨头 BAT(百度、阿里、腾讯)占国内数字广告近60%份额,新媒体话语权越来越强。

在一线城市的广告市场接近饱和的同时,非一线城市的广告市场成为新媒体广告的新目标。相较于传统广告,新媒体使用数字化技术,依托于互联网,其策划、创作乃至投放不再依赖于空间,成本相较于传统广告也大大降低,更加适合中小企业或者个人广告主。以上这些特性,使新媒体广告能够很好地适应非一线城市的市场环境。其传播与更新速度快、信息量大、内容丰富、检索便捷、互动性强、成本低等优点也被越来越多的非一线城市的广告主所青睐。

(2) 新媒体广告形式百花齐放,移动媒体市场称王。随着新媒体技术的不断发展,新媒体广告的形式也在不断被刷新。从最早期的网页广告,到现在的虚拟现实类的广告,新媒体广告的发展是日新月异。在众多的新媒体及设备中,移动设备的便携性、隐私性和易用性,让其成为人们的首选数字设备。再加上移动媒体的实时定位、虚拟现实、数字影像、位置传感器等技术开发与完善,让受众可以拥有更好的广告体验。CNNIC数据显示,截至2018年年底,我国网民中使用手机上网的比例由2017年年底的97.5%提升至2018年年底的98.6%,手机上网已成为网民最常用的上网渠道之一。根据艾瑞咨询2019年度中国网络广告核心数据显示,2018年移动广告市场规模达到3663亿元,移动广告的整体市场增速远远高于网络广告市场增速,移动广告规模占比超过75%,远超PC端。预计2021年移动广告占网络广告的比例将超过85%。可见,移动媒体广告已成为新媒体广告市场的主战场,谁占领了这个市场谁就掌握了新媒体市场的主动权。

(3) 广告质量良莠不齐,新媒体广告市场有待规范。与新媒体广告的快速发展相对,新媒体广告中存在着诸多问题。新媒体特别是网络媒体,由于其开放性、互动性、分散性的特点,致使其监管难度较大。早在2005年,国务院就开展虚假违法广告的专项整治活动,其后各相关部门更是多次部署整治违法违规广告工作。然而时至今日,一些违规乃至虚假广告仍然于网络等新媒体屡见不鲜。另外,网络的便捷性让新媒体广告层出不穷的同时也产生了大量的粗制滥造,甚至是抄袭的广告。制作精良的广告能让人耳目一新,而大量的劣质广告同样让人不胜其烦。此外,手机短信广告泛滥成灾,垃圾信息让接收者十分反感,且真伪难辨,严重影响了移动媒体市场的发展。

随着新媒体层出不穷,新媒体广告市场必然会遇到更多的新情况、新问题。这需要尽快调整新媒体广告监管模式,加快规范新媒体广告市场和相关的立法工作,这样才能保障新媒体广告健康、平稳、高速的发展。

8.2.2 新媒体广告运作概述

同步案例 8-2

海尔的520你收到了吗

2017年5月19日下午两点多,海尔官方微博发布了一条表白粉丝的信息:“520要来了,想想能送你的最好的东西就是爱,那就从转发里抽一个人,让100家官微关注你并在一起发私信向你表白,让你感受一下这前所未有的爱吧,明天早晨8点抽,记得醒的晚一点。”微博风格保持了以往的逗比卖萌风,让企业官微联合向粉丝表白,这样的表白方式还是破天荒的第一次。截至 20 日下午,单条微博转发量突破 45 万,阅读量 1481 万,评论 5 万以上,曝光量过亿次。

这样的创意不仅粉丝买账,各大蓝 V 品牌自然也不会错过这波曝光红利。能带动 100 家蓝 V 集体送祝福的,可能也就只有 80 万蓝 V 总教头了吧。由于千家蓝 V 空前高涨的参与热情,海尔官微将抽奖时间更改为 13:14 分,寓意 5201314。

评论里浩浩荡荡的蓝 V 大军前呼后拥,纷纷献出各类奖品,为这场企业蓝 V 间的狂欢助攻。

"80 万蓝 V 总教头"的号召力、聚合能力不容小觑,各企业蓝 V 纷纷跟进,竞相表白粉丝,小熊香水、海尔公仔、彩妆套盒、哈根达斯兑换券、豆浆、智能移动体温终端,五花八门的礼品争相奉送给即将被抽中的粉丝。

资料来源:http://mini.eastday.com/a/170522152657379-3.html

案例分析: 上述案例显然事先经过充分的调查,巧妙地将 520 当日 13:14 这个特殊的时间点和抽奖刺激进行了整合,而整个广告丝毫没有"硬广告"的违和感,让人感到易于接受。可以说整个广告的策划非常成功。新媒体广告策划在现代广告策划基础上融入了新媒体的特点,在策划过程中要充分考虑受众的接受程度和所选媒体的特点。只有将所要宣传的主题与新媒体恰如其分地结合起来,才能获得让人满意的广告效果。

广告运作(advertisement operation)是指在现代广告中广告发起、规划、执行的全过程,是广告主体的主要行为。新媒体广告的运作仍然是按照现代广告的运作流程进行的。广告运作的主要环节本书前面的内容中已作了详细讲解,在此不再赘述。本部分主要介绍新媒体广告运作中有别于传统广告的新特点。

1. 新媒体广告的策划

(1) 新媒体广告策划的基本原则如下。

① 广告策划要遵循统一性的原则。在进行广告策划时,应充分考虑广告各方面因素的协调统一,从广告策划的流程统一到广告所使用各种媒体的统一,从广告形式与产品内容的统一到广告投放要与销售渠道的统一。遵循统一性是保证广告能够获得良好效果的前提条件。

② 广告策划要兼具灵活性。在策划的过程中除了遵循统一性原则外,还应该兼具灵活性,具有可调节的余地,以应对广告活动过程中的不确定因素。

③ 可操作性原则。广告策划的目的是指导广告活动,因此广告策划的每一个步骤都应该是可操作的,甚至应对具体的执行方法予以说明,只有这样广告策划才具有意义。

④ 针对性原则。广告策划应该具有明确的目标,虽然广告策划的流程相对固定,但不同的产品或品牌,其策划内容不尽相同。只有明确目标,有的放矢,才能保证受众接收明确的信息,确保广告的有效性。

⑤ 先进性原则。在广告的策划过程中,应该秉承先进性原则,从内容到形式都力求新颖,在尊重产品和品牌真实性的基础上大胆尝试创新。只有这样才能给人耳目一新的感觉,以保证广告具有活力和竞争力。

(2) 新媒体广告策划重心的转移。在新媒体的环境下,虽然传统广告的理论在今天的广告实践中依然有效,但受众的细分化、个性化乃至偏好的变化都是新媒体广告定位中应重点考虑的问题。在 Web 3.0 时代,受众的审美与兴趣都发生了巨大的变化,依靠简单的炒作吸引眼球必不长久。广告策划的重心应该从初期的“短平快”向“可持续发展”迁移。同时,可以考虑从传统广告向新媒体广告迁移,但要注意对其内容创意进行适当调整,以能够与新媒体的特点相结合,彰显新媒体广告的亮点。

(3) 新媒体广告从“策划”到“运营”的转变。广告策划是广告传播运作的核心环节,为广告运作的开展提供基本的依据,并且作为一种指导思想贯穿广告运作的始终。在新媒体环境下,“运营”这个词频繁地出现于广告运作之中。广告运营是指对广告运作过程中的计划、组织、实施和控制,这种变化是因为新媒体的兴起,也多见于新媒体广告运作之中。传统的“广告策划”通常作为一个独立环节,由单独团队承担,与广告主一般而言是临时的合作;而“广告运营”从策划到执行都是由同一支团队完成,他们与广告主是长期的合作关系,甚至就是广告主本身。二者比较,“运营”的优势不言而喻。因此,新媒体广告从“策划”到“运营”的转变是一种必然的趋势。

2. 新媒体广告的创意

广告是广告人对广告创作对象所进行的创造性的思维活动,是一则广告的灵魂。新媒体广告在创意方面除了继承传统广告之外,还有以下特点。

(1) 更注重广告目标的实现。新媒体的发展使传统广告创意理念不断被更新和颠覆,此种情形下,一些传统广告创意理念被摒弃,另外一些创意理念却在不断融入并重构广告创意理念体系。传统广告创意理念意在如何创意的表达广告信息并且确保受众能够准确明了地接收,其核心理念仍然没有摆脱“广告”的范畴。新媒体环境下,受众更加注重体验生活,享受快乐,广告形式日益呈现娱乐(entertain)、享受(enjoy)、体验(experience)的“3E 主义”,而广告创意则更注重广告目标的实现。新媒体广告要及时调整创意思路,更新创意理念,才能在满足受众的精神需求的前提下达到理想的广告效果。

(2)“以人为本”。传统媒体环境广告的传播是“传者中心”,这就使信息发布者很难顾及受众的感受,而新媒体的普及使每一位受众都能够与信息发布者互动,每一位受众都可以是“主角”。新媒体环境下的广告,不只是传统媒体中情境式的互动,更多的是从受众的角度出发,考虑如何让其融入广告所展现的情境中,充分调动受众的感官,引发受众的思考,进而产生情感的共鸣。在新媒体环境下,理想的广告创意应该顾及每一位受众并极具个性化,这就要求在创作过程中要充分利用人性化元素,以受众为中心,以为受众提供优质的广告体验为前提。简而言之,新媒体广告的创意要“以人为本”。

同步案例 8-3

外面不如家里面

2018 年刚开始,一大波“暖营销”风头正劲,无论是苹果联合知名导演陈可辛的“三分钟”,还是欧派联合知名演员金士杰拍摄的产品宣传片,品牌们正绞尽脑汁用积极的情感力量去打动消费者,以达到走入消费者内心并与消费者进行深度互动的目标。

作为面条届扛把子,来自湖南的知名品牌“陈克明”也迈出了拉近消费者与品牌之间“暖”联系的一大步。一则以“外面不如家里面”为主题的暖心视频一上线,立即勾起千万离家远游栖身在大城市的年轻人的共鸣,引发一场盛大的网络现象级传播,网友们纷纷刷屏点赞。

“真实性是一项新的大生意。”而讲述普通人的故事,已经成为一种“创意时尚”。这则视频描绘的情感不在那些光鲜亮丽的明星和人生赢家身上,而是聚焦在普通人的生活。描绘一个普通女孩在大城市的不易,映射出千万年轻人离家奋斗可能遭遇的窘境。

视频将镜头对准漂泊在外打拼的游子,选取生活中最常见的场景,通过镜头的剪辑对比进一步丰富并放大人物情感,短短几个片段,没有老套生硬的套路,没有浮夸造作的语言,每一幕都让在外奋斗的游子感同身受。

资料来源:https://www.qianzhan.com/indynews/detail/283/180211-59cb82bb.html

案例分析: 案例中的广告策划并没有沿袭传统的广告理念,将产品(面条)作为主角来进行创意的展开,先通过情节来引发大众的共鸣,之后恰到好处的点睛一笔,自然地展示出产品。这种从广告目标出发的广告创意,是新媒体广告创意的主要特点之一。

(3) 创意中的融合。新媒体融合了图像、文字、声音、视频、交互等多种传播形式,极大地丰富了受众的视听体验,但是原本的传统媒体依然有着不可替代的地位,这使新媒体广告的创意呈现二者融合的趋势。这种整合一方面是借鉴传统媒体广告的创意,将其与广告内容联系起来,使用新媒体来诠释传统创意。这并不是简单的复制或者叠加,而是在原有创意上的二次创作,利用新媒体的特点将原本的创意挖掘和升华,以形成新的、贴合新媒体特点的广告创意。另一方面是将创意分别于传统媒体和新媒体上展示,两种媒体广告既有较强的联系,又相对独立,通过优秀的创意使之完美地结合,优秀的创意让受众在多种媒体上被吸引。这样,既可以利用传统媒体庞大的受众群体,又可以促进两类媒体受众的相互融合,最大限度地增强广告宣传的宽度。

(4) 创意过程的非线性化。在传统广告运作中,一个完整的广告项目要经过市场调研、广告策划、广告创意、广告制作、媒介发布、效果评估等环节,分别由对应的部门分工合作,才能制作完成。整个过程前后有序,分工明确,呈线性运作。在此过程中,一般是先进行市场调研,之后将调研情况和广告主所提供的资料及需求提供给创意部门,创意部门再根据收到的信息进行创意活动。可见,广告创意大多处于广告运作过程的中后端,信息传递到创意部门的手里往往要经过诸多环节,而当创意开始时这些信息一般都是滞后的。这种情况往往会导致广告创意与产品实际之间的“延迟”,使广告内容难以与产品相对应,导致受众无所适从,进而影响整个广告的运作效果。

新媒体环境下,信息的交换速度相较于传统媒体大大提高,这种“线性”的创意过程导致的“延迟”对广告传播的影响会被无限放大,整个广告运作会因此而失败,因此广告创意必然要摆脱线性的束缚,将其过程前置。广告创意人员会直接参与市场调研甚至直接接触客户来掌握第一手信息,创意并不是广告运作的单独部分,而是与整个广告运作过程整合起来。

(5) 创意评价的变化。传统的创意广告,创意内容一经确定就经由媒体传播,通过广告吸引受众并且告知相关产品或品牌信息,受众处于单纯的接收位置,是一种单向的传播。该阶段的评价标准多借鉴广告大师威廉·伯恩巴克的ROI标准,即相关性(relevance)、原创性(originality)和冲击力(impact)。这种注重于对广告的表现力的评价,适用于单向传播的广告模式。

新媒体环境下,受众总是被琳琅满目的信息所吸引,他们很少专注于单一的媒体信息。也没有哪种媒体可以像传统媒体时代那样可以垄断传播途径、主导受众选择和单向传播信息。新媒体的特性,使受众与广告主的地位日益对等,他们不再是被动的接收,也可能是广告信息的发布者。这一系列的改变,使原本广告创意的评价标准已经不再适用。广告创意是否优秀从单纯注重广告的表现力,转向通过互动程度、可参与性和搜索性3个方面来衡量。

3. 新媒体广告的效果评价

(1) 新媒体广告效果评价的一些参数如下。

① 广告曝光次数(advertising impression,AI)。广告曝光次数是指广告所在的页面被访问的次数。在大多数情况下,一个页面中会有多个广告,因此AI通常不等于广告的浏览次数,因为无法确定是哪一则广告被浏览了。此参数仅反映广告所在的页面被浏览的情况,需要联合其他指标才能反映广告效果。

② 转化次数与转化率(conversion & conversion rate)。转化率最早是由美国的网络调查公司Adknowledge在《2000年第三季度网络广告调查报告》中提出的。"转化"被定义为受网络广告影响而形成的购买、注册或者信息需求。这一概念在新媒体环境下同样适用。按照这个说法,转化次数应该是指受广告影响所产生的购买、注册或者信息需求行为的次数。然而由于一次具体的用户操作行为难以检测,因此通常情况下,将受网络广告的影响所产生的购买行为的次数就看作转化次数,而转化次数除以广告曝光次数就是转化率。

③ 每千人印象成本(cost per mille,CPM)和每行动成本(cost per action,CPA)。CPM是指广告所产生1000个广告印象的成本,在广告投放过程中,按每千人看到某广告作为单价标准进行计费。CPM=总成本÷广告曝光次数×1000。CPA为用户在浏览该广告后发生了"转化"行为。CPA=总成本÷转化次数。

④ 广告二跳率(2nd click ratio)。"二跳率"是由我国著名的网络广告效果评估与网络优化分析服务提供商99click提出的。受众通过推广网站进入被检测页面,之后在该页面产生的第一次点击称为"二跳",产生"二跳"的次数即为"二跳量"。所有到达该页面的用户发生"二跳"的比例称为"二跳率"。该值可初步反映广告带来的流量是否有效。

⑤ 按业绩付费(pay for performance)。这是由著名市场研究机构福莱斯特研究公司(Forrerster)提出的,他们认为今后的互联网广告收费模式将从CPM变为按业绩收费的模式。他们的分析师指出:"互联网广告的一大特点是,它是以业绩为基础的。对发布商来说,如果浏览者不采取任何实质性的购买行动,就不可能获利。"而基于业绩的定价计费基准有可能是点击次数、销售业绩、导航情况等。虽然这种说法目前不能被众多的广告商所接受,但有的新媒体广告运作已经启用了这种模式,并且极有可能在未来推广。

(2) 新媒体广告的评价指标的原则。广告的效果评价是广告运作成功与否的一个重要评价指标,广告主投资广告希望取得良好的收益,上述的评价指标和计费方式都与新媒体广告效果评价有着密切的关系。要使新媒体广告效果的评价客观有效,所采取的指标应该遵循以下原则。

① 科学性原则。新媒体广告的评价指标体系要构建在科学分析、合理论证的基础之上。要能够全面地评价整个广告运作,同时对其中的重点环节要有所体现。所建立的评价体系要具有系统性,其指标应该是可量化的,以便于评估和计算。

② 真实性原则。评价指标应尽可能真实、客观，减少主观、人为因素的影响。广告主大多非常关注评价指标的真实性，因此一种广告效果评价方式能否真实反映实际情况，对于评价体系的构建尤为重要。

③ 通用性原则。评价指标的选取应该具有广泛性和代表性，可以适用于大多数的新媒体广告，这样有利于评价体系的完善和推广，而不应该选取那些难以获取的，或者技术壁垒过高的评价指标。

④ 可操作性原则。评价指标的设置应该力求规范、简洁，具备可操作性。评价指标所涉及的数据除了前文提到的可量化之外，还应该易于获取，便于理解，在实际操作过程便于实施，利于掌握，具备较强的实用性和易用性。

(3) 新媒体广告的评价体系的构建。根据新媒体广告评价指标的原则，在构建新媒体广告的评价体系时，要对影响广告投放的各种指标进行综合分析，寻找有关新媒体广告运作的共性指标，对其进行归类和量化。对于关键性的指标，要做详尽的说明；对于不好量化的指标，要对其定性分级并且做详细的解释。此外，除了考虑广告运作本身的评价指标之外，还应考虑新媒体广告商或者广告平台本身的服务质量、信用评级、信誉度等一系列与其资质相关的指标。虽然目前尚未出现一致认可的新媒体广告评价体系，但在构建新媒体广告评价体系时，应该全面地、系统地考虑各项指标，只有这样才能够客观地反映出广告运作的实际效果，广告评价体系也才具备现实意义。

8.2.3 当前新媒体广告的不足与面临的机遇

新媒体广告运行

新媒体广告正处于一个机遇与挑战并存的时期，在广告运作过程中如何把握机遇，改进不足是关系着新媒体广告生存与发展的大事。

1. 存在的不足

(1) 新媒体广告平台发展不均衡。根据中关村互动营销实验室发布的《2018中国互联网广告发展报告》显示，即使BAT 3家所占互联网广告收入相较于2017年的集中化程度下降2%，但仍占有69%的份额。将近七成的市场比例是其他人望尘莫及的高度，这说明作为新媒体广告主要组成部分的网络广告市场已被“三巨头”把控。在这种情形之下，优质的新媒体广告资源大多被“三巨头”瓜分，而众多的中小公司变得难以为继。新媒体时代，是流量称王的时代，相对于“三巨头”，中小公司即便是使出浑身解数也很难获得足够的流量。很多新成立的公司由于没有足够的流量而昙花一现。从经济学的角度来说，垄断程度越高，市场的效率越低下，市场的创新热情就越低。这种情况如果长期持续下去，势必会伤害新媒体广告从业者和创业者的热情，使市场中失去创新的动力，进而影响整个新媒体广告市场的发展。

(2) 新媒体广告的主体界定不清晰。传统的广告主体市场主要由广告主、广告经营者和广告发布者3部分构成，其各自的身份决定了其相对的责任与义务。而在新媒体环境下，三者之间大多存在交叉，它们之间的界限再也不像之前那么清晰可辨。多数情况下，这些角色合二为一或者集三者于一体，比如某个网络平台会在自己平台上发布自己的广告。这种情况的出现导致权责划分不明，纠纷难以裁定，一定程度上妨碍了新媒体广告的发展。

(3) 新媒体广告良莠不齐。虽然我们预期的新媒体广告是形式灵活，内容丰富，创意新颖，易于接受的，然而并非所有的新媒体广告都能达到如此的标准。事实上，在几年之前，即便是“三巨头”旗下的媒体广告，也有可能和我们的预期大相径庭。虽然近年来出现了很多经典的新媒体广告,但同时也有大量令人厌烦的垃圾广告和虚假广告。这背后的原因是由于新媒体广告,特别是网络广告的起步门槛过低导致的。如果大量劣质的广告存在于市场,受众就会进行所谓的"逆向选择"——做出就自己所知对于自己最有利的选择,这就极有可能导致本来是一则正常的POP广告,会被当作垃圾广告随手关掉;或者本是真正的特色产品会被习惯性地归为虚假广告一类,如此一来,市场上最后只会剩下垃圾广告,而受众也不会再相信市场上的广告。

2. 面临的机遇

(1) 政策上的扶持。国家发改委在2016年出台的《广告产业发展"十三五"规划》中指出要"打造具有国际化服务能力的大型广告企业集团,服务国家自主品牌建设,提高对自主品牌传播的综合服务能力,争取能产生年广告经营额超千亿元的广告企业集团,20个年广告经营额超百亿元、50个年广告营业额超20亿元的广告企业"。

"'十三五'期末,建成年广告营业额突破千亿元的广告产业园区,建设5个以上年经营额超百亿元、10个以上年经营额超50亿元的广告产业园区。认定国家广告产业园区30个,各类广告产业园区和广告产业集聚区的广告经营额占当地广告经营额比重在40%以上,形成以国家广告产业园区为骨干、区域广告产业园区为补充的广告业集聚区框架,辐射和带动广告业集约化发展。"

"加快广告业技术创新,鼓励广告企业加强科技研发,提高运用广告新设备、新技术、新材料的水平,促进人工智能、虚拟现实、全息投影等以数字、网络为支撑的各种新技术在广告服务领域的应用,研发用于广告业的硬件和软件。"

"探索广告业经营的新模式,加快广告业经营方式创新。支持广告产业与高新技术产业相互渗透,以'互联网+广告'创新媒介形式,形成不同性质和领域间的媒介联动发展。"

不难看出,国家和政府十分重视广告特别是新媒体广告的发展,不遗余力地为新媒体广告的发展提供政策上的支持。新媒体广告的发展将迎来一个春天。

(2) 新媒体广告是广告发展的必然趋势。新媒体是一个相对的概念,而广告总是与时俱进的。广告似乎拥有天生的嗅觉,每当新的媒体出现,它总是会尝试与之结合,这就产生了所谓的新媒体广告。事物发展和社会的进步是一个新老更迭的过程,在此过程中新的、先进的事物总是会引领潮流,而陈旧的、不符合社会需求的事物会逐渐被替代而退出历史舞台。这种规律在广告的发展过程中显现无疑。前文多次列举数据表明新媒体广告的市场份额已经占有绝对的优势,新媒体广告的发展是大势所趋。

(3) 新媒体广告的受众不断增长。随着"90后""00后"接连走上工作岗位,娶妻生子,"网民"这个词似乎淡出了人们的视线。原因很简单,因为大家都是"网民",无须再特意指出。可以说整个社会的中坚力量对于新媒体是天然接受的,并且他们会影响上一代与下一代,使他们也习惯于接触新媒体。据中国互联网协会发布的《中国互联网发展报告2018》显示,截至2017年年末,我国网民数量达到了7.72亿。而2018年8月20日,中国互联网络信息中心(CNNIC)在北京发布第42次《中国互联网络发展状况统计报告》中指出"截至2018年6月,我国网民规模达8.02亿,普及率为57.7%;2018年上半年新增网民2968万人,较2017年年末增长3.8%;我国手机网民规模达7.88亿,网民通过手机接入互联网的比例高达98.3%,较2017年年末提升了0.8个百分点"。这些数据表明,我国的网络用户已经形成了较大规模,并且在不断壮大。庞大的互联网用户群为新媒体广告的发展奠定了坚实基础，也为新媒体广告发展提供了重要前提。

(4) 数字技术和网络的高速发展，给新媒体广告的发展提供了优质的环境。自从计算机、互联网诞生以来，人们的信息传播就开始走上了高速通道，不断涌现出新的、更先进的数字技术、网络设备。人们的生活习惯也随之改变，2018年8月20日的《中国互联网络发展状况统计报告》提到“2018年上半年新增手机网民3509万人，较2017年年末增加4.7%”，“我国网民在家里通过计算机接入互联网的比例为82.6%，与2017年年末相比降低了3.0个百分点”。而《中国互联网发展报告2018》中也明确提到“从终端收入结构看，移动端收入占比进一步增大至68%，较2016年上升6个百分点”。

这些数据说明了两个问题：一是移动网络的发展导致了人们上网习惯的改变，98.3%意味着几乎所有人都用手机上过网，这在几年之前是不可想象的；二是移动网络的发展导致了受众变化会对新媒体广告产生直接的影响。因此，新媒体广告的发展离不开数字技术和网络的发展，当前数字技术和网络的高速发展为新媒体广告的发展提供了坚实的基础。

综上所述，新媒体广告运作除了要认真策划，大胆创新，认真评价总结之外，更要不断改进运作方式，完善评价体系，合理把握发展时机，这样才能保证新媒体广告健康平稳地发展。

任务演练

新媒体广告创意分析

演练背景

新媒体广告的创意直接决定了其广告效果，而现行广告的创意多是基于传统广告，如果将传统广告的创意融入新媒体广告中，对于新媒体广告的运作具有非常现实的意义。

演练要求

(1) 回忆之前有关于广告创意的知识。

(2) 寻找某一商品的传统媒体广告与新媒体广告。

(3) 对比二者在广告创意上的异同。

演练条件和过程

(1) 学生分为8～10人一组。

(2) 每组对所选的广告创意做出对比，并形成PPT文档。

(3) 各组选派代表讲解PTT，各组交叉点评。

(4) 教师点评。

任务演练评价

任务演练评价表

任务演练评价指标	评价标准	分值	得分
1. 广告选择的代表性	(1) 是否具有代表性	20	
	(2) 对比结果是否准确	10	
2. 演练过程	(1) 演练系统性	20	
	(2) 操作符合要求	20	
	(3) 小组成员的参与度	10	

续表

任务演练评价指标	评价标准	分值	得分
3. 成果展示	PPT设计精美，解说语言表达流畅到位，交叉评价较高	20	
总成绩		100	
学生意见			
教师评语			

学习任务8.3　新媒体广告管理

教学方案设计

教学方法：演示、任务驱动　　　　建议课时：3

学习目标	技能目标	1. 能够自觉遵守新媒体广告的相关法律、法规 2. 能够认识到大数据对于新媒体广告的重要意义
	知识目标	1. 了解新媒体广告管理现状 2. 掌握新媒体与大数据之间的联系 3. 熟悉新媒体广告监管的法律依据
学习任务准备	教师	1. 课件及任务评分考核表 2. 准备授课资料
	学生	1. 随机分组，8～10人为一组，组内自选组长 2. 各个小组寻找新媒体广告，并尝试分析大数据在其中的作用 3. 制作资料卡或PPT

	教学环节	教师活动	学生活动	课时
教学流程	一、成果展示与分析	1. 引入案例，提出问题 2. 布置任务并实施安排	做好问题分析笔记	1
	二、知识储备	1. 讲授新媒体广告管理理论知识 2. 解答知识疑问 3. 针对本学习任务中的同步案例进行学习指导	1. 认真听取理论知识 2. 提出疑问 3. 针对本学习任务中的同步案例进行学习分析	
	三、任务演练	1. 介绍本学习任务的演练背景和要求 2. 指导“认识新媒体广告中的大数据”的演练实施过程 3. 评价演练效果和结论	1. 学生小组自主演练任务：“认识新媒体广告中的大数据” 2. 小组成员讨论新媒体广告中大数据的重要作用 3. 以卡片的形式记录汇总结果 4. 组长陈述结论	1
	四、学习任务知识小结	1. 系统地对本学习任务知识进行总结 2. 针对重要知识点进行课后作业布置	1. 认真听取知识总结 2. 以小组为单位撰写讨论情况报告	1

成果展示与分析

互联网广告乱象纷现，虚假违法广告亟待整治

上海市工商局2017年2月27日发布公告曝光了2017年度工商和市场监管部门查处的12件典型虚假违法广告案例。

2017年全年，上海工商和市场监管部门共查处各类虚假违法广告5448件，其中互联网广告案件占80%，成为虚假广告重灾区；处罚没款1.32亿元(人民币，下同)，同比分别增长94%和54%。

此次被曝光的典型案例包括现金卡借贷服务、拍拍贷、赛维干洗、沃尔得教育等投资招商类广告；脑立方儿童培训和瑞思学科英语等教育培训类广告；天天拍车、香天下火锅等服务类广告；百龄堂虾青素、葡萄籽胶囊、优曼芯语等普通商品广告；以及“狂暴之翼”手机游戏广告。

此次曝光的违法广告案例，除一件案例为印刷品媒体外，其余案例均涉及互联网媒体，包括微博、APP、微信公众号、付费搜索和电子邮件等多种互联网广告形式，其中大部分为广告主利用互联网自媒体发布广告。

上海市工商局指出，互联网自媒体的极大丰富，既拓宽了信息传播渠道，便捷了信息传播效率，但也加剧了企业和消费者之间的信息不对称。对此，电商平台和APP的经营者有相应监督责任，对明知或应知违法的广告有删除、屏蔽等义务，但更重要的是广告主企业要树立诚信意识，守法自律。

工商部门分析发现，虚假广告及使用违禁用语的违法广告案件数量最多，在违反《广告法》行政处罚案件中占比超过八成。其中，虚假广告案件数居首，而违法使用最高级用语的广告案件增幅最大，同比增长217%。此次曝光的违法广告案例中，虚假广告仍占据多数，其他还包括违法使用党和国家领导人形象、违法使用最高级用语、违法宣传投资回报预期、违法宣传教育培训效果、违法使用医药混淆用语等典型广告违法情形，同一案例中还常见多种违法情形并存。此外，恶俗、低俗、媚俗等不良风尚广告也是工商部门广告执法的重点。

上海市工商局表示，“广告宣传也要讲导向”，维护国家主权利益、核心价值和社会安定是广告的政治导向，守护市场诚信公平秩序是广告的经济导向，抵制恶俗、倡导向善向美是广告的文化和道德导向。

上海工商和市场监管部门将进一步加强广告导向管理，严厉查处使用或变相使用国家机关及其工作人员的名义、形象等具有不良影响的广告，严肃查处妨碍社会公共秩序和公序良俗的广告；继续强化医药保健、食品营养、美容化妆、教育培训、投资理财等领域的广告监管力度；部署开展互联网广告专项整治，扩大移动端互联网广告、企业自媒体广告的监测和检查范围，加大执法力度，强化互联网平台责任，有力净化网络环境。

资料来源：http://news.163.com/18/0228/11/DBNT5EN200018AOP.html

○ 知识储备

8.3.1 新媒体广告管理概述

1. 新媒体广告管理现状

我们处于一个信息爆炸的时代,网络广告、手机广告、移动电视广告等多种形式的新媒体广告层出不穷,发展迅猛。新媒体广告已经深入人们的日常生活和工作中,给人们提供了大量的服务信息。但是,伴随着新媒体广告的快速发展,也出现诸如虚假广告、违法广告等很多问题。究其原因,是由于相应的监管没有到位,有关的法律、法规不够健全。如果不能及时完善对于新媒体广告的监管,势必会影响新媒体广告的健康发展及市场经济的正常秩序。

(1) 新媒体广告中存在的问题如下。

① 虚假广告。《广告法》第二十八条指出了虚假广告的内涵,即“以虚假或者引人误解的内容欺骗、误导消费者的广告”。之后的条款也有对于其外延的详细描述。然而由于新媒体广告的监管不完善,仍然有大量虚假广告充斥于市场,比如,原价 1880 元的进口产品,现在超低价只要 188 元;××保健品的功效比药物还强大,且没有任何副作用……诸如此类的广告,在新媒体上几乎随处可见,但实际上绝大多数并不是描述中那么“神奇”。

② 病毒广告。新媒体广告,特别是网络弹窗广告经常会自动弹出广告窗口,甚至有的窗口强迫用户阅读,此类窗口通常会以极具诱惑性图片或者文字诱使用户点击广告,之后用户的计算机要么是被一些恶意的插件攻击,要么就自动下载木马病毒,给用户的信息与财产安全造成了极大的危害,同时也极大地损害了新媒体广告在用户心目中的印象。

③ 垃圾信息与隐私泄露。这类情况重灾区是电子邮件与手机短信。每天我们翻阅自己的邮箱时,都会发现一两封陌生的邮件,或是打开手机时接收到一两条莫名其妙的短信。这些信息都是没有被定制的,且包含广告内容,它们会定期或者不定期地连续发送,极大影响用户体验,称为“垃圾信息”。导致大量垃圾信息出现的主要原因就是隐私泄露。由于目前大量的社交软件、购物 APP 甚至网络游戏都要求实名制,导致大量的个人隐私信息,诸如身份证号、家庭住址、手机号码、邮箱地址等被大量的用于注册,而这些网络平台的资质良莠不齐,对于这方面的监管又很不完善,导致大量的个人信息被泄露,更有甚者直接明码标价进行出售。一些不法的广告商获取到这些信息后,就通过电子邮件、手机短信或者直接打电话对用户进行“轰炸”,最终结果是在一对一精准传播中,非常有效的邮件广告与手机短信被贴上了“垃圾信息”的标签。

④ 低俗广告。新媒体传播迅速、成本低廉、受众广泛的特点,使一些不法广告商将目光投向其中。他们为了掩盖其伪劣或违法的产品,通过低俗甚至色情的广告内容吸引用户。此类广告为逃避监管或是以弹窗方式出现,或是通过二维码传播,具有一定的隐蔽性。此类广告要么是虚假广告,要么就带有病毒,甚至有的是信息诈骗。低俗广告已经成为新媒体广告的一大毒瘤,不管它以哪种形式出现都会极大地损害用户的利益与此类广告形式的形象。

⑤ 不正当竞争。2017 年 11 月 4 日,第十二届全国人民代表大会常务委员会第三十次会议修订了《中华人民共和国反不正当竞争法》,其中明确规定了对于不正当竞争行为的界定及法律责任的追究。然而,由于新媒体广告数字化、网络化的特性,使不正当行为在新媒

体广告的运作中屡见不鲜。使用技术手段转移他人广告链接、拦截他人广告、伪造关键字等手段层出不穷。曾经闹的纷纷扬扬的“3Q大战”，使如今的互联网“三巨头”之一也曾陷入不正当竞争的纠纷之中。

⑥ 市场运作不规范。新媒体广告市场效果评价体系亟待完善，很多评价指标在当前的评价体系之下无法被准确的获取，广告主对于评价指标的真实性和有效性有众多的质疑。这就造成了新媒体广告行业出现了很多不规范情况，如评价指标造假、效果评价不实、广告价格虚标等。评价体系的缺失使整个市场出现了价格与价值偏离的情况，长此以往，必将造成整个新媒体广告市场的混乱。

(2) 新媒体广告监管中的难点。新媒体广告市场的乱象，一定程度上是由于新媒体广告监管中存在诸多难点，除了前文提过的主体界定不清晰之外，还有以下几个方面。

① 新媒体广告进行动态监管困难重重。新媒体广告与传统媒体广告不同，其内容是时时更新的。新媒体广告发布后，虽然有相关的备案程序，然而监管部门无法对所有的新媒体广告进行时时的动态监控。更加难以对繁杂的广告信息加以甄别，更深层次地查找违法违规信息。由于缺乏此类动态监控和筛选系统的支持，只能依靠大量的人力实施。这不仅是对人力资源的浪费，也使新媒体广告的监管掣肘。

② 新媒体环境让取证工作难度提升。认定违法广告关键在于证据的认定，新媒体广告具有虚拟性、无地界的特点，使取证工作的难度大大提升。由于数字化的电子文档容易修改，难以查找更改痕迹，各界对于电子证据法律效力存在争议。并且电子证据易于销毁，当事人在电子证据损毁的情况下完全可以对违法事实加以否认。此外，数字化的新媒体广告可以使用数字化的手段进行加密，从而防止监管部门进行广告取样。

③ 发生地和管辖权难以确定。与传统媒体具备较为明显的地域性不同的是，新媒体广告大多不受时间、区域的限制，制作、发布与传播可能是与互联网连接的任何地方的任何人。一旦出现违法行为，其涉及的广告制作区域、广告传播区域和违法行为发生区域可能存在重合，也可能不尽相同。在监管的过程中，由于管辖权难以界定、执法成本过高、监管难以协调等问题，外地的广告主体往往免受制裁而只有本地的广告主体受到惩罚。

④ 相关法律有待完善。对于新媒体广告，目前尚无专门的法律与之对应。对于其监管的依据多是参照《广告法》及其他相关的法律、法规，虽然取得了一定的成效，但由于缺乏针对性，现有的法律、法规不能完全适应新媒体广告监管的需要。此外，多数监管人员没有系统接受过新媒体广告的监管培训，不了解新媒体广告的特征与实际，缺乏对于违法广告的甄别和查处能力。

这些难点更加突出了新媒体广告监管的必要性，也为新媒体广告的监管指明了目标。

(3) 新媒体广告监管的必要性。社会经济的发展需要宏观调控，新媒体广告的运作同样需要有效地监管。完善而有效地监管是广告主体利益的最佳保障，缺乏有效的监管，新媒体广告将无以为继。

① 建立和完善新媒体广告的监管有利于社会稳定和经济发展。随着我国经济的高速发展，广告业的地位逐日提升，广告特别是新媒体广告正蔓延至我们生活的每个角落，很多大型的活动，重要事件都有新媒体广告的身影。因此，建立一套行之有效的新媒体广告监督管理制度对促进社会和谐稳定、保证消费者合法权益及维护广告市场秩序具有重要意义。

② 建立和完善新媒体广告的监管是新媒体广告发展的最基本的需求。新媒体广告正

处于发展初期,在这个阶段构建完备的监管体系,可以大大降低监管成本。只有在发展的初期对新媒体广告的各个环节加以规范,才能避免新媒体广告的发展误入歧途,保证新媒体广告沿着正确的方向发展。

③ 建立和完善新媒体广告的监管是新媒体广告有效运作的保障。新媒体广告运作从策划到投放再到评估的每个环节,都离不开与广告市场的交互。假如广告市场缺乏监管,广告市场就会一片混乱,广告运作势必难以进行。只有行之有效的广告监管,才能确保广告市场的健康高效运行,只有健康高效的广告市场,才能确保新媒体广告的有效运作。

④ 建立和完善新媒体广告的监管是保证广告传播中各主体利益的根本途径。新媒体广告涉及环节众多,广告主、广告商、受众等诸多主体的信息并不对称,如果没有有效地监管,就会发生"逆向选择"或者"道德风险"。这除了会降低市场的效率外,还会损害各主体的利益。只有有效监管下的规范市场,才能提高市场的公信力,从而最大限度地保证各个主体的利益免受损害。

⑤ 建立和完善新媒体广告的监管有利于促进相关法律政策的建设。新媒体广告的监管,需要相关的立法支持。这从某种程度上是对于相关法律和政策的促进。同时在完善和建立监管的过程中的经验和案例,也是相关法律政策制定和执行的重要依据。

2. 新媒体广告监管的法律依据

传统广告业在其出现和发展的过程中,已经形成了从行政管理到行业自律的比较完善的监管体系,其各项活动大多能在现行《广告法》中找到相关的法律依据。新媒体广告由于诞生较晚,相关法律、法规不能及时调整到位,更没有与之对应的专门法律,因此在监管实践中,多是依据相关法律的条款执行。具体来说,新媒体广告监管的法律依据可以分为以下几类。

(1) 与新媒体广告密切相关的全国性法律、法规。此类法律、法规是新媒体广告监管中的重要依据,更是将来出台专门的新媒体广告法律、法规的主要参照。其中《广告法》可以说是广告监管的根本,《广告法》已由中华人民共和国第十二届全国人民代表大会常务委员会第十四次会议于2015年4月24日修订通过,自2015年9月1日起施行。

2015年9月1日起施行的《广告法》将原来的49个条文扩充到75个条文。在新媒体广告方面也有了一些具体的规定,比如任何单位或者个人未经当事人同意或者请求,不得向其住宅、交通工具等发送广告,也不得以电子信息方式向其发送广告。在互联网页面以弹出等形式发布的广告,应显著标明关闭标志,确保一键关闭。违者将被处5000元以上3万元以下罚款。

自2016年9月1日起施行的《互联网广告管理暂行办法》,在很大程度上给新媒体广告提供了有法可依的根据,相较于《广告法》,《互联网广告管理暂行办法》更加贴近新媒体广告监管实际。此外,还有较早的《广告管理条例》,是比较通用的广告管理法规。

(2) 互联网信息管理的相关法律、法规。现阶段,新媒体广告的传播离不开互联网,因此新媒体广告的监管大多会涉及互联网信息管理相关的法规。其中与互联网相关的法律主要包括2000年9月25日公布施行的《互联网信息服务管理办法》(2011年修订),2017年6月1日起实施的《中华人民共和国网络安全法》,同日施行的《互联网新闻信息服务管理规定》,2016年8月1日起实施的《移动互联网应用程序信息服务管理规定》,2017年11月23日,工业和信息化部印发的《公共互联网网络安全突发事件应急预案》,2018年11月1日,公安部发布的《公安机关互联网安全监督检查规定》等。

其中,《中华人民共和国网络安全法》作为我国第一部全面规范网络空间安全管理方面问题的基础性法律,为互联网参与各方的行为提供非常重要的准则。《移动互联网应用程序信息服务管理规定》保障了用户在安装和使用APP过程中的知情权和选择权,规范了应用商店的管理责任。而《互联网信息务管理办法》是针对个别组织和个人在通过新媒体方式提供新闻信息服务时,存在肆意篡改、嫁接、虚构新闻信息等情况而设立的,给新媒体广告监管的取证提供了强有力的保障。

(3)与广告内容相关的法律、法规。新媒体广告涉及各个领域,在监管过程中涉及新媒体广告内容的法律、法规多分散于其他法律、法规之中。包括关于广告版权及广告内容的《中华人民共和国商标法》(2013年修订)、《中华人民共和国著作权法》。《中华人民共和国著作权法》于2010年第二次修订,并于2012年3月31日再次公布了修改草案,其中增设了为解决数字环境下使用作品获取授权困境的授权机制条款。涉及广告受众与消费者的有《消费者权益保护法》(2014年3月15日实施)和《中华人民共和国反不正当竞争法》(2017年11月4日修订,2019年4月23日修正,以下简称《反不正当竞争法》)。其中,《消费者权益保护法》规定了对于虚假宣传的处罚,《反不正当竞争法》更加明确了从事虚假宣传和虚假广告的广告商责任、广告主责任和连带责任。

以上各类的法律、法规为新媒体广告的监管提供了有力的法律保障。虽然目前尚未出台专门的法律,但以上法律大多是2011年以后制定或者修订的,说明立法部门一直在与时俱进,适时调整,可以预见,随着新媒体广告的监管实践不断深入,新媒体广告的立法建设必将日趋完善。

3. 新媒体广告的监管体系

(1)新媒体广告的行政管理。新媒体广告的行政管理与传统广告一样,是指国家广告行政管理机关依照广告管理的法律、法规和有关政策规定,或通过一定的行政干预手段,对广告行业和广告活动进行的监督、检查、控制和指导,是现阶段广告管理的主要方法。我国新媒体广告的行政管理是由国家工商行政管理部门按照广告管理的法律、法规和有关政策规定来行使管理职权的。从整体上看,广告行政管理由广告行政管理机构、广告行政管理法规、广告验证监督管理和广告行政管理对象构成,自成体系。整个广告行政管理体系运作时,国家行政管理机构依照广告行政管理法规对广告行政管理对象进行广告验证管理并进行广告发布后的监督管理。具体可以参照项目7相关内容,在此不再赘述。

(2)新媒体广告的行业自律。广告行业自律又叫广告行业自我管理,是指广告业者通过章程、准则、规范等形式进行自我约束和管理,使自己的行为更符合国家法律、社会道德和职业道德要求的一种制度。广告行业自律是一种类似于道德伦理自我约束,以遵守各种法律为中心,以自我限制为表现,是比行政管理更加易于接受的方式,其约束的发生是先于法规约束而发生的。

在新媒体环境下,行业自律尤显重要,由于目前没有专门的法律针对新媒体广告,依靠相关法律、法规对于新媒体广告进行监管无法做到面面俱到。目前,我国自律的倡导者主要是各类协会性质的组织,如1983年成立的"中国广告协会",一直在为广告业的行业自律而上下求索,力求寻找适合我国广告发展实际的行业规范。2001年成立的"中国互联网协会"、2007年成立的"中国广告协会互动网络委员会"等协会组织也先后发布了如《中国互联网行业自律公约》《中国互联网行业版权自律宣言》和《中国互动网络广告行业自律守则》等行业自律的相关文件。

作为对于行政管理的有效补充，行业自律某种程度上可以弥补法律监管的空当，促使新媒体广告行业形成其独特的职业道德规范。良好的行业自律，也是新媒体广告行业能够健康发展的内在需求和外在表现。

(3) 舆论监督。舆论是广大人民群众对于某种行为、现象、事物等公开表达且趋于一致的观念、意见和态度的总和。舆论监督又称社会监督，作为公民宪法权利的体现和常见形式，是社会公众运用各种传播媒体对社会运行过程中出现的现象表达信念、意见和态度的活动。在我国，舆论监督是广告监管体系一个重要组成部分。

新媒体环境下，新媒体的互动性使舆论监督这一行为更容易被实施，对于新媒体广告的舆论监督将比传统广告更加易于实现。新媒体广告监管除了需要行政管理和行业自律之外，也离不开社会舆论的监督，这更像是"第四方监管"。广大人民群众可以对新媒体广告实施全方位的监督，舆论的力量在某种情况下会更有效地规范新媒体广告的运营。在某年3·15晚会上，央视调查并曝光了众多不法互联网广告商、网络搜索企业，通过Cookies暗中跟踪用户的上网行为和用户隐私信息的事件。事件曝光后首先在微博引起了大范围的讨论，随后相关公司先后在微博和官网上相继发布了公告与声明，进而各家相关公司开始集中发送关于Cookies的相关信息，互联网行业相关业内人士也都积极参与到了关于这一话题的讨论。从整个事件可以看出舆论监督的力量，它在无形之中使新媒体及新媒体广告变得越来越规范。

8.3.2 新媒体广告与大数据

同步案例 8-4

大数据助力引流，2017贝贝称雄

2014年4月15日贝贝成立之时，张良伦在其个人微博上写下了这样一段话："今天或许会是一个重要的日子，亦或许不是。梦是自己的，未来是造出来的，我们希望所做的事是有社会价值的，而若干年后的那杯酒我们希望是用来庆功的……贝贝来了，她就在这儿。"

短短两年时间，这位"85后"CEO的期望很快得以反馈。贝贝的各项数据开始在不同的母婴行业分析报告中持续领跑。2016年，TalkingData的数据报告显示：贝贝APP的覆盖率及活跃度超后9名总和的3倍以上。

2017年，大多母婴从业者感受到了流量的压力，加之新零售的概念甚嚣尘上，大家纷纷开始往线下走。而这一次，手握1亿用户的贝贝没有把重点放在"去线下寻找流量"。在其看来，接下来要思考的是如何提升用户体验，如何更精细化运作。毕竟，对于贝贝目前的体量，如果老客户复购率上升1%，对成交金额的体现就是数亿的变化。若借用当下时髦的概念，这就是罗振宇口中的"超级用户思维"。

2017年起，在提升用户活跃度上，贝贝主要做了两件事：①提升移动端购物体验，加快大数据渗透；②着力打造贝贝会员体系。

基于对移动端购物体验的提升,确保用户能快速发现自己想买的商品,贝贝在APP及微信端开始推行千人千面的呈现方式。也就是说,每个妈妈用户所看见的首页呈现,都是基于妈妈过往的购物行为、浏览喜好而得出的定制版个性推荐。截至目前,贝贝平台大数据渗透率超过70%,单在贝贝小程序端,由于大数据的介入,其推文阅读率就提高了20%,而消息通知的千人千面化更是带来了2倍的成交金额提升。

2017年9月,专注于移动互联网数据研究的QuestMobile发布《2017年移动互联网秋季报告》,贝贝以超1300万的月活数据位列母婴电商平台首位。

2017年7月12日,贝贝网正式对外宣布实现半年盈利1亿元,成为首家盈利超亿元规模的母婴公司。与此同时,其开始涉足亲子、早教等"大母婴"产业业务。同年9月,贝贝用户量正式突破1亿。同年年底,QuestMobile发布《2017年"双十二"专题行业洞察报告》,在母婴人群使用综合电商APP排行榜中,贝贝网以渗透率4.6%的成绩位居第四,其对母婴群体的渗透率已经开始赶超天猫等综合电商平台。

资料来源:http://news.hexun.com/2018-01-15/192234974.html

案例分析:"大数据"不仅是时下的热门词汇,也已经深入我们的生活之中。诸多的成功案例使大家开始正视大数据的影响力,如何结合自身实际使用大数据,已经成为各界广泛关注的问题。

新媒体广告除了依靠网络作为其传播媒体之外,数字化更是其存在的主要形式。大数据是近年时常被人们所提及的一个关键词,所有数字化的存在都可以与之发生联系,新媒体广告也不例外。新媒体广告与大数据之间存在天然的联系,大数据对于新媒体广告的发展提供了强有力的助力,了解大数据对我们研究新媒体广告有着重大的意义。

1. 大数据概述

(1) 大数据的概念。"大数据"这个词是近年来十分热门的一个词语,然而这个词并不是一个刚刚出现的新词。"大数据"(big data)一词最早出现在1980年著名的未来学家阿尔文·托夫勒(Alvin Toffler)所著的《第三次浪潮》(*The Third Wave*)中,书中他称颂"大数据"为"第三次浪潮的华彩乐章"。随着互联网的发展、主机性能的提升及云计算等技术手段的出现,"大数据"这个词逐渐被人们所关注。2011年5月,全球著名管理咨询公司麦肯锡的麦肯锡全球研究院(MGI)发布了一份名为《大数据:下一个创新、竞争和生产力的前沿》(*The Next Frontier for Innovation,Competition and Productivity*)的研究报告,该报告第一次从经济和商业等多个维度阐述大数据的发展潜力,极大地推动了"大数据"的发展。

大数据概述

虽然大数据这个概念已经广泛使用,但是却没有一个统一的定义。麦肯锡在上述报告中对于大数据的描述是:"其大小超出了典型数据库软件的采集、储存、管理和分析等能力的数据集。"著名研究机构Gartner给出的定义是:"大数据是是具有更强决策力、洞察发现力和流程优化力的海量、高增长率、多样化的信息资产。"百度百科的定义是:"大数据是指无法在一定时间范围内用常规软件工具进行捕捉、管理和处理的数据集合,是需要新处理模式才能具有更强决策力、洞察发现力和流程优化力的海量、高增长率和多样化的信息资产。"而维基百科的定义是:"大数据是指利用常用软件工具捕获、管理和处理数据所耗时间超过可容忍时间限制的数据集。"综合各方的定义,可以将"大数据"解读为无法用常规方法处理的低价值的各类海量数据。

(2) 大数据的特征。不管如何定义,“大数据”仍然是一类数据信息,之所以称为“大数据”,是因为它具备有别于常规信息的特征。2001 年,美国著名研究机构 Gartner 的分析师道格拉斯·兰尼(Douglas Laney)首次提出了大数据必须的 3V 特征,即容量(volume)、多样性(variety)和速率(velocity)。随着大数据研究及应用的不断深入,IBM 又提出除了包含之前的 3V 特征外,又加入了价值(value)和真实性(veracity)两个特征。

① 容量。即数据体量十分庞大,包括采集、存储和计算的量都非常大。大数据的起始计量单位至少是 P(1000 个 T)、E(100 万个 T)或 Z(10 亿个 T)。

② 多样性。多样性是指信息类型多样,既包括结构化信息,如用户提交的注册信息、交易记录等,也包括大量的半结构化或非结构化的信息,如微博、日志、地理信息等。

③ 速率。速率是指数据的增长和处理速度都很快,且具有较高的时效要求。比如,利用大数据提供个性化服务的网站,可以实时地对用户需求、偏好、购买习惯等进行分析并得出结论,这对于数据的处理速度和实效性的要求都很高。

④ 价值。大数据价值密度相对较低,但是其挖掘价值却非常之高。使用大数据进行信息分析犹如沙里淘金,但是如果能高效解决好数据的筛选与分析,便真的可以取得信息“金矿”。

⑤ 真实性。真实性是指大数据的质量。大数据可以将多个可信度较低的数据进行融合,以得出更加准确的数据。经过分析和筛选的大数据,具有较高的数据质量。

(3) 大数据的意义。伴随着新一代信息技术的应用和普及,数据已经渗透到当今人们工作生活的各个领域,人们所接触到的各类信息正在数字化、数据化。大数据正在改变我们的生活、工作甚至思维。越来越多的企业、行业甚至个人使用或者尝试大数据解决方案,并且取得了较为理想的效果。

大数据技术的意义在于对海量数据的专业化处理。经过大数据分析,可以从浩如烟海的数据中“拼合”出更有价值信息,使数据信息可以“增值”。这类似于一个“精炼”的过程,通过大数据的分析可以让数据的质量变得更高,让信息的使用变得更有效率。

2015 年 8 月 19 日,国务院总理李克强主持召开国务院常务会议,通过《促进大数据发展行动纲要》(以下简称《行动纲要》)。《行动纲要》将数据提升到了“国家基础性战略资源”的高度,明确指出大数据对于推动经济转型发展,重塑国家竞争优势,提升政府治理能力的重要意义,充分体现了国家层面对大数据发展的顶层设计和统筹布局。《行动纲要》的颁布,标志着对大数据的使用已经上升到国家战略层面。

人生不过 76000 多顿饭。

百度外卖广告语“人生不过76000多顿饭”,告诉我们人的一生可能就是76000多顿饭。有毕业不舍的饭,有恋爱确定关系的饭,有加班奋斗的饭,有过年老妈做的饭等。这些饭或多或少都承载了我们的记忆和情感,所以面对人生76000多顿饭,每顿饭都值得被用心对待。

2. 新媒体广告中的大数据

(1) 大数据与新媒体广告传播。随着科技水平的不断进步和社会经济的不断发展,人们的消费习惯和生活方式正朝着“多元化”方向发展，不同的价值理念将人群“破碎”为不同的群体，形成了所谓“碎片化”的需求。这些群体都有各自的价值理念及与之相对的个人偏好，体现出强烈的个人实现意愿。广告传播再也不可能像过去一样简单得给受众贴上标签然后分类，而需要针对更加“碎片化”受众群体。要满足这样的需求，在过去看来似乎是一件不可能完成的任务，然而在大数据的时代，我们可以在海量的数据中快速挖掘到可用的信息，“碎片化”的需求不再是困扰我们的难题，依托大数据技术，使广告“千人千面”变为可能。

大数据时代的到来，使新媒体广告市场调研不必再依靠调研取样，而是可以精确到每一个受众本身，从而使广告的传播更加精准化和个性化。这在保证广告到达率的同时，也大大提高了广告的阅读率。新媒体广告在投放之前可以使用大数据分析，通过对目标受众的年龄、性别、职业、收入、兴趣、爱好、媒体接触、地理位置等琐碎而繁杂的数据挖掘从而精准地对受众进行“画像”。大数据为受众从物理属性的分散到内在的聚合提供了可能。例如，品友网络公司人群数据库的人群属性细分标签已多达 3155 个，传漾公司收集的网络 Cookies 达 9 亿个，并将其划分为 33 个兴趣大类，168 个兴趣中类，857 个兴趣小类。数据挖掘技术能从大量庞杂、琐碎的数据，如内容接触痕迹、消费行为数据、受众网络关系中提炼出消费习惯、态度观念、生活方式这样的深度数据，实现对目标人群的全面描绘。大数据时代，我们可以结合“碎片化”的受众需求，定制出更加符合其价值理念的广告形式，在实现精准投放的同时获得更高的转化率。

(2) 大数据与新媒体广告评估。大数据时代，新媒体广告的评估可以通过对海量的用户数据分析而达到较以往更加精确的结果。不管是广告投放前期，还是广告投放之后，大数据强有力的数据挖掘能力大大地提高了广告评估的效率，以往看似杂乱无章的信息可以变得富有逻辑，之前价值不高的信息可以凝练出更有价值的情报。尤其是其高效的处理速度，使广告评估的结果不再因为时效的问题而失效。在广告策划阶段，广告商可以通过大数据手段对受众的众多“碎片化”数据，如生活方式、品牌偏好、社交人群、职业定位、工作环境、地理位置、家庭构成等进行整合重构、深度挖掘，从而做到广告“分众化”的精准细分。这使广告的运作变得精准而高效，广告投放不再是无的放矢。而对于广告运作中的各环节，大数据评估可以通过对以往运作的数据的分析给出更加有利于改进的建议，这无疑降低了广告运作的机会成本，提高了新媒体广告的竞争力。在新媒体广告投放播出时，依托当今发达的互联网，可以获得几乎全部的用户反馈数据。这些数据并非是广告结束之后才能获得，而是实时地获取。通过对用户反馈数据的大数据分析，广告主能够实时掌握广告的效果，调整其对于受众偏好的认知，即时做出策略调整。大数据对广告评估真实而迅速，也让评估的结果更为准确，是新媒体广告评估不可或缺的重要手段。

(3) 大数据与新媒体广告监管。新媒体广告监管的一大难点在于如何对广告进行实时的动态监控并且对其内容进行认定。大数据技术可以通过对广告监测、广告备案、广告投诉等数据的挖掘和分析，有效地解决这一难题。2016 年 9 月 1 日，基于云计算、大数据、分布式处理等先进技术的全国互联网广告监测中心上线试运行。全国互联网广告监测系统包含广告采集平台、智能分析平台、广告监测工作平台及网络广告监测系统的运维模块的“三横一纵”的检测体系。其中涉及的海量数据的存储、挖掘分析，都是由分布式大数据方案来解决。全国互联网广告监测中心自 2017 年 9 月 1 日正式启用以来，已实现对全国 46 个副省级以上行政区划的 1004 家重点网站及百度、盘石、蘑菇街、贝贝网 4 家广告联盟和电商平台广告数据的 SDK(software development kit,软件开发工具包)监测。据统计,该监测中心已采集发布广告信息 10.6 亿条次,发现违法广告 23 万条次,上报国家工商总局违法案件线索 4740 批次。全国互联网广告的违法率从开展监测前的 7.1%降至 1.98%,互联网广告监测的震慑作用初步显现。由此可见,大数据对广告监管提供了强有力的技术支持,广告监管部门在监管实际中已经证实了大数据的准确性和有效性。得益于大数据技术的推广与应用,新媒体广告的监管体系将更加的完善和有效。

任务演练

认识新媒体广告中的大数据

演练背景

新媒体广告的运作离不开大数据的支持,大数据技术已经渗透到新媒体广告的各个方面。

演练要求

(1) 了解大数据的概念。
(2) 寻找新媒体广告,并尝试分析大数据在其中的作用。
(3) 采用类比的方法,举出一则可以使用大数据进行改进的广告,并陈述想法。

演练条件和过程

(1) 学生分为 8～10 人一组。
(2) 每组对所选的广告进行分析,并形成 PPT 文档。
(3) 各组选派代表讲解 PTT,各组交叉点评。
(4) 教师点评。

任务演练评价

任务演练评价表

任务演练评价指标	评 价 标 准	分值	得分
1. 广告选择的代表性	(1) 是否具有代表性	20	
	(2) 分析结果是否准确	10	
2. 演练过程	(1) 演练系统性	20	
	(2) 操作符合要求	20	
	(3) 类比与构想是否可行	10	
3. 成果展示	PPT 设计精美,解说语言表达流畅到位,交叉评价较高	20	
总 成 绩		100	
学生意见			
教师评语			

重点概括

(1) 新媒体是以数字信息技术为基础,以互动传播为特点、具有创新形态的媒体。

(2) 新媒体广告是以新媒体为载体,以品牌传播及产品(服务)推销为目的,以付费的方式将广告主的真实信息传播给广告受众的一种社会交流活动。

(3) 新媒体广告的特点:交互性强,形式丰富,传播快、范围广,依托于科技的发展,与传统广告逐步融合。

(4) 新媒体广告的广告主与受众相较传统媒体已经有了较大变化。

(5) 新媒体广告运作与传统广告运作的区别主要体现在广告策划、创意及效果评估方面。

(6) 新媒体广告的监管体系包括行政管理、行业自律和舆论监督。

(7) 大数据是指无法用常规方法处理的低价值的各类海量数据。

(8) 大数据的5V特征是容量(volume)、多样性(variety)、速率(velocity)、价值(value)和真实性(veracity)。

案例分析　京东618营销

想想看,脑海中天天流动着一首经典歌曲的歌词是什么感觉?就是"今年过节不收礼,收礼只收脑白金"这种感觉!

脑白金的广告恐怕将成为广告史上不能被遗漏的案例了。虽然骚扰了观众,但胜在效果好。在淘宝、苏宁等电商平台各自推出自家的购物节时,京东也只能拼命宣传自己的618了。

2017年,京东618活动开始前,预热宣传片已经在各大自媒体、传统营销平台甚至是电梯间进行了一波轰炸式宣传:摸麻将摸出618就赢了,背乘法口诀对618产生条件反射,大长腿美女在车站等了一天就为了618路公交车……618的安利式宣传片,简单粗暴却洗脑,让人印象不得不深刻。双微互动、渠道广告、品牌雇主短视频放送、明星直播间及新人福利大礼包更是将本场大促推向了高潮。6月17日,京东更是举办了大咖说趴明星直播活动,召集了30余位明星大咖进行长达12小时不间断的直播秀,明星效应利用到了极致。

资料来源:https://baijiahao.baidu.com/s?id=1573333052894291&wfr=spider&for=pc

(1) 本案例涉及何种形式的新媒体广告?

(2) 京东为何选择新媒体广告?

分析要求

(1) 学生根据案例提出的问题,拟出案例分析提纲。

(2) 小组讨论,形成小组案例分析报告。

(3) 各组互评案例分析报告,最终由教师进行点评。

综合实训

企业新媒体广告调研

【实训目标】

了解周边企业新媒体广告建设情况。

【实训内容】

向周边企业了解其新媒体广告的建设情况,结合企业的广告运作实际,展示企业新媒体广告运作流程,并分析其广告效果,最后制作PPT文件汇报。

【操作步骤】

(1) 将班级每8～10位同学分成一组,每组确定1人负责。

(2) 每组自行寻找周边企业,了解其新媒体广告的建设情况。

(3) 结合企业实际,分析其广告效果。

(4) 撰写 PPT 报告。

(5) 各组在班级进行交流、讨论。

(6) 教师点评。

【成果形式】

实训课业：撰写新媒体广告学习心得。

【实训考核】

根据实训题所要求的学生“实训课业”完成情况,就下表中各项“课业评估指标”与“课业评估标准”,评出个人和小组的“分项成绩”与“合计”,并填写“教师评语”与“学生意见”。

实训课业成绩考核表

课业评估指标	课业评估标准	分值	得分
1. 周边企业调研过程	(1) 调研方案设计合理性	10	
	(2) 调研过程记录详细	15	
	(3) 收集到的资料真实有效	10	
2. 新媒体广告效果解析	(1) 广告效果评价准确	15	
	(2) 能够联系所学内容	20	
3. 汇报材料撰写	(1) 报告结构符合要求	5	
	(2) 观点鲜明,无抄袭痕迹	5	
	(3) 语言表达简洁、清楚	5	
	(4) 结论具有一定的参考价值	15	
合　计		100	

教师评语	签名： 年　月　日
学生意见	签名： 年　月　日

思考练习

名词解释

新媒体　新媒体广告　大数据

选择题

单项选择题

1. 新媒体是一个(　　)概念,是继报纸、广播、电视等传统媒体之后发展起来的新的媒体形态。

A. 相对的　B. 固定的　C. 广泛的　D. 公认的

2. 新媒体广告具有很强的(　　)。

A. 感染力　B. 交互性　C. 普遍性　D. 广泛性

3. 以下(　　)广告不是新媒体广告的主要形态。

A. 网络　B. APP　C. H5　D. 报纸

4. 新媒体广告的受众行为发生很大的变化,他们更乐于(　　)。

A. 被动地观看广告　　B. 主动地关闭广告

C. 参与到广告的互动中来　　D. 以上都不对

5. 2015年8月19日,国务院总理李克强主持召开国务院常务会议,通过了(　　),明确指出大数据对于推动经济转型发展,重塑国家竞争优势,提升政府治理能力的重要意义。

A.《加快大数据发展行动纲要》　　B.《促进大数据发展行动纲要》

C.《促进大数据发展行动指南》　　D.《促进大数据发展行动通知》

多项选择题

1. 传统广告的内涵应包括(　　)。

A. 有明确的广告主

B. 有明确的广告目标,通常为推销商品

C. 需要支付一定的费用

D. 广告是社会交流活动,既有目标人群,又有广告信息

2. 新媒体环境下的广告主主要包括(　　)。

A. 传统企业　　B. 新兴的互联网企业

C. 个体广告主　　D. 传统媒体

3. 与传统广告相比,新媒体广告市场的特点有(　　)。

A. 向非一线城市迁移　　B. 移动端市场成为主战场

C. 市场秩序良好　　D. 市场有待规范

4. 新媒体广告的创意除了具备传统广告特点之外,还具备(　　)的特点。

A. 注重广告目标的实现　　B. 以人文本

C. 与传统广告创意融合　　D. 非线性化

5. 下列(　　)是与新媒体广告相关的法律、法规。

A.《广告法》　　B.《互联网新闻信息服务管理规定》

C.《反不正当竞争法》　　D.《著作权法》

判断题

1. 平时我们谈论的大数据一般是指很多大量的数据。　　(　　)

2. 新媒体广告与传统广告是互斥的。　　(　　)

3. 广告曝光次数是新媒体广告评价的参数。　　(　　)

4. 新媒体广告需要对目标市场充分调研之后再进行创意。　　(　　)

5. 新媒体的内涵会随着时代的发展与社会的进步而不断更迭。　　(　　)

简答题

1. 简要叙述新媒体广告的特点。

2. 列举新媒体广告都有哪些形态。

3. 阐述新媒体广告监管的必要性。

4. 我国新媒体发展存在哪些不足?

5. 我国新媒体广告发展面临哪些机遇?

参考文献

[1] 何佳讯. 广告案例教程[M]. 3版. 上海：复旦大学出版社，2010.
[2] 李霞，王蕾. 广告策划案例教程[M]. 北京：高等教育出版社，2012.
[3] 魏炬. 世界广告巨擘[M]. 北京：中国人民大学出版社，2006.
[4] 刘波. 电视广告视听形象与创意表现[M]. 太原：山西人民出版社，2006.
[5] 吴柏林. 广告学原理[M]. 2版. 北京：清华大学出版社，2014.
[6] 威廉·阿伦斯，迈克尔·维戈尔德，等. 当代广告学[M]. 11版. 丁俊杰，程评，等，译. 北京：人民邮电出版社，2013.
[7] J. 托马斯·拉塞尔，W. 罗纳德·莱恩，等. 克莱普纳广告教程[M]. 15版. 王宇田，王颖，等，译. 北京：中国人民大学出版社，2005.
[8] 汤姆·邓肯. 广告与整合营销传播原理[M]. 2版. 廖以臣，张广玲，译. 北京：机械工业出版社，2006.
[9] 乔治·贝尔奇，迈克尔·贝尔奇. 广告与促销：整合营销传播视角[M]. 6版. 张红霞，庞隽，译. 北京：中国人民大学出版社，2006.
[10] 菲利普·科特勒，凯文·莱恩·凯勒. 营销管理[M]. 15版. 何佳讯，于洪彦，等，译. 上海：格致出版社，2016.
[11] 凯文·莱恩·凯勒. 战略品牌管理[M]. 4版. 吴水龙，何云，译. 北京：中国人民大学出版社，2014.
[12] 迈克尔·R. 所罗门，卢泰宏. 消费者行为学[M]. 8版. 北京：中国人民大学出版社，2009.
[13] 吴柏林. 广告策划与策略[M]. 2版. 广州：广东经济出版社，2009.
[14] 穆虹，李文龙. 实战广告案例(第三辑)[M]. 北京：中国人民大学出版社，2007.
[15] 卢泰宏，李世丁. 广告创意——个案与理论[M]. 广州：广东旅游出版社，2000.
[16] 张金海. 世界经典广告案例评析[M]. 武汉：武汉大学出版社，2000.
[17] 张金海. 20世纪广告传播理论研究[M]. 武汉：武汉大学出版社，2002.
[18] 李巍. 广告经典故事——超级名牌的广告战略[M]. 重庆：重庆大学出版社，2002.
[19] 阿尔·里斯，劳拉·里斯. 公关第一，广告第二[M]. 罗江，虞琦，译. 上海：上海人民出版社，2004.
[20] 陈培爱. 广告学概论[M]. 3版. 北京：高等教育出版社，2014.
[21] 丁俊杰. 广告学导论[M]. 长沙：中南大学出版社，2003.
[22] 张金海，姚曦. 广告学教程[M]. 上海：上海人民出版社，2003.
[23] 马广海，杨善民. 广告学概论[M]. 济南：山东大学出版社，2002.
[24] 舒咏平. 新媒体广告传播[M]. 上海：上海交通大学出版社，2015.
[25] 吕巍，周颖. 广告学：全媒体营销沟通 [M]. 北京：北京师范大学出版社，2018.
[26] 王军元. 现代广告学[M]. 4版. 苏州：苏州大学出版社，2013.
[27] 张健康. 广告学概论[M]. 杭州：浙江大学出版社，2007.
[28] 杨海军. 现代广告学[M]. 郑州：河南大学出版社，2007.
[29] 刘家林. 新编中外广告通史[M]. 3版. 广州：暨南大学出版社，2011.
[30] 王长征. 消费者行为学[M]. 武汉：武汉大学出版社，2003.
[31] 江林，丁瑛. 消费者心理与行为[M]. 6版. 北京：中国人民大学出版社，2018.
[32] 余明阳，陈先红. 广告策划创意学[M]. 3版. 上海：复旦大学出版社，2009.